瑞昌民俗

瑞昌市老科技工作者协会 编

北京时代华文书局

图书在版编目（CIP）数据

瑞昌民俗 / 瑞昌市老科技工作者协会编 . — 北京 ：北京时代华文书局，2022.12
ISBN 978-7-5699-4746-5

Ⅰ．①瑞 Ⅱ．①瑞… Ⅲ．①风俗习惯-介绍-瑞昌 Ⅳ．①K892.456.4

中国版本图书馆CIP数据核字（2022）第243062号

拼音书名 | RUICHANG MINSU

出 版 人 | 陈　涛
策划编辑 | 周　磊
责任编辑 | 张正萌
责任校对 | 薛　治
装帧设计 | 袁瑞庭
内文设计 | 柯于华
责任印制 | 訾　敬

出版发行 | 北京时代华文书局 http://www.bjsdsj.com.cn
　　　　　北京市东城区安定门外大街138号皇城国际大厦A座8层
　　　　　邮编：100011　电话：010-64263661　64261528

印　　刷 | 北京盛通印刷股份有限公司　010-52249876
　　　　　（如发现印装质量问题，请与印刷厂联系调换）

开　　本 | 787 mm×1092 mm　1/16　　印　张 | 37　　字　数 | 507千字
版　　次 | 2022年12月第1版　　印　次 | 2022年12月第1次印刷
成品尺寸 | 185 mm×260 mm
定　　价 | 198.00元

版权所有，侵权必究

《瑞昌民俗》编辑委员会

顾　　问：王能宪　中国艺术研究院原常务副院长、北京大学文学博士

主　　任：徐新安

副 主 任：祝炳光　傅行早　柯大财

委　　员：徐增产　柯德才　雷在东　柯昌钟　朱有为

主　　编：徐增产

副 主 编：柯德才

编　　辑：第一编　朱有为

　　　　　第二编　柯德才

　　　　　第三编　柯德才

　　　　　第四编　雷在东

　　　　　第五编　柯昌钟

主　　审：黄朝星　钟孝松　曹祥文

图片主摄：余立新

电脑编辑：柯于华

参加评审人员（按姓氏笔画排序）

王义枝　邓见华　邓见元　朱汉盛　冷绪河　张肇山
张钦先　吴广峰　何　涛　李仁瑞　宋增明　杨世龙
范丰庆　范新军　罗贤成　胡家连　柯愈谱　柯昌荣
钟孝松　谈太君　谈际贵　徐新松　黄朝星　曹祥文

参加组稿单位

南义镇分会	横港镇分会	青山林场分会
桂林街道办分会	范镇镇分会	溢城街道办分会
赛湖农场分会	乐园乡分会	洪一乡分会
肇陈镇分会	花园乡分会	大德山林场分会
洪下乡分会	高丰镇分会	南阳乡分会
横立山乡分会	夏畈镇分会	黄金乡分会
码头镇分会	武蛟乡分会	白杨镇分会
水利局分会	住建局分会	自然资源局分会
教育局分会	民政局分会	文广新旅局分会
工信局分会	财政局分会	交通局分会
司法局分会	法院分会	检察院分会
林业局分会	卫健委分会	科技局分会
农业农村局（1）分会	农业农村局（2）分会	农业农村局（3）分会

《瑞昌民俗》编辑委员会成员合影

前排左起：傅行早　徐新安　王能宪　徐增产

后排左起：柯昌钟　柯于华　祝炳光　柯德才　雷在东　朱有为　柯大财

传承瑞昌民俗

留住美丽乡愁

陈琪

2021.11.8

(陈琪：中共瑞昌市委书记)

化民成俗,教化立民。瑞昌民俗历史悠远,自成一派。我们要赓续记忆,留住乡愁,在全面建设社会主义现代化的新征程上展现更亮眼的民俗风采!

(魏堂华:中共瑞昌市委副书记、瑞昌市人民政府市长)

序

瑞昌历史悠久，文化底蕴厚重。早在新石器时代，就有先民在这块富饶而神奇的土地上生活劳作。数千年来，勤劳智慧的瑞昌先民，不但创造了辉煌于华夏历史时空的青铜矿冶文化，还留下了灿若繁星、独具特色的民俗文化遗产。这些珍贵的民俗文化遗产是瑞昌悠久历史的真实体现，是瑞昌文明的重要精神血脉，是瑞昌地域独特的文化基因，是瑞昌社会凝聚力和向心力的源泉，是瑞昌软实力的重要组成部分。瑞昌市老科技工作者协会（全称为瑞昌市老科学技术工作者协会，后简称市老科协）在积极开展建言献策的同时，发挥自身优势，组织力量编纂《瑞昌民俗》一书，是一件有着深刻现实意义和深远历史意义的事情。

系统发掘、整理和保护瑞昌的民俗文化，是瑞昌文化建设中一项十分紧迫的任务。虽然瑞昌历代县志对本地民俗文化有些收载，但容纳百业、门类繁多的县志不可能详尽记述，难免失之过简。新中国成立以来，特别是改革开放后，随着经济、社会飞速发展，瑞昌人民的物质与精神生活发生了翻天覆地的变化，一些优秀的地域传统文化得到了传承和发扬，但也有很多独具特色的民俗文化逐渐淡出了人们的生活与记忆，亟待抢救。保护好、传承好、利用好、发展好丰富多彩的地域民俗文化遗产，功在当代、利在千秋。

我国自古是礼俗社会，礼俗教化是执政者为政之要。自先秦开始，我国就有了"观风问俗"的传统。《诗经·国风》是最早的韵文体的民俗文献，如朱熹所说是"民俗歌谣之诗也"。东汉人应劭的《风俗通义》是世界上第一部专门讨论风俗意蕴的著作，应劭在序言中明确说："为政之要，辨风正俗，最其上也。"瑞昌发展已进入由传统农业社会向新型工业社会转型的关键历史时期，推动瑞昌经济社会的快速转型发展，需要依靠全市人民的智慧与力量。熟悉民俗、尊重民俗，更有利于各级党委和政府团结带领广大人民群众，凝心聚力，众志成城，为建设社会主义新瑞昌而努力奋斗。

民俗文化所包含的生产生活常识、道德伦理和艺术精华，对人民群众具有积极的教化、规范和娱情作用。第一，教化作用。民俗文化广博丰富，蕴含着人民群众对美好生活的向往；对风调雨顺、国泰民安、吉祥如意的祈求；对真、善、美的崇尚；对假、丑、恶的鞭挞。民俗文化所包含的丰富道德养分，对社会人心、对子孙后代，具有潜移默化的教育功能。第二，规范作用。民俗文化导向分明，民间各种风俗习惯从方方面面严格规范着社会个体和社会群体的行为，有的甚至是人们不敢逾越半步的"雷池"。长期以来，这种文化制约力在民间规范着人们的世界观、人生观和价值观，规范着基层社会的有序运行，维护了社会的和谐稳定，推动了社会的发展进步。第三，娱情作用。民俗文化中有浓郁的娱乐色彩，能够在一定程度上满足人民群众的文化娱乐需求，使劳动人民在繁重的体力劳动之余，获得精神上的满足感、幸福感，客观上成为调剂社会关系的润滑剂。

"十里不同风，百里不同俗"，"一方水土养一方人"，瑞昌民俗文化博大精深。市老科协组织和协调社会各界有识之士广泛开展调查、挖掘、整理和研究，深入访谈，广征博采，从寻根、发展、传承与审美等

序

多角度、多维度、多向度，由表及里地切入民俗文化纵深，广泛涉猎那些历史较为久远、地域特点鲜明、人文底蕴深厚、历史信息密集、技艺特征明显以及传承脉络清晰、形态完整并有较大规模分布与流传，至今仍有影响的传统生产生活习俗和精神生活习俗、文化现象，同时也尽可能考虑和关照各类民俗现象的典型性、代表性、地域性、深刻性、丰富性、广泛性，全景式地展示了瑞昌民俗文化形成、延展与传承的演进过程，从生产民俗、生活民俗、文化活动和乡土人情等多个侧面，系统地描绘了一幅五彩缤纷的瑞昌地域民俗风情画卷，展现了瑞昌民俗文化的非凡魅力。

值此《瑞昌民俗》付梓之际，市老科协会长徐新安同志嘱我为序，自觉责无旁贷，因附弁言。

（杨帆：中共瑞昌市委副书记）

编辑说明

一、《瑞昌民俗》是瑞昌市老科学技术工作者协会组织编写的关于瑞昌民俗方面的专著。本书坚持以辩证唯物主义和历史唯物主义为指导，秉持实事求是的原则，力求兼顾资料的真实性和内容的可读性。

二、本书的编写体例为编、章、节。全书共分五编，计二十章。编内依据相关内容的类别，分列若干章节。

三、本书资料来自三个方面：一是全市各乡（镇、场、街道办）以及市直属单位的存档资料，由市老科协分会组织当地人员收集，这部分是主要资料来源。二是编委会、编辑部成员向特定人士约稿。三是从有关方志、书刊中搜集。

四、本书引用资料浩繁，因篇幅、人手所限，未能就每处资料来源进行详细标注。

五、本书纪年方式分三种：中华人民共和国成立前采用帝号（或民国）纪年加公元纪年，即帝号纪年后面括号内注公元年份，年份均用阿拉伯数字，省去"公元"字样；中华人民共和国成立后采用公元纪年；用农历纪年的，年份用干支，月、日均用汉字。如"一九三七年八月十五（1937年中秋节）为民国廿六年丁丑（1937年）中秋"。

六、本书对行政区的称谓：语境涉及中华人民共和国成立前的，称区、乡、保；涉及新中国成立后、机构改革前的，称公社、大队、生产队；机构改革后称乡(镇、场、街道办)、村、村民小组。瑞昌设市前称瑞昌县，设市后称瑞昌市，大多数情况下简称瑞昌。

七、本书第四编中的方言词汇部分，文字注音加括号【 】的，是国际音标对该字的拼音。

概　述

　　民俗，即民间习俗，是人们在长期社会生产和生活实践的过程中积累的文化事象，是承载着丰富历史人文信息的非物质文化遗产，其社会性和地域性特征十分突出。

　　瑞昌地处吴头楚尾，襟江带湖，山奇水秀。独特的山水孕育了瑞昌独特的人文和独特的民俗。

　　为了使本书有一个较为清晰的脉络，便于读者掌握，我们在向瑞昌民间广泛征集民俗资料的基础上，通过全方位的归类、整理，将瑞昌民俗分为五大部分，予以分编列章阐述，力图展现瑞昌民俗的系统性概貌。

　　第一部分主要是生产方面的内容。没有生产就不可能有社会，而生产又是随着时代的变化而变化、随着社会的发展而发展的。在过去的几千年中，瑞昌都是农业社会，农业社会的特点是生产内容相对稳定，变化极为缓慢。本编分农业生产习俗、林牧业生产习俗、渔猎生产习俗、手工业及商贸活动四个章节进行详述。由于人民勤奋、地理独特，在这一编中闪光之处甚多。瑞昌的"细叶绿"苎麻早在积贫积弱的清末就在国际博览会获奖；瑞昌猕猴桃获中国农业博览会金奖；瑞昌山药近十年连年获国家A级绿色食品认证；"铁肩膀大桥"是全国农业红旗单位，其带头人胡华先作为全国劳模，受到过毛主席、周总理接见；瑞昌长江四大家鱼原种的捞苗及繁育技术更是全国唯一、天下无二。

第二部分主要记述生活方面的内容。生活所包含的内容极为丰富多彩，涉及人的生老病死、方方面面。"十里不同风，百里不同俗"，瑞昌地域广大，因山阻水隔，故有"瑞昌三条巷"之说，指的是山水自然把瑞昌分成了三大板块，各自的风俗区别很大。我们一方面尽可能将带有普遍性或相近性的习俗予以全面介绍，同时也考虑了特殊的民风民俗，虽然本书中无法一一列入，但也尽量予以尊重并择要记之。本编内容分传统节日、各类喜庆、衣食住行医、民间仪规、丧葬五个章节进行列述。节庆是人们生活中极为重要的组成部分，尤其是春节，在各地的风俗大同小异，其受重视程度、基本礼仪几近相同，所以本书记述较为详尽。次之的重要节日是端午和中秋，瑞昌人习惯将其和春节并称为"一年三节"。因为自然条件不同，各地风俗便有不同，特别是端午，一些山区既少田又缺水，所以包粽子、划龙舟这两个最重要的端午习俗便难以流传，而这两项活动在赤湖之滨却尤为隆重。医疗和丧葬习俗部分是从各地收集来的资料中整理成篇的，毋庸讳言，其中有一些地方涉及封建迷信，比如巫医中的起生、叫魂、画符、跳神，丧葬中的超度，以及拜神、求雨等。这些习俗中的绝大多数早已不复存在，剩余的也正在逐步消亡，本可不予记载。但我们考虑在尊重历史、尊重事实的基础上，只作事实介绍，不作态度认定，也不失为另一种意义上的科普宣传。

第三部分为瑞昌民间文化。严格说来，文化应是生活习俗的一部分，只是因为瑞昌的文化习俗特别丰富多彩，且亮点纷呈，所以单独作为一部分予以系统介绍。1993年和2011年，瑞昌两次被国家文化部命名为"中国民间文化艺术之乡"。对于这一民间文艺的最高荣誉，瑞昌受之无愧。瑞昌歌舞《大桥姑娘喜事多》被中共八届八中全会选调演出；瑞昌山歌《笑在脸上喜在心》唱进了人民大会堂，这是瑞昌民间歌舞的高光时刻。地盘舞、采莲船、跑马灯、丝弦锣、狮子灯和行傩均传承久远，极具瑞昌特色。新中国成立前，瑞昌民间采茶戏的演出就盛极一方，为瑞昌人唱瑞昌戏的市采茶剧团更是在服务群众、搜集和整理采茶戏传统剧目曲调以及人才培养方面卓有贡献。同样令瑞昌人自豪的是，2008年，瑞昌剪纸、瑞昌竹编同时被列入国家非物质文化遗产。这两块金字招牌都出自瑞昌农民之手，都登上过国家最高领奖台，收获了诸多令人仰视的荣誉。即使是小众的根雕工艺，也发出了令人炫目的光彩。

第四部分是方言俗语。因为瑞昌历史悠久、地处独特，方言俗语十分丰富。仅瑞昌方言就分为赣语和北方江淮官话两大类，其声调、声韵均多于普通话，瑞昌方言语音的丰富性为多地所不及。谚语、歇后语和谜语是历史长河中民间文化大浪淘沙留下来的"金子"，是祖先留给我们的智慧结晶、精神财富，值得我们记忆和传承。

第五部分为乡土人情。这部分所包含的范围非常宽泛，本书也未能概全，只能撷其精华。本部分内容按一方山水、人物传奇、民间故事三个章节进行分述。在山水景观方面，除了史上早有记载且众口相传的"瑞昌八景"，作为省级森林公园、旅游景区的青山风景区是最吸引人的地方之一，此处还是瑞昌第一高峰和道教圣地。横港地区溶洞群又多又奇，具有较高的旅游开发价值。至于各地的奇山异水更是各具特色。毫无疑问，瑞昌这方山水中最大的一颗珍珠非铜岭古铜矿遗址莫属。此处是我国迄今为止发现年代最早、保存最完整、内涵最丰富，也是全世界最早有木支护的大型采矿遗址，距今有3 300多年的历史，为全国重点文物保护单位。在人物传奇方面，我们选择的原则是宽古慎今，对当代瑞昌杰出人物的介绍，只选取了潘际銮和胡华先。在具体记述中，我们则是厚今薄古，对潘际銮、胡华先尽可能全面、系统地介绍，所以篇幅显长。尤其是对潘际銮院士，作为家乡的方志应该是第一次全面介绍，所以我们尽可能做到真实、全面、准确，目的之一是为后人留下一份较为详尽的史料。一个文化繁荣的地方，民间故事必定丰富。瑞昌口传声授的民间故事自然多不胜数，使得我们能够好中选优。由于民间故事数量庞大，我们尽量兼顾各方。

　　瑞昌民俗不但历史悠久、源远流长，而且呈现出多元并存、各具特色的特点。这些多元兼容传承的民俗文化，是人们认识和了解瑞昌历史文化和社会的重要途径。我们系统地发掘和整理瑞昌地域的民俗文化资料，深入研究并择其精华汲取利用，必将对促进瑞昌的经济、社会发展有着积极的意义。

目录

第一编

第一章　农业生产习俗 … 4
- 第一节　水稻种植 … 4
- 第二节　其他粮食作物种植 … 13
- 第三节　蔬菜种植 … 18
- 第四节　经济作物种植 … 25
- 第五节　兴修水利 … 37
- 第六节　其他农事 … 47
- 第七节　食品加工 … 53
- 第八节　常见生产工具图片 … 69

第二章　林牧业生产习俗 … 73
- 第一节　林业生产 … 73
- 第二节　家畜、家禽养殖 … 83

第三章　渔猎生产习俗 … 94
- 第一节　长江捞苗 … 94
- 第二节　长江鱼苗除杂与养殖 … 97

第三节	赤湖渔会	101
第四节	养鱼过年	103
第五节	常见捕鱼方式	106
第六节	常见捕鱼工具图片	108
第七节	狩猎	113

第四章　手工业及商贸活动 …… 117
第一节　手工业 …… 117
第二节　商贸活动 …… 141

第二编

第五章　传统节日 …… 152
第一节　春节 …… 152
第二节　立春 …… 171
第三节　三月三 …… 173
第四节　清明 …… 174
第五节　立夏 …… 175
第六节　端午 …… 175
第七节　六月六 …… 180
第八节　七夕 …… 182
第九节　七月半 …… 182
第十节　中秋 …… 184
第十一节　重阳 …… 185

目录

　　第十二节　冬至 ……………………………………… 187

第六章　各类喜庆 …………………………………… 188
　　第一节　升学 ………………………………………… 188
　　第二节　嫁娶 ………………………………………… 189
　　第三节　生子 ………………………………………… 202
　　第四节　寿庆 ………………………………………… 207
　　第五节　做屋 ………………………………………… 208

第七章　衣食住行医 ………………………………… 219
　　第一节　服饰 ………………………………………… 219
　　第二节　饮食 ………………………………………… 226
　　第三节　居住 ………………………………………… 232
　　第四节　出行 ………………………………………… 241
　　第五节　医疗 ………………………………………… 243

第八章　民间仪规 …………………………………… 256
　　第一节　乡规民约 …………………………………… 256
　　第二节　民间交往 …………………………………… 258

第九章　丧葬 ………………………………………… 261
　　第一节　离世亡故 …………………………………… 261
　　第二节　归山 ………………………………………… 266
　　第三节　超度 ………………………………………… 277

第四节　做七 …………………………………………… 278
　　第五节　修坟立碑 ………………………………………… 279

第三编

第十章　民间艺术 …………………………………… 284
　　第一节　民间舞蹈 ………………………………………… 284
　　第二节　民间戏剧 ………………………………………… 292
　　第三节　瑞昌采茶剧团 …………………………………… 297
　　第四节　民间歌谣 ………………………………………… 300

第十一章　民间工艺 ………………………………… 314
　　第一节　剪纸 ……………………………………………… 314
　　第二节　竹编 ……………………………………………… 318
　　第三节　根雕 ……………………………………………… 322
　　第四节　纸扎 ……………………………………………… 325

第十二章　民间办学 ………………………………… 327
　　第一节　私塾 ……………………………………………… 327
　　第二节　经学 ……………………………………………… 330

第十三章　族氏文化 ………………………………… 332
　　第一节　修谱 ……………………………………………… 332
　　第二节　建祠堂 …………………………………………… 335

目录

第十四章　民间信仰 …………………………………… 343
　　第一节　宗教信仰 …………………………………… 343
　　第二节　宗教活动 …………………………………… 344
　　第三节　测事 ………………………………………… 347

第十五章　民间禁忌 …………………………………… 349
　　第一节　语言避讳 …………………………………… 349
　　第二节　行为禁忌 …………………………………… 350
　　第三节　其他 ………………………………………… 356

第四编

第十六章　方言词汇 …………………………………… 360
第十七章　谚语、歇后语、谜语 ……………………… 412

第五编

第十八章　一方山水 …………………………………… 435
第十九章　人物传奇 …………………………………… 501
第二十章　民间故事 …………………………………… 525

后记 …………………………………………………………… 563

第一编

瑞昌位处赣北浔西，长江南岸。瑞昌境内地貌以低山丘陵为主，青山、大德山屹立中部，梅山、秦山屏障西南，构成中间高周边低、西南高东北低的地形，其间分布多块盆地。瑞昌东北部的赤湖为江西第五大淡水湖，滨湖有小块冲积平原。

瑞昌属亚热带北缘湿润性季风气候区，光照充足，雨量充沛，无霜期长。年平均温度约为16.5 ℃，无霜期约254天，降雨量约1 400毫米，日照约1 890小时，具有较好的地理条件。

早在新石器时代，瑞昌地区就有先民生活劳动。"一方水土养一方人"，几千年来，先民们充分利用自然条件从事农耕生产，过着自给自足的小农生活。先民们在盆地、平原以种植水稻为主，在丘陵地带以种植小麦和玉米、红薯等杂粮为主，在山区以农林兼作为主，在滨湖以渔业为主，由此产生了丰富多样的生产习俗。

瑞昌人勤劳智慧，在长期的生产实践中，勇于探索，富于创造，多项产品和生产技能驰誉全国，扬名海外。瑞昌苎麻早在清朝末年便走向国际市场，二十世纪二十年代曾获国际优质奖；瑞昌山药被誉为"江南人参"，2003—2012年连续十年获得国家A级绿色食品认证；瑞昌猕猴桃在中国农业博览会上获金奖，1990年被列为北京亚运会招待水果；瑞昌南方红豆杉、银杏系我国一级保护树种，被誉为植物活化石，肇陈镇大禾塘村的红豆杉林区被列为江西省自然保护区核心区。

在生产技能方面，在棉花生产中，瑞昌涌现出了"铁肩膀大桥"的先进典型，多次受到国家表彰，大桥生产大队被评为全国农业红旗单位；在渔业生产中，瑞昌长江四大家鱼原种的捕捞和繁育，在全国居于不可替代的地位，"世界四大家鱼看中国，中国四大家鱼看长江，长江四大家鱼看瑞昌"为世界公认，堪称瑞昌一张有足够含金量的名片；还有

第一编

夏畈镇三眼桥的土花布印染工艺、花园乡南屏山的土法榨油老作坊，都堪称瑞昌百年老字号，至今仍享誉一方。

第一章　农业生产习俗

第一节　水稻种植

瑞昌种植水稻的历史悠久，长期以来形成了一套特有的习俗，与现代的种植方法有很多不同。

抱谷籽

无论是种植早稻、中稻还是晚稻，第一个重要环节是"抱谷籽"，即给稻种催芽。这个过程的准备工作十分细致，犹如母鸡孵小鸡一样，也像妈妈抱小孩一样小心翼翼，故被形象地称为抱谷籽。大致步骤如下。

先将谷种倒入温水中浸泡一天，也有人会在水中加适量食盐以杀菌除虫，有段时期还有人用泥水浸种，据说是有利于秕谷浮起，以便清除。现在人们一般采用强氯精水溶液浸种。

将稻草在太阳底下暴晒两三天，并用连杖拍打，除去稻草中残留的秕谷，然后将这些稻草铺在箩筐的底部和周边，再垫上一层布（现在多用编织袋）。之后，将浸好的谷种倒入其中，用布包好，再用稻草盖上，用石头压实，并在催芽期每天用温水淋湿。

稻种出芽约1厘米后，将谷籽芽团抖开，摊在晒筐里进行炼芽，这样有利于撒播均匀。

第一编
第一章 农业生产习俗

整秧田

按照旧的风俗习惯，农民在头年冬季就会把板田翻耕好，利用冰雪将土壤里的虫子冻死。秧田施足基肥后，在种秧时节进行三犁、三耙、耖平，田塍搭岸，防漏水。耖秧田时，农民先放少量水验平，待有机肥腐烂后，种秧之前，会再耙一次，用耥耙将畦耥平，待种秧。农村有谚语："生儿要好娘，插田要好秧。""秧田未整好，一年辛苦是白搞。"因此，整好秧田是水稻种植的重要环节。有些地方还会在各畦之间插一些小松枝，祈求秧苗像松树一样茁壮生长。

种秧

农谚云："稻谷种在谷雨前，秧苗茁壮苗儿全。"还有听见布谷鸟叫就要种秧的说法。为了撒种均匀，一般做法是反复撒播两三次。有的地区撒种之后用土火粪覆盖，再覆盖地膜保温。无地膜时代，农民曾尝试盖茅草保温，但效果不好。待秧苗见青后，要适时灌水。

近年来，农民又开始使用塑料秧盘育秧。这是专门用来适应抛秧这种方式的种植工具，因秧盘内的秧的根系互不粘连，抛出去能自然分开。

插田

秧苗长到超过20厘米时，便可移栽到大田之中。在小农经济时代，插田是一项至关重要且具有仪式感的农事活动，有互帮互助、盛情款待帮工者的习俗。插田时一般是亲戚朋友互相帮忙，大户人家则请善插田的帮工。帮工者通常丑时（凌晨1点至3点）起床，在秧田边吃几个主家送来的糖炒粑，然后便下田扯秧。两个时辰后，秧扯好了，帮工者就手拿秧马到主家喝"起马酒"。

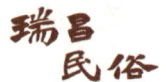

酒足饭饱后，帮工者便一人挑一担秧苗到大田，将一把把秧苗抛进大田，俗称"打秧"，然后开始插田。有说法是，插秧的深度在秧苗不浮起的前提下，越浅越好，这样有利秧苗分蘖。插田的时候，大家你追我赶，不但讲究看谁插得快，还讲究看谁插得好。有一种插田方式叫"围龙"，指的是几个人一起下田，插得快的人把插得慢的人围在中间，被围的人就叫"驮龙"。

为了调节气氛，许多地方在扯秧和插秧的过程中还有"牵号"的习俗，即一人牵头唱歌，众人帮腔。比如，肇陈、洪一一带，会设一人专在田埂上边敲锣打鼓边唱秧歌，众人跟着和。唱词内容多系加油鼓劲、祈求丰收之类。号子响起的时间一般在人们早上下田扯秧时，以及上午、下午插秧时。早上扯秧期间，分四个时段"牵号"，第一段是天刚露白时，第二段是太阳出山时，第三段是小儿牵牛出栏时，第四段是人们在田埂上喝茶水吃泡米或糍粑时。到了上午，小部分人继续扯秧，大部分人插秧。由于干活时间长，为减除疲劳，鼓舞干劲，"牵号"的次数较频密，一般达十余次。到了下午，全部人都下田插秧，号子会更多，气氛更加热烈。

附一：高丰镇秧歌号子

《开秧门号子——落田响》

牵号人：寅卯嗬嗬辰哪，　　　　　　众人：嗬嗬！

牵号人：满天嗬嗬星哪，　　　　　　众人：嗬哈哈！

牵号人：齐爬嗬嗬起哪，　　　　　　众人：嗬嗬！

牵号人：下床嗬嗬厅哪，　　　　　　众人：嗬哈哈！

牵号人：洗把嗬嗬脸哪，　　　　　　众人：嗬嗬！

牵号人：把酒嗬嗬斟哪，　　　　　　众人：嗬哈哈！

牵号人：拖破嗬嗬鞋哪，	众人：嗬嗬！
牵号人：下田嗬嗬埂哪，	众人：嗬哈哈！
牵号人：齐动嗬嗬手哪，	众人：嗬嗬！
牵号人：开秧嗬嗬门哪，	众人：嗬哈哈！
牵号人：发富嗬嗬贵哪，	众人：嗬嗬！
牵号人：斗量嗬嗬金哪，	众人：嗬哈哈！
牵号人：勤俭嗬嗬做哪，	众人：嗬嗬！
牵号人：造乾嗬嗬坤哪，	众人：嗬哈哈！

《太阳出山一点红》

牵号人：太阳出山噢嗬照万哪家噢，	众人：嗬嗬！
牵号人：照得噢嗬娘娘哪，	众人：嗬嗬！
牵号人：生太哪子噢，	众人：嗬嗬！
牵号人：文武噢嗬百官哪，	众人：嗬嗬！
牵号人：插胸哪花噢，	众人：嗬嗬！
牵号人：左插噢嗬花哪，	众人：嗬嗬！
牵号人：右插哪花噢，	众人：嗬嗬！
牵号人：插个噢嗬刘海哪，	众人：嗬嗬！
牵号人：金抹哪花噢，	众人：嗬嗬！

插秧时牵的号子很多，有《祈福歌》《恭喜歌》《田东发镰去割谷》等多种。

《祈福歌》

　　　　土地土地听我言，田东请我来插田。

　　　　东畈插到西畈转，南畈插到北畈圆。

《恭喜歌》

伏哎耶,

爆竹连连响,禾苗连连长。

禾苗长上天,稗子泥里藏。

正月里来看花灯,二月里来忙犁田。

三月里来谷落泥,四月里来苗抽叶。

五月里来忙插田,六月谷穗黄又长。

《田东发镰去割谷》

蓝采和,手拿弯镰去割禾。

何仙姑,割了稻子你来铺。

曹国舅,手拿几捆金条箍。

铁拐李,手拿桵担来抢捆。

吕洞宾,稻把长得挑不抻。

汉钟离,你把稻把挑得回。

韩湘子,来到场上打谷籽。

桵担扬扬,挑把上场。

扁担扬扬,挑谷进仓。

前仓装满,后仓堆尖。

还有几千几万装不了,

留得子孙万年粮。

张果老,你把稻堆堆得好,

左边堆个犀牛来望月,

右边堆个三凤来朝阳。

附二：范镇秧歌号子十三段（节选）

《开秧门》

　　　　寅卯辰，下田塆，齐动手，开秧门。

　　　　农忙之人赶季节，早起三日当一工。

《落田响》

　　　　日出东方一点红，照见贤东开秧门。

　　　　贤东敬我三杯酒，我赐贤东万担粮。

　　　　万担归仓永归仓，谷子淋尖积满仓。

《洗秧马》

　　　　日头起山一点红，贤东送茶到田中。

　　　　田中秧苗扯完了，洗马上岸过早晨。

《插秧歌》

　　　　大路边，四神仙，三百亩，丘丘不空别人田。

　　　　插得秧苗一大片，一眼望去又无边。

　　　　秧苗快快把根扎，青枝绿叶嫩又鲜。

　　　　发棵发到钵子大，含苞要到芒种边。

　　　　大暑收割忙开始，堆得谷子又冒尖。

《中午歌》

　　　　日头当顶正当中，午饭未到肚子空。

　　　　东风吹动杨柳摆，插秧田中一片青。

　　　　贤东老板心欢喜，洗手上岸过午中。

《送茶》

　　　　日头过午又西斜，姣莲打扮去送茶。

　　　　左手打把洋布伞，右手提壶细花茶。

叫声亲哥来喝茶，解得口渴把秧插。

耘田

耘田一是为了除去稻田里的杂草，二是为了松动泥土，促使秧苗分蘖。耘田前要往田里打（撒）石灰（瑞昌俗语中把"熟石灰"统称为"石灰"），因为石灰既能杀虫防病，又能中和稻田中的有机酸，有利于水稻苗壮生长。打灰是重体力活，大多由身强力壮的年轻人承担。打灰一般在早晨进行，禾苗上的露珠能使石灰沾在稻叶上，增强杀虫防病的效果。

男女老少均可参与耘田，一般是每人拄一根竹棍，双脚交错在稻行中滑动，将杂草踩入泥中，起到中耕除草的作用。

扯稗

稗草生命力极强，长在田中会与水稻争肥、争水、争空间，所以需要及时拔除。别看稗草长得跟禾苗十分相似，但在农民眼里，一眼就能分辨出。由于稗草基本都是头年撒落在田里的稗籽生出来的，在经过翻耕的田中，稗籽在泥土中所埋的深浅不同，其萌芽出水的时间也不相同。因此多次除稗后，仍然会有一些后出水的稗草在不经意间成为"漏网之鱼"。也有的人因为忙于别的事情而误了扯稗，所以会在稗籽抽穗后再对稗草进行一次"扫荡"。目的是不让稗籽脱落在田里，减轻来年的稗草危害，这是一项必不可少的农事活动。

抗旱、晒田

水稻是喜水作物，生长过程中需要充足的水源。在小农经济时代，农田水利设施薄弱，塘堰仅能起到一定的灌溉作用，遇到干旱，农民便

第一编
第一章 农业生产习俗

会车水抗旱。水车有手动水车和脚踏水车,用手推动的叫手车,用脚踩动的叫脚车。有的稻田离水源远或一部水车提水扬程不够时,还会用多部水车分级提水。

水稻虽然离不开水,但在特定的生长期又需要断水晒田。一是在禾苗返青后,二是在生长分蘖期,农民都会将稻田中的水排干,让稻田在阳光下暴晒几天,使水稻由营养生长向生殖生长转换。断水晒田也会同时促进水稻根系发育,从而增强水稻的抗倒伏性。等水稻进入孕穗期,就不会再晒田了,因此有农谚说:"禾含苞,水浸腰。"

此外,在水稻基本成熟时,也作兴"搭沟"排水。这时将稻田积水彻底排干,既可以防止稻谷倒伏发芽,也方便收割稻谷。

割谷、搭谷

每年公历7月20日前后,早稻成熟,就要开镰收割了。割谷劳动强度非常大,时间十分紧张,因为农民同时还要抢插晚稻,俗称"双抢"。

农民割谷,一般都起得很早,天未亮就开始。在个体经济时代,割谷是全家男女老少齐上阵。到了集体经济时代,割谷大多按劳计酬,按稻田面积给农民计算工分,有时还补助大米,目的是调动大家干活的积极性。割谷之所以起早,一个重要原因是当时没有脱粒机,更没有烘干设备,人们早上把谷割完,铺在田里暴晒一上午,既可除去稻谷中部分水分,使稻草变软,也能使谷粒较易脱落,在一定程度上可以减轻搭谷的劳动强度。

在收割机、脱粒机没有进入农村之前,农民通常采用两种方法将稻谷从稻穗上脱下。一种方法叫搭谷,农民将木制的禾斗(搭谷斗,又叫方戊)驮到稻田里,然后将一大把割下的稻子高高举起,在禾斗壁上用力反复甩打，谷粒脱落后便把稻草丢在田里，堆成一小堆之后将稻草捆成"草把"，立在田中，待稻谷基本收完后，再将稻草挑回家。搭谷因动作幅度大，散落在稻田中的谷粒较多，故而田少人多的地方，较少搭谷，而是采用另一种叫"㧟谷"的方法。㧟谷就是将稻谷捆成一个个小捆，挑到晒场上，然后将其放在小方桌上，两人合作，各拿一根小木棍，用力敲打，使稻谷从稻穗上脱下。㧟谷的缺点是㧟不干净，每捆稻谷中间的谷粒不容易脱下。尽管之后打场，可将其脱下，但那时谷粒的品质已经变了，成了垩谷。

大集体时代，不少乡镇农机站生产了一些脚踏式小型脱粒机，因此生产效率得到明显提高。

堆草、打垩谷

无论是搭谷，还是㧟谷，稻草中都会有稻谷没有完全脱下。"一粒粮食一滴汗"，农民是舍不得将其丢弃的。为了保护夹在草把中的稻谷不被雨水淋湿，农村便有堆草的习俗。堆草不仅是为耕牛储备过冬的草料，也是为保存好草把中的稻谷。

堆草一般是两人合作进行，一个用扬叉将草把递给堆草者，堆草者听从递草者的指挥，将草把堆成圆锥形，草蔸朝外，一层压一层。技术好的人堆好所有的草把后重心在圆锥正当中，坚实稳固，若发现草堆向某一方向偏斜，要立即用树条"打撑"，防止草堆倒塌，实在不行则要返工重堆。

稻草堆中一些未脱落的稻谷，经过一段时间堆放，会发霉变质变成"垩谷"。秋闲时，农民把草堆拆开，将其均匀地铺散在晒场上，用牛拉石磙在晒场上转圈碾压。也有一些妇女手拿连枷进行拍打，协助打场。

打下的秕谷碾成米后，煮的饭略带红黄色，且有异味，口感差了很多。

堆稻草、打秕谷这一习俗，在瑞昌各地曾广泛、长期存在，直到二十世纪八十年代初，农村落实联产承包责任制后，这些习俗就很快消失了，如今的年轻人别说没见过，连听过的都不多。

稻草经碾压拍打后就成了乱草，秕谷打下后，农民再将其重新堆成草堆。这堆乱草料，既是耕牛过冬的"储备粮"，也是猪牛栏垫圈的"暖被窝"。

第二节 其他粮食作物种植

红薯、芋头

红薯 红薯不仅产量高，而且美味可口，在很多地区广泛种植，遍及瑞昌各地。红薯的生命力极强，不管是在贫瘠的山冈还是沙石瘦土，均适宜栽种。

瑞昌地区山地面积广，红薯种植早已形成根深蒂固的习俗。红薯在很多地方，特别是山区曾被当作主粮。

红薯的栽种方法简单，过程包括秧薯种、耕薯地、扦插、除草翻藤、采收储存等。

1.秧薯种

农民在惊蛰后秧薯种，一般把种床位置选在房前屋后，既方便察看管理，也谨防薯种被盗。为了增温催芽，农民将堆沤一定时间的猪牛粪，堆成一个长方形粪堆，然后在上面铺一层石灰窑上的窑沙，将薯种一个挨一个排在种床上。薯种秧好后，再盖上窑沙和一层稻草，还会砍一些杉树刺盖在上面，防止鸡跳上去啄坏薯种。一般还会经常洒些水，增加种床的湿度。有的人还在上面再搭一个棚，用来防霜、防冻，薯种发芽出绿叶后，便要移栽到薯种地里，这就是"秧薯种"。

2.耕薯地

麦收后的晴天，就是农民抢耕薯地的紧要时刻，要抢雨天扦插红薯，须在雨前整好地。因红薯怕水渍，所以薯地一般呈中间高、两边低之势。

3.扦插

一般以种薯藤两节为一株，用剪子将种薯藤剪成一段段后，束成一小把一小把，挑到地里扦插。人们会抢雨天扦插，因为土地潮湿便于薯藤成活。株距为"尺远两头挂"，同一畦两行植株不宜平行，最好前后错开，以充分利用土地的空间和地力。薯藤成活后，农民在晴天用土火粪壅根，可以提高红薯的产量。

4.除草翻藤

红薯因株行距较大，加上梅雨季节杂草丛生，农民大都抢晴天锄草，雨天扯草，待薯藤盖满地后才不用锄草。瑞昌人习惯翻薯藤，大多翻两到三次。但现代农业科技认为，翻薯藤影响红薯生长，尤其是后期翻藤，对红薯生长极为不利。

5.采收储存

红薯的采收期颇长。俗话说"七月半，红薯芋头进罐"，说明农历七月中旬就可以挖红薯，一直到打霜之前均可采收。

红薯收获后，除了晒干薯外，农民还习惯进行窖藏。瑞昌大多数地方都是在地下挖一个平洞作为薯洞，薯洞的大小视家里收获红薯的数量而定。洞口用砖或木头做一个洞门，左右两侧各留一条槽，方便上下推拉挡板。农民将新鲜红薯藏在洞中能保持半年不腐烂，原因是洞中温度基本恒定。也有少数地方在室内挖竖洞，称之为地窖。

红薯窖

芋头 芋头的种植方法更为简单，芋头不耐干旱，所以大多选择排灌方便的农田栽种。芋头的种类很多，瑞昌人大多种植香芋和沙芋。芋头种植时间在油菜收割之前，芋种发芽后，人们用刀将芋种切成两段，有芽的芋面用于栽种，"芋屁股"留以食用。

俗话说："瘦田窖芋头，个个都是爷"，芋头田里猪牛粪多多益善。芋头长到四五片叶需要上脚（培土）时，农民先施草木灰，割草压芋头坝，然后在根部培土，减少水分蒸发，并要把防旱工作做好做细。

小麦、大麦、荞麦

小麦 小麦常与红薯接茬种。红薯挖出后，犁地种麦。瑞昌地区农民种麦大多习惯点播，而棉区大多搞宽窄行条播，这样方便来年在麦行中栽种棉花。小麦种植时施基肥和土火粪，春天松土锄草。小麦小满前后成熟收割，时值插田结束，所以有"插田上岸，割麦伸腰"的说法。新鲜麦秆是制草帽的材料，故而有些人会到麦地里选穗，将适合做草帽的单独剪下，扎成一束一束，晒干后将麦穗剪掉，用麦秆编草帽。小麦收割后由农民挑回家进行脱粒。在柴草做燃料的时代，小麦秆也是一种燃料。其实麦秆纤维素含量高，是造纸的原料，烧掉十分可惜。

大麦 大麦一般种植在水田里，晚稻收割后，农民会种少量大麦。

大麦是春季最早收获的粮食，是熬糖酿酒的原料之一，也可炒熟磨成粉，俗称"爆麦粉"，以前穷人食之度春荒。现在绝大多数人都没见过爆麦粉，更没有吃过爆麦粉。人吃了爆麦粉，胃内容易胀气，导致多放屁，所以瑞昌有句骂人多嘴多舌的俗语："吃多了爆麦粉，屁多"。

荞麦　荞麦在中稻收割后种植。因为荞麦产量低，所以现在种植的很少。过去荞麦主要是用于烫豆折，荞麦收获多时也可以做荞麦粑。黄梅戏唱词中"磨的是白粉，做的是黑粑"，指的就是荞麦粑。农谚中有"处暑荞麦白露菜"，又有"荞麦迟了被霜打"，是说荞麦种晚了遇上霜冻会减产甚至颗粒无收。

玉米、粟、榴粟

瑞昌丘陵地区有种植玉米、粟、榴粟的习俗。玉米是丘陵地区旱地种植的主要农作物。

玉米　在瑞昌地区玉米可种两季，春播的玉米一般在3月底4月初播种，7月上中旬可以采收。秋玉米在立秋之前播种，在霜降前后采收。

玉米种植习俗是：下种前，在上年整地的基础上再次整地，为玉米正常生长打下良好的土壤基础。因为玉米生长很耗地力，如果重茬种植不但影响产量，还易发生病虫害，所以一般不重茬种植，更不会多年重茬种植。

玉米成熟后，叶片基本枯黄、茎秆干枯，果穗苞叶松散，籽粒含水率下降，表面具有鲜明的光泽，胚的基部出现黑色层时，便是玉米收获的时节了。

粟　瑞昌人称小米为粟米。粟有粳粟和糯粟之分，其种植时间在芒种前后。瑞昌种粟像种植水稻一样，先种粟秧，大多采用旱地育秧。

第一编
第一章 农业生产习俗

待粟秧长到15~20厘米长时，即可移栽。移栽粟苗一般在雨天或雨后进行，同栽红薯类似，但株行距要比红薯密一些。为了防止倒伏，也会上粟脚，即给粟苗根部培土。

在横立山、横港等地，以前还有种山粟的习俗。农民利用空闲，将一些山地的茅刺、灌木砍倒，晒干后焚烧，在雨前撒播粟种，让其趁雨天发芽、生长。由于茅柴灰能起覆盖种子的作用，避免鸟雀啄食，而且茅柴灰又是很好的肥料，所以当地种的山粟籽圆穗大。

不过由于粟的产量不高，瑞昌人现在很少种粟。

榴粟 瑞昌人称高粱为榴粟，也有称罗粟的。种植榴粟的时间一般选在清明前后，先育秧然后移栽。通常榴粟栽在地边上，不与其他农作物争地、争肥、争阳光。其收获后，主要用于做粑、酿酒，榴粟秆上端的穗脱粒后可扎刷帚和扫帚。

豆类

瑞昌地区所产的豆类有蚕豆、安豆（豌豆）、黄豆、绿豆等。豆科植物均有根瘤菌，忌施氮肥，因此基本上种下去，只要适时中耕除草就行。如果过度施肥，会造成豆科植物疯长，密不透风，反而致使豆荚稀少，降低产量。

蚕豆、安豆（豌豆） 这两种豆类的种植时间最早。一般在头年立冬前播种，第二年立夏后便可收获。蚕豆大多趁嫩剥壳炖汤，老了则炒着吃或做成兰花豆。安豆一般用来煲汤，味道鲜美。有些地方将安豆汤作为一道上等菜招待客人。

黄豆 黄豆常见的种类有"六月爆"和"八月黄"，生长期均在三个月左右。黄豆含有丰富的植物蛋白，是制豆腐、豆皮、豆条、豆丸的原料，也是大多数人喜欢的食品。

绿豆　绿豆是生活中很常见的一种食物，有些地方叫作青小豆。绿豆在瑞昌已经有两千年的种植历史，一般在旱地播种，也有人为了节约土地，利用水稻田塍种植。因绿豆不能一次性收获，待豆荚陆续变黑时，要及时采摘，叫"捡绿豆"。绿豆的食用方法很多，因其有清热解毒的功能，所以夏天有很多家庭会熬制绿豆汤；除此之外，绿豆也能制成绿豆糕、绿豆饼等。

第三节　蔬菜种植

瑞昌种植的蔬菜有芥菜、苋菜、芹菜、菠菜、白菜、荇菜、茭白、葱、韭菜、蒜、笋、莴苣、茄子、藠头、茼蒿、芋艿、萝卜、马兰、黄瓜、蒌蒿、葫芦、冬瓜等。现在除了少数品种不多见外，绝大多数蔬菜的种植仍然是沿袭祖辈遗下的种植习俗。

常见菜

蔬菜在瑞昌人的日常饮食中不可或缺。瑞昌人种菜有春秋两季种植的习俗。

一、春季种植的蔬菜

苋菜　苋菜属一年生草本植物，茎粗壮，呈绿色或红色，常分枝。苋菜菜身软滑而菜味浓，入口甘香，种植时间在春分前后，是接早菜。瑞昌有"五月苋，赛鸡蛋"之说。

豆角　豆角在本地也称"角豆"，是春播夏收的蔬菜。豆角是藤蔓植物，牵藤后要插豆栈，用草绳将一根根豆栈连接在一起，以利于豆角藤缠绕。

黄瓜　黄瓜属葫芦科一年生蔓生或攀援草本植物。黄瓜的茎、枝有棱沟，被白色的糙硬毛。其叶柄稍粗糙，叶片为心形，雌雄同株。其成熟时呈黄绿色，花果期为夏季。黄瓜既可生吃，也可烹饪后食用。

南瓜　南瓜在瑞昌又称变瓜。南瓜适应性强，在房前、屋后、田头、地角、草坪均可种植。挖一个深坑填充塘泥、熟土，就可栽种南瓜。

辣椒　辣椒为一年生草本植物。其果实通常呈圆锥形或长圆形，未成熟时为绿色，成熟后变成鲜红色或紫色，以红色最为常见。瑞昌人喜欢吃辣椒，农村家家户户种辣椒。新鲜辣椒、干辣椒、辣椒酱为百姓一年四季食用，因此有"一过桂林桥，碗碗是辣椒"之说。其中和平辣椒品质优良、色泽油亮、个大籽少、肉厚味甜，因此名扬赣鄂。

春季种植的蔬菜还有空心菜、茄子、丝瓜、北瓜、苦瓜、冬瓜、葫芦、瓠子、生姜等。

这些春播蔬菜中，现在也有采用营养钵育苗的，一是缩短了育苗时间，二是这样育成的苗成活率高。

二、秋季种植的蔬菜

白菜　白菜属一年生草本植物，品种很多，生活中常栽培的品种有上海青、大白菜、绿秀、喜庆、小白菜等。白菜较耐寒，喜好冷凉气候。

白菜的营养丰富，菜叶可供炒食、生食、盐腌、酱渍，外层脱落的菜叶可作饲料。

萝卜　萝卜是一年生草本植物，为直根肉质，呈长圆形、球形或圆锥形，根据种类不同外皮有绿色、白色或红色。

萝卜的根系发达。施足基肥后，整好地，耙平作畦，撒入种子，几天后幼苗出土且生长迅速，因此要及时间苗，在生长期一般间苗两三次。在第一片真叶展开时即可进行第一次间苗，在长有两三片真叶时进行第二次间苗。再过七八天，每穴选留健壮苗一株，即为定苗。

萝卜的品种按成熟期分有60天、90天、120天，采收时间一般以肉质根充分肥大后为采收适期。不及时采收的话，会长成泡心或空心萝卜。萝卜有"小人参"的美称，农村有"萝卜菜上了街，郎中道士没事干"的俗语，说明萝卜具有健体强身之效。萝卜具有很强的行气功能，还能止咳化痰、除燥生津、清热解毒、利便。萝卜可增强肌体免疫力，是一种食药兼用菜。

秋季种植的蔬菜还有菠菜、芥菜、包菜、茼蒿、莴苣、葱、蒜等。种植时间遵循"处暑荞麦白露菜"的古训。芥菜、包菜、莴苣的种植均采取育苗移栽。

如今，随着蔬菜大棚的普及和发展，绝大多数蔬菜一年四季均可种植、上市。

水生蔬菜

凡适于水泽生长的蔬菜统称为水生蔬菜。瑞昌地区种植较多的有茭白、莲藕、荸荠、菱角等，这些蔬菜中除菱角外均为多年生草本植物。我们的祖先栽种这些水生蔬菜的历史久远，逐渐掌握了一套熟练的种植技术，传承至今。这些水生蔬菜喜温喜湿，冬季地上部分枯死，以地下茎越冬。它们的根系不发达，吸肥力差，一般在土层深厚肥沃的土壤中生长，并保持一定水层。除菱角外，其他几种蔬菜均为无性繁殖。

茭白 茭白俗称蒿芭、茭笋、茭瓜，属禾本科多年水生宿根草本植物,在范镇、横港、赛湖和桂林都有着悠久的栽培历史。茭白以前多为野生,近年来已发展成连片人工栽培。

莲藕　莲藕是莲的根茎,由莲鞭先端膨大而成,横生于泥土中,外皮呈黄褐色。其肉肥厚,呈灰白色,味甜而质脆。莲藕的根茎中有管状小孔,其折断处有藕丝相连,是成语"藕断丝连"的本义。莲藕除食用或制淀粉之外,还可入药。瑞昌历来有种植莲藕的传统,产量较大。

瑞昌常见的莲藕菜有清炒藕片、藕炖排骨、藕段蒸猪肚等。

荸荠　荸荠俗名梅雀、马蹄,属莎草科多年生草本植物,地下有匍匐茎,先端膨大为球茎。球茎呈扁圆形,表面平滑,老熟后呈深褐色或枣红色,表皮上有环节3~5圈,并有短鸟嘴状的顶芽及侧芽。荸荠性喜温暖湿润,不耐寒。荸荠可以生吃,可以烹饪,也可制淀粉。瑞昌主要种植区分布在赤湖之滨。

菱角　菱角又称菱,属菱科一年生水生草本植物。其水上叶为菱形,叶柄有浮囊。菱于夏末秋初开花,花冠四瓣,为白或淡红色,单生于叶腋。花受精后,没入水中,长成果实。菱的萼片发育成尖锐的硬角,由此产生了"麻袋装菱角,个个想出头"的俗语。菱的品种很多,按角的有无和数目可分四角菱、三角菱、二角菱和无角菱;按菱的色泽不同可分青菱和红菱。菱喜温暖及充足的阳光。菱的播种方式为春季直播或育苗后移栽,霜降采收,其果实鲜嫩,可作鲜食,亦可熟食,还可制淀粉。

芽苗菜

瑞昌传统的芽苗菜有豆芽菜,包括黄豆芽、黑豆芽、绿豆芽,还有萝卜芽苗、豌豆苗、蚕豆苗、花生芽等。

豆芽菜　豆芽菜的种植时间是在春夏和秋冬之交，用黄豆、黑豆或绿豆的种子浸透后，放入蒲包等漏水透气的容器中，避光保温，经常淋水，促使其发芽，芽长至三四厘米时可作蔬菜食用。豆芽菜富含氨基酸和维生素，味道鲜美。此种蔬菜栽培法为历史上最早的无土栽培。

附：土法生豆芽

豆芽是富含营养的大众菜，瑞昌山区有用土法生豆芽的习俗。先将优选出来的黄豆用温水浸泡发胀。沥水后将黄豆带到野外较潮湿的沙地里，覆上沙土，就不用管它了。五六天后，将沙土翻开，一堆白花花的豆芽就长出来了。用筛子将豆芽上的沙土筛掉冲净，即可得到又肥又白又干净的豆芽。这种生豆芽的方法省了每天早晚淋水的步骤，便捷省事。

嫩苗菜　将萝卜、豌豆、蚕豆或花生的种子播下，待长成嫩苗时，及时割下或挖取嫩苗作菜食用。嫩苗菜不仅味道鲜美，而且营养极其丰富，是菜中佳品，为城乡居民所喜爱。

野菜

瑞昌野菜种类颇多。从前在灾荒年份，有不少农民靠挖野菜充饥。如今，也有不少人为了养生而食野菜，从而形成了一种采野菜的习俗。

荠菜　荠菜又叫地菜。只要有足够的阳光，土壤不太干燥，荠菜就可以生长。荠菜对土壤的要求不高，但在肥沃、疏松的土壤里生长更旺盛。农历三月三，瑞昌人有拔荠菜煮鸡蛋吃的习俗。荠菜焯过水后可凉拌、蘸酱、做汤、炒食，荠菜水饺、荠菜馄饨、荠菜春卷都是春天餐桌上的美味。另外，荠菜还可以做成鲜美的荠菜粥。

第一编
第一章 农业生产习俗

马齿苋 马齿苋又名马齿草、五方草。其生命力极强,即使是连根拔起后,放在盛夏的太阳底下晒,至少四天以后叶子才会蔫。马齿苋的味道别具一格,它的吃法有很多种,既可鲜食,也可以焯水后炒食、凉拌、做馅,如蒜拌马齿苋、马齿苋炒鸡蛋、马齿苋馅包子、马齿苋粥等。马齿苋也具有较高的药用价值。

苦菜 苦菜的茎呈黄白色,其叶片呈长形,尖部略圆,边缘有齿,叶面绿色,背面灰绿色,花色鲜黄,属野菊科。苦菜的吃法有炒肉、做汤,或加些大豆粉做成小豆腐,亦可沸水烫后蘸酱食用,还可以和面做成菜饼,或做麻酱拌苦菜、苦菜粥等。

蕨菜 蕨菜又名蕨儿菜、龙头菜、拳头菜。蕨菜吃起来鲜嫩滑爽,素有"山菜之王"的美誉。蕨菜的食法很多,炒、烧、煨、焖都可以。在现代菜谱中,用蕨菜烹调出的名菜有木须蕨菜、海米蕨菜、肉炒蕨菜、脆皮蕨菜等。

值得注意的是,据现代科学鉴定,蕨菜具有一定的致癌成分,牛羊食用过量会导致死亡,人长期食用会提高癌症的发病率,须谨慎食用。

水芹菜 水芹菜又叫水芹,是一种多年生草本植物,生长在低洼的水田、水沟。其生长期较长,秋冬春都可以采收,既可以凉拌食用,也可以与其他荤菜炒煮。

勾儿秧 勾儿秧是多年生草本植物,茎细且空心,中间有一脉筋贯穿整株,耐旱、生命力强,花开喇叭状,呈白色或粉白色,有微毒。其嫩株可食,但不宜多食,多食会引起腹泻。

薇菜 薇菜和蕨菜非常相似,但不是同一种植物。春天采集粗壮嫩绿的薇菜幼叶,可经沸水焯后炒食,或搓制成薇菜干,也可腌渍。

桔梗 桔梗又叫明叶菜、和尚帽。其枝端能开出蓝色的小花。我们平常吃的都是桔梗根。

刺嫩芽　刺嫩芽是一种落叶小乔木，树干和树枝上长有皮刺。这种嫩芽可做菜、做汤，也可腌渍加工成罐头，其营养丰富、味道鲜美、风味独特。

小根蒜　小根蒜又名小根菜、小蒜，根头呈不规则的卵圆形，表面为白色或黄白色，底部有突起的鳞茎盘。它的茎叶长得很像蒜，也有葱、蒜的味道。一般在清明节前后采挖。主要吃法有小根蒜拌豆腐、小根蒜白木耳粥、小根蒜炒鸡蛋等。

香椿　香椿又名香椿芽，是椿树在春天刚刚长出的嫩叶，其香气独特，营养丰富。香椿的吃法很多，可凉拌、可炒、可煎，还能腌着吃，且可入药。

野蘑菇　瑞昌人每年农历三、六、九月有采蘑菇的习俗，习惯叫"捡三季菇"。这些菇春、夏、秋三季一般生长在有枞（松）树的草丛中，在雨后温度适宜的情况下生长。雨后天晴，漫山遍野都有捡菇的乡民，运气好、眼睛尖的往往能满载而归。蘑菇被称为"山珍"，是野菜中的珍品，人们除了自己食用外，捡得多还可高价出售。

野蘑菇的种类很多，常见的有绿色的绿豆菇、红色的豇豆菇、黑色的地腊菇（地耳）。有些村民辨认不清蘑菇是否有毒，食用蘑菇中毒的不幸事件偶有发生，因此，"是菇有齿（反面有菌褶），吃了不死"的传言万万不可信。

竹笋　竹笋富含纤维素，对促进肠胃蠕动、消食通便有良好作用。瑞昌人有年前挖冬笋，清明前挖春笋（毛竹笋），清明后扯乌竹笋、水竹笋的习俗。每年竹笋出土的季节，一些姑娘、媳妇常常相约进山扯笋子。鲜笋炒黄菜、炒腊肉均为美味，焯水晒干的笋片也是酒席上备受人们喜爱的菜肴。

第一编
第一章　农业生产习俗

第四节　经济作物种植

棉花

棉花属于锦葵科一年生植物，是我国最主要的经济作物之一。棉纤维是纺织工业原料，是衣被和日常纺织品的主要材料。棉仁籽油脂含量为18%～20%，并富含蛋白质，是重要的榨油原料和植物蛋白质资源。

棉花在瑞昌历史上的种植时间很长。新中国成立前种植的是绿籽或黑籽中棉，统称土棉，产量极低。当时棉花主要是纺纱、织土大布和打棉絮、纺线的原料，一般农户均要视家庭人口、土地面积和是否急需而种植，主要供家庭使用。

1951年瑞昌首次引进岱字棉15号品种，试种第一年比土棉增产43%，从而全面推广。1962年引进彭泽4号棉种，1964年又引进了洞庭1号和跃进2号棉种，1966年大量引进鄂光棉代替其他品种。为克服老品种棉花纯度低、衣分率低、产量低的缺点，瑞昌农业局科技干部从"岱字15号"棉种中，自繁自育系统株选，培育出新棉花品种"瑞良1号"。此品种结铃性强、五瓣铃多、壳薄、吐絮畅、衣分率高。1975—1977年，"瑞良1号"参加江西省新品种区域试验，平均亩产籽棉204～277千克，皮棉产量位居全省第一位。"瑞良1号"现已被收录入《江西省棉花品种志》。

一、播种

传统播种　瑞昌传统植棉模式是麦棉套种。头年10月，在翌年植棉的耕地中条播小麦，待小麦出苗后，在麦行间深锹土地，有条件的地方还可在锹好的行间挑上塘泥或湖泥，开春后趁晴将经过霜冻的塘、湖泥敲碎平撒在畦面上，开好厢沟，整好地，等待播种。

瑞昌土棉立夏前后播种，采用白籽，等行、点播，所谓"棉花行里睡老牛"，故产量极低。新中国成立后种植改良棉，播种时间在谷雨前后，逐步推广宽窄行条播，普遍采用"四合一"，即地灰、磷肥、农药、人粪尿拌种，土火粪盖籽，种植密度大幅提高，每亩为3千~5千株。

营养钵育苗移栽　自二十世纪七十年代开始，瑞昌逐步推广营养钵育苗移栽，播种时间提前至清明前后。营养钵育苗不仅可以提前播种，而且便于加强棉花苗期管理。这种方法利于棉苗早生快发，即早现蕾、早开花、早结铃、早吐絮，为棉花的高产优质打下了坚实的基础。

顾名思义，营养钵育苗就是用下足肥料、蓄满营养的湿土制成钵状体，然后把棉籽安放在钵内，待其发芽出苗。营养钵育出的苗比直播长出的苗更强壮，抗病虫害能力强，因而能够健康生长。

营养钵中的棉苗经过30~35天的生长，一般会长出三四片真叶，这时便可移栽。栽植时间一般为5月10日前后，如果有油棉两熟地则尽可能在油菜林内钻栽，如没有油棉两熟地就会在油菜收后，抢晴进行移栽，最迟5月底前都会栽完。

空田移栽是指按照密度要求等株打洞，等到晴天进行棉苗移栽，雨天湿地不栽，棉苗栽深不栽浅。

二、管理

俗话说："棉花棉花，肥料当家"，"不防病虫害，没有棉花卖"。现代棉农十分注重施肥和严防病虫害，以及棉花生长期的科学管理。

苗期管理　棉花从出苗到开始现蕾的整个营养生长期称为苗期。苗期历时40~50天，这时棉花的生长主要是扎根、长茎和生叶。田间管理

第一编
第一章 农业生产习俗

需要抓好平衡施肥、排渍防淤（nuàn）、病虫防治几项工作，使棉苗达到"植株敦实，茎粗节密，根系发达，叶色深绿"的壮苗标准。

棉花苗期主要防立枯病、炭疽病、疫病等。苗期主要害虫则是小地老虎、棉盲蝽、棉蚜、棉蓟马和棉红蜘蛛等。

蕾期管理 棉花从现蕾至开花的这段时间称为蕾期。蕾期管理包括以下几项工作。

（1）整枝除叶。即去掉徒长的侧枝、侧芽，瑞昌人称打"二溜子"，保留果枝。

（2）深埋蕾肥。6月中旬可深埋蕾肥。这样做一是让根深扎、防倒伏，二是为植株提供足够的营养。

（3）培土护蔸。结合埋施蕾肥，及时清沟、培土、壅蔸。

（4）病虫防治。棉花蕾期病害主要是枯萎病，虫害则有棉红蜘蛛、棉蚜和棉盲蝽等。

花铃期管理 棉花从开花到棉铃成熟，开始吐絮的时间称为花铃期。花铃期是棉花生长发育最旺盛的时期，亦是决定棉花产量高低和品质优劣的关键时期。为此，在管理上要"狠抓七、八、九，主攻水、肥、虫"，达到"大长七月丰产架，嫩过八月絮托花，蕾多花盛脱落少，三桃多结桃子大"的目标。花铃期管理主要有施花铃肥、灌水防旱、打顶抹芽几项。在病虫防治方面，花铃期主要应防治棉铃虫、棉红蜘蛛、斜纹夜蛾等。

吐絮期管理 棉株从开始吐絮到霜期来临，棉株停止生长，全田收花基本结束，称为吐絮期，历时60～100天。人们充分利用棉花无限生长的习性，延长有效开花结铃期，达到"足劲老健过九月，早熟迟衰不贪青，秋桃多结吐絮畅，高产优质无烂僵"的丰收目标。同时，继续用

27

灯光诱杀、引入天敌、人工捕捉和喷洒农药等方法防治棉红蜘蛛和棉盲蝽等害虫。

苎麻

苎麻是瑞昌的名特产，种植历史悠久，历代栽培面积广、产量高，苎麻品种纤维长、含胶率低，质量高于湖南、四川、安徽、浙江、广西等地所产的苎麻，并销往国外，以品质优良誉满全球。民国十二年（1923年），"细叶绿"苎麻品种参加东南亚国际苎麻展销会获优质奖。新中国成立后，北京全国农业展览馆分别于1959年与1985年两次展出瑞昌苎麻样品。

瑞昌苎麻品种"细叶绿"，是经过瑞昌麻农千百年培育繁殖而成的地方优良品种，抗寒抗旱性能好，纤维长而细，富有弹力，且极耐久，色泽洁白如银，印染易着色，是上等麻纺原料，在国际市场上有很强的竞争力。新中国成立前产麻最盛的区域为一、二区的东南部（今范镇、横港及桂林、高丰等乡镇），其次为中部（今洪下、洪一、肇陈等乡镇）及西南部的南义等地。其他地区亦有种植，但为数较少。二十世纪八十年代后，瑞昌县政府在桂林桥建麻纺厂深化苎麻加工产业，拓宽苎麻销路，使瑞昌苎麻价格逐年攀升，极大地刺激了农民种麻的积极性，各地广为种植，盛极一时。

苎麻又称为"家麻"，是极具经济价值的旱地作物，其全身是宝。麻叶鲜嫩翠绿，含有很高的蛋白质，营养丰富，可作牲口饲料；麻根含有丰富的"苎麻酸"，可作药用，捣碎的根可用来接骨外敷；麻骨含有充足的纤维，可以用来造纸，通过深加工，还能碾压成纤维板制作家具；麻肉上刮下的粗皮叫麻壳，可用来提取糠醛，这是很好的化工精炼溶剂。

第一编
第一章 农业生产习俗

麻壳晒干锤打成绒，可用来制作毡毯。麻肉通过人工精细刮打，变得色白柔软，可用来纺纱织布、造纸，还可作造船填料。古时人们把苎麻手工纺造成生夏布、白大布，可做蚊帐和衣服。农家常用它来纺藤打索，苎麻在生产、生活中用途非常广泛。

一、苎麻种植

苎麻对土质要求不高，旱地、屋边、沟岸、塘沿等处都可种植。一般采用根本繁殖，也有育苗栽种的。头年冬天，人们从麻地里的老麻蔸中分挖一部分根，栽种在地里，到次年春便生根长芽，当年就可收获。苎麻每年可收获三茬，称为头麻、二麻和三麻。头麻在芒种时收获，农民称为"小满长齐，芒种刮皮"；二麻在大暑前后收获；三麻在打霜之前收获。对于麻质有一句俗语是：头麻铁，二麻钢，三麻老谷糠。三麻质量较差，价格较低。每茬麻收后，为了使下一茬麻生长得好，人们会砍掉麻管，松松土，除去杂草，再等着收获下一茬麻。到了冬季，麻农都积极地挑麻土培蔸，就是把塘泥、砖土或田中的肥土挑到麻地里盖住麻蔸，保护麻蔸过冬不被冻坏，第二年就会长出好麻来。春天，在苎麻发芽前，施一次农家肥，比如牛粪、大粪，忌施猪粪，因猪粪会败麻蔸。苎麻出芽见红后，需要经常洒水。也有人在雨天洒施一些尿素，以提高苎麻产量。

二、苎麻采收

苎麻的采收是有讲究的，工序较繁，要求颇高，容不得马虎。大致步骤是一剥、二打、三晒、四藏。采收时节，农民赶大早趁有露水时到地里剥麻，剥完后扎成一把一把的"麻头"，然后挑回家放在清水塘浸泡个把小时便可开始打麻，即刮去麻的粗皮，并将两端刮白。打麻时先褪去麻的粗皮，叫"褪壳"，后刮白麻肉，叫"赶浆"，再将其放在竹竿上晾晒。后来有了苎麻褪壳机，则用机器褪壳，再人工刮浆，这在一定程度上减轻了农民的劳动强度，提高了劳动效率。若遇连绵阴雨天，还得"炕麻"，就是在房间一角砌一麻炕，用煤饼熏烤，四周晾麻，让其烘烤脱水变干。麻晒干后，要根据麻的长短分出好、中、差三个等级，分别打成捆等待收购。一般分级是5尺（1尺≈0.33米）以上为上等，5尺以下2尺以上为次等，2尺以下为三等。

瑞昌苎麻在新中国成立前大部分是挑到吴城、九江等地售卖，通过水路销往世界各地，这是大多数农家的重要经济收入。

油菜

油菜是瑞昌农民所种的主要油料作物。菜油除食用外，在几十年前还要用来照明。就是在灯盏中放一两根被菜油浸泡过的灯草，点燃后发出昏黄的光。

油菜花开是一道亮丽的风景线。近年来，武蛟等地油菜花开时节，成了有名的乡村旅游一景。油菜花凋谢后，成熟的油菜籽可以用来榨油。

瑞昌种植油菜的方法有直播或育苗移栽。大面积种植油菜多用直播，小面积种植多为育苗移栽。育苗的油菜需要先做苗床，精细整地、施肥后，在苗床播种。待油菜长出五六片真叶时，即可移入大田。在油菜生长期间，再适时施肥、灌水，促使其苗壮生长。

花生

瑞昌农民种花生以自食为主，也有作油料或作为商品出售的。花生

第一编
第一章　农业生产习俗

因自身有根瘤菌，因此对土地肥力要求不高，一些红壤潮土地也适宜种花生。种植花生一般在小麦地中套种居多，麦收后要及时清除麦茬和杂草，撒施一些土火粪，可较大幅度提高产量。花生成熟后，容易招来野兽拱吃。所以农民有一种习俗，即种花生时不说话，更不能高声喧哗，他们认为这样鸟兽就不知道你在种花生，以后也不会来花生地找吃的。

芝麻

"五月种芝麻，不消问得爷；六月种芝麻，拦头一朵花"。瑞昌农民种芝麻的面积不大，一般有条播、点播和育苗三种种植方法，种得太密会造成植株矮小。待芝麻九成熟后便要收割，用稻草将20～30根芝麻捆成一小捆，然后将三小捆搭成一个三脚架，或七八个小捆棚在一起晒，待芝麻荚开裂后，将其倒过来向晒筐里敲打。然后再棚起来，过一两天再敲打一次，直到芝麻完全敲落为止。瑞昌人将这种方法叫"拷芝麻"。

根据民间习俗，种芝麻要夫妻二人一起播种，才能长势好，产量高。唐诗中有"胡麻好种无人种，正是归时不见归"的诗句，胡麻即芝麻，诗句意思是妻子埋怨丈夫，正是种芝麻的时候你怎么还不回来呀？可见夫妻一起种芝麻的习俗由来久远。

山药

瑞昌山药被誉为"江南人参"，是瑞昌著名的绿色农产品之一。2002年，瑞昌山药被评为江西省二十个优质品牌农产品之一，从2003年到2012年连续十年获得国家A级绿色食品认证。2007年，瑞昌山药被评为"江西省名牌产品"。2008年，瑞昌山药成功注册了"独一支"商标，2010年，获得国家地理农产品标志认证。"独一支"牌瑞昌山药在第四至第八届江西名优农产品上海展示展销会上连续五届荣获"畅销产品金奖",2008年,在我国绿色食品博览会上获中华人民共和国商务部和江西省人民政府联合颁发的"参展企业产品银奖",2012年,"独一支"商标被评为"江西名牌"和"著名商标"。

瑞昌山药栽培历史悠久。据明代隆庆年间的《瑞昌县志》记载,山药在当时就是瑞昌的主要物产和药材之一。瑞昌山药具有色白、味鲜、爽嫩、可口等特色,是瑞昌宴会上的必备佳肴。江西农业大学教授、前全国园艺学会理事蔡金辉于1996年完成的国家农业科学基金课题《山药品种资源调查》表明,瑞昌山药在全国80多个山药品种中,外观、口感、营养都名列前茅,是同类产品中的珍品。

山药适宜生长于海拔300米且土层深厚的缓坡丘地。规模种植山药面积较大的乡镇有高丰、南阳、白杨、桂林和横立山,种植面积都在3 000亩以上。其中南阳的罗城山和高丰的严坪所产的山药,是瑞昌山药中的极品。

瑞昌种植山药的主要步骤如下。

选地 种植山药的土壤为纯黄色细土,土质疏松无杂沙,有一定的黏性。斜坡不超过20度。山药种植对土壤要求很高,只可轮种。

选种 山药的选种一般是切断山药根蒂部分呈块状,或用山药中位部分切成块。山药中部粗壮根须多,发芽率高,产量更高。一般每棵种重量为40~50克。

种植 种植山药之前先平整土地,及时挖沟排涝,种植时逐行带土立埂。为防地老虎等害虫破坏山药生长,也为不影响外形美观,每亩地要求撒石灰150千克左右,这样做既能灭害虫,又能起酸碱中和作用。

种植山药很讲究施肥：一般以磷、钾肥和菜饼作为主肥，每亩地共施肥250千克左右，分三次施入。山药种下地后20天左右施第一次肥，每亩施100千克（埋土施肥）。待山药藤叶完全长出后施第二次肥，每亩80千克。第三次施肥在9月底，山药基本成熟，每亩再施肥70千克。施肥主要可以增加山药的含淀粉量，此外农民还会在山药生长过程中打"防菌灵"三次以上。

搭架 山药为藤蔓植物，藤苗长出后要插竹竿搭架。每株插一根竹竿，三四株为一束，竹竿应用本年新青竹，直径为1.2厘米左右，长度为2米左右。

生长期的山药

盖青 山药藤茎发育成熟后的6月初，农民用野草藤嫩叶结小捆铺盖在山药苗林中，以便保水防旱，防水土流失。

采收 11月中旬至次年2月底都是山药收挖期，一般挖土深度为45～60厘米。优质品种的山药外皮呈微黄色，光滑、毛须分布匀称，蔸重在500克以上。

储藏 山药收挖后可在室内集中堆放储存，也可在地窖中储存护养。存放山药时，上方加盖厚度10～15厘米的细黄土，室内和地窖内温度保持在20摄氏度左右，同时保持一定的湿度。

烟叶

烟叶曾是瑞昌历史上的大宗特产，种植历史大约始于清顺治年间。据传有一位姓朱的农民由安徽（又传是福建）携种回瑞昌种植，至今已有300多年历史，产地主要集中在沿江滨湖地区的码头、武蛟和白杨等乡镇。瑞昌烟叶品优质好，主要行销上海及苏、皖、鄂、津等地。1936年，江西《经济建设》专刊第一期与《江西地方农业资料汇编》中介绍："瑞昌烟叶，叶宽肉厚，色泽黄润，组织细密，油脂丰润，质地柔软，重量轻，弹性好，草味易退，香气醇郁。"二十世纪五十年代初期，瑞昌烟叶在全国烟草评比中被誉为优质。其产品分上中黄、正中黄、下中黄、盖露、二托、子叶、土皮七个级别。以上、下、中黄及盖露为叶中精华，宜制卷烟。子叶、土皮则为优质，适合制作黄烟。烟叶分级标准为从烟苗下部往上数，近土第一片名"土皮"，第二片名"二托"，第三片名"三括子"，第四片至十五六片都称为黄叶，其中第七片至十二三片称中黄，近梢部的二三片叶名"盖露"。历史上，上等烟叶售价最高的每斤银币0.3元，最低每斤0.2元；1936年，上等烟叶卖价曾高达70~80元银币一担（1担=50千克）。随着"以粮为纲"政策的实施，瑞昌烟叶种植逐渐退出历史舞台，只剩下烟民自种、自制、自吸的少量种植了。

茶叶

瑞昌产茶记载始见于唐建中年间的《浔阳志》，"以其地有茗荻之利也"。明洪武廿四年辛未（1391年）《瑞昌县志》则有"瑞昌贡茶四十八斤"的记载。尔后清同治十年辛未（1871年）《瑞昌县志》记有"宝珠茶"产于"县西二十里黄茅山麓，去仙女池三里许"。

史上瑞昌种茶、制茶与茶文化主要受九江庐山茶的影响，瑞昌俗称的"明前茶""谷雨茶"，其品种、工艺、特色是与庐山茶一脉相传的炒青散形绿茶。清末及民国时期，民生凋敝，茶产业大幅衰落。二十世纪六十年代末至八十年代初，瑞昌茶园有所发展，并量产红茶。随后各地

第一编
第一章 农业生产习俗

茶山又荒废了近三十年。从2010年后十多年来，瑞昌采取政府扶持、招商引资方针，引进诸多客商，大力发展安吉白茶的种植，同时优化布局庐山云雾茶。瑞昌茶业迅速崛起，并以独立茶场规模大、扩展快、品质优而跻身九江主要名优茶产地行列。

瑞昌茶叶品种主要是白化茶，即安吉白茶和云雾茶中的小叶群体种，目前总面积在2.5万亩左右，白化茶约占84.6%，本地群体种约占15.4%。主要分布在中线花园、大德、肇陈、洪一、乐园和南线的范镇、青山、横港，其他乡镇也有少量栽种。

一、栽培方法

整地 头年深翻山地50~60厘米，有条件的铺些农家肥，提高土壤中有机质的含量。

扦插移栽 二十世纪以前，瑞昌茶叶都是有性播种。在"十二五"期间，瑞昌市委市政府大力发展茶叶产业，全市进入茶叶种植高峰期。随着科技进步，新发展的茶园均为无性系扦插。由于瑞昌森林面积多，植被丰富，生态环境平衡，高海拔的茶园进行的都是以物理防虫为主的有机耕作，其他地区则以绿色防控的标准生产。

定型修剪 在扦插的第二、第三年进行。

采摘 三周年后，茶园可打顶采摘。第四年进入青年期，第五年进入壮年期。高海拔茶园推迟一年进入茶园状态期。

二、茶叶加工流程

目前瑞昌茶产业基本都是生产名优茶。采摘标准为一芽一叶初展或一芽一叶，或一芽二叶。夏秋茶基本不产。

茶叶加工流程为：采摘→摊青→分选→杀青→回潮→风选→揉捻→

理条→定型→提毫→烘干→色选→提香→成品→包装。

水果

猕猴桃　猕猴桃在瑞昌俗称野洋桃、藤梨、芝麻梨，是一种藤本落叶水果，在瑞昌有着广泛的分布。青山、大德山、南义、横港、范镇、花园、乐园、肇陈、洪一、洪下、高丰、南阳、横立山、桂林等低山或丘陵地区，均有丰富的野生猕猴桃资源。

瑞昌的农业科技人员将野生猕猴桃进行驯化栽培，通过不断选育，1982年终于成功地育出中华猕猴桃79-2优良新品种。鲜果采摘后不需要保温沤熟，放在家中3~5天后就自然成熟。该品种于1986年获九江市科技进步三等奖，1990年定名为"庐山香"，并注册商标。1991年，在原农业部（现农业农村部）猕猴桃基地品种鉴评会上获优良品种奖。1992年，在中国农业博览会上评为金质奖。1990年，第11届亚运会在北京举行，瑞昌"庐山香"猕猴桃被运往北京亚运村，成为招待运动员的水果，深受欢迎。从此，"庐山香"猕猴桃声誉鹊起，获得了京、沪、杭和江西省业内人士的交口称赞，受到了城乡居民的好评。

通过多年来的试验推广，中华猕猴桃"庐山香""金魁""红心猕猴桃"三个优良品种分别在青山、横港、高丰、南义、桂林、赛湖和农业科学研究所大面积栽植，不但满足了瑞昌城乡居民的需要，还销往全国各地。

莎果　瑞昌莎果主产于桂林的六合、北亭、洪山等村，是闻名遐迩的瑞昌特产。莎果在《中国果树栽培学》中早有记载，为南方苹果属的代表品种，被列入"江西特产"。其果实为扁圆形，果皮粉绿白色，外形整齐美观，风味甜酸可口，具有生津化痰、平中理气、增强消化之功能。莎果在苹果成熟之前上市，深受消费者好评。

翠冠梨 翠冠梨是蜜梨，比北方的鸭梨及砀山酥梨早两三个月上市，主产于横立山。翠冠梨平均单果重250克，最重可达325克，耐储运，符合出口标准。

翠冠梨被誉称"六月雪"，果皮细薄、肉脆汁多、味甜鲜嫩。其适应性强，平地滩涂均可栽植，横立山栽种最多时面积超过10 000亩。

瑞昌种植的水果除猕猴桃、莎果、翠冠梨外，其他品种有桃、李、枣、柿、梅、杏、橘、柑、樱桃、山楂、枇杷、石榴、葡萄、草莓等，全市各地都有分布。

第五节　兴修水利

水是生命之源，也是农业生产的关键要素之一。千百年来，在长期的生产实践中，瑞昌各地因地制宜，艰苦奋斗，不断改善水利条件，形成了多种多样的水利灌溉习俗。

挖水塘

据明嘉靖六年丁亥（1527年）《九江府志》载："瑞昌县有塘18口，灌溉农田729亩，王仙乡屋畔圳塘可灌田128亩。"清同治十年辛未（1871年）《瑞昌县志》载"全县有塘89口，灌溉农田1 525亩"。清至民国，池塘均列为田产，征收税粮。水田买卖时，亦须将所属水塘灌溉载入契约，一并过户计征。由于小农经济的局限，农民基本上靠天吃饭。稍有干旱，许多地方人畜饮水都十分困难，水利设施之薄弱由此可见。

1949年，全县共有大、小水塘4 314口，可灌田8 000余亩，塘、井、泉共灌溉6.7万余亩，但抗旱能力均在30天以下。1950年冬，县人民政府领导农民整修水塘496口，新挖10口，改善灌溉面积2 000余亩。1956年，新建水塘203口，增加灌溉面积8 707亩；整修水塘3 965口，有12 700余亩水田受益，抗旱能力分别提高到50～70天。1959年，有水塘4 811口，灌溉能力进一步提高，但仍未能达到农民希望长期旱涝保收的心愿。此后，瑞昌兴建的一批蓄水骨干工程陆续发挥效益，小型水塘建设基本停止，先后废塘改田、废塘改建水库共达2 424口。

修水库

瑞昌山多、垄多、溪港多，这一地貌为兴修水库、扩大农田灌溉面积提供了有利条件。所以从1952年到1981年的30年中，瑞昌各地掀起了大修水库及配套工程的热潮。"冬修"几乎伴随着瑞昌农业集体合作社和人民公社化的全过程。这是一段我国几千年来空前绝后的兴修水利工程的历史。

瑞昌修水库的历史是从1952年的横港镇清滢村沈家垅开始的，当年建成了瑞昌有史以来第一座小（2）型水库。1953年冬，又在南义镇陈家垅修筑了第二座小（2）型水库。这两座水库建成后，有效灌溉面积1 800余亩，远超一般的山塘河堰。

初战告捷后，从1955年冬开始，瑞昌各地水库工程密集上马。仅仅两年时间，分别在横港、范镇、南义、桂林、高丰、洪下和洪一等地建成了96座小型水库。随着农业生产合作社的发展和人民公社的成立，组织起来的瑞昌农民感党恩、听党话、跟党走，库区人民舍小家为大家，在没有任何补偿的情况下，党叫迁到哪里就迁到哪里，没有一个人有一句怨言，白手起家，重建家园。有的地区人民甚至一迁再迁，肇陈建水

第一编
第一章　农业生产习俗

墩一库时，库区村庄迁到大坝外，村民们建好新家不多年，又要建水墩二库。全村人没有二话，再一次集体外迁。

瑞昌每年修水库都是从秋收之后开始的。各级党委政府及大队集体组织，根据农业生产的需要，在征求农民意见的基础上，确定修建水库后，组织勘察设计，然后根据工程分配劳力数到生产队。生产队派工从没有讨价还价一说，基本上指谁是谁，自带口粮，自带工具，说走就走。参加"大会战"的民工大多以民兵建制，公社为营，大队为连，小队为排，统一安排到附近村民家打地铺住宿，集体蒸饭。他们一般是天亮即上工，天黑才收工。由于没有机械设备，从取土、挑土、筑坝、打夯、砌坡、开溢洪道到修灌溉水渠，完全靠人力，劳动极为艰苦。为提高效率，不少水库实行挑土发牌，即民工挑一担土上坝，发一块牌子，以此计算工分，年终参与生产队的决算分红。那时的劳动报酬极低，一个劳动日大多只值几角钱。

有些较大型的水库工程，一地难以完成，便在全县分任务到各公社，统一无偿抽调劳力，以保证所有分配的任务能够按时、按质完成。

高丰大瀼水库　高丰大瀼水库是瑞昌第一座小（1）型水库，也是九江地区第一批重点骨干工程。水库于1957年11月5日开工，共组织全县5 000余名劳动力，历时5个半月，投入48.7万多个劳动工日，完成土石方29.8万余立方，于次年4月20日竣工。灌溉面积一万余亩。

大瀼水库工程开启了瑞昌兴修水利大会战的先河。

南阳石门水库　石门水库库址在南阳乡排沙熊家上首的石门冲，故名。库区南、西、北三面环山，东面由南北两山夹一条小溪和一丘农田，上游有横立山45.5平方千米的流域面积，库内有大龙泉、东泉、黑塔泉、龙泉、上仰泉、下仰泉、雷公泉、电母泉、横泉和米筛泉共

高丰大㘵水库

计10口泉眼,水源充沛,天然条件优良。1958年,由瑞昌县水电局负责勘测、设计,8月13日开工兴建,共组织全县各乡8 000余名劳动力,最高时达到10 500名劳动力投入施工。1959年4月,大坝完成10米高程时停建转入春耕,9月5日复工。1960年4月5日,大坝高程达到22米时,宣告基本建成,尔后组织300人施工队伍转入常年施工,继续加高加固。1964年冬,经江西省批准投资19万元用于护砌溢洪道和涵管启闭设备的改建,于1966年完工。石门水库的建设历时9年,有效库容1 330万立方米,有效灌溉面积达2.4万亩。

南阳石门水库

第一编
第一章　农业生产习俗

横港水库　横港水库位于横港镇北周村。1958年，由瑞昌县水电局测量、设计，与石门水库同时开工。1960年，完成大坝清基、筑核心墙工程。1961年1月，大坝高程10米时，江西省水利厅为缩短基建战线，决定停建。1969年8月复工续建。横港水库的建设历时11年，总共完成土石方91.1万立方米，设计灌溉面积3万亩。

横港水库

复建横港水库时，瑞昌调集全市主要劳动力组织"大会战"，民工全部被安排在附近村民家打地铺借宿，用蒸笼蒸饭，大多以干菜、咸菜、豆腐乳、辣椒酱为菜，按照民兵建制，实行军事化管理。早上五点左右起床号一吹，大家立即起床，吃饭后迅速赶到水库工地开工，中午饭送到工地，晚上摸黑收工，一天劳动12个小时以上，劳动强度之大、时间之长在瑞昌地区史无前例。水库工地上干活的有农民、有机关干部，就连当时学校的"赤脚老师"也参加了修水库的劳动。当冲锋号吹起的时候，老师们跑得更快，挑得更多，休息时他们还要忙着写稿，表扬工地上的好人好事，既当战斗员，也当宣传员。年轻的后生大多把两担合成一担挑，自发地开展劳动竞赛，看谁跑得快、挑得多。整个工地人声鼎沸，动地撼天。

南义幸福水库 幸福水库位于南义镇大冲下周村北面的博阳河上游,拦截小坳河与峨嵋溪两条水系,集水面积48平方千米,是一座以灌溉为主并综合利用的水库。1958年动工兴建,仅完成核心墙开挖回填和坝址清基即停建。1969年12月继续施工,1970年大坝完成17.8米时再次停建。1974年4月经县水电局批准工程设计书后继续施工,1975年完成大坝高程28.5米,由于修建过程中填筑质量差,渗水严重,1981年空库度汛。1982年进行大坝加高加固,改建溢洪道。1985年完成大坝技术处理。幸福水库总库容1 400多万立方米,有效库容750多万立方米,设计灌溉面积12 600亩,目前灌溉面积8 000亩。

南义幸福水库

同一时期先后建成的规模较大的水库还有东坳水库、水墪一库、水墪二库、红旗水库、龙口源水库以及高泉水库等。

瑞昌农民经过艰苦奋斗,修起了大大小小百余座水库,犹如一座座巍峨的丰碑,展示了瑞昌农民在不平凡年代里的不平凡业绩。

作水堰

瑞昌的水堰有石堰、槎堰之分。石堰是用石块垒成堰坝,一劳永

第一编

第一章 农业生产习俗

逸，定期管理、维修即可。槎堰是用柴槎拦河截堵地表水，不仅抗旱能力差，灌溉面积少，而且一遇洪水暴发即荡然无存。1950—1960年，瑞昌县对原有柴槎老堰全面进行改建，采用混凝土或黏土浇筑核心墙截水，块石、水泥、混凝土垒砌，另新建水堰72座。1960年以后，瑞昌县共有水堰918座。1961年后，由于新建的大批中、小型水库开始投入使用，大部分小堰逐年淘汰废除。1982年清查统计，全县存有水堰148座，灌田21 000多亩。其中大型水堰有3座，即刘陂堰、大塘堰和高丰堰。从前石堰少，柴槎堰居多，故而作堰是一项重要的农事活动。

石堰

作堰由堰头管理，每年春播之前，堰头要召开受益庄门代表会议，以决定砍柴槎时间、各庄柴槎数量、作堰时间、各庄凑众人数以及饭菜杂用开支等事宜。散会后，各庄安排劳力砍柴槎，挑到堰岸上由堰头记账。待各庄砍柴槎任务完成后，堰头派人鸣锣，各庄派出有一定作堰经验和水性良好的人上堰塘作堰。在堰头的指挥下，他们打下数排堰桩，一捆捆柴槎被摆放在堰桩上,再塞入密密的堰桩中,随后用土覆盖在堰槎上,尽可能地防漏,直到河水能进入沟渠灌溉农田为止。若遇洪水冲毁,则须再次作堰。

修长河

瀼溪是瑞昌县治所在地百姓的母亲河。明清时期经过多次反复改道治理,均未能根除水患。新中国成立后,仅1949年到1969年的20年间,就发生水患6次,其中以1954年的水害最大,水临县城四角门,圣门路水深近两米,城郊东、南、西三面皆成泽国,有1.7万人口受灾,1.15万亩农田淹没无收。

今日长河

根据民情民意,当时的县委、县革委审时度势,在充分调查研究的前提下,决定沿南山脚新开掘一条8 000多米长的河,命名为长河。1970年秋,瑞昌县调集全县3.5万名劳力,组织了瑞昌历史上规模空前的水利设施建设大会战。长河第一期工程共投入150余万个劳动人日。经过四

第一编
第一章 农业生产习俗

个月的拼搏,开挖新河8 020米,河底宽60米,滩地底宽120米,河面宽180米,彻底根除了水患。当地百姓中流传着这样一首歌谣:"洪水泛滥世代仇,万亩良田望天坵。长河一改害变利,喜看排灌水自流。党的决策就是好,年年岁岁保丰收。"

此后,瑞昌农民投工投劳,修筑了梁公堤、赤心堤、城防堤、赛湖堤,整治了横港河、乌石河、南阳河等,用辛勤的汗水、愚公移山的精神,谱写了一首首兴利除害的壮丽诗篇。

建水渠

新中国成立前,除少数比较大型的堰坝、水塘有固定性的沟渠设施外,其余都没有永久性沟渠配套工程。新中国成立后,瑞昌县对原有沟渠进行了全面整理维修,使灌溉受益面积有所增加。此后新建的水利工程,均有永久性沟渠配套设施。自1953年第一座示范水库建成至1985年,全县共开挖小(2)型以上水库及灌溉500亩以上水堰渠道334条,长597千米。其中干渠179条,长374千米;支渠144条,长218千米;动力提水渠道11条,长5千米;开挖隧

水渠

洞24座,长3 450多米;架设渡槽25座,长2 997米。这些渠道都是农民用双手开凿的,投入的人力、物力不亚于修水库、筑长河。其中3座以灌溉为主的中型水库渠系配套工程如下。

石门水库渠系配套工程 石门水库渠系配套工程于1959年动工，完成涵管出口处至木梓坪长5千米的北干渠。北干渠中段分两条：一条是1960年到1962年春凿通徐家塘354米的隧洞，以及1964年完成的从谈家堰经港南谈村、下朱到三眼桥3千米的渠道；另一条是从南阳河上段土桥李家堰，沿宝山峡至吴家穿公路再至上朱，过下畈沿山脚至殷家坊到下王8.4千米的渠道。1968年完成从涵管出口处沿南山绕大屋陈村至马泉6.5千米的南干渠。1971年到1974年续建北干渠，完成从徐家塘隧洞出口处沿南林北山环绕，架设渡槽8座，长958米，贯穿隧洞5座，长1 056米，东行至码头封门口，过杨坳至潘家垄到大桥全长31.4千米的高北干渠。

横港水库渠系配套工程 横港水库渠系配套工程于1970年与续建枢纽工程同时开工，有南北两条干渠。北干渠从涵管出口处沿山脚东行，经何子山跨聂家山绕到范镇庐泉水库，再从庐泉水库尾端经陡岗山至长岭分支。一支北流高丰李家铺村；一支东去洪岭深井垄出常丰畈。总长29.9千米，1978年初步完成20.4千米到达陡岗山，同时完成隧洞4座，长640米，渡槽4座，长947.5米。南干渠横跨横港河沿南山脚经苏家垄、洞下、钟家铺、左家山绕到清溢村出范镇八百户王村，全长10千米，已通水5千米，并建成跨河渡槽1座，长274米，隧洞2座，长314米。

幸福水库渠系配套工程 幸福水库渠系配套工程于1970年动工兴建，至1985年先后开挖4条渠道，即总干渠和东、中、南三条干渠，全长22.61千米。总干渠从涵管出口至仓下背后4.97千米，再分支为中、南两条干渠：中干渠从仓下经朝阳北畈至谢家垄过新屋田家、大屋村、青陂畈至界首刘黎宋出武宁县，全长7.78千米，已通水3.72千米；南干渠从仓下至南边田村沿南山脚至大屋余家直达青塘，全长7.86千米。东干渠从低涵管跨河东行至刚强岭下，全长2千米，附有隧洞3座，长285米，渡槽5座，长342米。整个渠道尚待配套完善，中、南干渠尚未全面通水。

另外大瀼水库有渠道1条，长10千米；龙口源水库有渠道2条，长12.45千米，只完成东干渠1条，长5千米；水墩一、二库有渠道1条，长7.5千米，完成2 100米；民兵水库有渠道1条，长3千米；东坳水库有渠道1条，长10千米，隧洞3座，长305.5米，渡槽5座，长354.4米；红旗水库有渠道1条，长7.5千米，隧洞7座，长850米，渡槽3座，长110米；芦泉水库有渠道1条，长3千米。

这些沟渠犹如人体中大大小小的血管，将水库的水送到一片片良田中。

第六节　其他农事

烧石灰

石灰不仅是重要的化工原料，而且在农业上的作用也十分重要。石灰具有杀虫、杀菌、防腐、中和酸性土壤等作用。在大集体时代，每年的早稻到了分蘖期便要撒石灰，撒了石灰的早稻秧苗抗虫、抗病能力强，且因杀死了田间的黄鳝、泥鳅和虫子，从而减少了田埂漏水。

烧石灰分准备燃料、采石、装窑、出窑四个主要环节。

准备燃料　烧制石灰的燃料主要是煤和柴，柴灰质量更好，但燃料耗费巨大，所以大多用煤代柴。

采石　石灰的原料是石灰石，其主要成分是碳酸钙，需要通过高温煅烧生成生石灰（氧化钙），生石灰与水反应才能生成熟石灰粉末（氢氧化钙)。

采石首先是放炮炸石。经过打炮眼、填炸药、放炮等一系列程序后，将岩石炸开，得到用于烧灰的石块。然后把大块石头改至饭碗般大小，最小的约鸡蛋大。改小后的石块俗称"管"，这是用来烧石灰的原材料。

装窑 在一块直径约6米的平地上，将10根约碗口粗、长6米以上的杉树干按圆周线等距竖立埋下，地下约埋50厘米。为了增加其牢固性，树干与树干之间还要用竹篾拉紧，并用草索（俗称窑藤）在树干的外围打箍。根据地域不同，其方法不尽相同，比如在南义，则采用刺条绞合成直径约30厘米的粗刺绳围在窑的周围，不用树干，也不用草，确定窑基之后，在窑基中心挖一斜形炉膛，铺一层片柴，夹杂一些用于引火的细树枝，再铺上干煤饼，然后在地炉里点火，将干柴、煤饼引燃后，封闭地炉门。这时煤火会将第一层煤饼烧着，然后看煤饼烧着到哪里，就将"管"铺到哪里，一层石块厚约20厘米。为防烧断树干、草绳，窑周围须填一圈约60厘米厚的沙土，同时将竹篾和稻草索再向上围打箍。待第一层石烧热，就开始在上面搭煤泥，一层煤泥的厚度视煤的燃烧值不同而定，一般为10~15厘米。待煤泥缝隙可见火苗蹿出，便再往煤泥上面放"管"。石块放好后再在周围填沙土，如此一层层逐步向上升高，直至封顶。

在石灰窑装到一米高度时，便要搭桥（用木架架起木板），以利装窑人员上下，当窑达到两米以上时，桥的两侧还要搭建扶手，以增加安全系数。

石灰窑一般烧15~20层，待顶层石块快烧熟时，便用窑沙（往年石灰窑的护土，经烧后成窑沙）将石块盖起来让其焖烧。顶层石块熟透

第一编
第一章 农业生产习俗

后，再将窑沙扒开，让其冷却，两天后便可出窑。

从前烧石灰有各种习俗禁忌。如装窑前要准备祭品祭窑神，然后大家一起吃一顿有酒有肉的美餐，叫"做神福"。窑装好后，还要再次"做神福"。另外，烧石灰时，妇女一律不许走近窑边。而烧石灰的"管"必须是新开采的石头，神坛、堡、庙的石头，墙脚石，猪食槽的石头都不得用作"管"。

出窑　出窑时先将熟灰块捡尽、挑走，然后再把窑沙和煤渣挑走，最后拆除一段外围的窑箍。如此一层层往下清理，直至底层。从开始放炮到整个窑清理完毕，前后要经历一个月的时间。

石灰的烧制过程是非常艰苦的，既要防止下雨浇熄了火，又要防止火烧过了头。烧窑师傅经常半夜三更上窑看火势，如个别地方火苗上蹿，就要用煤泥及时封住；某些地方若看不到火，则又要将此处用铁条戳开一些，以利着火。整个烧制过程烧窑师傅难得睡个安稳觉，只有等到出窑时，烧窑师傅一颗悬着的心才放下来。

如果烧制不到位，石块就成了"生管"或"半熟管"，出灰量减少甚至无灰，而烧过头的"管"则结成块，俗称"烧熘了"，无法冲灰。一块烧熟透的"管"，颜色白里带浅绿，冲灰后石渣极少。因此，烧制石灰是一项技术含量很高的活计，不是老师傅根本无法胜任。

从前，在一些山林资源丰富的山村，也有烧柴灰的习俗。柴灰成本比煤烧的石灰高很多，其价格也比煤烧的石灰贵很多，在实行棺葬的时期，柴灰是殡葬的必需品。

烧火粪

烧火粪是小农经济和集体经济时代瑞昌农村的一项重要农事活动。

火粪中含有一定的钾元素，为大多农作物所必需。烧火粪的原料为茅刺和草皮，以及田边地岸上的荆棘（瑞昌人称之为刺）。用柴刀将刺砍断叫斫刺，除了柴刀之外，还要预备一杆刺叉，以防荆棘伤手。挖草皮也叫践草皮，将刺和草皮晒干后，便开始烧火粪。瑞昌人烧火粪大多是就地取材，就地烧，有在晒场边上烧的，有在田头地脚烧的。一般先用草皮或土块码成3～5行的火粪脚，然后铺上茅刺，稍微压实后，便向上堆草皮，堆成馒头状，最后撒一层细土，将整个草皮盖住。点燃底部的茅刺后，迅速引燃四周，每两三小时掏一次，防止烧过了。火粪以乌黑为上品，火粪没烧透称烧成"老鼠窝"，一般要重新备料再烧。有些勤快的农民，出门总带篾箕，看见牛粪就像见到宝似的，捡进篾箕里，送到自己的火粪场上，牛粪晒干后是烧火粪的上等辅料。把火粪撒在地里，可以使土壤变得肥沃，这是千百年来农民改良土壤的传统方法。

铲火沙

在瑞昌中西部一些田地少荒山野岭多的山区，过去人们常从事一项农事活动——铲火沙。

铲火沙的地点一般选择在只有茅草或灌木丛的荒岭山坡上，先把茅草和灌木丛割下来铺在原地晒干，割断火路后点火焚烧，待过雨后，均匀撒下作物种粒，然后用锄头轻锄浅铲（土语发音为cē），使沙土和草木灰将种粒浅盖，不久就会长出苗来。

铲火沙可种的作物有粟、芝麻、高粱、荞麦、小麦、苦荞麦、油菜等。因为山上是腐蚀土层，加上肥力较强的草木灰，这样种植的庄稼往往长得很茂盛，若雨水调匀，收获是很喜人的。

第一编
第一章 农业生产习俗

铲了火沙之后的山地要好挖得多,挖成了深土层的地后,土壤就变得经干耐旱,也可种植红薯、大豆、玉米等更多种类的农作物。当然,随着水土保持和环境保护的开展,铲火沙这项农事已成了历史。

出猪牛粪

农家肥主要是厩肥。瑞昌绝大多数地方都有圈养猪牛的习俗,圈猪的叫猪栏,圈牛的叫牛栏。要保持猪牛栏干燥,同时积蓄较多的厩肥,就需要大量的垫料。除了稻草、麦草外,还要割茅弥补垫料的不足。

割茅的最佳时间是秋冬。农民一般割的是丝茅,很少割芭茅。田头、地边、附近山坡均是农民割茅经常光顾的地方,但也有走十几里路进深山割茅的现象。猪牛栏粪经一段时间积累后,要弄出来,叫出猪牛粪。粪一般堆放在距猪牛栏不远的地方,堆成馒头形,再在上面铺一层杉树刺,防止鸡啄。待其发酵后,再挑到田地里作基肥。

挑塘泥

瑞昌很多地方盛产苎麻,苎麻怕霜冻,所以种麻农民有挑塘泥的习俗。挑塘泥一方面是为苎麻培土防冻;另一方面是为补充地力,促使苎麻增产;同时还能清理池塘,增加蓄水量,是一举三得的农事。塘泥挑到麻地后,要利用晴天将其散开,使其真正起到防寒、防冻的作用。

在瑞昌的一些棉区也有向棉花地里挑塘泥的习俗,其主要作用是改良土壤,提高地力,增产增收。

也有人挑塘泥作南瓜墩。这样处理过的地土深肥足,种上南瓜,藤壮叶绿,结的南瓜又大又多,是很被左邻右舍羡慕的。

捞湖草

赤湖是江西第五大淡水湖泊，面积47平方千米。湖底淤泥沉积厚，每年夏季，各种水草长势茂盛。生长在赤湖水底的湖草，根据其生长形状，有筛草、扁叶、狗尾巴、冬瓜绒、藤草、畔叶等多种。

居住在赤湖之滨白杨、武蛟、码头等地的农民，每年要捞湖草作肥料，以改良土壤，提高农作物收成。

捞湖草的主要工具有两个，一是船，滨湖人称其为"草船"。在新中国成立前，多数农户都有一只草船，也有的是两家合伙打造的草船。草船用杉木制作，长六七米，船中间宽2米，前后端宽0.8米，设7个船舱，中间船舱大，船头和尾部的舱小。一只船的承载在1～1.5吨。

捞湖草的工具之二是"剪竹"。每年在冬季到来时，农民们就邀集本庄的人到横港、南义等有山竹的地方，买回竹子做"剪竹"。用两根长约5米、直径1寸（约等于3.33厘米）左右的山竹，用火熏矫正，再用棕绒搓成小绳，在竹子中间约三分之二处，将两根竹子采用8字形循环捆扎在一起，就称为"剪竹"。剪竹三分之二在上，是两手捻持部位，三分之一在下，称"剪竹头"，是插进水中夹取湖草的部位。农民用手把持上头，两手扳开就同剪刀一样将其插入水中，然后两手一合，顺着一个方向旋扭360度，顺势往上一拔，剪竹头夹住的水草就被连根带叶夹起来了。农民们就这样一剪一剪地把湖草捞起来装进船舱，捞满一船湖草大约需要五六个小时，如遇风浪大时，时间会更长一些。

每年夏秋季，赤湖有600～800只捞湖草的船只，农民双手拿剪竹，站立船头，一插一扭往上一甩的捞草身姿，在烈日澄波中，构成一幅靓丽的风景画。湖草捞上岸后，一般组织女劳动力挑到棉花地，盖在棉花行里。湖草一方面可以作肥料，另一方面可以起到抗旱的作用。

割青沤肥

在瑞昌的一些山区过去有割青沤肥的习俗。初夏时，山林叠翠，许多灌木长出新枝，枯黄的茅草也发出了新绿，葱郁丛中绽放绚丽的鲜花。农民挥舞着茅镰刀，割下一担担青叶，挑到田边，堆放成一座座小堆，用湿泥将其封住。经过一段时间堆沤，青叶便成为有机肥。耕田前，农民将沤制的青肥撒在田里，给禾苗提供茁壮生长的养分。

第七节　食品加工

粮食加工

一、大米加工

二十世纪六十年代以前，农民加工大米，是先用簸子褪去稻谷的谷壳。谷壳俗称老虎糠，可用于壅在炉灶里烘烤衣物或取暖，也可用于熏制腊鱼、腊肉。

稻谷经簸子脱去谷壳后，得到的米叫糙米，含一部分谷，要除去这部分谷，则要用碓舂米。将若干量的糙米放入碓臼中，以碓臼容量的三分之二为宜，用脚踏碓尾将碓头升高，然后松开，让碓头自然砸下，反复几百次、几千次地舂，直至糙米舂成"熟米"。有石碾的地方，则用石碾碾米。碾米时用牛拉碾砣转圈，劳动强度比舂米要低很多，效率也高很多。石碾主要由碾砣、碾盘、碾架和中心柱组成，主要用途是用来碾带壳的谷物。米碾熟后，用米筛将米、谷分离，再用格筛将好米与碎米分离，没碾熟的谷倒入石碓中舂熟。

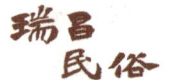

二、做折粉

瑞昌中线自花园以西以及南义都有做折粉的习俗。传统的制作折粉的工艺较复杂，周期也较长。

先将优质大米放到水中浸泡，然后磨成浆，盛放在较大的容器内若干天。通常需要一个月左右，具体时间的长短根据气温而定，这一过程称"烂浆"。经沉淀烂过的浆稍有酸味，将其滤干后，抟成直径10～13厘米的团子，放锅内煮，自外至内熟至1.5～2厘米深度。这一点很关键，熟多了，做出来的粉会从中间纵向裂开，不好看，熟少了，煮粉时会糊。煮好的团子放到碓臼中去捣，待捣成粉坨后，揉成不超过18厘米长的圆柱状，放入一种用铸铁制成的内径20厘米、高45厘米的叫粉甑的圆筒形器具里，粉甑下方出口处有衔口，一块约0.6厘米厚、外径与圆筒内径相同的钻满小孔的铜板置于衔口上，上加活塞，置于粉架上。利用杠杆原理对活塞施压，甑中的粉坨便通过密密麻麻的小孔被挤了出来，成为粉条。粉条掉进沸水锅里，煮熟捞起，经清水漂汰，取一沓折粉分量的粉条摊在箴折上两端一折，前后一分，一块呈长方形的折粉便算做成了。如此反复，待折粉铺满一整个箴折时，抬到太阳底下晒干，一沓沓的折粉便可收拢保存了。

吃折粉时，将干折粉放在温水中浸泡，待泡胀发软后，用冷水漂洗一下，或炒或炖，都别具风味。在瑞昌，农村办大席，折粉是常备的一道菜，如今在城里的酒店也时常能吃到它。

三、烫豆折

烫豆折有备燃料、磨浆、烫豆折、切豆折以及晾晒五个环节。

备燃料　年关将近，农村里常看到三五成群的妇女，扛着竹扒子，

第一编
第一章 农业生产习俗

去松林里扒掉在地上的松针,农村叫扒枞毛。这是准备用来烫豆折的,因为枞毛易燃,又易退火,所以是烫豆折最好的燃料。

做豆折

磨浆 先将大米放在水里浸泡一夜,第二天,和荞麦米按比例掺在一起。因为荞麦软糯有韧性,使豆折皮不容易破碎。然后将配好的米放到石磨中磨成米浆,挑到厨房里的大锅旁待烫。

烫豆折 烫豆折时厨房里非常热闹,有烧火掌火候的,有舀浆掌烫的,有蹭吃刚出锅的豆折皮的,有欣赏手艺看热闹的。大人、小孩凑在一起,笑声盈耳,热火朝天。

一把枞毛丢进炉膛,迅速燃起熊熊大火。锅烧红后,掌烫的用帚子蘸一点浮在水面上的油,在锅里一刷,只听见"滋"的一声,一阵油烟上冒,再随手舀起一瓢米浆,扬手沿锅边一绕,用磨光的蚌壳撂子沿米浆由外向内一圈一圈撂开,米浆便均匀地分布在锅底,瞬间"干汗"了,起锅,一张豆折皮便烫成了。如趁热吃豆折皮,则揭起到刷帚上,翻个面再烤一下,吃起来更香脆。豆折皮冷却后,收拢叠放在案板上待切。

切豆折 切豆折的场面更是热闹,十几把菜刀快速运动。错错杂杂,嘈嘈切切,一条条豆折皮在锋利的刀刃下,变成了一堆堆的豆折丝。切豆折的妇女各自暗中较劲,看谁切得快、切得细、切得匀称。

晾晒 最后将豆折丝倒在晒筐里晒干,就成干豆折了。豆折有荞麦的香味,有韧性,滑溜爽口,是既可当菜又可当饭的美食。

附：橡籽豆折

橡籽是瑞昌众多小山上生长的一种木本植物结出的坚果，味苦涩，一年一熟。每年九、十月间，人们把它采集回来去壳、选净、晒干、碾碎，每天换水，浸泡十天半个月，将内含的苦涩汁漂出，洗净后，按3∶1的比例倒入大米拌匀。橡籽碎米不可太多，多了没黏性，不成型，大米最好是籼米，不能太糯。待米磨成糊浆，经烫饼、切丝程序后，晒干就成了橡籽豆折。在粮食不足的二十世纪五十至七十年代，橡籽豆折是粮食的补充，现在也还有少量制作，而且作为绿色食品而身价见涨。

四、烫粉皮

烫粉皮是南义、横港和乐园等地区的一种特有习俗，每年近年关时，几乎家家户户都要制作粉皮。制作粉皮虽然比烫豆折要简单一些，但也颇费周折。先要将早米在头天晚上浸好，晚米黏性太强，不宜使用。第二天早上把水倒掉，将米淘洗干净，然后便进行磨浆。以往用牛拉石磨或人工手磨，非常费时费力，现在都用机器磨，但筋荬较石磨磨得差一些。米浆磨好后，便开始制作粉皮。制作前要准备好炉灶、大铁锅、片柴，以及桶数只、烫盘两三个。烫盘呈圆形，根据铁锅的大小，有对口7寸半、1尺、1尺2、1尺5等多种规格，系用白铁皮敲制而成，边缘约3厘米高，烫盘外侧焊有两个铁鋬，白铁店有卖。此外还有汤瓢一只、桌子一张、晒筐数只。须配备烧火一人、主烫一人、切粉皮两三人。

烧火者先把灶火烧旺，待锅里的水沸腾了，主烫者取烫盘一只，在盘内刷少量食用油防沾，将米浆搅匀，舀一瓢米浆倒入盘内并荡均匀，如果没荡均匀，就会出现厚薄不一而影响粉皮的质量，之后将烫盘放入沸腾的大锅内，盖上锅盖，然后再取一只烫盘倒入米浆备用。约一分钟后，揭开锅盖，见盘内米浆收边变白，主烫者双手攥住铁盘两边的铁錾，端放到桌上，同时把准备好的另一只米浆烫盘荡匀放入锅内并盖上锅盖，然后将起锅烫盘内的粉皮揭起来，双手托住放到晒筐内，随即转身舀一瓢米浆倒入盘内备用，如此往复循环。

切粉皮也同切豆折一样，待粉皮七成干、手摸不沾手时便可切，切时手掌还要撒上少量的干米粉以防沾手。粉皮，这一普通的米制食品，既可以像油面、豆折那样当主食，也可以作为一道菜肴。现在，虽然村民绝大多数都搬到城里去了，但一近年关，他们便成群结队地回老家做粉皮。粉皮这一传统食品，或许会在乡村世世代代传续下去。

五、做油面

油面是具有瑞昌特色的面食，范镇的牛肉油面是地道的特色菜。在二十世纪，农村大多数家庭晚餐的主食就是油面，妇女生小孩坐月子几乎离不开油面。年底了，家家户户办年货，油面也是必备的食物之一。

在农村，做油面是每个媳妇必备的手艺之一，旧时的妇女几乎都是做油面的能手。

每年小麦成熟后，到了秋季家家户户便把小麦磨成面粉开始做油面了。每家少则做十几斤，多则做几十斤。油面的制作过程较繁杂。

和面　把面粉倒入面钵中，加入适量的水和盐进行调和，根据不同季节、温度和湿度，用盐量也不同，一般占面粉重量的4%～6%之间。和面要下狠功夫揉，揉的时间越长，面的弹性越好。

盘面　俗称"盘条"。面揉好后开始盘条，就是用手把面搓成条状盘到面钵中。盘面时要用手蘸上少许菜油来搓，使面条间互不粘连。

上面　盘好条后，在上面前为使面条筋道柔软，须放置一段时间。

这个过程叫"醒面"，醒好之后开始"上面"。上面是把盘好的面搓成细条，绕到并排的两根面筷上。上好的面放入面箱，再盖上箱盖或布，以保持箱内温度和湿度，继续醒面的过程，让其自然抻长。

扯面 把放在面箱里醒好的面挂到面架上，用手斜着向下慢慢扯，扯得越长，面越白越细。

分面 面扯好后大约半干就开始"分面"，分面就是用面筷把粘在一起的面条分开。

晒面 面到八分干时便要下架，面下架扭股后再放到晒筐里晒干即可收藏。

六、做粑

瑞昌人逢年过节都有做粑的习俗。端午节做发粑，其实就是老面馒头，六月六或尝新节做芝麻馅或豇豆馅的糯米粑，中秋节打糍粑，只有年粑是家家必做的。

年粑有团粑和印粑之分，团粑一般是粳米掺些糯米，印粑则不掺糯米。也有一些家庭还做一些粟米粑、榴粟粑。

做年粑是技术活，也是体力活，过去碾米、舂米要花很多工夫。粑米弄好后要反复淘几次，然后晾到不干不湿，磨或舂成粑粉，用箩筛筛出细粉，粗粉再磨或再舂。

人们做年粑一般会请亲友、邻居帮忙。做粑时，先要用罐烧开水，然后边加粑粉边搅拌制芡，揉粑者将芡和粉混在一起反复用力揉，揉好后将粑团交给做粑的人。做粑者将大粑团拧成较小团，经揉捏之后，变成长粑条，然后再均匀地拧成一个个小粑团。若是做团粑，搓成丸后放在筐里就可以了。若是做印粑，则要将小粑团放在粑印中按压弄平，然后翻过来轻轻一敲，将生印粑落在筐中。

印粑的花样很多，有寿星、鱼、八方形、桃形多种。粑印是木工雕的，随地域不同，式样稍有区别，大多有祈福、祈寿、祈吉祥的寓意。在做粑进行到中期时，蒸粑的就忙起来了，先将粑笼垫上湿布，然后将生粑摆好，再将3～5笼相叠，做成一锅，用旺火将粑蒸熟。粑蒸熟后向锅里加一些冷水，然后将熟粑反扣在另一只筐里。揭下粑布，在冷水盆里搓干净，铺在粑笼里再摆放生粑。如此重复操作，直到将粑蒸完。

待熟粑稍冷，要及时将粑扯开，防止粘在一起。过年做的粑多，为防止变质，要用缸将粑漂起来，立春前可视情换水，立春后就不要换水了，否则粑会变质。现在很多家庭有电冰箱，年粑做好后放入冰箱速冻，到夏天都不会变质。

也有些人嫌做粑麻烦，便直接省去搓丸工序，将揉成的长粑条蒸熟切块，称为年糕。

七、磨薯粉、晒干薯

磨薯粉 早先，磨薯粉也算是山里人家庭中的一件盛事，毕竟一年只有一次，要请多人帮忙。

先将红薯拣好，要挑无裂缝的、光溜的、大个的红薯，因为这样的红薯便于洗刷干净。然后用稻草团或刷子逐个擦洗，这是一项烦琐细致的工作，因为不彻底洗刷干净，薯粉吃起来便有沙土碜牙。再将洗好的红薯分箩筐装得满满的，并堆起尖来。一般每人每晚能磨一箩筐的红薯。

尔后，堂屋里一字摆开六七只陶缸，这种缸底小口大，内壁上有斜或竖的齿纹，叫薯粉缸。几位壮实汉子憋足劲各就各位，每人拿起缸边箩筐中的一个大红薯，便旋风般地在缸壁上磨起来。一阵激战过后，先磨完的人一脸喜悦，在人们的赞美声中还要发扬友爱互助的精神，对还没完成任务的人施以援手。

在磨薯的过程中，有人不时地将缸中的薯糟（磨细的红薯俗称薯糟）打出，装到桶里，挑到池塘边去滤粉。所谓滤粉，就是两三只直径三四尺的大木桶，上面放着篸箕或荡包，将充分搅动的薯糟倒在篸箕或荡包里，用水冲糟，把含在糟里的淀粉滤到大木桶里。

大家各司其职，在磨薯开始时，另一拨人各有分工，搬桶的、打水的、运糟的、滤糟的一起忙碌起来。基本上薯磨好了，糟也在之后刻把钟就滤好了。待到第二天，大木桶里的薯粉沉淀了，将水倒掉，厚厚的一层白如玉的薯粉就呈现在桶底。将其铲起来放在晒筐中晒干、捏碎，就成为干薯粉。

自从磨薯机在农村普及后，就不用手工磨薯了。因此，现在不叫磨薯粉，叫机薯粉。

薯粉被称为绿色有机食品，无论是用开水调成糊状后"挑"薯粉坨吃，还是放上鸡蛋后加水搅拌成浆状烫薯粉皮吃，都是非常有特色的瑞昌食品。更多的时候是烫成厚厚的薯粉饼，切成方粒状，放上猪油渣，和肉汤一起煮着吃，或切成方块用油煎着吃，都是颇受大众青睐的特色食品。

晒干薯 瑞昌很多地方田少地多，对大多数家庭来说，红薯是半年粮。虽然家家都挖有薯洞，能储存一部分鲜红薯，但大多数红薯要晒干保存。

干红薯有薯片、薯丝、薯丁三种。一般选择晴好天气将个大的红薯洗净后，用刨子将红薯刨成片，挑到草坪、麦地、山岬或河滩上撒开，数天后将基本干了的薯片捡回家，再倒进筐里晒几天，晒干后将薯片倒进箩里，用扁担头或木棍将薯片捣碎保存。

第一编
第一章　农业生产习俗

家里筐多或有好晒场的，习惯将薯刨成丝或切成丁，直接晒干，减少捡薯片的辛劳，同时也防止薯片被雨水淋湿而霉烂。

饮品加工

一、烧酒

瑞昌人称酿酒为"烧酒"。稻谷、糯米、榴粟、红薯、荞麦、玉米、山药都是烧酒的原料。

烧酒过程并不复杂，但技术含量高。同时要添置一套设备，因此专业从事烧酒的人不多。

烧酒需要酒曲，酒曲的优劣决定酒的味道。先将原料蒸熟，然后拌上酒曲，量少装缸，量多堆放压实，让其发酵。烧酒原料都含有淀粉，淀粉在缺氧的环境中，在酒化酶的作用下生成酒的主要成分——乙醇。为了提高淀粉的转化率，要适时翻料，让所有原料都得到转化。在所有原料基本转化完成后，便及时上酒甑，通过加热使乙醇汽化后冷凝成液态滴出，最先滴出的叫酒头，越到后面液体的酒精浓度越低。

瑞昌洪山糯米酒和高丰糯米酒比较有名，大多数当地人喜欢喝这两种酒。

附：洪山祖传烧酒法

洪山烧酒有一百多年历史，其制作过程大致可分为五步。

第一步：原料处理。将糯米淘洗干净，浸泡三四个小时，让其吸

下曲

收足够的水分后，装入甑中旺火蒸熟，再倒出淋凉水冷却。

第二步：下曲。按6‰的比例，在蒸熟了的米中加入酒曲搅拌均匀，即50千克米放6两酒曲。下酒曲时温度很关键，不同的酒曲适应温度不同，一般在28～36℃为宜。

第三步：发酵。米加入酒曲搅拌均匀之后放入缸里密封。操作中为防止细菌进入，发酵缸须用开水消毒。一般发酵时间为十五天左右。

蒸馏

第四步：过滤（榨酒）。缸中的酒料经过一段时间发酵，会产生很浓的酒香味。此时将酒料装入布袋，置放酒榨中进行人工压榨过滤，酒汁便流入酒榨底下已备好的缸里。

第五步：蒸馏。将压榨过滤后的酒汁倒入酒甑的铁锅里经柴火加热两三个小时后，蒸馏的气体冷凝为液体，从冷却器的出酒口流出，这就是成品酒。接酒的容器可以是桶或罐等，使用之前，要做好杀菌消毒处理。

制酒用水很关键，用清水或无污染的山泉水为最佳。

二、制红茶

瑞昌农家自制红茶用的是土办法。茶叶摘来后，铺开，放阴处一两天，变蔫后，再用手搓、揉，弄成线条状，拢成堆，然后用布或毛巾盖好，让茶叶发酵。茶叶经几个小时发酵，便有清香溢出，青绿色的茶叶变成暗红色。这时，将其铺到太阳底下晒干，红茶就制成了。

新鲜的红茶清香爽口，轻抿一口茶水，幽香直透心底。

第一编
第一章 农业生产习俗

其他食品加工

一、豆制品加工

打豆腐 众所周知,豆腐是绿色食品,味道非常鲜美。从营养学的角度来讲,豆腐中含有大量的蛋白质、脂肪、维生素和矿物质,不但可以加快人体新陈代谢的速度,还可以补充丰富的优质蛋白,增强身体的免疫力。适量地吃一些豆腐,还可以促进人体内雌激素的代谢。

豆腐的种类很多,有白豆腐、黑豆腐、千叶豆腐,瑞昌南义有苦槠豆腐、肇陈有神仙叶豆腐,不同的豆腐有不同的做法。

家常豆腐的制作过程如下:

(1)浸豆。将黄豆拣干净,用石磨褪壳后(也有不褪壳的),倒入容器中,加水浸泡四五个小时。

(2)磨浆。用石磨将经浸泡的黄豆磨成豆浆。

(3)泡浆。用开水勾兑磨出的浓豆浆。

(4)过滤。将滤豆腐架悬放在灶台锅沿上,将磨好的豆浆倒入自制的豆腐袋中过滤,用力挤压,挤出豆浆。

(5)煮浆。将过滤后的豆浆加热煮沸,然后舀进木桶中,让其冷却。如果想要制包卷煎用的腐皮或千张,则要在烧浆过程中停止加热,用蒲扇在锅面上扇风,使豆浆上面结一层膜。然后用削去枝丫的小山竹沿锅底横插到另一侧轻轻挑起,一张腐皮就揭起了。如让其自然冷却,则可取下平铺在簸箕内,让它慢慢风干。

(6)点浆。将生石膏碾成粉末,凭经验确定石膏用量,在水瓢中配成石膏水。待热豆浆稍冷后,将其倒入缸中,然后边搅拌边洒入石膏水,确认豆浆成了豆腐脑,就停止洒石膏水,这样的操作称为"点浆"。

也有先将适量石膏置入缸中，然后把豆浆快速倒入的做法，叫"冲浆"，放置一会儿之后，缸中的豆浆就变成了豆腐脑。

（7）包豆腐。在豆腐框中垫上白大布，将缸中豆腐脑舀进框中，填满后，用布将豆腐脑包起来，盖上豆腐板，在板上放一些石块，在石块的重力作用下，豆腐中的水分被挤出，成为结实的豆腐块。

（8）捡豆腐。待豆腐中的水分挤压得差不多了，将压在板上的石块搬下，揭开上面包布，将豆腐板盖上，然后将整板豆腐翻过来，上面板在下，下面板在上。移开板后，揭掉包布，用刀将豆腐横竖各划数刀，便可将豆腐块从板上移到其他容器中。

附一：苦槠豆腐

苦槠是瑞昌地带山上的一种坚果，每年九、十月间成熟。苦槠成熟后硬壳便绽开，从树上掉落到地上。农民捡回苦槠，晾晒去壳，碾碎后用清水浸泡一周左右，每天换一次水，直到黑水渐成清水即可。然后将清洗干净的苦槠碎米按2∶1的比例倒入大米拌匀（苦槠无黏性，量多难成豆腐），磨成糊。最后将糊倒入锅中加水煮熟，起锅将熟糊倒入事先准备好的案板或竹盘中，待冷却成型，切块，便成了豆腐。将切块的苦槠豆腐放入盛好清水的盆中继续浸泡，每天换水，可保存十天半个月，要吃时拿几块，煎、炒或水煮均可。

附二：神仙叶豆腐

瑞昌山区有一种阔叶植物，叫神仙叶，宽宽的叶子，颜色翠绿。每年夏季长得很茂盛，秋后才落叶，有很长的时间可以采摘叶子用于做神仙叶豆腐。把它的叶子持回家后，用清水洗干净，再找两个盆，双手

第一编
第一章　农业生产习俗

就着盆用力搓捏叶子，直到将翠绿色叶汁捏干为止。接着，从灶膛扒出一小盆草木灰，用箩筛筛去杂质后，拿一根小木棍，一边慢慢地向盆里的叶汁撒草木灰，一边轻轻地搅拌，再拿一个大盆和一块滤豆腐用的纱布，将盆中撒过草木灰的叶汁慢慢地倒在纱布上，滤掉杂质。既不用烧浆，也不用泡水，把盖子盖好，约半个小时过后揭开盆盖，只见上层的翠绿叶汁变成了清澈透明的清水，中间一层草木灰漂浮着，底下一层就像一个绿得发亮的翡翠大玉盘。倒掉水和杂质，拿刀将翠绿的大玉盘横一下、竖一下划成小方块，就是神仙叶豆腐，将其放进锅里加佐料煮，成品稍有点苦味，但很鲜嫩，是地道的绿色小吃。

过豆腐条、豆腐子　过豆腐条和豆腐子，打好豆腐是关键，点浆不能过老或过嫩。

先将豆腐板上的豆腐划成方块状或条状，条状的过成后就叫豆腐条，方块状的就叫豆腐子。

铁锅内盛上大半锅油，猛火加热煮沸后，将盛着豆腐的捞勺放到翻滚的油锅里，这时油锅油炸出声响，溢出油香。开始时用捞勺顺锅底轻轻推动豆腐以防粘锅，待豆腐表皮稍硬时方可将豆腐翻动，待到一定的时间，豆腐鼓起变圆，且成了黄色或暗红色就可以捞起，豆腐条或豆腐子就过成了。

做腐乳　腐乳是我国流传逾千年的传统民间美食，因其口感好、营养高、香味特别而深受人们喜爱，为我国特有的发酵制品之一。早在公元五世纪，北魏时期的古书上就有干豆腐加盐成熟后为腐乳的记载，这是一道经久不衰的美味佳肴。

瑞昌民间的腐乳做法是，在打豆腐过年时，将其中一部分豆腐切成半寸见方的小块。在铺有稻草的粑笼里将这些小块豆腐摆好，然后将几个粑笼叠在一起，盖上粑笼盖，置于阁楼上，让其发酵长毛，产生乳酸菌。十余天后，可观察到小豆腐块长出白毛，白毛寸把长后逐渐萎缩成蓝点或紫点。这时，就可将小豆腐块放到调有食盐、茴香、白酒的红辣椒粉里滚一滚，让其均匀粘上一层辣椒粉，再用筷子夹着放入小坛或小罐中加盖密封。至此腐乳就做成了，如经窖藏，历久弥香。

自制豆豉 豆豉是我国传统的发酵豆制品，鲜美可口、香气独特，含有丰富的蛋白质、多种氨基酸等营养物质。

瑞昌民间素有自制豆豉的习俗。自制豆豉以黄豆为主要原料，将黄豆煮熟、冷却后，撒上一层大麦芽粉，装入陶罐中密封，利用毛霉、曲霉的作用分解大豆蛋白质。分解达到一定程度时，加盐、加酒，混合拌匀，再将黄豆从陶罐中倒出，放在晒筐中晒干，便成为香喷喷的干豆豉。

若做水豆豉，则将煮熟的黄豆过滤后摊开，冷却后装入瓷坛中，盖上盖子让其发酵。七天后，看到黄豆长了白毛，将其和生姜末、辣椒粉、适量盐和原来煮黄豆滤下的汁水，混合在一起拌匀。在蛋白酶的作用下，就成为水豆豉，过一夜就可食用。

做酱 过去调味品匮乏，瑞昌人有一套做酱的土办法。

酱有豆酱、麦酱、花生酱等多种，制作方法是：先将蚕豆或豌豆煮熟、冷却后，有的还加上麦麸馒头，储放在干净的容器里，按平压实，盖上荆条嫩枝叶或嫩丝茅，再盖上蓑衣。待酱料生出一种黄色的霉菌后，将其捣碎，放在加了盐的冷开水中，有的还加上茶叶、花椒、茴香等搅拌，使之成稠糊状，再放到太阳底下暴晒，称晒酱。酱晒热后，先不能搅动，防止变酸。这样日晒夜露，每到第二天的早晨，经过一夜酱已凉透，这时应搅动一次。晒酱期间，只要不下雨就不用盖。晒至酱浓稠后，又鲜又香的酱就做好了，可收藏待用。

烂豆渣 豆浆过滤后的豆渣，从前大多数人把它作猪饲料。有一聪明的瑞昌媳妇，把豆渣放在锅里用火炒一阵子，除去一部分水分，在揉可成团、撒开则散的时候停止加热，将其捏成球形的豆渣团。将豆渣团覆盖在稻草下，待其发酵长毛后切成小块，晒干后称干豆渣，加上干豆角、干辣椒，称之为"土三鲜"，别具风味。据说二十世纪南昌宾馆还特派厨师来瑞昌考察学习"土三鲜"的做法，将制作烂豆渣的技术加以改进，经改良的豆渣的颜色由黑变黄。从此，"土三鲜"成为许多酒店、餐厅的特色菜，至今在菜场常有售卖，分为干、湿两种。

二、腌熏鱼、肉

快过年的时候，瑞昌绝大多数农户有腌鱼、腌肉的习俗，为第二年节庆储备一定的肉食。一般做法是将鱼剖开洗净后，抹上一些盐，数天后用绳将鱼穿起来晒干。腌肉是将猪肉斫成两三斤一块，也是抹上盐，腌数天后，挂出去晒，直到晒得有油滴下，然后放入缸中用萝卜丝或干菜覆盖，密封保存。在一些山区，还作兴熏鱼、熏肉。即将腌制好的鱼、肉用绳子穿好挂在木棍上，然后悬于炉灶上方，让柴烟日复一日地熏。熏制的鱼、肉表层乌黑，但吃起来有一股特殊的烟火香味，是名副其实的"人间烟火"。

三、腌菜

在自给自足的小农经济时代，每年的上半年农民基本上靠干菜、腌制菜度菜荒。萝卜、菜头采收后，大萝卜晒成萝卜片、萝卜丝。迟萝卜、小萝卜洗干净后，晒蔫，同菜头、鲜辣椒放在大缸中，加冷却后的盐开水密封，做成泡菜，作为第二年春天的主菜。

腌制大白菜的做法是，把菜割回洗干净，放在太阳底下晒，脱去部分水分。大白菜晒蔫了后把菜叶搓软，放在大缸里，放一层菜叶加一层盐，直到把菜放完、盐加好，然后用大石块把菜叶压结实。到了吃的时候，搬开石头拿出菜叶洗一点吃一点，有特别的风味。

四、熬糖

瑞昌民间有熬制麦芽糖（又叫糯米糖）的习俗。一般做法如下。

备麦芽 将大麦或小麦洗净后泡水，4～8小时后用袋子装起来保温催芽。小麦种子发芽后，把盛麦芽的箩筐置于较暖的环境中，加快麦苗生长。待四五天后，麦苗长至五六厘米，即可晒干待用。

蒸饭 将备好的糯米洗净、蒸熟透后，分装在大盘子或大盆中散热冷却至50℃左右，不太烫也不太凉。

兑麦芽浆 把干麦芽打碎，加水兑成麦芽浆。

分解 取一个干净的桶，把糯米饭和麦芽浆一起放入搅拌均匀，保温发酵3～5个小时，直至混合物上面有澄清液出现。

滤渣 此时用干净的布袋分次将混合物里的汁液压出来备用，为尽可能不浪费，废渣会兑少量水再压榨一次。

熬制 把榨出来的汁液放入锅中，用大火烧开，为防止烧煳和溢出，需要不停搅拌。当汁液变稠的时候改用小火继续熬制，同样需要用炒糖铲不停地将锅底的糖液铲动，以防粘锅烧煳。这一过程称为炒糖。

起锅 待汁液越来越稠，用汤匙舀一点浓稠的汁液放到盛有凉水的碗里，用手去抓，看能不能成型，如果可以成型，并且有点硬度了，就可以起锅了。起锅后，将糖汁盛在容器中冷却。

扯糖 将冷却的糖挂在糖架上反复拉扯，会越拉越白。扯好糖后，用木棍将其敲成一截一截的，或按需要卷成盘状，放在垫有炒米的竹栲里即可。

第一编
第一章 农业生产习俗

第八节 常见生产工具图片

 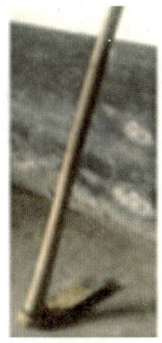   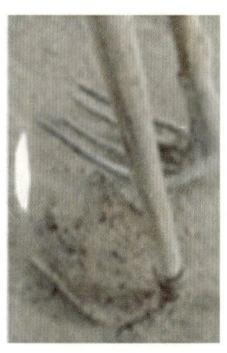

草锄　　挖锄　　二齿锄　　山药锄　　扒锄

  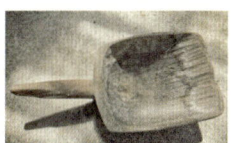

镰刀　　桐子搂（农家剥油桐果仁用具）　　灰瓢

  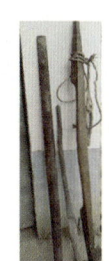  

二齿叉　　铁扒　　梿担、扁担　　粪瓢　　连杖

 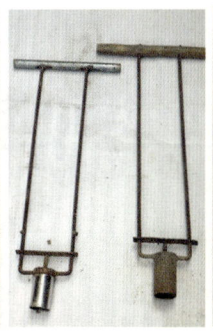 

打麻工具（麻马、麻凳）　　营养钵制作工具　　耥扒（平整秧田用）

69

手拖犁　　　　　　　秒耙

水车、水桶等杂物

简易脱粒机　　　　　　　风车

第一编

第一章 农业生产习俗

砻子

石磨

手磨

碾台

碾子

碓

71

泥瓦匠工具　　　　　秧马　　　　　做爆竹的凳

草鞋耙　　　　　　　　　石磙

平耙、轧滚、犁（自后至前）

第二章　林牧业生产习俗

第一节　林业生产

林业资源

瑞昌共有山地面积127万亩，占土地总面积的59.53%，其中林业用地超过105万亩，其余为石头山。这些林地是山区林农赖以生存的一方水土，是千百年来获取竹木等林产品的不竭资源。

民国十八年（1929年）以前，瑞昌县西南山岭森林茂密，全县山林面积达83万余亩。第二次国内革命战争时期，国民党当局对洪一、肇陈苏区进行军事围剿，导致大部分森林被毁。抗日战争时期，有一部分森林毁于战火，原始森林几乎破坏殆尽。

1956年第一次山林普查统计，瑞昌县森林总面积88万亩，其中幼林占地61万亩。1966年调查显示，森林总面积64万亩，比1956年减少了28%。1983年，全县二类资源清查统计，森林总面积44万亩，比1956年减少44万亩，减少了50%。

按地区分，青山、大德山林场和花园、乐园乡的杉木蓄积量占瑞昌总量的71%，中部以东低丘和滨湖地区森林则较少。另外，由于历年坚持植树造林，人工林比例开始上升。1983年，全县人工林蓄积量占全部

森林蓄积量的44.5%。

瑞昌地区木本植物有37科78属，约435种。林种有用材林、经济林、竹林、薪炭林、防护林、水土保持林及特种用途林7种。用材林主要分布在高丰、洪下、花园、乐园、南义等乡镇和青山、大德山林场。竹林主要分布在高丰、横港、洪下、横立山、黄金等地。油茶、油桐经济林主要分布在花园、乐园、横立山等地。薪炭林主要分布在南义、范镇、乐园、洪一、花园等地。大型防护林带有三条，即梁公堤、赤心堤和新长河两岸。

国营林场

青山林场 1957年12月28日，丁国志、杨叶芳、蔡茂兴等18名下放干部创办了青山林牧农综合垦殖场，1968年11月27日，改名为青山林场。青山周围的无主荒山均划归林场经营，计近两万亩。到1985年，共计营造人工林15 200亩，其中杉树9 900亩，黄山松5 300亩，大部分成林。设下庙、中庙、风车口、大山、东源冲5个工区，还附有青峰、青景、风光3个集体性质的行政村（现合并为青山村）。林场的经营方针是"以林为主，多种经营"，除营林外，还办有黄连队、商店、篾器厂、铁木器联合厂、小料加工厂。

进入二十一世纪后，林产品逐渐退出市场，林场职能发生转变，由林业生产转变为生态保护。在成功申报省级森林公园后，瑞昌市逐年加大投资力度，改善交通条件，开拓旅游资源，完善旅游接待设施。2015年推出"秦山风景区旅游规划"并通过江西省专家评审，成为省级旅游风景胜地。

大德山林场 1958年6月21日，一批下放干部到大德山创办国营大德山综合垦殖场，1968年11月7日，改名为大德山林场，场部设在港北村，下设有南坑、杨坑两个分场和一个综合厂，还附有港北、高源、内港3个集体行政村。建场后，征收集体无力经营的荒山16 000多亩，累计营造人工林9 000亩。进入二十一世纪以后，大德山林场积极开展招商引资，持续推进林业发展，实行多种经营，把绿水青山变成了金山银山。

集体林场

1962年，黄桥、大桥、黄岭（即今日的白杨、武蛟、码头）三个公社始办公社林场，营造油桐林1 000多亩。1963年冬，黄金公社前程大队始办大队林场，集中成片营造杉树林360亩。1964年以后，各地采用"大会战"的办法，集中全社或全大队劳力，"造一片林，留一班人，办一个场。"相继办起黄桥公社的联盟大队林场，码头公社的风狮林场、上章大队林场，夏畈公社的禁地林场，黄金公社的黄沙林场，乐园公社的高塘林场、庄岸林场等11个社、队林场。1965年发展到25个，经营山林面积5万余亩。二十世纪七十年代后期，社、队林场达到鼎盛时期，全县集体林场发展到197个，其中社办林场22个，大队办林场175个，共有专业队伍1 869人，经营山林面积12万亩，人工林保存面积达7万亩。到1985年止，全县拥有千亩以上人工林的集体林场26个，其中乡办的有横港、高丰、范镇、南义；村办的有油市、花园、茅竹、田畈、华坊、大禾塘、红日、郭桥、北港等。

封山育林

对林场以外的大多数山林，瑞昌普遍采取封山育林的方针。二十世纪五十年代以来，根据山林权属，各生产队、村、组有条件的基本上都划定了封禁区，制定了封育公约，落实了专职或兼职的护林人员。各个山林一封即绿，成绩明显。

瑞昌127万亩山地中有22万亩左右的石漠化面积，主要集中在南义、横港、肇陈、高丰、南阳、夏畈和横立山等地。因为无法连片开垦、造林，所以大多只能因地制宜，封山育林。早在1985年，瑞昌市就提出"封到顶，护到脚，三年盖住石头壳"的口号，从严实行封育措施，很快取得了成效。近些年随着水土保持的推进、农民进城的增多和生态保护的加强，石漠化山地的绿化率得到了极大的提高，过去大片石头裸露的山头，现在基本上看不到了。

森林保护

1953年3月，瑞昌县成立护林防火指挥部，区成立护林防火指挥所，毗邻乡协商成立护林防火联防机构，负责森林保护工作。1957年，成立湘、鄂、赣毗邻地区护林防火联防组织，开展联防工作。1960年，全县又配专职护林员23名。1963年5月，为贯彻国务院《森林保护条例》，当年，以公社为单位，成立护林防火委员会31个，护林防火大队240个，护林小组1 300个，重点林区生产队开始配备专业护林员，保护集体林木。二十世纪六十年代后期，各级护林组织解体。七十年代后期，各公社相继恢复护林组织，公社成立护林委员会，大队成立护林领导小组，生产队配专职护林员。

1985年5月，瑞昌县公安局设立大德山森林派出所，负责保护大德山、花园地区的森林，受理毁林案件。

在森林管理上，林业技术人员总结林业生产顺口溜："三分造林七分管，一年不管杂草生""撒了一把麦，虫病都可灭""不打顺风火，可打逆火生"。经过林业技术人员和林农的不懈努力，瑞昌的绝大多数山地都树木郁郁葱葱，青山常在，绿水长流。

林产品经营管理

1956年11月，瑞昌县设竹木检查站于县城西门口，负责检查运输违章采购的竹木及其成品、半成品的车辆。1985年12月，增设溢城、江边、肇陈竹木检查站，对竹木销售有较严格的限制：不准集体或个人未经批准砍伐树木，不准国家机关单位自行采购木材，不准私营林木买卖业务，不准毁林开荒，不准砍伐孤立树木，不准砍伐松杉幼林。禁止砍伐沿河两岸、水库周围1千米以内的防护林和国防保安林、名胜古迹纪念林、村庄周围风景林等。

1980年以后，瑞昌县内的国营林场和乡、村合作林场所营造的人工林陆续进入间伐期。根据采育结合和用材林的消耗量低于生长量的原则，实行凭证采伐制度，由林权单位申请，林业部门做出技术鉴定和作业设计，签发采伐许可证，按指定的山场、限额进行抚育采伐。

林业特产

油桐子 系瑞昌传统林产品。民国廿三年甲戌（1934年），油桐子产量3 000担左右。新中国成立后，油桐子产量时增时减，一般年景在2 000担上下。1959年，产量高达6 695担。二十世纪六十年代，因偏重垦山种粮，油桐生产相对减少。七十年代以后化工油漆逐渐占主导地位，林农基本上不再种植油桐子。

油茶子 系瑞昌传统林产品。民国十八年己巳（1929年）以前，全县油茶面积7.83万亩，年产茶油350吨。民国廿三年甲戌（1934年），油茶子产量大幅度下降，仅产2 000担。1956年全县普查显示油茶面积3.9万多亩，经营粗放，大部分荒芜，单产低，大、小年产量悬殊。二十世纪六十年代以后，油茶产量开始有所回升。改革开放以来，人民生活水平大幅提高，茶油需求量大，

油茶子

价格上扬，大大激发了茶农种植的积极性，种植面积和产量逐年增加。

板栗　在瑞昌分布零星，以花园、青山地区为多。其产量很不稳定，最高的是1979年，产板栗170担，随着农民进城数量增多，乡村原有的板栗树因疏于管理，产量更是越来越少。

乌桕　俗称木梓。民国廿三年甲戌（1934年），年产梓油3 000担。新中国成立后，由于石油工业的崛起，石蜡烛取代了木梓油制的油烛，木梓树现已很少见。

吴茱萸　别名腊米、米辣子等。通常分大花吴茱萸、中花吴茱萸和小花吴茱萸等几个品种，属于小乔木或灌木，多见于向阳坡地。瑞昌大多山地均有栽种，受市场价格影响，种植面积有时增加，有时减少。嫩果经炮制晾干后即是传统

乌桕树

中药吴茱萸，简称吴萸。其性热味苦辛，有散寒止痛、降逆止呕之功

78

用，用于治疗肝胃虚寒、阴浊上逆所致的头痛或胃脘疼痛等症。南义镇和平山、花园、乐园等地曾是吴茱萸的主产区。

棕树 俗话说"家有千棵棕万棵桐，子孙万代不受穷"。一棵棕树一年能产12块棕片，棕片能制蓑衣、纺棕绳，做棕床、棕垫。二十世纪七十年代，时任瑞昌县委书记张际星在肇陈横路村驻点，组织农民开垦乌龟山，因地制宜种植了棕树120余亩。大面积连片种植棕树林的还有横港、横立山等地。

山竹 山竹有苗竹（毛竹）和小山竹（乌竹、水竹、箭竹等）两大类。主要产地有南义、青山、横港、高丰、南阳、横立山、黄金等。在1955年以前，林区农民多以小山竹加工篾器出售。1956年开始直接销售小山竹，年产10 000担左右。年产量最高的1981年，达44 000多担。

栽竹子成活率低，因此民间有一俗语，说是想要栽活一棵竹子，就要打哭一个小孩，当然这是不可信的。

芒杆 去叶片后的芭茅秆称芒杆，从1970年开始作为商品出售，用作造纸原料，是年瑞昌县产芒杆近30万担。此后，芒杆产量时起时伏，近年来随着农民进城和环保要求，产量渐趋于零。

竹木制成品 瑞昌竹木制成品品种很多，主要的木制品有桌、椅、凳、床、橱、柜、箱、犁、耙、耖、木瓢、棕床、棺材等；竹制品有椅、床、谷箩、晒垫、斗笠、簸箕、米筛、筐栲、土箕等。其中在县内外享有一定声誉的传统产品有乐园、桂林、洪下的棕绳、木瓢和棕床，横立山、南阳的簸箕、米筛等。

杉树栽种

瑞昌传统木材以杉树、松树为主，特别是杉树以用途广、易栽植、生长快、好管理而深受人们喜爱。以前苗木的栽植简单随性，主要靠自然风吹、水冲、鸟兽粪便带动种子的传播，自然生长。后来随着植树造林的普及，推行了科学种植的方式。

一、育苗

苗圃 一般选择坡度平缓、土壤疏松肥沃、排灌方便的背风地块作苗圃，忌黏重土壤和低洼积水地。种植前施足基肥，尽量采用饼肥、堆肥、人粪肥及火粪等农家肥料。

播种 春播一般在3月中下旬，播种可采用条播和散播，条播沟宽20～30厘米，深约10厘米，沟距20厘米左右；散播则在撒种地全面撒种，播后用细土覆盖，再盖草保温保湿。

护苗 当幼芽出土时，在傍晚或阴天进行适度揭草。幼苗出土后，要及时拔除杂草。幼苗初期多施氮、磷肥，以促进苗木早期发育生根，增强抗病力。中期（速生期）多施氮、磷、钾复合肥料。生长盛期过后，则采用施钾肥为主，磷肥为辅，停施氮肥。

当苗高五六厘米时，开始间苗，以后看生长情况及苗木密度再进行一两次间苗。

杉苗生长初期易发生猝倒病，要注意排水防涝，久晴不雨则要洒水防旱，夏秋高温天气要搭棚遮阴。

出圃起苗时注意不伤顶芽，不撕裂根系。起苗后应分级选苗，打浆包装。

二、栽植与早期管理

优选一年生的壮苗，杉苗的芽苞以大豆般大小、尚未开放的为佳，宜在雨天抢栽。栽种时把苗木挖起，斩去不整齐的须根，用稀黄泥浆浆根更利于成活。

植树时间一般在2月份，其做法是：栽正覆土轻提苗再压实，提苗以利于根系舒展，压实利于稳株吸收水分。

杉苗成活后的当年夏季会进行除草、松土、锄抚、刀抚，施肥一两次，可用稀粪水淋施，有条件每年春夏季各施肥一次更好。刀抚、锄抚一般一年两次为宜。

株行距则根据杉木的生长特性和地形条件而定：一般株行距为1.8×2米，每亩种植200～220株。

三、抚育与中幼林管理

苗木1米高以后就基本算是成林了。幼期管理主要是防畜害，特别是牛羊对幼林的伤害。中期主要是刀抚除草、割去藤类植物缠绕，成林后的管理主要是提高木材的蓄积量。成材后可间伐也可全伐，全伐更有利于二代林的管理。当然全程管理防火工作要放在第一位。

珍贵林木简介

南方红豆杉 系我国一级保护树种，木质坚硬，树姿优美。在瑞昌地区主要分布在肇陈的大禾塘、八门、建坪、华坊，乐园的张坊、北畈、南庄、南北港和花园乡茅竹等地。其中大禾塘的茶园

肇陈大禾塘村的红豆杉

尖自然村有一株高16米，胸径1.1米，冠幅11.5×12平方米，测算树龄为860年的红豆杉。当地人认为这棵树是风水宝物，在1958年大炼钢铁时，村民将耙齿钉入树的底部保护其免遭砍伐。2006年，瑞昌市政府以肇陈大禾塘村为中心成立了"南方红豆杉自然保护区"，核心区面积1.35万亩，有红豆杉8万余株。2011年，该保护区升级为江西省级自然保护区核心区。

银杏 系古代残存孑遗植物，有"活化石"之称，是国家一级保护树种，果可入药。银杏在瑞昌地区有零星分布，肇陈大禾塘村瞿家井有一株古银杏高20米，胸径1.75米，冠幅达16×16平方米，测算树龄为1 000年。

宝华玉兰 又名望春花，系国家一级保护树种。花可入药。现横立山乡的芦塘村横立堡自然村有一株宝华玉兰，江西省内仅此一株，而且全国仅有7株，极为珍贵。

肇陈大禾塘村的千年银杏

花皮樟 多分布在青山、乐山一带。乐山风景村有一株花皮樟高13米，胸径75厘米，冠幅10×8.5平方米，测算树龄为175年。近年来国家将樟树列为国家二级保护植物，樟树林地得以迅速增加。

千年"苦槠王" 洪一乡麦良村有一棵千年苦槠。树高20余米，树冠占地近两亩，树龄千余年。2016年被九江老科协冠名为"苦槠王"，同年12月被瑞昌市人民政府列为古树名木，一级保护树种。

另外，在青山林场青峰村石桥塘，有细叶槠一株，高30米，胸径1.2

第一编
第二章 林牧业生产习俗

米,冠幅面积约14×14平方米,测算树龄为3 000年左右。青峰村下堡有糙叶树一株,高20米,胸径66厘米,冠幅面积约14×14平方米,树龄为293年。青山林场张家湾村,有槐树一株,高28米,胸径69厘米,冠幅面积约7×6平方米,测算树龄为430年。又有黄连树一株,高24米,胸径93厘米,冠幅面积约16×15平方米,测算树龄为398年。花园乡南岭村有枫树一株,高36.5米,冠幅面积约12×13.5平方米,测算树龄为400余年。(以上树龄测算时间均为1983年)

洪一乡麦良村的"苦槠王"

第二节 家畜、家禽养殖

旧县志记载,明、清时代,瑞昌饲养的畜禽有牛、马、驴、骡、羊、猪、猫、犬和鸡、鸭、鹅、鸽等。在民国时期与新中国成立初期,所养畜禽种类基本相同,养牛、猪已很普遍,但养马、驴、骡逐渐减少。新中国成立以前只有县政府、地方保安队和个别豪门富户养有少数马供乘骑,个别作坊手工业户养骡拉磨。

牛

耕牛是农业耕作的主要畜力,也是农家饲养的主要畜类之一。瑞昌域内牛种主要分为黄牛和水牛两种,其中黄牛在水稻田较少的山地林区较为常见，水牛则在水稻田较多的平原湖区和丘陵地带多见。

一、牛的品种

黄牛　瑞昌黄牛主要分布在高丰的长垅村、严坪村和横港的峨嵋、乐山等地，其他山区乡村亦有零星分布。其特点是体形中等，平均体高110厘米，长380厘米，胸围160厘米，胸深60厘米，体重320～350千克，比本省高安黄牛、广丰黄牛体格大；役用性能好，每天可耕2～3亩板田。瑞昌黄牛抗病力强，胸深腰阔，躯体发达，全身肌肉丰富，载肉量较大，是一个优良的地方品种。

水牛　瑞昌的水牛系外来品种，通体为灰色，抗热性较弱，耗料较多，喜在水中生活。水牛一般在出生6～8个月后自行断乳，到一岁龄时可试耕，三岁以后逐渐承担耕作力役，五六岁牙齿长齐则达耕作盛年，深得农户看重。

二、牛的饲养方式

牛是草食动物，饲养以放牧为主，春、夏、秋三季，湖洲、茅山、田塄、堤岸皆是牧场，一般每天早晨、下午各放牧一次。过去滨湖、山区习惯将牛放牧，自围湖造田、封山育林之后，牧场减少，养牛由放牧改为牵牧。冬季青料枯萎，养牛则以圈养为主，平时喂以稻草，严寒冰冻时适量喂以米糠、棉饼等精料。

三、养牛的习俗

旧习俗认为，牛的长相好坏对养户的运气吉凶有影响，故以前一些农民买牛时极其注意观察牛相，忌买到"破相"牛。农家买卖耕牛，有"黄牛看齿，水牛看圈（指牛毛旋纹）"的说法。民间俗称水牛有蛇

第二章 林牧业生产习俗

口、黄蜂针、棺材针三大"破相",黄牛有暗花、白舌、破刀花三大"破相"。有的农民认为养这样的牛会妨主人家,或者会跑掉而使人伤财。关于相牛的俗语有:"远看一张皮,近看四只蹄,前要胸宽大,后要屁股齐""前峰高一掌,只听犁耙响,后峰高一掌,只听鞭梢响""牯牛屁股一道墙,母牛屁股晒谷场""罗蹄斗口,十吃九走""分水对脐,三岁剥皮"。分别是说:远看牛的皮毛、色泽,四旋端正;近看四脚蹄,无缺不拐。前胸高大,耕田犁地有力;后峰高,牛倒庄,耕田无力,只听到催牛的鞭梢响。牯牛屁股大,说明牛健壮;母牛屁股大,繁殖能力强。牛背脊有个分水岭,若对着下面肚脐,牛的寿命短,三岁会死亡。

在瑞昌的一些地方,过去买耕牛要披红挂彩,新买耕牛到家时还要放鞭炮迎接。将牛买回家后的第三天,有的人家作兴供神饭、点香烛敬社官,给牛"做三朝",还要换去旧的牛绳,将旧绳挂在社官树上。母牛下牛崽后,主人将剪下的小牛胞衣以及剥掉的黄爪用稻草扎紧抛掉。三天过后,要给小牛"做三朝",这天要用温水给牛犊洗澡、削刮小蹄甲,并用米筛给牛洒冷水,认为这样能增强其御寒能力。有的人家还要做斋饼还愿,并用米酒等给母牛发奶,有的人家还在这一天备酒肉加餐以示庆祝。

除夕晚上,牛也要"过年",主人用细糠、米饭、青菜拌和的精饲料喂牛。立春时要牵牛出天方,先在牛栏上贴一张红纸条,插三根香,放一挂鞭炮,然后将牛牵到河塘边饮水。待牛饮足水后,又放一挂鞭炮,再将牛牵回牛栏,喂以酒糟及拌有米饭、乌豆之类的精饲料,被称为"牛出行(方)",意思是新年伊始,愿耕牛吉利平安,槽头兴旺。春天首次放牧归来后,要多喂牛吃干料,防止发青草胀。农历五月初五清晨流行"放神仙草",即牵牛踏青吃露水草,并可进入封禁山林放牧。农历十月初一为"牛生日",主人做粑庆贺,并喂牛以粑。另外,放牛时,黄牛一般不能骑,俗谚"水牛骑长膘,黄牛骑断腰"。过去治疗牛病,全靠"一根针,一把草"。瑞昌民间兽医颇多,基本上就是用牛银鈚针扎牛的穴位给牛治病。如牛发热,就扎耳尖、尾尖、尾根、舌尖放血。牛咳嗽,则针扎肺俞、肺门、百会等穴位,用枇杷叶、麦冬煎水,让其饮下即愈。

新中国成立以后,瑞昌县在发展役牛生产的同时,还开始发展奶牛生产。二十世纪五十年代赛湖农场开始饲养奶牛,继之有洪岭农场即瑞昌县林业科学研究所(简称县林科所)饲养奶牛。至1985年,全县有奶牛47头,年产奶38吨,主要供给县城居民。

为促进瑞昌奶牛和肉用牛发展,提高产乳量、产肉量,瑞昌县林科所于1958年引进数头"黑白花牛",县农业局于1971年引进两头河南"南阳牛",九源乡于1983年引进"西门达尔牛",另有部分乡引进"秦川牛"进行繁殖,并与瑞昌黄牛进行杂交。据1982—1983年农业区划调查,瑞昌黄牛母种与黑白花公牛杂交的第二代,在放牧条件差、饲养管理粗放的情况下,每头母牛年产奶1 100余千克,日产奶4~5千克。瑞昌黄牛母种与南阳牛、西门达尔公牛杂交所生犊牛生长快,体格大。

俗话说"牛老一碗菜",在牛老不能役使的情况下,主人会请杀牛佬处理。杀牛时要用破衣将牛眼蒙住,围观者要把手放在背后,意为双手被缚,无法相救,以表示对老牛的歉意。

猪

生猪是瑞昌农家饲养的主要畜类之一,也是大多数农家副业收入的主要来源。我国生猪饲养历史悠久,早在先秦时期人们就已掌握了生猪饲养技术。瑞昌过去大部分农户都饲养生猪，少则一户一头，多则一户数头。所养生猪多为本地所繁殖，一般通体黑色或者黑白相间，称为"土猪"。

附：乐园猪

乐园猪主产乐园乡，肇陈、洪一、花园等山区乡亦有分布，属滨湖黑猪的一个品系。其体形中等偏小，早熟易肥，耐粗饲，牙口好，适应性强，在当时"穷养猪"的条件下，作为"年猪担肉"，为农民喜养。乐园母猪的繁殖性能可与本省修水杭猪媲美，三四月龄开始发情，母猪六月龄、公猪八月龄配种，妊娠期为111~114天。乐园母猪性温顺，善于带护仔猪。平均初生仔猪窝重约4.75千克，20日龄窝重约37.5千克，断乳窝重约93.5千克。

瑞昌有"养猪无巧，栏干食饱"之谚。猪为农家肥料之源，故有"养猪不赚钱，回头看看田""养猪不赚钱，肥得一亩田"之说。新中国成立以后，猪舍条件有所改进。

生猪分仔猪、架子猪、肥猪三个饲养阶段，每个阶段喂养方式有所不同。喂猪主要有生干精料喂养和熟食料喂养两种方法，一般农家主要采取熟食料喂养方式。熟食料喂猪主要以青菜、薯藤、野草为主，佐以米糠、麦麸和家庭的残羹剩饭、洗碗水、淘米水等煮熟而成。一些地方在冬季青料缺乏时，农民还多有贮藏青饲的习惯，青贮的方法有的是煮熟入缸，有的是入窖用泥土密封。乳猪一个月大后开始喂食，先以碎米煮粥喂养，后以青菜、萝卜、瓜类等青饲料加米煮熟饲喂。断奶仔猪一般不喂糠，待长到五六十斤后再以米糠、薯藤、红薯、麦麸、豆渣、菜类、野草等煮熟喂养，所谓"猪吃百样草，饲料不难找"，就是指猪对饲料适应广，生猪出卖或宰杀前一两个月以碎米或花生饼、南瓜、红薯等催肥。

生干精料喂养主要是新中国成立以后，特别是二十世纪八十年代以来采用较为广泛的方法，主要为较大型养猪场、养猪专业户和缺燃料地区的农户采用。从小猪喂养开始，就采用配（混）合饲料，辅以青饲料，并改喂生食，这样不仅节约了燃料成本，还大大缩短了饲养周期。

新中国成立后，人民政府把发展养猪业列为发展商品农业的一大产业，引导农民把自给性生产转为商品生产。国家收购生猪实行奖售政策，农民交售一头猪，国家奖给粮食、棉布、化肥等指标票证，并按交售猪的重量分别定价，鼓励农民养大猪、养肥猪、多养猪、多交售。1958年和1969年贯彻"公养与私养并举"方针，先后两次兴办集体养猪场。两次集体养猪，一次是1958年到1960年，另一次是1969年到1971年，因缺乏科学的饲养方法以及集体养猪的管理经验，兼之分配上的平均主义，两次都未成功。中共十一届三中全会以后，伴随农村联产承包责任制的落实，生猪生产迅猛发展，并涌现出了一批养猪专业户。

瑞昌的生猪品种除乐园土猪以外，自1958年开始，先后引进国内外优良猪种繁殖，有中型约克夏、大型约克夏、长白猪、杜洛克、巴克夏、苏联大白猪、上海白猪、镇江猪、江阴猪、枫泾猪（太湖猪、梅山猪）、陆川猪、乐平猪、萍乡猪、宁乡猪、芦台花猪、北京黑猪16个品种，经过多年试养选优并与本地乐园母猪杂交，逐步实现了"公猪良种化，母猪本地化，肥猪杂交化"的目标。

瑞昌养猪习俗有以下几种。

配种 母猪发情叫"走窠"，也有不少地方叫"起窠"。母猪"走窠"了，要牵到养"脚猪"（种猪）的人家去配种，叫"赶猪婆"。赶猪

第一编
第二章　林牧业生产习俗

婆当然要给养种猪的人家付配种费。为了提高养猪业的经济效益，自1982年起，瑞昌县实行了人工冷藏精液配种技术。县畜牧水产局建立了生猪统一供精站，同时在南阳、南义等乡镇建立了分站，大力推广人工授精技术。人工授精面推广到23个乡、镇，受配母猪达40%左右。据测定，人工配种杂交猪比纯土种猪显示出三个优点：一是生长发育快，日增重比土猪提高18%~20%；二是育肥期短，土猪育肥一年能长一百斤肉，杂交育肥半年就能长一百多斤肉；三是瘦肉率高，土猪瘦肉率为36%~38%，杂交猪瘦肉率为46%~50%，因此杂交猪深受养猪户欢迎。瑞昌县瘦肉型生猪人工授精工作亦取得了显著成绩，曾获江西省人民政府嘉奖，并确定为全省21个生产瘦肉型商品猪基地县之一。

　　母猪下崽　对养猪户而言母猪下崽是一件喜事。有的人家还会事先在白纸上画一剪刀，贴在米筛上，挂在猪栏门上方，用来驱除晦气，祈求母猪平安生产。

　　阉割小猪　在瑞昌，阉割伢（公）猪是由剃头师傅用剃头刀操作的。主家抓住小伢猪后腿，倒提着，剃头师傅迅速割掉小猪睾丸，然后丢到房顶上。一会儿工夫几头小伢猪就割完了，主家要煮一碗面加两个荷包蛋给剃头师傅以示酬谢。草猪（雌猪）阉割要在其发情两三次后进行，请专业割猪佬进行阉割。阉割前割猪佬从锅罐上刮下一些炭黑，将草猪卵巢取出后，在刀口处抹上炭黑消毒就可以了。

　　捉猪崽　小猪两个月后便散窠，多为约定时间上门选购。早晨主家要给捉猪者准备早饭，吃饭时同时给小猪喂食。为防止捉猪者打扰小猪进食，主家会将大门、后门关上，以防个别人贸然行动。一般人在捉猪崽时都会仔细察看其品相，要求"皮松、毛稀、腿直、嘴翘"。作母猪养的要挑选奶头多的，作肉猪养的要嘴短、尾短、身长。俗话说："狮子头，兔子尾，耐粗快长不用米""猪尾巴长，吃光千斤粮"。猪崽忌讳鼻端有白毛的"破鼻花"、四肢下端长黑毛的"鬼脚猪"、脚上多生一个爪子的"五爪猪"，还有"戴孝帽""铁砧脑""乌卵秋"均不受人们喜欢，认为养这样的猪轻则不长膘、重则破财伤人。捉猪崽回家后，家里人要为捉猪者倒碗茶，让捉猪者坐在凳子上一口气将茶喝了，预兆猪崽能吃，好养，喝水也长膘。

杀年猪 在自给自足的农耕时代，过年是一年当中最为隆重的节日。普通农家平时很少甚至根本就没有肉吃，只有到了过年时，家里养了猪的，就把猪杀了准备过年。乡下对于杀年猪特别看重，先点三根香对着天地三拜，让天地保佑一切顺利，然后才开始杀猪。杀猪时，猪血出得越多越好，叫"血泼地头红"。猪杀好后，猪肉有多，家庭不是很富足的，会卖掉一部分，家境殷实的，就会全部留给自己。猪肉一般通过腌制、烟熏保存。

羊

据瑞昌县志记载，1949年瑞昌饲养山羊近300只，1983年发展到近3 000只。二十世纪五十年代末，青山林场、赛湖农场、大德山林场和县林科所等地先后引进瑞士奶山羊、新疆细毛羊、萨能氏山羊饲养繁殖，但后来均因草场不足或气候不适、效益不高而停养。随后，一些乡镇农民进行小规模饲养羊，大多以散养为主，仅洪一、南义、横港、横立山、花园等乡镇有小规模的圈养户，养殖品种均以本地小山羊为主。本地羊种对气候、饲料适应性强，便于饲养，且肉质细嫩，广受人们喜爱。近10年来，也有人试养奶羊，因为羊奶营养丰富，市场行情颇好。

有关养羊的禁忌也很多。比如，忌产羊羔时外人入内观看，认为看的人会倒霉，对牲口也大不利。有的地方忌杀吃种羊，因为羊有"跪乳之恩"，杀种羊被视为不孝行为。

鸡

鸡是广大乡村农家饲养最为普遍的家禽之一，农家几乎每户都会饲养，品种基本上都是自家用鸡蛋孵化的鸡，也称为"土鸡"。乡民通常用鸡蛋或鸡肉招待客人，俗语"问客杀鸡"往往作为虚情假意待客的比喻。在农耕时代，鸡是农家重要的经济来源，很多家庭靠出售鸡蛋或鸡来补贴家用。

一、鸡的品种

小型蛋鸡 小型蛋鸡的主产地为肇陈镇，瑞昌各地均有分布，是市内农户粗放饲养的主要品种。其特点是个体小、早熟、耐粗饲，觅食力和抗病力强，饲料消耗少。公鸡87~150日龄开啼，母鸡150~180日龄开产。母鸡每年抱窝一次，也有不抱窝和个别抱二次窝的，抱窝期为21天。该品种鸡蛋壳厚，便于贮藏和长途运输；鸡肉质嫩味鲜，是一种蛋肉兼优的地方品种。

引进外来品种 1958年，瑞昌先后从外地引进白洛克、澳洲黑、九斤黄、来杭鸡、考尼许、希塞斯、红育鸡、星杂288、蒲东鸡、泰和鸡、星布罗、海波罗、火鸡、洛岛鸡等十几个优良品种。

二、饲养方式

养鸡历来为瑞昌农户的家庭副业。新中国成立后，县内既发展农民家庭养鸡，又发展国营农场养鸡，还发展农村专业户养鸡；既大力发展蛋肉并用鸡，又注意发展专项肉鸡、蛋鸡。良种鸡多为国营养鸡场和农村专业户饲养，蛋鸡为主，肉鸡次之。农民家庭仍以饲养肇陈小型蛋鸡为主，杂以少量外地良种鸡。在繁殖方式上，农民多数自养自繁，采取母鸡孵卵法；国营养鸡场则采用电温箱孵化；专业户一般从国营养鸡场引雏饲养。

三、养鸡习俗

孵鸡 一般为春季孵鸡，用旧箩筐垫稻草做一个鸡窝，内放种蛋十几枚，将"赖抱"母鸡置于鸡窝里，并在上面罩一个筛子，在筛子上放刀斧防雷震，也防止母鸡擅离职守，还防其他动物的伤害。孵化期为20天左右，每天中午要将母鸡从窝中抱出喂食、喂水。小鸡破壳而出后，要将蛋壳用棉线串起来，挂在鸡窝上方，据说能护佑小鸡快速生长。

买小鸡 过去人们购买小鸡、小鸭饲养，忌讳买5只和8只的数量，而以买7只为吉利，谓之"七生八死"。买回小鸡后，要用淘米水浸润鸡喙和鸡脚，用品红水抹鸡头或鸡背，认为这样处理后，小鸡爱吃不乱走，快长不发病。

做鸡巢 鸡巢俗称"鸡窠"，一般置于厅堂大门左侧角落里。很久以前，多数农家用几块土砖围一个小空间，再垫一些炉灶里的灰，就算做好鸡巢了。后来发现这样安全性不高，就有不少农家请工匠专做鸡巢，先用木头做一框架，然后在四周穿上竹片，再做一个能上下移动的小门，鸡"上宿"后将门放下，早晨将小门抽起，白天让鸡自由出入。

捡鸡蛋 捡鸡蛋是小孩最喜欢做的事，但大人会叮嘱小孩一定不能捡热鸡蛋，要待产蛋鸡外出觅食时，悄悄将蛋捡起来，若捡热鸡蛋，鸡就不会在这个地方再下蛋了。对一些不守规矩在其他地方下蛋的鸡，要及时在其下蛋的地方做一个临时产房，避免下的蛋被其他动物吃掉。

杀鸡 道士做法事、木匠做屋上梁等，常常要洒雄鸡血酒，妇女生小孩坐月子需要杀公鸡炖汤催奶，男孩十二三岁要吃仔公鸡，助其性发育。过年还年福的祭祀用品，也要用公鸡，不能用母鸡。用母鸡还年福俗语称"鸡婆还年福"，意为男人做不了主，靠女人当家过日子。

鸭、鹅

鸭 过去只有少数农户零星饲养鸭。农业合作化后，开始发展群鸭生产，鸭的饲养量逐年增多。在高丰、南义等主要粮产区，首先开始集体养群鸭（叫放排鸭），主要饲养蛋鸭。

鸭子的品种多为从外引进，主要有绍兴麻鸭、白日红、安徽麻鸭、康贝尔、大余麻鸭、昆山麻鸭、北京鸭、番鸭（又名瘤鸭、洋鸭），均以引入鸭苗为主，市内很少繁殖。其中番鸭又被瑞昌人称为豚，其饲养量更少，仅个别农户饲养。

鹅 鹅亦为外地引进的灰鹅和白鹅为主，赛湖农场曾引进狮头鹅，但为数很少。

第三章　渔猎生产习俗

第一节　长江捞苗

鱼苗资源

长江是我国第一、世界第三大河，发源于青藏高原，在崇明岛注入东海，全长6 300多千米。瑞昌地处长江中下游南岸，辖有19.5千米的江段，是长江入赣第一市。瑞昌江段，上有洞庭湖，下有鄱阳湖，地理位置优越，水文条件独特，孕育了丰富的鱼苗资源。每年5～7月，性腺成熟的四大家鱼（青鱼、草鱼、鲢鱼、鳙鱼）都会游到城陵矶至宜昌江段产卵，受精卵顺江漂流而下，经5～7天的时间，到达瑞昌江段刚好出苗。此时的鱼苗细若针芒，戢戢莫知其数。据调查，瑞昌江段的鱼苗约有60多种，以四大家鱼为主。因此，瑞昌江段号称长江鱼类的基因库、生物多样性的典型代表、四大家鱼的摇篮等，在长江干流上具有十分独特的地位。

捞苗历史

瑞昌捕捞长江鱼苗，习惯称长江捞苗或瑞昌捞苗，其历史悠久，影响深远。据记载，该项产业始于唐，盛于宋，历经元明清，一直延续至今，已有1 300多年历史。远古时代，我国就开始养鲤鱼，最有名的莫过于春秋末期的政治家、经济学家范蠡。他曾亲自养过鲤鱼，并著有《养鱼经》一文，专门介绍养殖鲤鱼的方法和经济效益，是我国迄今为止发现的最早的养鱼文献。到唐代，由于皇帝姓李，鲤与李同音，为了避讳，禁止养鲤、捕鲤、杀鲤、吃鲤等相关活动，凡违者，一律罚六十大板。罚有所严，民有所畏，于是人们被迫更换养殖品种，调整养殖结构，寻找新的出路。瑞昌先人在关键时候，凭借智慧，发现了长江里的四大家鱼鱼苗资源。四大家鱼适合捕捞和养殖，还有个体大、生长快、肉质好等特点，具有极大的消费市场，深受养殖户青睐。经过渔民的长期摸索，逐渐形成了一套特殊的捕捞方法。到宋代，该项技术已相当成熟，鱼苗销售范围很广，有历史资料显示，当时瑞昌鱼苗已销往江浙和福建等地，在以后的历朝历代中仍然长盛不衰，是名副其实的千年产业。新中国成立后，瑞昌四大家鱼鱼苗还走出国门，销往海外。

捞苗习俗

瑞昌捕捞长江鱼苗是一项技术性很强的工作。在过去科技不发达、思想观念保守的年代，逐渐形成了许多具有地方特色的捞苗习俗，主要体现在以下几个方面。

捞苗卖苗先祭神 古人认为，山有山神，江有江神，有神必祭祀。瑞昌码头人临江而居，习惯把长江称为河，所以把江神称为河神。码头人还认为，河里不仅有河神，还有鬼怪。因为江大水深，淹死的人不计其数，各种各样的鬼怪都有，一个都不能得罪。凡是涉水作业必须举行祭祀仪式，捞苗同样如此。每年5~7月是捕捞长江鱼苗的季节，对捞苗的人来说非常重要，因为人身安全、捞苗多少、收入高低全系于此。一般过了立夏季节,他们就要开始进驻江边捞苗。俗话说:喝了立夏茶,下河捞蛤蟆(鱼苗)。捞苗的人进驻江边的第一件事就是举行祭祀活动,祈求河神和鬼怪保佑,然后再开展捞苗准备工作。祭品有羊、猪头和鲤鱼,凡是参与捞苗的人都必须到场,心要诚,仪要正。如果捞苗期间恰逢端午节,也要祭祀一下,但相对进驻时的祭祀要简单些,俗称小祭。买苗的人装好鱼苗后,出发之前也有许多讲究。尤其是那些远道而来的客户,他们购买的鱼苗多,在路上(行船)时间长,风险特别大,因此在起运时要杀羊祭江神,祈求一路平安。

人员称呼和坐席规矩 长江捞苗以"棚"为最小单位,即一个捞棚负责20排水。一根长毛竹挂两个捞,20根毛竹呈一字排开为20排水,涉及江段长500米左右。一棚人员有四五人,他们吃住都在江边临时搭建的一个棚子里,所以俗称一棚(二十世纪五六十年代最多达到30多个棚)。别看一个棚只有四五个人,他们的工种不同,负责人(一把手)被称为"打盅佬"或"打鼓佬",二把手称"二帮",三把手称"三相",后勤人员称"四弟",筛鱼苗的人称"技师"。他们吃饭坐席很有规矩,不可乱来,打盅佬坐西朝东,二帮坐东朝西,三相坐南朝北,技师坐北朝南,四弟是不能上桌的。传说,这些规矩跟他们的工作职责有关。

捞苗工具和生活用品 水上作业的人生活在江边,风险很大,所以特别注意安全,对捞苗工具和生活用品的叫法讲究吉利。比如,捞苗的网不叫"网",习惯叫"捞",因为"网"与"亡"同音,尽量避讳。挂网用的长毛竹,叫"平水",寓意平平稳稳。捞取鱼苗用的捞子叫"量海",寓意鱼苗像海水一样捞不完,取之不尽。量鱼苗用的杯子叫"量碗",寓意数量多。检查鱼苗用的白盘子,叫"花脸",因为有的鱼苗带点黑色,在白色盘子的衬托下,呈现杂黑色,因此越黑越好。吃饭用的筷子叫"顺风",调羹叫"划子",猪肉叫"大菜",鱼叫"摆尾",虾叫"龙头"。如果发现江边有人的尸体,不能直呼死人,要叫财神爷,并且就近掩埋。船第一次下水,船头向岸边,寓意船还要平安上岸。

当然,长江捞苗习俗远不仅上面这些,毕竟经历了一千多年的历史,在不同的时代有不同的变化。由于记载资料不全,无法一一记述。

第二节　长江鱼苗除杂与养殖

瑞昌捕捞长江天然鱼苗的习俗始于唐代,渔民从中筛选出青鱼、草鱼、鲢鱼、鳙鱼（统称四大家鱼）的鱼苗用于养殖,开启了我国养殖四大家鱼之先河。1 300多年来,瑞昌先民探索出了一套独特的长江天然鱼苗识别、鱼苗除杂与鱼苗养殖方法。时至今日,本地仍然保留这一传统方法。

鱼苗识别

渔民捕捞上来的长江天然鱼苗细若针芒,数量多,种类杂,而每个时节捕上来的鱼苗也不尽相同。如何识别鱼苗的种类,这确实是一个复杂的技术问题。面对捕捞上来的天然鱼苗,渔民除了预估数量,即多少碗（计量单位,一碗为一万尾左右）,还要目测大致组成,即成色,就是以哪种鱼苗为主,占比多少,便于调节好购苗者的需求。为此,渔民总结出了一套识别鱼苗的方法。

渔民用一个白瓷盘分别在鱼篓上下层舀取少量鱼苗,先带水观察鱼苗的活动情况,然后慢慢倒去盘中水,让鱼苗留在盘底,再观察鱼苗的细微特征,如体色、体形和腰点（鱼鳔）等,便可识别出鱼苗的种类。

青鱼苗：体色灰黄，腰点在背鳍下方，背略驼，从腰点到尾部有一条明显的青筋。

草鱼苗：头呈方形，眼间距较宽，背平直，尾略尖，尾部具有红色血管丛，俗称"赤尾巴"，腰点圆而小，靠近头部，青筋短。

鲢鱼苗：体色灰白，腰点靠近头部，吻端略尖，两眼间距较近，背部平直，尾呈剪刀形。

鳙鱼苗：体呈玉米色，腰点粗大，呈椭圆形，距头部较远，眼间距较鲢鱼宽，背部平直，尾部呈剪刀形，尾鳍下叶有一黑点。

鳡鱼苗：体长大，透明或略带淡黄色，眼大，呈深黑色，尾分叉明显，在水中强烈窜动。

鳜鱼苗：体短而侧扁，前半部黑色，后半部无色透明，故在水中只看到一个黑点。

鱼苗除杂

渔民捕捞上来的长江天然鱼苗中，除四大家鱼鱼苗外，其余的俗称杂苗。有时四大家鱼鱼苗多，而杂苗少；有时四大家鱼鱼苗少，而杂苗多。一般二江水（主汛期）中四大家鱼鱼苗多，头江水和末江水中杂苗多。杂苗中常见的有鳜鱼、鳡鱼、鳊鱼、银鲷，再加上少量出现或偶尔出现的杂苗累计有几十种之多。鱼苗除杂，就是通过筛、挤、撇等措施，尽量除掉杂苗，提高四大家鱼鱼苗的比例，作为养殖的鱼苗。如果不除杂，或除杂不彻底的话，杂苗特别是鳡鱼苗、鳜鱼苗等凶猛性鱼类对四大家鱼的生存、生长有非常大的危害。

筛　筛就是筛鱼苗，一般要经过三次筛。鱼苗筛用篾制作而成，有三种规格，即头密、二密和三密，又称粗筛、二筛和密筛。在收集尾箱里的鱼苗时，渔民先用粗筛筛去较大的杂物，再用二筛筛去个体较大的杂鱼和较小的杂物，最后用密筛筛掉蒙子（个体小而透明的鱼苗，没有出现腰点，不能平游，像蒙蒙小雨的雨点一样）。之后把筛好的鱼苗放入大箱中暂养，其余的放回长江。

挤 挤就是挤鱼苗，一般要挤两次或三次。这是根据杂苗对缺氧的忍耐能力比四大家鱼鱼苗差的特点，通过减少鱼篓内水量，促使鱼苗高度密集，从而降低水中含氧量，导致杂苗因缺氧而死，然后迅速加水增容，让鱼苗散开，确保不危及四大家鱼鱼苗。这样反复挤两三次后，杂苗大部分会死亡。

撇 撇就是舀取水面上的死苗或体质弱的鱼苗。鱼篓里的鱼苗经过两三次挤后，大部分杂苗死亡并浮于水面，还有的鱼苗因挤后体质变弱，也分散在水面上，这时就用巴罗（舀水工具）舀取死苗或弱苗并抛弃。

鱼苗养殖

鱼苗养殖是一种概略的说法，实际上是四大家鱼养殖，因为鱼苗除杂后，基本上是以四大家鱼鱼苗为主。过去，瑞昌长江天然鱼苗养殖有两种模式：一种是人放天养，即鱼苗下池后，不施肥，不投料，依靠水体中的天然饵料生长，经过两三年时间放水捕鱼；另一种是人放人养，即鱼苗下池后，有人管理，通过施肥、投料、防病、治病等措施，促使鱼苗生长，提高产量，缩短养殖周期。前者生长慢，产量低，周期长；后者生长快，产量高，周期短。

在二十世纪八十年代之前，瑞昌码头既是长江天然鱼苗的供应地，也是鱼苗养殖最发达的地区，不但采取人放人养模式，而且实行分级养殖，当年先把几毫米长的小鱼苗培育成十几厘米长的大鱼种，第二年再把鱼种养成大鱼上市销售。码头一带的渔民经长期实践总结，根据不同阶段的要求，采取相应的对策措施，提高了产量效益。

精心培育鱼种　用于培育鱼种的池塘，面积一般不超过5亩，四周无树木，底质淤泥浅，水源水质好。鱼苗下池前，除了用生石灰消毒池水外，还要用粪肥配肥水质，培养浮游生物，为鱼苗提供丰富的天然饵料。鱼苗放养数量一般不超过每亩15万尾。鱼苗下池时悉心呵护，喂以蛋黄，三天内投喂豆浆，以补充营养。七天后拉网锻炼，十天后拉网除杂（除去混入的少量鳜鱼、鳡鱼）。一个月后，待鱼苗长至三四厘米长，一部分作为小鱼种提前出售给其他养殖户养殖，这种鱼苗俗称"夏花"。一部分分池继续养到当年年底，培育成十几厘米的大鱼种，俗称"冬片"。此阶段鱼种培育则以投喂菜饼、麦麸为主，对不同的目标有不同的要求。一般经过精心培育，养成的鱼种规格大多整齐，体质健壮。

因地制宜养大鱼　尽管过去的养鱼技术没有现在科学，但码头渔民凭借智慧，创造了一套养大鱼的方法。首先是不放小鱼苗，改放大鱼种，既可以提高成活率，又可以缩短生长周期。其次是根据不同水域采取不同养殖法，如几亩或十几亩的水面，以养草鱼为主，投喂水草、菜饼；几十亩或几百亩的大水面，则以鲢、鳙鱼为主。再次是根据水质肥瘦，准确安排鱼种放养数量和搭配比例。渔民不但自己这样做，还指导购买鱼苗鱼种的养殖户，实行包鱼苗鱼种，包技

码头公社水产综合养殖场荣获国务院授奖

术指导，所以他们的鱼苗鱼种特别好销售。

瑞昌先民开创了捕捞长江天然鱼苗的历史，总结出了鱼苗识别、鱼苗除杂和鱼苗养殖的方法，是我国四大家鱼养殖的实践者，得到了历朝历代的官方认可，新中国成立后更是达到了高峰。1958年，瑞昌县码头公社水产综合养殖场被国务院授予"农业社会主义建设先进单位"的荣誉称号，成为闻名全国的先进典型。1998年，瑞昌长江四大家鱼原种场升格为国家级水产原种场，成为全国最重要的长江四大家鱼原种选育、保护和供应基地。

第三节　赤湖渔会

赤湖犹如一面巨大的镜子，清澈明亮，镶嵌在瑞昌东北角，与长江相连，又好像挂在长江这条大链子上的一颗珠子，晶莹剔透。赤湖，长江，这一静一动两种截然不同的水域，给瑞昌增添了十足的灵性和生机。

赤湖水面宽阔，最大时可达7万多亩，一望无际，碧波荡漾，在九江十大湖中位居第二，在江西位居第五。湖中水草丰富，鱼虾繁多，是一个天然的宝湖，养育了沿湖十几万民众，更是渔民赖以生存的圣地。

渔民临湖而居，靠水吃水，祖祖辈辈以捕鱼为业，繁衍生息。自古以来，沿湖渔民就有在每年渔闲时节集会聚餐、话说渔事的习俗，俗称歇马，又称赤湖渔会。

旧时，每年农历新春一过，整个上半年，赤湖渔民基本上不外出捕鱼，只是在家修补渔网和船只，为下半年捕鱼做准备。由于时间宽裕，渔民便相互约定在一起集会、聚餐，逐渐形成了一种风俗。聚会规模大小不等，形式灵活多样，有几个村庄渔民小聚的，有一个乡渔民中聚的，有几个乡渔民大聚的。主持者轮流坐庄，一年一次，场面热闹，内容丰富。

渔会重头戏当然是会商赤湖水情鱼汛，谋划未来捕鱼计划。在科技不发达的年代，古人通过观察物候的方式，预测未来天气。除夕是新年和旧岁的交汇点，更是观察物候的关键期。沿湖渔民通过观察大年初一早晨赤湖水面上的雾气高低和子时哪种动物先鸣叫等现象，来判断赤湖当年的水情鱼汛。据说，大年初一早上赤湖水面上雾气顶部到达哪个位置，当年赤湖水位就会淹到哪个位置。水位越高，鱼也会越多，捕鱼效益越好。所以许多细心的渔民都在大年初一早早起床，纷纷就近来到赤湖边，认真观察赤湖雾气的浓淡、远近和高低，对应岸边的位置，作为参照物，各自铭记在心，有的人还做好标记，以此来验证结果。传说这种预测方法在有的年份很准，因此许多渔民非常认可这一方法。还有一种说法是"牛叫大熟，鸡叫荒，狗叫熟，猫儿叫了只有一碗粥"。据说，除夕零时一过，如果牛第一个开口呼叫，是好兆头；如果鸡第一个开口鸣叫，当年就是荒年；如果狗第一个开口吠叫，当年就会风调雨顺，五谷丰登；如果猫儿第一个开口鸣叫，则不是好事，说明当年会有大灾，只能喝粥。新春刚过，便是举行渔会的最好时机，渔民们满面春风地在一起交流，各人把自己大年初一早上的所见所闻说出来，总结成一个比较全面的气候评估，据此比较准确地分析赤湖当年的水情鱼汛。

渔会当然离不开吃喝，但要想吃得有味道、吃得有意义，也不是一件容易的事，因此"吃"在每次渔会上是绕不开的话题。不知经过多少年、多少次的尝试，赤湖渔民终于发明了一道特色佳肴，作为渔会上的招牌菜。他们用赤湖最常见的草鱼煮糍粑，因为草鱼鱼大肉多，需要大盆或大钵盛装，放在餐桌上用细火慢炖，边炖边吃。其实，这道菜的食材和做法很简单，但是把草鱼和糍粑放在一起煮，味道就是不一样。草鱼的鲜味和糍粑的筋道相结合，越炖越鲜，越炖越香，而且象征与鱼紧紧相连，与渔友紧紧相连。现在这道菜已成为赤湖沿湖乡村的一道特色小吃，是招待客人的美味佳肴。

渔事谈完了，饭吃饱了，酒喝足了，接下来就是聊天和娱乐。赤湖是一个很神秘的湖泊，流传有很多故事。如赤湖之名的由来、女儿街的传说、狮子山上的夜明珠、青竹墩的由来、红头湖的传说等，这些故事流传广泛，深受渔民喜爱，百听不厌。不仅如此，有人还把发生在现代渔民身上的奇闻、趣事当作笑料，甚至演绎成新的故事。

这些年来，社会发生了很大变化，从农业时代走向了工业时代，捕鱼业也差不多退出了历史舞台，赤湖渔会也慢慢成为了人们的记忆。

第四节　养鱼过年

俗语有"养鸡为买盐，养猪为过年"。在瑞昌也曾流行养鱼过年的习俗，其重头戏是捉鱼环节，那场面有点类似现在的"捉鱼节"。

在二十世纪六七十年代，为了发展农业生产，提高粮食产量，按照国家统一部署，瑞昌掀起了一股水利建设热潮，各个地区纷纷投资投工新建了许多中小型水库和山塘，为农业灌溉储备水源，人们习惯统称为山塘水库，全市共计新增人工水面1.3万亩左右。这些山塘水库除蓄水、灌溉和发电之外，还有一个功能就是养鱼。

瑞昌地区虽然水系发达，有江有河有湖，鱼类资源丰富，但是对于中南片山区来说，吃鱼还是相对困难的。在大集体时代，以生产队为单位实行统种统收统分制，养鱼也不例外。各地区的山塘水库无论水面大小，统一由生产队负责放鱼苗、管理和收获。

那时养鱼的目的很单纯，就是解决过年吃鱼的问题，而不是卖鱼挣钱。从年初放鱼苗到过年捉鱼，可分三个环节。

买鱼苗 各个生产队上半年派人到长江边的码头镇购买鱼苗。由于当时交通不便，运输只能靠脚走肩挑，近的二三十里，远的七八十里甚至上百里。人们回家的时候还要挑着鱼篓或水桶，里面装着鱼苗，一路上要赶路不能休息，否则鱼苗会死亡。尽管购买鱼苗的行程很辛苦，但是想到过年有鱼吃，大家还是干劲十足。当然，生产队会选派有责任心的人去，确保完成任务。

鱼苗放入山塘水库后，基本上没有人管理，不投料，不施肥，纯属人放天养，养出来的鱼自然也是绿色无公害产品，只要水不干，鱼不跑，就万事大吉。

放水捉鱼 相比买鱼苗和管理，放水捉鱼就是一件大事。一到腊月，老百姓再苦再累，也要筹备过年。于是，村民们早早就惦记着山塘水库里的那些鱼。鱼有多少，个体大小，哪一天放水，哪一天捉鱼，都是村民们议论的话题。一般会安排在腊月二十前后捉鱼，为此生产队会提前做好各项准备工作，如先开闸放水，待到放不下去的时候，就采用抽水机抽水，或用水车进行人工车水，力争车干水，以便捉鱼。

捉鱼那天形同过节，场面非常热闹，几乎是全村男女老少都到场，山塘水库的岸边，用人山人海形容也不为过。也有附近的外村人赶来，他们一来是看热闹，二来也想捉点小鱼回家，可谓一举两得。

捉鱼是公私分明的。先是捉公鱼，公鱼是指公家的鱼、集体的鱼，是分给村民的鱼。捉公鱼只能指派少数人下水捉鱼，其他人是不能下水的，村民都要自觉遵守规矩，否则就乱套了。公鱼主要是大鱼，大概一斤以上，也有两三斤甚至十几斤的，这要看鱼苗养了几年，养的年份长，鱼就大。品种以鲢鱼、鳙鱼、鲤鱼为主，其次是草鱼和青鱼，也有少量大鲫鱼。公鱼捉完了，才让村民下水捉小鱼。此时，人们不顾天寒地冻，冰水刺骨，一拥而下，年轻人索性赤脚下水，手脚并用，捉到的鱼会更多，这验证了那句古话"鱼头上三把火"，什么寒冷，什么污泥，人们全然不顾。待到上岸后，每个人全身湿透、满脸污泥，也不一定能捉到多少鱼，但他们并不后悔，重要的是享受到了捉鱼的过程和热闹的气氛。

分鱼 鱼捉上来后，用筐挑到生产队的仓库里或晒场上，就要开始分鱼了。怎么个分法？村民们自有一套体现公平、公正的方法。首先是按户头均分，即把鱼按大小搭配，品种搭配，分成一堆一堆的，再过秤，使每堆重量一样。接着，生产队会计用纸按户数做阄，各户派人抓阄，抓到哪堆是哪堆，这样就避免了鱼好鱼差之争。还有一个分法，就是把按户和按人口结合，大部分鱼按户分配，留下少部分按人口分，使人口多的家庭适当多分一些。这种分法既体现了公平性，又体现了人性化，使全村人皆大欢喜。

分鱼时还要尽量兼顾每户有一条鲤鱼，因为过年"还年福"是必须用鲤鱼的。当然，如果当年鲤鱼数量太少，就只能靠抓阄时碰运气了。

二十世纪八十年代后开始实行联产承包责任制，经营体制发生了变化，村民们都忙于各自的生产经营活动，因此，这种养鱼过年的习俗也戛然而止了。

第五节　常见捕鱼方式

捕鱼方法很多，瑞昌常见的有围网、撒网、放粘网、架地龙、扳罾、垂钓等，非法的捕鱼方法还有架迷魂阵、电鱼、炸鱼、闹（毒）鱼等。捕捞工具有渔船、网具、叉具等多类。新中国成立后，渔具有所改进，仅网具就有线网改为尼龙丝网、密眼网改为稀眼网、低衣网改为高衣网、单层网改为多层网、沉脚网改为浮脚网等，主要捕鱼方法介绍如下。

围网捕鱼

在赤湖、赛湖或大型水库中，由于水域面积大，在鱼肥体重时节，渔民一般进行大孔目围网作业。有双船四人或六人作业的围网、拉网，最多有32人结伙的大拉网。渔民们分乘渔船将渔网悄悄沉于水中，一段时间后将渔网慢慢向岸边收拢，最后将鱼捞起。漏网之鱼留在水域中继续生长。

撒网捕鱼

撒网捕鱼有单船双人（夫妻、父子或兄弟）作业的，一人摇橹一人撒网，虽然每网捕鱼不是很多，但辛苦一天，运气好的话也能捕百把斤鱼。有的渔民喜欢晚上捕鱼，傍晚时分，单人单船或筏子，放粘网、下钩或放地笼。第二天赶早收网、收钩、收地笼，一般收获也不少。

扳罾捕鱼

在下暴雨发洪水的时候，住在河、溪、港附近的农民有扳罾捕鱼的习俗。只要浑水一到，鱼儿有溯水向上游的习性。熟悉鱼性的农民，在水流回湾处架好罾位，扳罾捕鱼。他们一罾接着一罾，无暇休息，饭菜也是家人送过来，将就扒几口，生怕错过难得的捕鱼良机。单人作业捕鱼的方法还有赶挺、抛叉，在鱼多的时候甚至可以用鸡罩、荒篓罩鱼。在风平浪静的时候，一些喜欢捕鱼的村民在河、港、塘的缺口张缯篆、架笼捕鱼，还有一些大姐、大妈用虾搭捞一些小鱼小虾。

钓鱼

钓鱼是一项有益于身体健康的活动。钓具有钓竿、钓线、钓钩等。钓鱼饵料种类奇多，有蚯蚓、蚂蚱、玉米、面团、泥鳅、小鱼、芦叶、化工饵料等。钓竿有手竿、海竿，钩具有挂钩、拖钩、卡钩、爆炸钩。根据钓鱼地点分别有野钓、江钓、湖钓、河钓、鱼塘钓多种。现在还有一些垂钓爱好者开车专程到武宁、湖北等地垂钓，乐在其中而不辞辛苦。

跳折捕鱼

用跳折捕鱼是人们在浅河滩中捕鱼的常用方法之一。人们在河床的浅滩中用卵石在河面围堰，使水流逐渐收窄，集中流入跳折，由于有一定的落差，上游的鱼便容易随水落入跳折。

跳折一般长0.8~1米、宽0.6米、高0.3米左右，底部和四周留有出水缝隙，上部一半用木板封口，一半为下水口，底部保证有10厘米左右深的水，以避免进入的鱼缺水而亡。当鱼进入跳折后，便无法逃出。

第六节　常见捕鱼工具图片

鱼篓

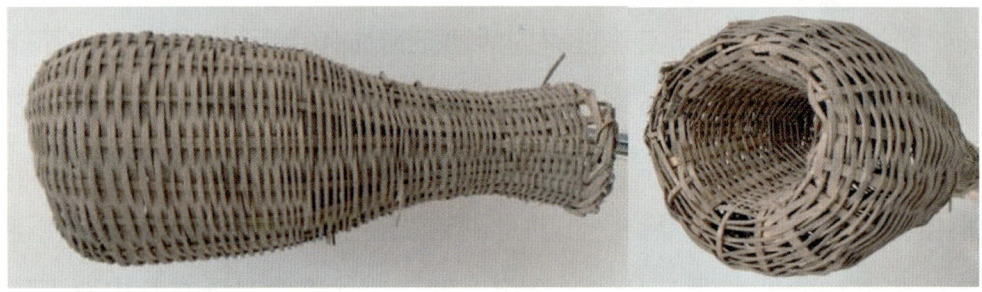

卷须鱼簔

喇叭鱼簔

两头鱼簔

第一编
第三章 渔猎生产习俗

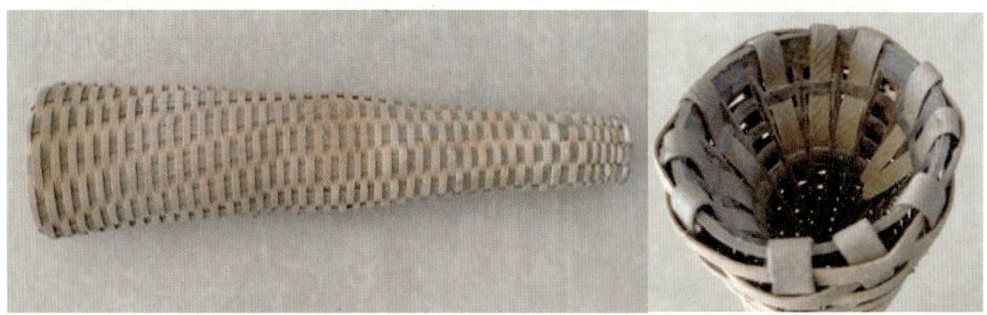

黄鳝笼

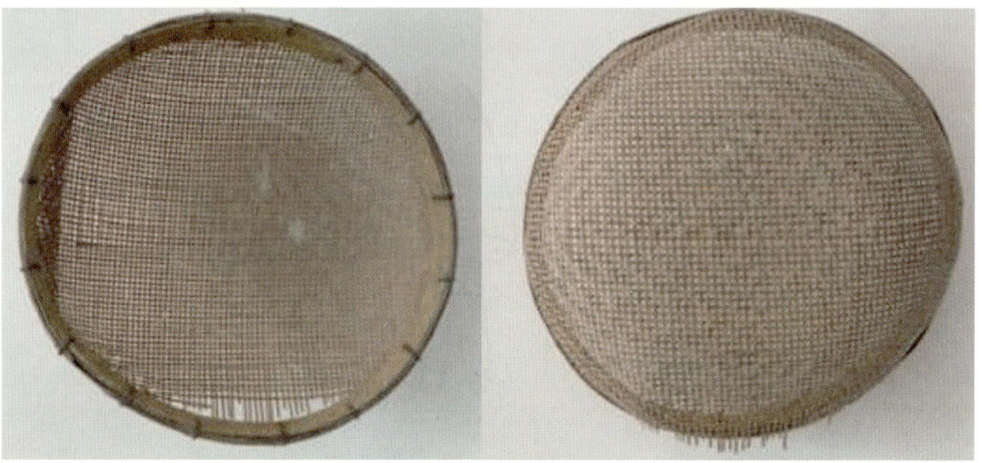

鱼苗筛

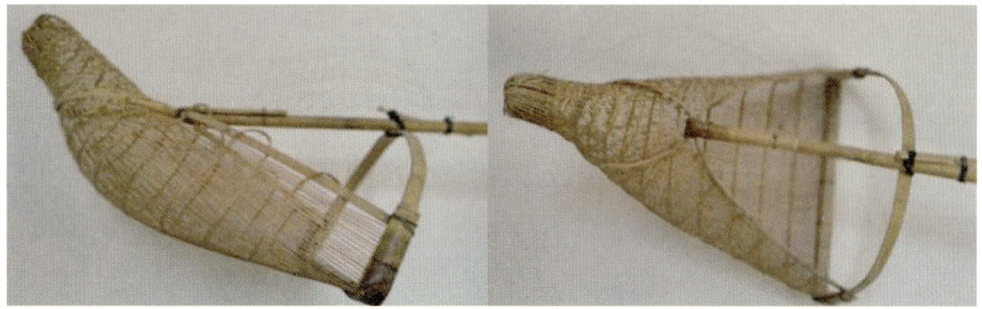

鱼虾搭

109

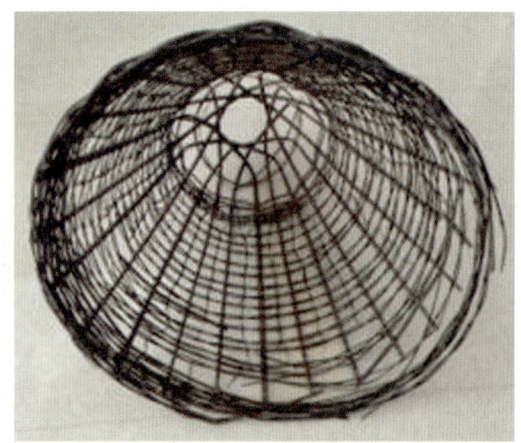

捕鱼罩

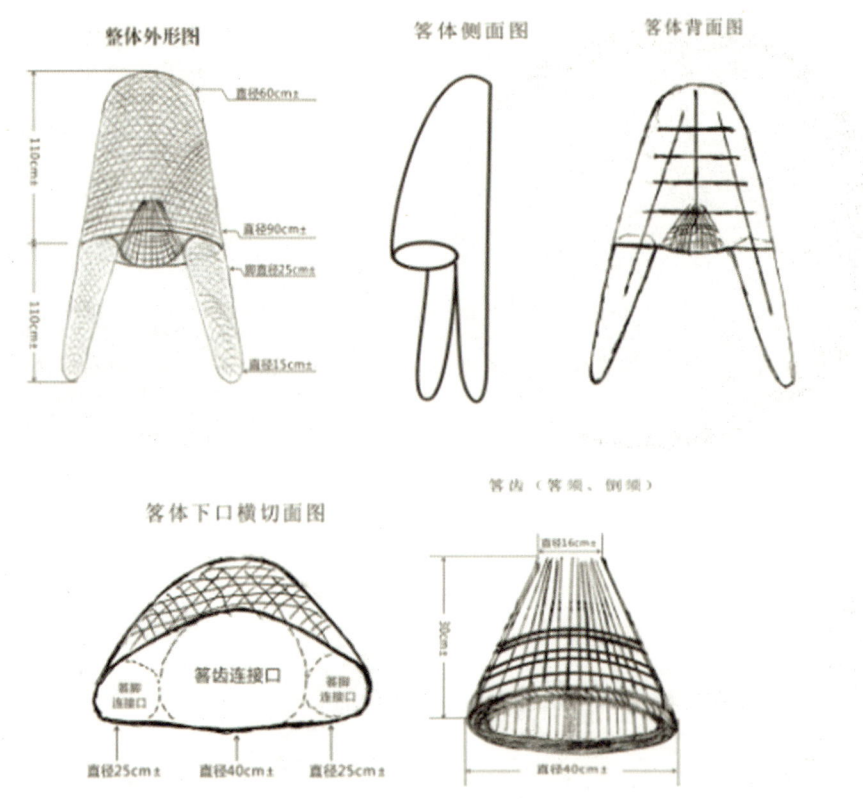

笿（由竹篾制作而成，现已失传，董洪珠、董六乾根据记忆绘制）

第一编
第三章 渔猎生产习俗

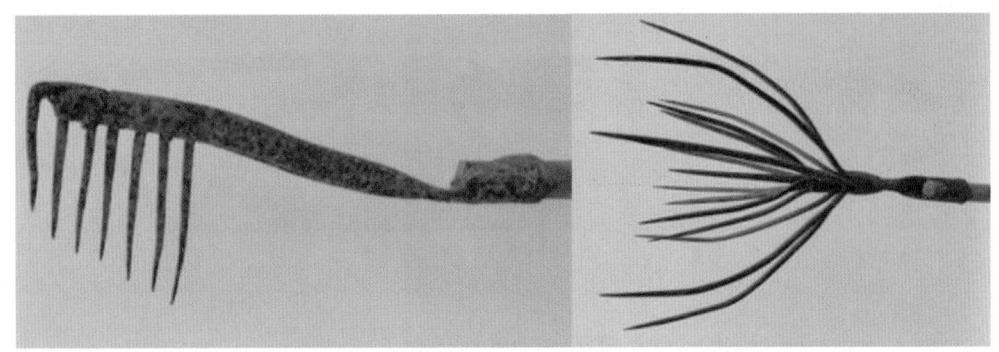

鱼钻　　　　　　　　大莲蓬叉

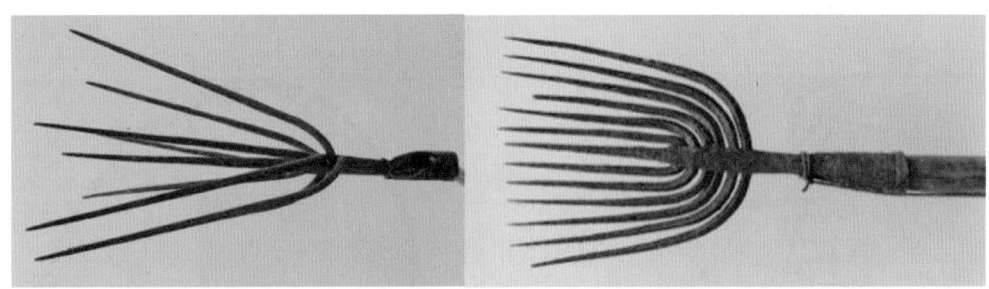

小莲蓬叉　　　　　　鱼叉

抛鱼叉　　　　　　　甲鱼叉

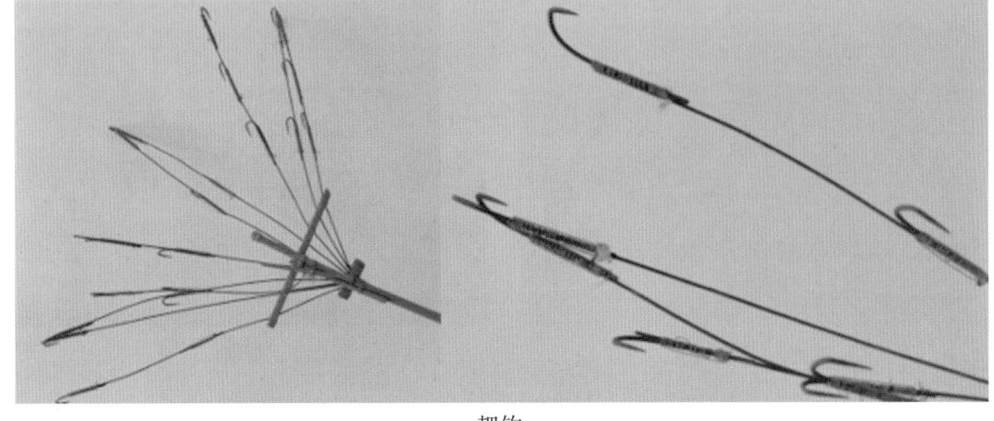

耙钩

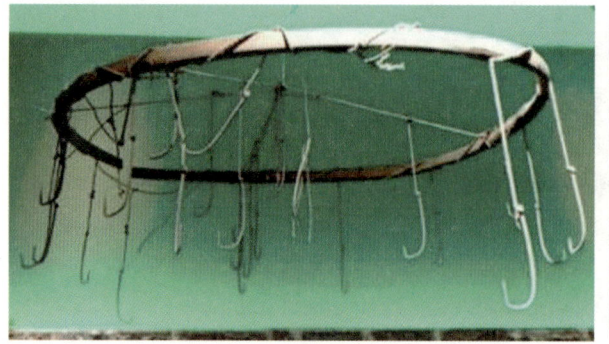
圆盘钩

虾搭

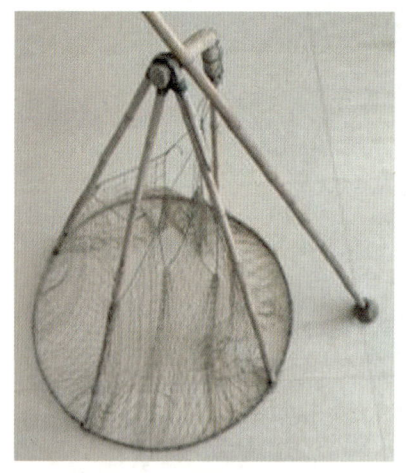
船头罩（龙门罩）

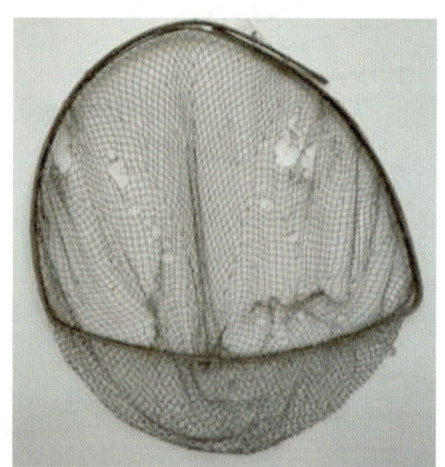
渔网兜

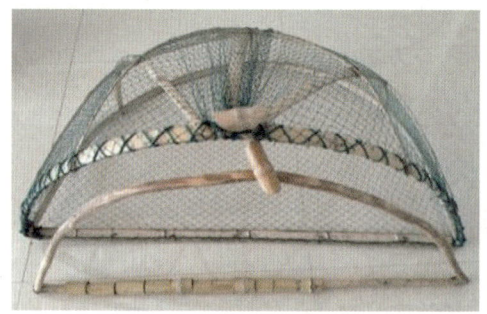
赶网（挺网）

扳罾

第七节　狩猎

狩猎可追溯到原始社会，是原始人类取得食物的重要途径。进入农耕社会后，狩猎仍然是人们喜爱的一项重要活动。上自皇家，下至百姓，尤其在广大山区，无不保留着狩猎的习俗。皇家春天打猎被称为"春蒐"，秋天打猎被称为"秋狩"。瑞昌人则将狩猎叫"打铳"。

从前山区人烟稀少，野兽成群，它们毁庄稼、侵民房、伤畜伤人，使山区农民的生产生活受到严重侵害，因此"打铳"这一行当得以经久不衰。

由铁匠制成的土铳，五六尺长不等，由铳管、木托、扳机组成。土铳内装火药、小铁珠，用纸火炮引火。猎手一扣扳机，引发铳膛内火药而将铁珠射出，击伤或击毙野兽。常见的小猎物有野鸡、野兔等。

狗跟骚

猎人都会豢养猎犬，进入猎区后，猎犬凭它特有的灵敏嗅觉，在猎人的指使下冲锋陷阵，将隐藏在山洞或树丛、草丛中的野兽逼出，以利猎杀。特别是在雪天，野兽的腿脚常被冰锋割出血来，其脚印上留有血痕，在猎犬的追赶和猎人的拦截下，野兽走投无路，成为猎物。

赶麂

山区居民称能辨认麂和其他野兽行踪的人为"赶麂的"。他们通过辨认脚印能准确找到野兽隐藏的地方，还能判断野兽的种类和数量。几个"赶麂的"带着柴刀，打着唿哨，互相配合，挥刀叉，纵猎犬，将野兽从隐蔽处赶出。为将野兽捕获，猎人赶过几座山、几道岭是常有的事，

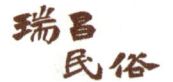

因此身强力壮者才能胜任。

守欠

守欠（方言，指野兽必经之路）意为在猎物必经之路上埋伏。大型狩猎活动需要多人参与，守欠时，众多猎人就分别把守在野兽可能逃窜的窄路上，待野兽经过时，将其击毙。

打来的猎物由众人均分。猎人之间有一句俗语，叫"上山打猎，见者有份"，只要是参与了的人，就有一份。打猎打到一般的猎物如野兔等就"打平伙"，大家吃一顿；打到大的猎物如麂、野猪等，则按人头分肉，但铳手（击毙猎物者）得双份，另外麂头或猪头归铳手。

野猪棚

在山区的田头地边临时搭建的狩猎棚，称为野猪棚或野猪楼。它四周全是栅栏，便于观望外面的情况，也便于将铳杆从里面伸出。内中有离地约一米高的铺着草的简易床铺，猎人伏在床铺上，这是一种守株待兔式的捕猎法。夜里，成群的野猪来侵害庄稼时，伏在野猪棚里的猎人，从栅栏空处将早就准备好的猎枪对准野猪射击。野猪是一种凶猛的野兽，俗话说"一猪二熊三老虎"。由于猎枪铳膛内的钢珠大且多，杀伤力强，一旦中弹，再凶猛的野猪也少有逃生的。

装弓

猎人将草药熬制成见血封喉的剧毒药，涂在铁箭头上，在野兽过往的路上装上弓，安上机关。野兽路过时一旦绊动引线，弓箭便自动发射，将有毒的箭头射向野兽，达到捕猎的目的。

狗捉野兽

猎人常把猎物的肉或血给他豢养的猎狗吃，养成猎犬"嗜血"的凶性。赶麂的人往往不用猎枪，就凭猎犬也能将野兽捕获回来。猎犬一旦发现野兽，常常翻山越岭，追赶不放，追上野兽便凶猛撕咬，待猎人赶来捕获为止，也有时是猎犬叼着猎物来见主人。

三步倒

有一种毒性很强的毒药叫"三步倒"，以前猎人常将它用煎香的鱼、肉包裹，放在野兽的必经之地或藏身之处的出入口，野兽吃了，走不几步，就会倒地身亡。

1991年国家明令禁用毒药后，用"三步倒"毒猎物的现象已不复存在。

挖陷阱

在野兽经过的路上，挖一深洞，上面覆盖柴草或树叶等，伪装得与周围一模一样，当野兽不小心踩在上面时就会掉下深坑，猎人便可轻而易举地瓮中捉鳖。

放套

放套（方言发音为tì，义同绥），是过去人们用来捕获猎物的一种方式。使用的工具虽然简单，但其技术性强。高手能逼着猎物踩中机关，达到捕猎目的。

猎手使用工具包括：可当铲子用的刀；铁锥，长约尺许；套索一根，长约一尺五寸；扳篙一根，要求韧性好，弹力足；踏板一两块。

机关的布置方法：用一根长约尺许、手指粗细的可扭转的木棍，居中扭转成∩形,两脚插入经铁锥捣成的洞中,然后用铲靠近∩形棍挖一个巴掌大的方形坑,深度约四五厘米,将套索的一端缠在扳篙(又叫蹦篙)上,并留有两寸左右的绳头,套上小木棒,从小坑的另一边穿进∩形棍。这小木棒竖直,上端卡在∩形棍上,下端另用一根小木棒卡住,放上踏板,套索的另一端做一活套,平放于踏板上做好伪装,如下图所示。当猎物踩上踏板,踏板下压,使卡住套索的小木棒下滑,固定扳篙的小木棒失去控制,扳篙弹起,套索便牢牢地套在猎物的脚上,猎物越挣扎就套得越紧,最后无一例外地"束足就擒"。

未经伪装的机关

稍经伪装的机关

为了贯彻环境保护的方针,有效保护野生动物,现在除特殊情况下,经过批准方可进行有计划的猎捕外,一般不准再进行狩猎活动。

第四章　手工业及商贸活动

第一节　手工业

手工业分类

过去时代，手工业者俗称"佬"和"匠"。"佬"和"匠"都是指有专门技艺的手工艺人，并无轻视之意，而且有"为官作相，不可轻师慢匠"之说。手工艺人均有一技之长，可独立营生。开店设铺者少，流动经营或帮工者居多。瑞昌手工业行业历史悠久，门类繁多，包括铁、木、篾、铜、银、锡、砌、油漆、缝纫、理发、首饰、钣金、钉秤、弹花、制烟丝、磨面、酿酒、糕饼、豆腐等40余种，过去俗称"九佬十三匠"。

九佬　剃头佬、补锅佬、挖煤佬、烧窑佬、榨油佬、剥牛佬（含骟牛佬、戗牛佬）、杀猪佬、割猪佬、刉鸡佬。

十三匠　铁匠、木匠、砌匠、石匠、篾匠、铜匠、锡匠、油漆匠、弹花匠、缝纫匠、织布匠、皮匠、印染匠。

手工业拜师、做工习俗

在瑞昌农村，"九佬十三匠"农忙种田，农闲做手艺。手工艺人走乡串户，俗称"做门工"。东家除供其吃喝外，另付工钱，故有"天下饿不死手艺人"之说。手工艺人特定的营生条件，形成"艺不轻传"的习俗，传艺条件苛刻，学艺甚为艰辛。凡有独特技艺，手工艺人只家传，不传外人，有的家传则规定传男不传女，此谓"门第师"。

拜师学艺要先求师。想学什么手艺，欲从某人为师，即请亲朋好友从中说合，征得对方同意后，才能认师。认师时，由学艺人的家长置办酒席，请师傅到家，由中间人作陪，议定学艺条件，然后学艺人到师傅家里拜师。拜师时先向行业宗师牌位行大礼，再拜师傅，最后拜师娘。"一日为师，终身为父"，师徒如父子，徒弟对师傅的子女以兄妹相称。俗话说"徒弟徒弟，三年受罪"，就是说从师三年，师傅一般只管吃穿，不给工钱。三年之中，徒弟还要帮师傅干农活，做家务，还有脾气不好的师傅打骂徒弟的现象。三年期满，要办出师酒，并确定徒弟是伴师，还是另立门户。伴师在一些手工行业中较为流行，所谓伴师，即学徒期满后，徒弟随师傅在外做工一年，取工钱的部分，其余留给师傅，以谢教诲之恩。也有原有一点手艺的人再去从师学艺的，亦称伴师。

在手工行业中，每年均有祭祀之规。各地的鲁班庙、张飞庙，均是聚会祭祀的地点。各个行业都有自己的宗师，木工、瓦工敬鲁班，缝纫工敬轩辕，金银铜铁锡匠敬太上老君，屠宰业以张飞为祖师爷。手工艺人每年一度聚合，先祭宗师，再设酒宴豪饮一顿。本行业成员之间，或行业之间在年内发生的纠纷，可在此时得到调和解决。初开张者，须向与会者通报说明，以获得同业人员的认可和支持。民国时期，按行业划分成立了各类同业工会，因此祭祀活动内容增多，如调整工价，或对当时的苛捐杂税提出异议等。这种民间自发的组织一直延续到新中国成立后。

第一编
第四章　手工业及商贸活动

农村的"九佬十三匠"大多数是走乡串户做门工，如木匠、篾匠、砌匠、油漆匠、弹花匠、缝纫匠，东家先要跟其预约，以备好原料。若逢筑造、婚嫁，东家要置办酒席，还要发"利市"。招待工匠，一日三餐以外，还要在上午十点左右"喝茶"，就是煮一碗鸡蛋面或肉面（面里放四块肉），每人每天还要发一包香烟，工钱一般记账，年底付款。

剃头佬一般按人头收年费。由于不只是到某一家剃头，所以剃头佬到村庄后，第一件事是"说吃"，即主动安排落实自己的中饭或晚饭。若是小孩剃"百日头"，东家也要给剃头佬付"利市"。瑞昌流传"上年揽头剃，下年懒剃头"的俗语，就是说有些剃头佬常常是年初好不容易找到一些剃头对象，可下半年又常常不按时去剃头，故而一些老客户流失了，第二年年初又要到各村庄招揽业务。

相当多的行业是按量计酬，如铁匠是打一把刀多少钱，打一把锄头多少钱。砖瓦是按质按量付钱，榨油是按原料数量付钱。

在这些手工行业中也有一些佼佼者，他们不再满足于传统的经营方式，而是进入城镇开设作坊门店，创立自己独有的品牌。

在私营经济社会主义改造完成以后，"九佬十三匠"大都逐步走上集体化道路，各乡镇先后都成立了综合厂、经联社。有的行业从业人员顺理成章地转入专业单位，如割猪佬大多进入兽医站，挖煤佬归属国营和集体煤矿，少数杀猪佬则归属食品站等。

逐渐淡出视野的九佬

剃头佬　在过往的时光里，乡下的男人们理发剃头，不像现在这样去理发店"剃零头"，而是分村庄请剃头佬"包年"到家里来剃头。剃头佬每隔半个月来一次，除了"死人倒灶"等不可抗拒的原因外，就讲究雷打不动，这个屋场逢三来、那个村庄逢五去等都是铁定了的。逢到剃头佬来的那个日子，男人们无大事一般不外出，静静地等候剃头。所以那个年代，评价某某剃头佬服务质量的优与劣，一般不看重手艺，而是看能不能准时来，于是"手艺差差子，日子就蛮稳"就成了评价剃头佬的俗语。

理发时也有规矩，如果剃光头，剃头佬的第一刀必须从头顶"洪水窝"处开始，再先两颊而后头顶。洗头时剃头佬两手应从两颊开始洗，不得拿毛巾盖在人的头顶上，行话叫盖顶，这样对人极不礼貌。用刀刮毛时，剃头佬只能用36刀半，即先刮36刀，理完发后再在其额头上轻轻刮一下，以示理发完成。

剃头佬如果不小心把理发人的皮肤刮破以至流血，这时不能说"对不起，出血了"，只能说"恭喜你，你走红口了"，以此掩饰自己的过失。

新中国成立前，剃头佬身份较为低微，到各村上门理发，要先联系到谁家吃饭，否则会饿肚子。如果赶上其族中有盛大集会或重大节日，剃头佬不得进入祖宗堂。

随着社会的发展，装修豪华的理发店如春笋般兴起，大部分年轻力壮的乡下男人跑到城里去谋生，乡村剩下的大多是上了年纪的人，清冷的乡村如今几乎看不到那些走村串户的剃头佬的身影了。

补锅佬　补锅佬是指专门修补各种锅具的手艺人。瑞昌从事补锅的人极少，主要是来自外地。他们到一个村庄后，徒弟四处吆喝："补锅补罐补洋伞啰！" 补锅佬先在空旷处歇息，待有需求时，再和需补锅罐者商量作业、借宿地点，且需要补锅罐者提供一定数量的炭（尚未燃尽就熄灭的片柴，俗称"呼屎"），也可送一些米、菜，抵补锅罐之费用。

第一编
第四章 手工业及商贸活动

　　以前的锅全是由生铁铸造,经过长期高温烧烤,铁锅很容易穿孔、漏水,于是走街串巷的补锅佬很受欢迎。补锅的方法有两种:裂孔轻微的,补锅佬就用一只补锅钉穿过,扭曲钉尾,用锤轻轻敲平,再用泥抹匀即可。如果裂孔比较大,则用铁水修补。首先把铁渣熔化成铁水,补锅佬用铁钳夹住小泥勺把熔化的铁水舀在厚布垫住的地灰(烧柴冷却后的灰)上,铁水变成一粒火球时,补锅佬左手托住从锅的外部将其对准漏孔向上挤入,右手拿着用布卷成的工具从上迅速对压下去,"滋"的一声,飘出一小股淡烟,铁水就凝固在漏洞处,形成豌豆大小的疤痕,如不够平整光滑,就用锉刀修整。补锅需要很高明的手艺,补得好的,修补处不容易被察觉出来。如今这一行在人们的视线里已基本消失。

　　挖煤佬　过去挖煤是一件既危险又辛苦的工作。小煤窑设备简陋,一般靠土炸药开掘巷道,用木头支撑巷道,用竹筒车一部接一部车水,用竹煤箩装煤,完全靠人力攀竖井把煤拖出来。挖煤佬有三怕:一怕瓦斯爆炸,二怕巷道破水,三怕巷道垮塌,所以挖煤佬是拿命换钱。新中国成立后,人民政府关闭了小煤窑,挖煤佬大多转为煤矿工人。煤矿开始用水泵抽水,用电照明,用矿车或运输带运煤,极大地改善了作业条件,提高了安全系数。昔日的挖煤佬,工作到一定年龄后,成为令人羡慕的退休工人。

井下照明的油灯

　　烧窑佬　瑞昌人称烧砖瓦窑的师傅为烧窑佬。过去做房子的青砖黛瓦都是在砖瓦窑中用

挖煤佬

柴或煤烧出来的。烧窑的一般步骤如下。

1.制坯

制作砖坯是先在田中选一块四方形的池，挖一层土，用水浸泡，然后用铲子翻泥，翻好泥后，把牛赶进去，反复踩踏，直到坯泥没有生土为止。之后用泥弓取坯泥，滚成泥团，用力搭进砖枷中，用钢丝弓划去多余的泥，再将砖坯放在砖埂上码好，让其阴干。

泥瓦匠的工具

制作瓦坯的技术含量更高一些，泥搅拌好后，要先搭泥墙。以四块瓦之宽为墙长，以一块瓦之长为墙的宽度，用钢丝弓将砖墙上的泥勒成薄片，将泥片围在瓦桶上，用瓦刀将瓦坯刮光滑，剔去余泥，然后将瓦坯放在瓦棚中风干。待瓦坯半干后，将桶状瓦坯分成四块，上埂阴干。

2.装窑

装窑需要多人作业，要将砖坯、瓦坯传递到窑中。砖瓦窑里有一个一米多高的砖台，由砖一层一层地交错垒起，之间留有一条条火路。在砖台的中上部码瓦坯，瓦坯装完了再装砖坯。最后用泥和砖封窑顶、耳门、窑门，窑门上留几个观火孔。

3.烧窑

窑装好后，主家要盛情款待烧窑佬，言谈中忌"红"字和"水"字，谨防把砖瓦烧成红色"黄牯"和次品"水牯"。一

砖瓦窑

窑砖瓦要烧几日几夜，烧柴需要两百多担，烧煤也要十余吨。烧窑佬通过火眼判断窑内温度，确定是否添加燃料。

4."泅水"

窑烧好后，为了使砖瓦变成黛青色，必须封闭火眼，在窑顶用水密封，并让细小的水流从封闭的烟囱注入，这样在高温的作用下，水蒸发成水蒸气，从而产生高压，阻止氧气进入，让砖瓦在缺氧的状况下慢慢冷却，俗称"泅水"。砖瓦经"泅水"，其中的铁元素会变成黑色的四氧化三铁，而不是生成红色的氧化铁。若顶部泥塘裂口过大，就会使砖瓦吸水过多，硬度下降，成为次品"水坯"。因此烧窑佬要经常巡查，严格控制水量，谨防局部下水过多，造成"伤水"。

5.出窑

砖瓦完全冷却后，主家请人将砖瓦搬出，砖码墩，瓦码垺。主家按砖瓦质量付给烧窑佬工钱，烧得好，给些"利市"，大家欢欢喜喜。烧得不好，扣点工钱，烧窑佬也无话可说。

古老的砖瓦窑现在基本消失了，烧窑佬也自然地退出了历史的舞台。

榨油佬 瑞昌人称从事榨油的人为榨油佬。他们是把油菜籽、桐籽、木梓、茶籽、棉籽等这些含油植物种子里的油，用相应的工具和操作程序榨出来的手艺人。他们从事的职业叫进榨，进榨的地方叫榨坊。这种榨也被称作木榨，因为他们所用的工具都是木质的器具。进榨属于技术活，因而榨油的人被称为榨油佬或榨匠。瑞昌的榨油习俗由来久远，先人们在生产实践中逐步形成了一套榨油技艺。

榨油的第一道工序是炒籽，也叫焙籽。将籽料倒进大锅，反复翻炒，使之均匀受热。炒籽的火候，以碾碎后能褪壳为准。

第二道工序是碾籽。如果是油菜籽，在碾籽前还有一道破籽工序，即将熟籽通过石磨破籽,再倒进碾槽碾。牛拖着碾轮绕着碾轴一圈复一圈,人坐在碾架上,赶着牛拉碾,这仿佛没有尽头的原地转圈,却是小孩子们的最爱。大人有时也图省事,迎合孩子的趣味,将这美差交给半大的小孩去完成。

第三道工序是蒸饼,即将碾碎的原料按一块饼的量均匀铺在蒙好包布的拱折上,上灶蒸透,待蒸到一定火候,将包布的四角提起,放入垫着稻草的铁圈中。

第四道工序是包饼,即将铁圈内的籽粉踩实,包好,然后将包好的粉饼放到榨槽(也称榨膛)中。

第五道工序是上榨,即将包好的饼放入榨槽中以后,先在榨槽内左端垫上两个半圆形的约10厘米厚的垫木,然后将包好压平的饼逐块装进榨槽,一块一块挤紧。饼上完以后,再上两块半圆形挡板,大小与包饼的铁圈相同。然后再上油榨枋,分上下两层装入,两层油榨枋厚度不能相同,不能放错。最后上下各上一支尖楔子,上好榨后才可以进行撞油。

第六道工序是撞油。"撞头"(榨油佬)抱着由大实木做成的油撞子,后面站几个壮实有力的汉子帮忙用力,随着"撞头"的号声,一呼一应,对准楔子猛力撞去。三五下,清亮的油就出来了,起初像小壶流出的水,流经榨槽的出口处,越流越大,如同涓涓溪水,流入接在榨槽下的油桶里。

肇陈古法榨油

第一编
第四章 手工业及商贸活动

为了尽量多榨一些油,"撞头"带领大家撞一会儿,歇一会儿,直到油基本榨尽才结束。

古法榨出来的油,虽质量上乘,但耗工费时。随着榨油机的出现,榨油佬亦逐渐退出历史舞台。仅有极个别地方仍有榨油坊存在,偶尔用古老的方法进行榨油,是为了满足一些特需人群。

附:南屏山老油坊简介

南屏山老油坊位于瑞昌花园乡花园村南屏山自然村,始建于清朝光绪三十一年(1905年),至今已有117年历史,是九江地区年代最久、保存最完整的手工榨油老作坊。

该油坊古老的榨油技艺经由徐德凤、徐维桢、徐新沅和徐勋益四代薪火相传,得以传承百年。现由徐新根管理经营,虽生意不如往日红火,但古老的榨油技艺得以继续传承。

南屏山老油坊

榨油师傅用稻草包饼

榨油师傅检查饼包

剥牛佬 在小农经济时期，耕牛是农民的宝贝，牛除了老死以外，很少被宰杀，但是对有凶相的牛则例外。宰牛时，剥牛佬把牛拉到空地上，将牛头拉低用绳子固定，用布盖在牛头上，让它的眼睛看不见人。剥牛佬用绳把牛四脚捆住，用力把牛放倒，举刀照牛脖子一抹，之后放血、剥皮，将牛肉从牛骨上剔下来。

骟牛佬 按照农村的旧习俗，对调皮的公牛，如不好好耕作、不好好放养、喜欢与其他的耕牛顶架的，在发情时满山跑、整日整夜不归栏，见到母牛就要交配，甚至在耕作时拖着犁去追母牛的，农夫扬鞭它就用角触人（斗人）致伤的，农民就要骟掉它。具体做法是：头天将大公牛关在牛栏里不放出来，并将牛栏杠全部杠紧，将大公牛拴在牛栏杠上，让它饿一天。骟牛佬请来后，召集七八个壮汉，准备粗绳索，由养牛户主人将牛牵出牛栏吃稻草，稻草上喷洒了烈酒，牛吃完草后会昏昏沉沉地睡倒。大公牛昏睡后，这七八个人就用粗绳索把牛四只脚捆绑紧，骟牛佬用事先准备好的骟牛刀具骟牛。骟牛的第一步是将刀具消毒；第二步是对大公牛的阴囊进行消毒；第三步是开刀骟牛，将大公牛的睾丸割下来丢掉；第四步是对大公牛骟后的刀口继续消毒一次，以防发炎；最后将捆绑四脚的粗绳解开，让大公牛在树底下休息。之后，大公牛的性情会有很大改变，不再胡作非为，任由养牛户摆布。

饯牛佬 饯牛佬是一个专门的职业，他们实际上是买牛、卖牛的经纪人，这些人掌握较多关于牛的市场信息，也特别了解牛的牙口。他们可以通过看牛的牙齿、牛口里斑的多少、门牙中间是否有菊花芯等准确判断牛的年龄，口诀有"六齿响当当，七齿坏庄秧，八齿平常过，九齿是牛王"等。他们还要了解什么地方有牛饯，比如，有的农户的牛身体健壮，但就是不好好耕田地，或者是偶尔伤人；有的人家耕牛年龄偏

第一编
第四章 手工业及商贸活动

大，想㓦一头小牛崽；有的耕牛喜欢斗架（牛与牛之间触架），影响耕作和放养等，就会找㓦牛佬予以㓦牛兑换。双方把牛牵到一起后，㓦牛佬叫两方各自当面看准对方的牛，商讨㓦牛的具体条件和要求。在㓦牛佬的主持下，双方农户有意交换，兑现承诺，㓦牛佬就可以从中取得一定的工钱，一笔㓦牛交易便告完成，两方各自把牛牵走，皆大欢喜。

杀猪佬 瑞昌人一般称杀年猪为福猪，称杀猪的人为杀猪佬。杀猪一般由两个人合作完成，一个主刀，一个捉脚。放完血后，杀猪佬要在浴盆里用开水褪猪毛，猪毛褪尽后开膛，接着理猪肠、洗猪肚等。全部完成后，主家要请杀猪佬吃饭，另约几位至亲好友奉陪，饭后给杀猪佬两斤猪的前腋下肉为报酬。二十世纪八十年代起改变惯例，直接给杀猪佬付现金报酬。

进入二十一世纪后，农户养猪逐渐减少，生猪屠宰实行集中定点，屠宰方法发生了重大改变，传统意义上的杀猪佬也退出了历史舞台。

割猪佬 过去农村人称兽医为割猪佬，割伢猪（雄猪）叫阉猪，割草猪（雌猪）叫割猪，割脚猪（种公猪）、猪婆（种母猪）叫剪猪。

阉割伢猪最简单，剃头师傅用剃头刀就可以解

割猪刀和响铃

决。草猪阉割要在其发情两三次后请专业的割猪佬进行操作，阉割口诀有："上花对下花，一点都不差""刀破皮，手破膜，摸到猪花（猪卵巢）硬毕剥"。

剪猪难度要大一些，要有身强力壮的年轻人帮忙，按住猪头、猪脚，在充分消毒的情况下，由专业的割猪佬割去脚猪的睾丸和猪婆的卵巢。手术后主家要注意剪后的猪不能倒地睡觉，要让它行走活动，以防内外多层创口粘连。剪后育肥的脚猪、猪婆还是被称作脚猪和猪婆，其宰杀后的肉，皮厚味差，但在食物匮乏的时代也属难得的"打牙祭"之物。

劁鸡佬　劁鸡也是兽医或懂行人的一项副业。依据农村的风俗，把小公鸡的睾丸割掉叫劁鸡。小鸡长到半斤左右，如果养鸡户想要劁鸡，就可找劁鸡佬将小公鸡崽大部分劁掉，仅留一两只打鸣、做种。劁鸡的具体做法是先将小鸡网住，放在小木板上，把双翅和双脚夹好，然后拔掉小公鸡崽腰部少量的毛，用小刀从腹部第二肋骨缝切一小口，再将刀口用竹片绷开，取出小公鸡脊骨两旁的睾丸，鸡便劁好。劁鸡肉嫩汤鲜，是城乡居民过年的佳肴。

留在记忆深处的匠俗

铁匠　打铁是一种原始的锻造工艺，盛行于二十世纪八十年代前的农村。这种工艺虽然原始，但很实用。铁匠一般两三人为一个作业团队，工具有风箱、铁炉、铁砧、大小铁锤、铁钳、铁剪、锉锯、流传火桶等。燃料为煤或焦炭、木炭，备用材料有废铁、废钢、生铁、废旧铁器。操作方法是徒弟拉风箱，师傅观察铁炉中铁坯的受热情况。差不多时，师傅握小锤在铁砧上轻轻敲两下，发出信号，徒弟立即停止拉风箱，拿起大铁锤用劲敲打铁坯。师徒一轻一重，反复用力捶打，铁花四溅。打到一定程度，师傅再将手中的铁锤一歪，徒弟则放下铁锤，再去拉风箱，升火给坯料加热。就这样周而复始，经多次锻打而成铁制品。

第一编
第四章 手工业及商贸活动

铁器成品有与传统生产方式相配套的农具，如犁、耙、锄、镐、镰等，也有部分生活用品，如菜刀、锅铲、刨刀、剪刀等，此外还有门环、泡钉、门插、钯钉等。

木匠 木工是一门古老的行业，涉及生产、生活的方方面面。木匠不仅可以制作各种家具，而且建筑行业、装饰行业、广告行业等都离不开木匠。木匠有圆木匠、方木匠、锯匠、雕刻匠等多种。

木匠尊鲁班为祖师爷。鲁班是古代著名的建筑工匠、建筑家。他发明了曲尺、墨斗等多种木匠工具，还发明了磨、碾子等，是古代著名的能工巧匠、发明家，被称为"机械之圣"，对后世影响极大。几千年来，鲁班一直被奉为木匠、石匠、泥瓦匠等共同的祖师。

在瑞昌，做木匠的人很多，因为人们所需的许多用具由木工打造。比如，水车、风车、犁、耙、搭谷斗等农具，凳子、桌子、碗橱、床、柜等家具，坐桶、狗舂碓（一种儿童学步车）等儿童玩（用）具。可以说，家（农）具的大部分都需要木匠来做。

木匠学徒先从锯、刨、凿开始学起，他们锯木头时给师傅打下手，专门拉锯，有需要凿眼的地方按师傅画的墨线凿。刨木头也是木匠的一项基本功，学徒需要经过一段时间的训练才能刨平。使用斧子的难度最大，稍不注意就会使材料报废，所以徒弟只能从制作最简单的木器开始学起，学习内容由易到难，由简单到复杂。圆木相对方木难度更大一些，因为要会计算木板的弧度，否则制作的水桶会漏水，制作的饭甑会漏气，制作的黄桶会箍不上。瑞昌人称"王木匠箍桶，多请人来"，就是嘲笑某些木匠的手艺不行。

木工中最难的是雕刻。过去农村大户人家盖房子要在门、窗、家具等上面雕刻花、鸟、虫、鱼、麒麟送子、丹凤朝阳、八仙过海等各种图案，这需要木匠有精湛的技艺。在如今的现代化生产中，尤其是在建筑和家具行业中，雕刻仍然有不可取代的地位。

砌匠　瑞昌人管泥水匠叫砌匠，又叫封匠。过去农村大多数是土砖屋，砌匠不仅要砌墙，还要起土砖，因此也有人称他们为砖匠。

过去起土砖，大多在水稻收割后，用牛拉石磙将泥土压实，然后请砌匠师傅起砖。砌匠所用的主要工具是砖锹，还有一个钉耙。一个砌匠需要四个帮工，一个用钉耙画线，三个拉锹。砌匠到砖田后，首先确定经纬线，每块砖长9寸、宽7寸、厚3寸，按这个规格确定经纬线后，在师傅的指挥下，帮工开始起砖。砖起完后一行行将砖码起来，再盖上稻草，开挖排水沟，让砖在田里风干。

砌匠学徒从糊泥学起，师傅做墙，徒弟糊泥。徒弟若泥糊得不均匀、不光滑则会在师傅的责备中返工重糊。经过一段时间的锻炼，徒弟就可以帮师傅砌墙，师傅先起好角，然后徒弟跟线做就行了。

过去砌青砖墙用的材料是石灰。石灰加水捣成泥后装在泥桶里，砌匠用封（砌）刀刮起一刀泥，在桶沿轻轻一敲，顺手均匀地刮在砖的边沿，然后对准位置放好，再用封刀在上面一敲，使砖与泥黏合稳固，一块砖便砌好了。就这样一砖一砖，墙就慢慢升高，直至高层。而现在砌墙一般都用水泥加细沙，且要求泥层达到一定厚度，而不是将泥刮在砖的边沿。

墙砌好后，待木匠放好枋片，钉好椽（桷）子，盖瓦也是砌匠的职责。特别是老式大八间有天井的屋子的屋脊、合水及边沿，砌匠会特别注意，因为稍不小心，就会因为出现纰漏而漏雨。

砌匠十分在意自己的工具，特别忌讳砌刀被人跨过，认为有人从砌刀上跨过，会给砌匠本人和主家招来晦气，甚至会引起建造的屋舍倒

第四章 手工业及商贸活动

塌，出现人命事故。砌匠还忌校正竖直线的吊锤被人跨过，觉得如果有人从这条线上跨过，会影响竖直线的精度。

据说，有的砌匠心胸太窄，若东家招待不周或话语不当，他会玩一些小动作。如用熟砖"贯斗"，他故意把"错头"（不规则的砖头）丢进斗中，做土砖故意把墙做得不平整。

砌匠在给主家砌灶的时候，通常要先举行一个仪式，祭祀灶王爷。一来求灶王爷保佑主家，二来也求灶王爷保佑自己在给主家砌灶的时候平安顺利。

石匠 石匠是指从事采集石料，将石料加工成产品的手工业者。石匠是历史传承时间最悠久的职业之一，从古石器时代的简单打磨石头到现代的石雕和艺术的完美结合，离不开一代代石匠的默默奉献。

许多流传千古的碑文，许多精美绝伦的石刻佛像，许多精巧的宝石雕刻，包括那些经典的石拱桥，都出自石匠之手，他们在我国数千年的文明历程中功不可没。他们一方面为一些特殊建筑物提供精美的

石制门套

房屋装饰和建筑石材，同时也能为大众打凿出各种适用的石料。

在瑞昌，石匠修建了许多石拱桥、石板路，凿制了许多的石碾、石磨、石碓。石门甲、石匾额、石窗、条石、天井石、石柱、石狮也留存很多，还有很多石碑、石牌坊均记载着石匠的辛劳与智慧。

石匠信奉"石头神"。每年农历三月十七为"石头神"的生日，这一天，石匠绝对不能和石头有任何接触，他们认为这样会遭遇灾难。农历

二月初二是民俗"龙抬头"的日子,这一天石匠也是绝对禁止做一切与石头有联系的事情。他们认为这样会伤了龙头、震坏龙体、损了龙目,龙王可能会因此降灾于石匠或与石头有接触的人。

石窗

牛拉石磨

　　旧时,很多地方有水磨坊,水磨就是以水为动力的石磨。在水磨房里都会供奉太上老君、河神及财神,每年正月初二、初三,人们都要点灯、烧香、上供,祈求神灵保平安,多磨粮。因为所供奉的太上老君的坐骑是青牛,所以石匠在刻凿水磨时,闲人是不能手持鞭子在一旁观看的,否则会惊跑了太上老君的坐骑,导致水磨无法完工。

　　有的地方在凿石时,任何人不准开口讲话,他们认为开口讲话容易出现伤亡事故,习俗规定谁开口讲话出了事故就由谁负责。

　　篾匠　篾匠是专门编制竹篾制品的手艺人。在以前的日常生活中会用到很多篾制品,但随着塑料制品的出现,篾制品有不少被淘汰。近年来随着人们环保意识的增强,篾制品又有了一定的市场,尤其是篾制工艺品,很受人们的欢迎。

　　篾匠的工具看上去很少,必备的工具是一把能将竹子劈成细篾的篾刀,再就是小锯、小凿子等。还有一件特殊的工具,叫"度篾齿",这东

第一编
第四章 手工业及商贸活动

西不大,却有些特别。"度篾齿"像一把有木柄的铁打的小刀,不同的是边上有一道特制的小槽。把刀插在一条凳子上,把篾从小槽中穿过去后,篾的表面会被修饰得更光滑、更规范。

篾匠的基本功就是劈篾,把一根完整的竹子劈成各种规格的篾。首先要把竹子劈开,对剖之后再对剖,将其剖成宽窄不同的竹片,再将竹皮和竹心剖开,分成青竹片和黄竹片,近竹芯的一层叫"篾屎",是废料。然后再根据需要,竹皮部分剖成青篾片或青篾丝,中层部分剖成黄篾片或黄篾丝。剖出来的篾片,要粗细均匀、青白分明。篾匠再按不同的部位根据需要做成各种不同的篾器。

总的来说,篾匠的基本功包括砍、锯、切、剖、拉、撬、编、织、削、磨。

篾片、篾丝只是编制篾器的材料,有了材料才可以开始编制篾器。竹子柔韧且极富弹性,可以剖成状似头发的青篾丝。青篾丝适合编织细密精致的篾器,加工成各类极具美感的篾制工艺品。黄篾柔韧性较差,难以剖成很细的篾丝,故多用来编制大型的竹篾制品。

传说过去好的篾匠能编制酒盅、油桶,不漏酒、不漏油,巧夺天工。农民生活中常用的竹床、凉栲、晒筐、肚栲、箩、筅箕、米筛、竹篮、粑笼等均是篾匠的劳动成果。

编篾器

瑞昌地区过去小孩过年玩的小灯笼,玩龙灯时长者提的方灯笼,有些人家大门上挂的红灯笼,新中国成立后春节时政府送军烈属的红灯笼,这些灯笼以前大部分是范镇朱家垅村民所制作。该村的青壮年虽然不是篾匠,但大多数会劈很细的篾丝。

133

村里人做的灯笼在瑞昌城乡很受欢迎，给小孩增添了快乐，给大众增加了年味。

铜匠 铜匠作业，称为打铜。之所以称之为"打"，是因为铜匠并不炼铜，只是以铜板或铜片为原材料，用锤子之类工具敲打出诸如铜壶、铜锅、铜瓢、铜铲、铜锣、铜茶盘、铜锁之类的器皿，而与冶炼、浇注之类的工艺无关。

铜匠的营业方式有两种。一种是没有作坊店铺的铜匠，通常就是挑一副铜匠的挑子，早晨出门，走街串乡，持由五块铜片串成的"铜串子"，走到那烟火稠密处，手一抖，铜串子发出一阵"哗啦啦""丁零零"的脆响，手再一抖，铜串子立马收成一叠铜片，那做派，仿佛唱戏的甩水袖一般，别具美感。那铜串子既是游方铜匠的行当招牌，那"丁零零"的铜串声也是铜匠行当的特色吆喝。听到这铜串声，有需要的，就将脑壳探出门来，招呼一声"换个脸盆吧"或者"给铜瓢接个把嘞"。一般来说，游方铜匠打制的多是居家过日子的小器皿，且以修修补补为主。另一种是有店铺作坊的铜匠，他们一般都有自己的炉子，按需要熔化各种铜原料，可以加工铜烟壶、铜唢呐嘴，制铜杯、铜器具。他们的经营有一定规模，打制物件往往是成批量的。生意做得好的，还有不少固定的客户。

锡匠 民间传统称制作锡器的工匠为锡匠。锡器制作工艺简单，以个体经营、流动挑子为主，少数以店铺形式经营。随着社会工业化，以及铝制品、塑料制品代替锡制品，锡匠行业基本消失。

以前的锡匠一般在冬闲的时候走村串户、揽活做艺。他们往往借住在村民的家里，根据揽下的活，来决定在一个村庄停留的时间。

锡匠的小炉灶支起来后，村里的人会陆续送来残破的锡具。锡匠将锡具过过秤，详细记下重量和来人要求打造的物品名称，然后便按部就班地开始了整个工艺流程。

那小小的坩埚发散着温暖的橘红色光晕，破旧的锡壶、锡烛台慢慢熔化成水银般的液体。小风箱吹起的火星弥漫在坩埚周围，空气中似乎也多了绵软的金属味道。在化锡的过程中，锡匠会把两面滑石板打开，在平滑温凉的石面上铺上一层层的黄表纸，在纸上放上一条湿润的细软棉线，棉线圈起的轮廓根据打造器具的大小、样式而定。

如果是做筛酒的锡壶，那线绳会圈成一个扇形的面，线头露在石板外面，却不交叉，两个线头间留有一定的空隙。然后再合上两面石板，锡水化到一定程度，就把坩埚端起来。锡匠谨慎地吹掉锡水上的灰尘和杂质，然后对准线头间的空隙，仔细倾倒进去。滑石板的缝隙间会冒出阵阵淡淡的青烟，那烟的味道也极其好闻，只是尚未过够"烟瘾"，青烟便无影踪了。

约一刻钟后，锡匠打开滑石板，揭起焦黄的、如叶片般的薄板，在线圈的范围内，就是一块平整而明净的扇形锡板。

接下来，锡匠会将锡板稍作裁剪，然后在铁砧上捶打，直到打出酒壶的形状。拼接上壶底、壶嘴，最后在接缝处用木锤轻轻捶打出均匀的亮点，一个锡酒壶便做成了。

油漆匠　瑞昌农村的油漆匠，一般都擅长画水彩画。在准备男婚女嫁的人家油漆床、柜、桌、箱等家具时，油漆匠首先将家具用砂纸打磨光滑，然后用桐油和石膏粉调成腻子，刮好腻子再进行打磨。干燥后，上好底色，油漆匠开始画水彩画，多数画的是牡丹、芍药、月季、梅花等花花草草，有的添加喜鹊、鸳鸯，增添吉庆氛围。画工好的可能会配上麒麟送子、孔雀开屏、八仙过海等颇复杂的图案。待水彩画干后，加涂用桐油熬制而成的光油（也叫亮油）。熬光油要特别小心，火候未到嫩了，家具油后不久就会失光，熬老了，就成油菇报废了。光油冷却后，用丝瓜络蘸油在家具上滚动，一般滚三次才能结束。后来有了油漆就很少有人熬光油了，也不用丝瓜络，直接用刷子蘸油漆平涂。刷涂油漆后家具表面形成了更为平滑的涂膜，能保持数年油光锃亮，则说明油漆匠的手艺还行。

弹花匠　弹花匠也称弹匠，是指弹制棉花、棉絮的民间工匠。弹棉絮的工序烦琐复杂，弹花匠首先要将棉花弹蓬松、丝缕理清才能拢成棉被形状。然后牵絮筋，稍微压实，翻转定型，点缀花草，用彩线拼出主人姓名，再牵另一面的絮筋，最后扎角。弹花匠用搓板揉压棉被成型的同时，均匀地将棉绒与絮筋粘在一起。如果是旧棉絮翻新，那还得多一道工序，拆除旧有的絮筋。

二十世纪末，弹棉花这个老手艺就已经慢慢地淡出了人们的视线，因为随着社会的发展进步，人们家里盖的已经不再是老的棉絮棉胎被，取而代之的是品种繁多、色彩斑斓的腈纶被、羽绒被和蚕丝被。同时弹棉花的手艺也慢慢地被机械化操作所代替，生产效率是原来的十几倍。不过，瑞昌市目前仍然有少数用传统手艺弹花、制作棉絮的门店。

裁缝　裁缝作为一个古老的职业，有几千年的历史。尽管如今的制衣、家纺行业已发展成为高度机械化的产业，但成衣、床上用品等的设计制作依然离不开裁缝。有些提供定制服务的裁缝更是备受欢迎，按缝制服装的品种划分，有中式裁缝、西式裁缝、本帮裁缝等。

瑞昌过去的裁缝以缝制中式服装为主，男女服装大部分是大襟上衣，通过手工缝制。旧时缝制服装，大多是由裁缝独自一人完成量体、裁剪、缝纫、熨烫等各项工序，俗称"一手落"。

第一编
第四章 手工业及商贸活动

斗转星移,当缝纫机出现后,人们的衣着发生了很大变化,特别是男女订婚结婚,都要缝几套新衣服,因此大多数人会请裁缝到家里做门工。进入二十一世纪后,制衣厂如雨后春笋般出现,人们一般都是到商场买衣服,很少再有人请裁缝做门工,仅有少数特殊人群需要量身定做才会请裁缝。所以瑞昌城区尚有个别裁缝开店经营,承接制衣业务。

织布匠 在自给自足的农耕时代,人们的穿着要从种棉、纺纱、织布做起,所以农村家家户户都种植一些棉花,妇女大多数会纺纱织布。女孩上了十三四岁,母亲或奶奶就教其纺线、织布,那时候,学会了纺纱织布,女孩子将来就是合格的家庭妇女了。那时的织布机很稀缺,一个村庄也难得有一台。有织布机的大户人家往往聘请织布匠织布,有织布机的小户人家则是亲力亲为,自己动手织布。这些人家除给自家织布外,还可以给别人家织,当然也会收取一定的报酬。这些靠体力与技术赚取劳资的机匠就是织布匠。织布匠多是女性,男性织布匠也偶见。

织布得先"机布",所谓机布就是将纺好的棉纱一根一根穿过"经簰"与"笱(柠)",卷在布架上备织。"经簰"与"笱"都是织布机上的主要机件,"经簰"的形状像梳子,用来确定经纱的密度,保持经纱的位置;"笱"能将纬线打紧。民间的织布机大都是传统腰式机,明代宋应星所著的《天工开物》介绍其说:"……只用小机,织匠以熟皮一方置坐下,其力全在腰、尻之上,故名腰机。普天织葛、苎、棉布者,用此机法,布帛更整齐、坚泽。"织布匠坐上织布机后,将专用腰带套在机架上,手持线梭,一只脚一踩踏板,经线便上下交错分离开来,于是,织布匠快速把线梭送过线隙,拉动吊笱,撞紧纬线。另一只脚再踩踏板,重复上述动作,如此不停反复,经线与纬线就被织成了一寸一寸的棉布。在整个织布过程中,织布匠的手、脚、腰协调运动,大脑一刻都不停歇。织布匠每踩动或松开踏板，布机上方形状像乌鸦的装置就一起一伏，发出"吱嘎吱嘎"的声响，仿佛是两只乌鸦在鸣叫。织布匠手中的木梭左右飞速传递，能把人看得眼花缭乱。南北朝的《木兰诗》中"唧唧复唧唧，木兰当户织"的诗句，描述的就是妇女对着窗户织布的情景。织布，对织布匠来说，是一种艰辛的劳作，但在旁人看来，这种劳作很有节奏与韵律感，织布匠的肢体动作也很优雅，就像是一种劳动舞蹈。据说，好的织布匠一天可织出一丈二尺布来。

大型机器织造的各种布匹充实市场后，家庭个体用老式织布机织土布的情景就很难看到了。在一些旅游地区，偶有织布场景，那也只是一种农耕文化表演，是对耕织文明作实景再现与演示。那些织造者已不再是真正的传统织布匠，而成为民俗风情的表演者了。

皮匠 皮匠也是最古老的匠作之一，其工作是鞣制动物毛皮，用作服饰等材料，常见有狐皮、貂皮、羊皮、狗皮、兔皮等。裘皮服饰在我国有很长的历史，商代甲骨文中已有表现"裘之制毛在外"的象形文字。有些动物皮经脱毛和鞣制等物理、化学加工，变成柔韧的真皮，如牛皮、猪皮，可像布匹一样制作鞋和外套。

瑞昌的皮匠大多采用芒硝鞣制动物皮革，使之变软。最常见的狗皮褥子是老年人的最爱，防寒保暖，白天穿身上，晚上盖床上。

印染匠 瑞昌民间最常见的蓝染是一种古老的印染工艺，最早出现于秦汉时期。工艺中又有蜡缬、绞缬、夹缬等花纹的印染。要想熟练地掌握蓝染技艺，至少需要经过20年的练习，才能染出色彩鲜明的颜色。

印花布

第一编
第四章 手工业及商贸活动

　　夏畈镇三眼桥村有座印染坊远近闻名，从前周边各县各乡群众都来此染布，印染坊所印的蓝印花布还销售到湖北、安徽、湖南等地。蓝印花布是以植物靛蓝作染料，利用黄石灰粉拷蓝，由独特手工艺制作的蓝白两色的纯棉制品。

　　蓝印花布俗称"药斑布"，采用的是传统的镂空版白浆防染印花技术，这种民间技艺距今已有1 300年的历史，通过手工刻版、手工刮浆、手工染色而成，成品以既纯洁又朴素、既鲜明又和谐的蓝白之美闻名于世，是我国优秀的传统手工印染品。

　　蓝印花布印染技艺的主要程序是把镂空花版铺在白布上，用刮浆板把防染浆剂刮入花纹空隙，使之漏印在布面上，干后将布浸染靛蓝数遍，再晾干，刮去防染浆粉后，布面即显现出蓝白花纹。然后，将经过刮白的蓝印花布放在滚筒机里漂洗数分钟，捞出，再放入清水缸中浸泡一定时间，再捞出，进行晾晒。晾干后的蓝印花布内白外蓝、蓝白相交，散发出独特的艺术魅力。

部分工匠所使用的工具图片

1.织布匠用具

纺车

卷纱工具

织布机

2.铁匠用具

铁砧

铁锤、铁钳

3.木匠用具

曲尺

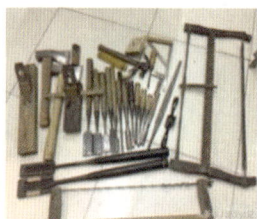

锯、凿子等

各种刨

4.砌匠用具

砌刀

泥桶

搓板

砖锹

5.石匠工具

锤子、铲子

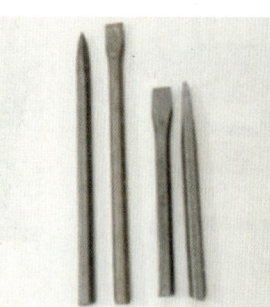

凿子

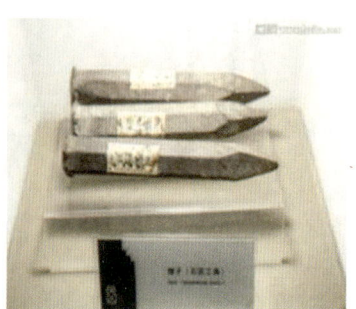

锥子

第一编
第四章 手工业及商贸活动

6.纺棕工具

手摇纺棕绳

脚踏棕绳机

第二节 商贸活动

集市贸易

唐建中四年（783年），瑞昌因茶叶贸易设赤乌场，升场为县后，依托茶市、米市开始有小规模的商贸活动。据明隆庆四年（1570年）县志记载：货殖之家聚为贸易场所的乡市有螺市、崩岸市、乌石街、清溢街、大湖古市（今王家铺）。清康熙十二年（1673年），县志中增加县市、码头集市。清代后期，九江、南昌、湖北、浙江、南京等地的一些外籍客商或来县城开设店铺，或到农村贩运土特产品，使瑞昌城乡商业逐渐活跃。民国时期，随着外来工业品进入市场，瑞昌的商业网络不断扩展。到抗日战争前，除瑞昌县城外，有码头、泥湾、乌石街、范家铺、冯家铺、横港街、王家铺7处较大的集镇；还有朱湖、三眼桥、下

141

马铺、金鸡铺、双下桥、亭子铺、檀山坳、丁公祠、油市岭、横路铺、叶家铺等10多处乡村集市。其经营范围有布匹、百货、南杂、山货、苎麻、烟叶、大米、油盐、糕点、烟酒、五金、首饰、陶瓷、玻璃、国药、寿枋、神香、纸扎、牛行、屠店、客栈、酱园、皮革、染坊、糟坊、榨坊、面坊等40多种。据民国二十六年（1937年）的统计数据，全县共有私商674家，从业人员1 943人，其中县城私商420家，从业人员1 300人。县城较大的商户有高正大、高信大、张永大、周联和、万裕兴、程义大等。其中，高信大有店员110余人，资本3万～4万银元，经营布匹、百货、煤油、食盐等生意，店内设有盐仓、油池，并派有专人常驻上海、南京、武汉等地，以掌握行情、吞吐物资。

商户店铺

新中国成立前的私家店铺　新中国成立前，受日寇侵华战争和国民党腐败统治的严重影响，瑞昌全县商户下降为269家，从业人员287人，大多是父子店、夫妻店、单人独店及货郎担。县城除刘恒昌、程义大、高正大、广盛昌等少数大商户兼做小量批发外，其余均为零售商户。其中乡村零星店铺仅经营小百货、食品和油、盐、酱、醋等日常生活用品。

新中国成立初期的公私合营　新中国成立后，瑞昌全县工商业迅速恢复和发展。1956年，开始对私营工商业进行社会主义改造，全县私营商业共321家，其中小商189家，小贩105家，商业资本家8家，富农兼商2家，其他17家，除33家转业停业和1家被淘汰外，其余都以不同形式转为公私合营、合作商店或经销代销。

1959年，瑞昌全县有公私合营商店9家，其中，县城7家，农村2家；合作小组20个，其中，县城2个，农村18个。1960年，集体商业转

第一编
第四章 手工业及商贸活动

为国营商业，私方人员转为国营职工，享受正式职工同等待遇。1962年，国营商业和合作商业分家，公私合营、合作商店、合作小组又从国营退出，恢复原来的经济性质。在"文化大革命"时期，私营集体商业和单干自营户受到较大冲击，营业单位被解体，从业人员大部分下放农村劳动，走村串户的小贩基本绝迹。

脚夫小贩 过去由于交通不便，农村生产生活的必需品全靠人力肩挑送货。人称"货郎客"或"卖杂货"的，即其中一种商贩。瑞昌盛产苎麻、烟叶。麻行、烟行老板大多雇用苦力将苎麻、烟叶挑到九江或永修吴城，再经水路将其销售到上海及南洋。有一些农民秋收后，到德安粜谷，挑到家后舂成米出卖，赚取一点辛苦钱。也有少数农民走村串户，进行以物易物的活动，比如收鸡毛、换灯草，收破铜烂铁、换针线。还有一些小商贩用大布、食盐、洋火（火柴）、糖、糕点，换取鸡蛋、米、面等农产品。亦有一些农民挑着竹篾制品走乡串村，吆喝叫卖。

供销合作社和国营商业 新中国成立以后，由农民入股，国家扶持创办供销合作社。1951年5月，由洪山、北亭、黄桥、东关、城东和溢城镇五乡一镇组建了溢城供销合作社，址设溢城罗湖圣门路，社域跨溢城和桂林等周边地区。溢城供销合作社在东街开设综合门市部，下设黄桥、北亭两个分社。之后其他乡镇亦陆续成立了供销合作社，为农民提供必要的生产生活用品，同时收购农副特产，如稻谷、小麦、苎麻、棉花、竹木、芒杆、篾器等。

供销合作社建社几十年来，瑞昌各级供销社的职工由少到多，规模由小到大，业务不断拓展，为瑞昌地区的经济发展做出了很大贡献。他们承担了瑞昌居民很大一部分日常生产生活必需品的供应，承担了国家对棉花、苎麻、生猪、竹木以及土特产品的统购统销。他们除了坐店经营外，还开展了送货下乡及举行物资交流大会等活动。

新中国成立前，瑞昌没有国营商业。新中国成立后，1950年4月在溢城成立了国营瑞昌贸易商店，收购粮、油、棉、烟、猪、禽、蛋及山村杂货，销售大米、食油、食盐及日常生活用品，满足了城乡人民的物质需求，开启了社会主义特色的国营商业。

1952年，国营贸易商店改称为贸易公司，同时在东街成立瑞昌县百货公司，另成立瑞昌县纺织品公司。1955年，从贸易公司划出烟酒和猪、禽、蛋业务，成立国营专卖公司和食品公司。

1956年，成立瑞昌县农副产品采购局，经营棉、麻、烟、茶、畜五大农副产品。同年6月，在西正街成立瑞昌县药材公司。是年底，全县国营商业系统有企事业单位及营业点30多个。在瑞昌县初步形成了一个从经营到管理、从批发到零售的比较完整的国营商业体系。

物资交流大会

新中国成立后，为了扩展商贸渠道，活跃乡村经济，商业供销系统一直把举行物资交流会作为商品贸易的一种形式，以此扩大生活资料的销售。1952年10月，瑞昌县首次举办物资交流大会，购销总额为7.1万余元。1955年，供销系统召开物资交流会8次，生活资料供应金额共计3万多元。1963年，瑞昌县的10个基层单位召开了小型物资交流会，参加人数最多的有8千多人，最少的也有2千余人，生活资料销售额达9.6万余元。1980年，花园、横港、南义等地先后举办物资交流会。花园供销社在当年元旦期间开了三天交流会，虽连逢雨天，营业额仍达3万余元，比平时增长了七到八倍。

每次举行物资交流大会时，会场上会搭台唱戏，将商业贸易活动与文化艺术活动有机结合，吸引了千千万万的群众踊跃参与。玩猴戏杂技的人、卖地方小吃的人、办婚嫁用品的人纷至沓来。戏台上的锣鼓声、人群中的谈笑声、小商贩的叫卖声喧腾鼎沸，场面十分热闹。物资交流大会使人们在进行物资交流的同时，也获得了文化艺术的享受，给人们留下了难忘的记忆。

计划供应

新中国成立初期，国家开展大规模经济建设，城市和工矿区的人口增加，导致一部分商品供不应求，因此，当时对人民生活必需品不得不实行计划供应，凭票、凭证购买。1954年9月，棉布实行计划供应，此后每年按人定量发布票，标准各年多少不一，一律凭票购买。1955年11月，江西省人民委员会将棉布列为收购农副产品的奖售物资。1960年起，各种汗衫、背心、棉毛衫裤、卫生衫裤、枕巾、浴巾、线毯、绒毯、袜子、毛巾、毛巾被、床（褥）单等各种棉制品，先后实行凭布票购买，直到1983年初取消布票。

1955年8月25日，国务院发布了《农村统购统销暂行办法》和《市镇粮食供应暂行办法》。后者规定：市镇粮食统销由凭证购买、按户核实，改为按人定量供应，并发行粮票。凭粮票可购买挂面、切面、米粉、年糕等粮食加工品。而对其他诸如米饭、面食等熟食品，当时暂未实行凭粮票购买的规定。

自1955年国家发行第一套全国通用粮票后，各省、市、区、县，还有些基层单位，在30多年中先后多次印制了地方粮票、糖票、肉票、绿豆票、饲料票等多种票证。

党的十一届三中全会后，百业俱兴，粮食供求由长期短缺转变为供求基本平衡、丰年有余。随着粮食流通体制改革的不断深化，粮食市场进一步放开搞活，从1993年开始，全国各地陆续取消了市镇人口粮食定量供应。粮食统购统销管理体制的产物、对安定人民生活发挥了积极作用的粮票和其他各种票证，也随之退出了历史的舞台。各类物资逐渐丰富，凭票供应的年代一去不复返了。

附：部分票证图片

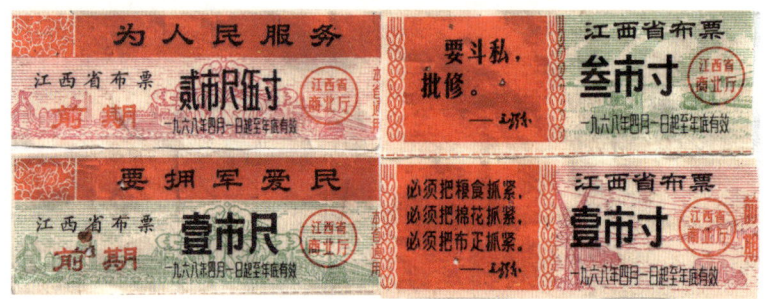

布票

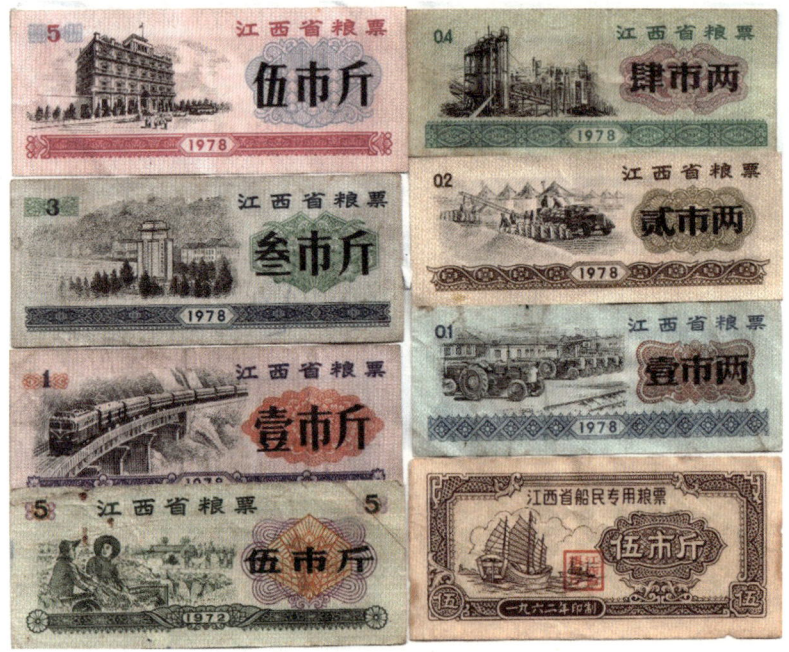

江西省地方粮票

第一编

第四章　手工业及商贸活动

瑞昌市粮油供应证　　　　　全国粮票

商贸市场

1998年，开了眼界、长了见识的瑞昌外出务工人员王晓声回乡，在市区的黄金地段租赁原桂林供销社的门店，创办了瑞昌有史以来第一家名为百事特的超市。

新型超市取消了柜台，消费者和商品之间不再有任何阻隔。超市没有营业员，售货员服务态度的问题从根本上得到了解决。消费者可以直接走进商场自行选购，最后到门口结账即可。当然，为防失窃，超市在很多地方安装了电子监控。此举一下子改变了几千年来传统的商贸模式，一时轰动了瑞昌的街头巷尾，致使超市一度人满为患。

此后一发不可收。短短几年，这一新型商贸模式迅速扩展到了瑞昌城乡，大型超市、连锁店、专营店现在已是随处可见。

近年来，随着电子商贸的迅速发展，超市也在承受着越来越大的竞争压力。

第二编

本编主要记述生活方面的内容。生活习俗是人们在日常生活中形成的一些约定俗成的行为、习惯，包含了时事节令、生老病死、喜怒哀乐等物质和精神生活的方方面面，直接反映了特定历史阶段的社会面貌和精神面貌。

传统的节日习俗，是农耕时令的符号和丰收记忆的留存。它反映了人们顺应四时的变化和人与自然的和谐。如过春节、吃年饭、贴春联、玩龙灯等，象征着家庭生活的团团圆圆、美美满满，意味着一年的周而复始，大吉大利；清明扫墓，是怀念的延续，也是一种有特殊意义的踏青郊游；端午吃粽，是对屈原的纪念，是对丰收的庆祝；中秋赏月，是以明月的团圆，象征人间的团圆；重阳登高，不仅是发思古之幽情，更是秋游的好季节、交谊的好时光。

衣食住行医等习俗从不同的方面展示了人们的生活水平和行踪轨迹，再现了劳动人民在人生路上的艰难跋涉。"治病"这一节的民医、巫医，是民瘼的写实，有些看似迷信的东西，是旧时科学落后的一种衍生物，也是贫病交加的一种无奈之举。有些诡异的东西，或是魔术，或是一时还没找到科学解释，如取生、收魂等，也可看作是一种精神疗法。土法治疗中的许多偏方，有的有效，有的也许是一种临时应急之法。

各类喜庆习俗是各类民生大事的民意写真。反映了社会活动中的情感皈依。如新娘哭嫁、盖头盖等，再现了原始时期的抢亲习俗及漫长的封建时代婚姻的演变过程，表现了女儿对离别娘家的不舍和初为人妇的羞涩。婚姻嫁娶、生儿育女是人生中的大事美事，做屋盖房更是人生中的好事盛事。至于各种寿庆活动，是儿孙辈对长辈的祝福，更是对长辈人生岁月的回顾和纪念。

民间仪规，是一种约定俗成的礼仪规范。

乡规民约，是一种地方的民间自治方式。

丧葬习俗表达了人们慎终追远的情怀。摸棺痛哭，是对逝者的无限眷恋；手拄苦竹棒，是悲不自持，苦竹棒象征父母苦而有节；披麻戴孝地匍匐爬行，是跪送远行父母的最后一程。

总之，习习相因的生活习俗，是民生的一面镜子，是最能直接反映一个时期的民情民况的。

第五章 传统节日

第一节 春节

春节是最能体现我国民族传统的佳节。起源于上古时代，由岁首祈年祭祀演变而来，流传至今，含义也在不断更新。大年三十吃年饭、守岁，不再有驱赶年兽之意，而是家人团聚的美好时光。欢声笑语中，人们释放一年来披星戴月的疲劳，慰劳一年中沐雨栉风的辛苦，收获一年丰收的喜悦，怀揣对一年美好生活的回顾。守岁，则是对过去岁月的恋恋不舍，对旧岁的深情告别。子夜过半，新年的钟声敲响，迎新的鞭炮声声。它宣告新的一年开始，预示着新的一年热热闹闹，红红火火，寄托着人们对新的一年的美好展望。广义的有关春节的活动，是指从腊月开始至次年正月十五的一系列喜庆活动。

年前准备

腊月歌 瑞昌过年的习俗十分讲究，一进腊月二十，就全家动员，开始为过年做准备。在夏畈、南阳一带流传的腊月歌，是当地群众腊月习俗的写照。

腊月二十一，回家赶得急。

腊月二十二，新衣买给儿。

第二编

第五章 传统节日

腊月二十三，年粑堆成山。

腊月二十四，掸尘扫房子。

腊月二十五，家家点豆腐。

腊月二十六，家家剁年肉。

腊月二十七，画儿贴上壁。

腊月二十八，杀鸡又杀鸭。

腊月二十九，年货都置有。

腊月三十夜，全村噼里啪啦。

过年到初一，欠债莫愁急。

而在乐园、洪一、肇陈一带，坊间流传的民谣却是这样的：

二十四，掸扬尘。

二十五，锣鼓行。

二十六，猪吃粥。

二十七，做粑嫡。

二十八，捉猪杀。

二十九，家家有。

三十日，吃年饭。

南义也有这样的歌谣：

初一噼噼啪（读pà），

初二拜年客（读kà）。

初三姐、初四郎。

初五初六拜姑娘。

拜年拜到初七八，炉罐锅铲都洗刮（意为洗干净）。

拜年拜到初十边，跪在堂前无人牵（意为人们都忙起来了，无人有

153

空搭理你了）。

旧时在年末，还有腊月二十四祭灶送灶神、二十五接玉皇下临、二十六沐浴洗福禄、二十七洗疢疾、二十八洗邋遢之习俗，都是为了干干净净、欢欢喜喜地迎新年。

剃过年头 旧时腊月三十日前要剃头，意为把过去的烦恼统统剃掉，过了年三十，正月是不能剃头的。

买灯笼 过年了，大人们提早从集市上买回小灯笼和红烛，为孩子们准备年三十夜里的玩物。

小灯笼是竹篾做的，小巧精致，样式各异。灯笼有圆的、椭圆的、方形的，还有鲤鱼样的、兔子样的，种类繁多，色彩鲜艳。民间艺人先用竹篾做成灯笼形状，上下对应各留一圆孔，然后外面糊上帛纸，在上面画上花鸟虫鱼等图案，涂染上色，最后刷上桐油，灯笼看起来油光闪亮。人们将其买回后，将灯笼套在特制的灯笼柱上，在里面点上根蜡烛，便可提着玩耍或照着走路用。

小年 每年农历腊月二十四称为"小年"，是传统过年的开始。"二十四掸扬尘"，这一天家家户户大扫除，人们要把房前屋后，里里外外，门窗家具，衣服被褥，锅、碗、瓢、盆、筷子等清洗干净。吃完晚饭后人们开始祭灶神，先给东厨司命即灶王爷嘴上抹上糖，叫"粘住灶王爷的嘴"，然后焚香鸣炮，送灶王爷上天。传统说法是请灶王爷上天，向玉皇大帝报告这一年来家庭成员的工作、生活等情况，灶王爷吃了糖甜了嘴，自然"上天奏好事，下凡降吉祥"。大年三十晚上，人们放爆竹、敬香、接灶王爷回家，并写"东厨司命之位"字样贴在灶头，以示灶王爷已回家。

从腊月二十四开始，一直到来年正月十五元宵节，这一期间统称过年。辞旧迎新，讲究大吉大利，尤其不能说"死、杀、凶、鬼"之类禁忌之语，以免坏了彩头。小孩子往往口无遮拦，所以大人要教育孩子不许乱说，不听话则予惩罚，俗称打伢崽过年。大人还要教孩子说吉利话，比如睡觉说"享福"，老鼠说"财神"，动物骨头说"元宝"，杀猪杀鸡叫"福猪""福鸡"等。特别是大年初一，有些家庭为了防止小孩子说话犯禁忌，吃饭前，做母亲的总要煮几个鸡蛋发给每个孩子，先用鸡蛋在孩子嘴唇上滚一滚，擦一擦，边滚边说："滚鸡屁股嘴，说话不算数"，或者准备个小草把，在小孩嘴上轻轻抹一下，边抹边说："伢儿屁股嘴，说话不算数"。即使如此，小孩毕竟记性差，免不了还会说错话，有时会蹦出一两句不吉利的话，犯了禁忌，大人又会用"童言无忌，万事大吉"或"伢儿放长屁"的话来解厄。

除夕

除夕，是一年的最后一天，称为"岁除"，即农历腊月三十的夜晚。古人有对联曰"旧岁新春隔一夜，昨日今朝是两年"。

贴春联　春联，又叫春贴、门对、对联，一般用红纸书写。它以对仗工整、简洁精练的文字描绘美好景象，表达美好愿望，是我国特有的文学形式，是华人过年的重要习俗。大年三十，无论是城市还是农村，家家户户都要将大红春联贴于门上，辞旧迎新，增加喜庆的节日气氛。

贴福字　贴福字是我国民间由来已久的风俗。有的人家倒贴"福"字，寓意"福到了"，以求吉利。民间还有一则传说，讲的是明太祖朱元璋当年用"福"字作暗号准备杀人，好心的马皇后为消除这场灾祸，令全城大小人家必须在天明之前在自家门上贴上一个"福"字。马皇后的旨意自然没人敢违抗，于是家家门上都贴了"福"字。其中有户人家不识字，竟把"福"字贴倒了。第二天，皇帝派人上街查看，发现家家都贴了"福"字，还有一家把"福"字贴倒了。皇帝听了禀报大怒，立即命令御林军把那家满门抄斩。马皇后一看事情不好，忙对朱元璋说："那家人知道您今日来访，故意把福字贴倒了，这不是'福到'的意思吗？"皇帝一听有道理，便下令放人，一场大祸得以消除。

贴窗花、门神　很多人家过年时会在窗户上贴上自己剪的或买的剪纸，以烘托喜庆的节日气氛。因它大多是贴在窗户上的，所以人们一般称其为窗花。窗花的内容丰富、题材广泛，有表现农民生活的，如耕种、纺织、打鱼、牧羊、喂猪、养鸡等，还有表现神话传说、戏曲故事等题材的，另外，花鸟虫鱼及十二生肖等形象的窗花亦十分常见。

门上则贴上秦琼、尉迟恭两尊门神像，意为请二位门神把好门庭，不让一切污秽进屋。通常大门、后门、侧门、房门都要贴门神，牛栏上贴"长生水草，耕种万年"，猪圈上贴"六畜兴旺"，鸡窝上贴"鸡鸭成群"或"姜子牙在此"。因为传说姜子牙封神时，封自己为管瘟疫的神。另外房屋里外的墙上可贴些红纸条，内容有"开门大吉""春回大地""百无禁忌""和气生财""黄金万两""童言无忌"等，表达了人们对美好愿望的追求。

放爆竹　吃年饭开席，先放爆竹，既叫"除岁"也叫"除秽"，有"爆竹声声旧岁除"说法，同时也增添节日的喜庆气氛。

祭祖宗　除夕，在有些地方"祭祖奉仙"是必不可少的。各家备好三牲祭礼（雄鸡、鲤鱼、猪首）和香纸爆竹到祠堂上供，谓之"还年福"。吃年饭前，人们还要把家里的八仙桌（农村一种用来吃饭的四方桌）擦得亮亮的，然后把它放在堂屋的祖宗牌位前，把家里最好的食品摆上，有鱼、肉、蛋、酒等，再在桌上点上一盏菜油灯。这些食品是用来供奉祖先的，为感谢祖先庇佑，祈祷新年平安吉祥。

第二编

第五章　传统节日

吃年饭　吃年饭又称吃团圆饭，老话说："一年不赶，赶三十夜"，无论在天南海北，人们都要赶回来与家人团聚。除夕年饭既有庆祝丰收、庆祝全家团圆之意，又有驱疫健身、图吉纳福之愿望；既有对一年来辛勤劳苦的慰劳，又有对新的一年美好的展望，所以极为隆重、讲究，全家务必聚齐。因故未回者，席中必须为其留一座位和一套餐具，体现团圆之意。各地传统习俗不尽相同，吃年饭时间分别有在腊月三十的前几天或三十日的清晨、中午、晚上多种。安排在前几天吃年饭的，往往是因为外出营生之所需，吃过年饭，家里有人就要赶往外地，不能在家过年的。也有的是兄弟姐妹多，轮流置办年饭，所以要在前几天便开始安排。在清晨吃年饭，有各种说法，其中有一种传说就是家里儿子多，从早到晚，要一家接一家地吃。选择晚上吃年饭一说是是为了躲债，因为欠债人白天不敢露面，只有晚上才能回家偷偷地吃个年饭。而半夜吃年饭，大概也是出于此种原因。年饭可以说是一年中最重要的一顿饭，菜肴丰盛那是自然的，还特别重视口彩，把年糕称为"步步高"，饺子称为"万万顺"，酒水叫"长流水"，鸡蛋叫"大元宝"。开席前要放一挂长爆竹。吃年饭要关门，席位长幼有序，一般祖辈居上，孙辈居中，父辈居下，体现尊老爱幼，座次分明，但吃喝饮酒不分男女老幼，都要热闹尽兴。吃完饭菜要留一点在碗里，寓意有吃有剩，年年有余。

守岁　守岁也叫守夜，这时乡亲们是互不串门的。家家户户堂前红烛高照。点烛要有烛台，穷人家没有的就用泥巴事先捏成一个小方块，晾干后就成了烛台，蜡烛可以插进方块中间预先留好的小孔中。烛光比油灯亮，增添了节日的气氛。家里的每个房间包括茅厕、猪栏都要点上分星烛、松明子，堂前再烧上一盆火。也有些地方很多人家灶房里有个很大的地火炉，周围坐十五六人没问题。山区虽然木柴多，但禁止烧樟树，因为樟木是用来雕刻菩萨的。老话说："三十夜里的火，月半夜里的灯"，所以三十夜里的火要旺，要通宵达旦。据说它还可以驱赶蛇虫蚂蚁，消除邪瘟病疫。大年三十夜里讲究手不能摸地下，不能拿针线，一家人围坐在火炉旁，说着话，嗑着瓜子、花生和蚕豆，吃着酥糖，在火上烤着年糕，就开始守岁了。守岁要守至午夜，谓之"分岁"。老人说，这大年夜的"守岁火"要烧得越大越旺越好，它预示着来年的日子会过得越来越红火。因此，山里人每年都要去山上砍个很大的树蔸预留着大年夜来烧。据说，大年夜烧的树蔸越大，明年家里的猪也就养得越大。烧火时忌用火钳戳柴引起火星，说是火星直冒，来年小麦会发锈病（麦穗发黑）。

关于大年夜守岁的习俗有各种各样的传说，如年长的女人会在灶台上摆上几碗上好的供品供奉灶师娘娘。据说，灶师娘娘是被贬凡间的玉帝之女，她见百姓疾苦，心有不忍，在临过年之际返回天庭，运用智慧获取物资，于大年三十送下凡间。于是当天夜里，各家各户均不入眠，祈盼灶师娘娘赶回。故"守岁奉祭"也含有感恩之意。

最有趣的要算用火种来预测来年天气的游戏了。人们用火钳从火炉里夹出十二个大小差不多的火种，把这些火种按顺序排列在火炉旁。据说这些火种必须是一个树蔸上的才最为灵验。第一个火种代表第一个月，以此类推，第十二个火种代表第十二个月。仔细看哪个火种先熄灭，先熄灭的就代表这个月的雨水多，后熄灭的就说明这个月的晴天多。

吃泡米茶 大年三十晚上，全家人围着柴火，一边守岁一边吃泡米茶，泡米茶是用肘子肉汤或开水来泡，风味绝佳。泡米是用糯米制作的，用炒米沙炒熟，又香又脆。这是传统的守岁干粮。

当然，孩子们能坚持守岁熬夜的真正目的还在于压岁钱。大年夜守岁时，爸爸和爷爷都会给每个小孩发些压岁钱，长辈也要将事先准备好

第二编
第五章　传统节日

的压岁钱分给晚辈。据说压岁钱可以压住邪祟，因为"岁"与"祟"谐音，晚辈得到压岁钱就可以平平安安度过一岁。从前压岁钱一般是1角钱至5角钱不等，这在当时已经很多了。因那时一个青壮年劳动力一天的劳动收入也就几角钱。现在就不同了，一百两百甚至更多的也有，大人会用专用红包包好给小孩。

吃长寿面　有的地方在除夕有吃长寿面的习俗。吃长寿面必须等到夜半十二点后，每人一大碗油面。有的家庭还每碗放上一个鸡蛋，人们称之为"元宝"，以示财源滚滚。

出灯　有的地方年三十夜家族玩灯（龙灯、狮子灯、六畜灯等），还要到祖宗祠堂举行出灯仪式。

揸烛送福　有的地方在大年三十夜里，村上的孩子们相约为伴，由大点的孩子带头，提着灯笼到各家各户去，一进门便喊："发财哟！"主人连忙接待，发给每个孩子一根烛，孩子们接过烛便插在灯笼上，向主家道别，说道："慢慢过岁。"便离开到下一家，这个活动叫"揸烛"。等到夜深了，闹够了，孩子们便捧着大把红烛回家歇息。揸烛的过程也是送福的过程，是儿童过年的一大乐事。

听动物叫　夜深了，大人安排老人小孩睡觉，称为"享福"，自己继续守岁，一般会到天亮。守岁到天亮的目的之一是等着听清晨什么动物先开口叫唤。传说在除夕下半夜动物是不会随便出声的，只有预示新的一年年成的动物会先开口叫唤，俗话说"鸡荒、狗熟、猫儿叫吃粥"，此外，雁叫也是好预兆。

有的地方，如洪一长坑村，除夕在祠堂内烧起大火，男女老少纷至沓来。大人小孩围坐一圈，守岁时不断加柴加火。午夜时分小锣一敲，鞭炮齐鸣，守岁火一夜不熄。

抢头鼓 每到临近春节，还有一件令人开心的事是"抢头鼓"，就是过年夜到祠堂抢击第一通鼓。为了抢这第一通鼓，很多人会耗着半夜不睡觉。传统的说法是，谁抢到了头鼓就意味他来年大吉大利，是个好兆头。

春节

正月初一又称农历新年、岁首、正旦、正月朔日。它起源于殷商时期年头岁尾的祭神祭祀活动，是汉民族最盛大、最热闹、最重要的一个传统节日，已有四千多年的历史。过去人们常说"有钱没钱，回家过年"，道出了春节所负载的厚重历史文化积淀，以及春节在人们心目中的重要地位。

开门 大年初一零点一过，鞭炮、焰火便争先恐后地燃放开了。那响声震耳欲聋，焰火照亮夜空，这便是大年初一的开门。俗话说"开门大吉"，这既是人们一种美好的祈愿，也是一种欢庆的氛围。新年伊始，一切都是新的。开门都抢早，一般人家还备有祭礼，对天地上香，放鞭炮，以祈新年万事如意。

出天方 每年的大年初一（有极个别地方是大年初二），是春节"出天方"的日子。这一天热闹非凡，无论大人小孩，都穿着崭新的服装，一早就集中到祖堂上，人们敲起鼓锣，放起鞭炮。整个村庄的人员基本到齐，为首者站在高处大声说道："大家好，向大家拜年了！下面开始向我们的祖先拜年。"随即人们恭恭敬敬地作三个揖，又转身向外作三个揖。拜完后，大家形成了一支长长的队伍去社堡（神坛一类的）上拜年。在社堡上也一样拜三拜，拜完后人们各自回家。有的地方人们还要各自到自己的祖坟山去拜年，祈求祖先保佑他们新的一年万事如意，万般顺利。

第五章 传统节日

拜年 拜年是我国民间的传统习俗，是人们辞旧迎新、相互表达美好愿望的一种方式。古时拜年一词的含义是人们向长者拜贺新年，包括向长者叩头施礼、祝贺新年如意、问候生活安好等内容，遇有同辈亲友也要施礼道贺。随着时代的发展，拜年的习俗亦不断增添了新的内容和形式，近年又兴起了新的礼仪如电话拜年、微信拜年、网络拜年等。

正月最重要的是"上七日"，即初一到初七，这七天当中又以初一最为讲究。初一早上人们放完开门爆竹，第一件事就是向爷爷奶奶拜年，接着烧好火盆。早餐后，男丁们拿着香纸爆竹来到祖宗堂和土地社堡向列祖列宗及诸神拜年，祈求新年里方方大利。继而到年前"老"了人的家里"烧新香"，又叫"拜新案"。客亲初二开始烧新香，旧有新香不过七（初七）的习俗。然后人们挨门串户向本族长辈拜年。初一早晨人们一般不吃粥，有的吃年糕，有的吃面条等。这一天，水不能往外泼，垃圾不能往外扫。

拜年的形式多样，有的以"行灯"的形式出现。灯的式样很多，有龙灯、狮子灯、船灯、武打灯、马灯、蚌壳灯等。这里所说的龙灯，有七节龙（引珠在外）、十三节龙、脱节龙，乡下一般都舞七节龙。七节龙由引珠、龙头、龙中、龙尾组成，身长20米左右，直径为60~70厘米，用铁丝或竹篾做成圆形，里面安上灯泡或蜡烛，外用纸或纱布包裹涂色而成。舞龙队由数人组成，一人在前用焰珠（也叫引珠）逗龙，其余人全部举龙，表演"二龙戏珠""双龙出水""火龙腾飞""蟠龙闹海"等动作。行龙灯有滚龙、挖四角、参四角、蟠花灯、蟠柱、回龙等形式。

舞完灯团龙喝彩，有祖堂彩、参新彩、升职彩、升学彩、生子彩、生女彩、各行各业工匠彩、新案（当年亡者的人家）彩、寺庙彩、教书先生彩等。

庄上有女儿嫁出去的人家，娘家"灯"至，嫁出的女必须接"灯"。娘家的龙灯到女家，女家必"祭龙"，办宴席招待，请人陪客，封灯礼。

舞龙灯拜年祝词：

    口吐明珠喜盈盈，保你全家享太平。
    一拜老者多福寿，二拜少者多儿孙。
    三拜人口多清吉，四拜姑娘受皇封。
    五拜五谷仓仓满，六拜六畜享太平。
    七拜学生登金榜，八拜八仙下凡尘。
    九拜娘娘生贵子，十拜贵子跳龙门。
    自从今日拜年后，荣华富贵万万春。

玩龙灯拜新案（烧新香）祝词：

    口吐明珠喜洋洋，到你贵府拜新香。
    仙人坐在莲台上，五色糕点摆成双。
    精致油烛两边插，中间一炉福瑞香。
    一拜先人朝北斗，二拜先人笑洋洋，
    三拜先人坐福地，四拜先人上天堂。
    自从今日拜年后，业旺家兴富贵长。

瑞昌玩龙灯拜年的习俗有很多规矩，如讲究三年两头玩，玩龙灯做到同姓家门必到、外嫁女儿家必到、搬迁外出的本族户必到等。因此要费一些时日，往往三十夜里出灯，玩到正月半煞龙（烧龙）方才结束。玩龙灯包含着祈求风调雨顺、国泰民安之意，即所谓祈年，也有新年走亲、联络感情之意，也是一种拜年方式。

玩龙灯之穿龙、围龙、摆龙，各有规矩、技巧，既要舞得精彩，也要唱得精彩。玩得好不好，全看喝段和玩龙头、龙尾、引珠的熟练程度和巧妙配合。

附：龙灯"打歌"歌词（节选）

今宵文龙到乡来，好像朝廷把兵开。

高亲满门多款待，摆设玉宴把席开。

多造福祉如东海，燕窝海参摆席台。

三亲六戚都意厚，难得家家盛情待。

……

今宵堂前略表情，难谢亲戚义千斤。

家家酿造糯米酒，摆宴蟠桃难谢恩。

又讲道德说仁义，难酬老少百年情。

今宵空口来拜谢，主东发福百世春。

南义玩龙灯拜祖堂吉语：

口吐明珠喜洋洋，来到贵府参祖堂。

高山发脉来龙远，凤凰展翅落平庄。

祖堂坐在九龙地，回头狮子笑洋洋。

上重好似金銮殿，下重好似卧龙岗。

中间一重做得好，字画对联挂两旁。

四角造起莲花朵，浮起金柱载银梁。

屋上盖的琉璃瓦，磨砖砌地放霞光。

左边千烟并万户，右边万担满仓粮。

前面造起金银库，后面造起读书房。

金银库里出财宝，读书房里状元郎。

自从今日拜年后，添子发孙万代长。

舞龙灯前要喝彩，喝彩词多是祈龙灵保佑国泰民安、人寿安康之类的吉庆话，记录一首《十保佑》如下，以窥一斑。

锣鼓一打闹盈盈，金角老龙下凡尘。一保老者多福寿，二保少者儿满庭。三保高堂吉星照，四保儿孙多孝顺。五保五谷多丰产，六保六畜无灾星。七保风调又雨顺，八保江山永太平。九保万民都富裕，十保十全喜盈门。

还有的玩龙灯带有筹资目的，比如村庄里做祖宗堂，或想修一口水塘、修一段路需要资金，往往采用这种方式来筹集。当然还有其他的方式，如划采莲船、唱戏等。

正月初二　正月初二人们开始亲友互拜。家家准备了烟、酒、茶招待客人，特别是小孩来了，不能"打白手"，要拿糖果给他。拜年习俗是"初一拜祖宗和自家屋下的年，初二拜外婆、舅舅年，初三拜岳父岳母年"。"天上雷公大，地上母舅大"，所以舅舅要在丈母娘之前去拜。初四后拜朋友和表亲年。若是要紧的年非拜不可但自己又没时间去拜，那么初七以后去时要说声"拜个晚年"表示歉意，如不去拜，又不解释，人家会生气的，弄得不好会不再来往，拜年有时也是检验关系亲疏的试金石。

正月初三　大年初三的早上，有些地方要贴"赤口"（禁口），认为这一天里易生口角，不宜拜年。所谓赤口，一般是用约长七八寸、宽一寸的红纸条，上面写上一些出入平安吉利的话，贴在墙上。

初三下午各家备新年饭食到祖祠祖坟上"送年"，俗称过三朝年。从大年三十晚上到初三晚上，要点灯（也有的地方只在三十晚上点灯）。送年仪式也比较隆重，到初三傍晚，家家户户鞭炮声声，也摆香案，供奉年神。

正月初四　正月初四是恭迎灶神回凡间的日子（也有的地方是大年三十接灶神），初四也是"三阳开泰"吉日，宜接新亲、接党亲、办喜事。有的地方正月初四还要"还锣福",成年人齐聚祠堂,竞展打锣技艺,煞是热闹。

正月初五 正月初五是迎财神的日子。民间传说财神即五路神。所谓五路,指东西南北中,意为出门五路,皆可得财。五财神又传为武财神,传说关云长管过兵马站,善于算数,发明日清簿,而且讲信用、重义气,故一般商家以关公为他们的守护神,关公被视为招财进宝的财神爷。旧俗春节期间,大小店铺从大年初一起关门,到正月初五开门。因此,正月初五为财神圣日,人们认为选择这一天开市必将招财进宝。

正月初六 正月初六又称马日,人们在这一天要送穷神,意为送走穷鬼。也有的地方是初五送穷神。正月初六商店酒楼才正式开张营业,而且要大放鞭炮,以期大吉大利,财源滚滚。正月初六日又为太公出方日。这天,锣鼓喧天,鞭炮齐鸣,各庄兄弟叔侄在彩旗迎风招展中,抬着太公雕像围绕村庄转一圈,代表着太公出方(又称游春),声势颇为浩大、热闹非凡。

正月初七 正月初七是人日,即人的生日。这天是人们释放天性的日子,想怎么玩就怎么玩,想怎么打扮就怎么打扮。根据民间传说,从初一开始,上天创造万物的次序是"一鸡、二犬、三猪(又称三猫)、四羊、五牛、六马、七人、八谷、九油、十麦"。因此,在初七这一天每个人都要互相尊重,连官府也不能处决罪犯,家长这天也不能训斥孩子。这天最好是晴天,预示着人人健康、清吉太平。

初七以后是女人做客的日子。以前女人不参与拜年,专门在家烧火、弄茶、做饭,招待拜年客。因此,古时妻子被称为内人,"男主外,女主内"是焉。初七以后,就是女儿回娘家或开始请春客的时候了,这实际上是妇女开始拜年,俗称"出方"。

正月初八 正月初八是开工日。派发开工利市，是老板过年后第一天上班的首要之事，利市亦有好运的含义。正月初八也是每年定期举办的群体大型祭祀活动的日子，俗称年例。年例活动以敬神、游春、摆宗台（做醮亦称摆醮）、祭礼为核心，并伴以各种民俗文化表演和宴请亲朋好友而开展的群体性祭祀活动，祈祷风调雨顺、百业兴旺、国泰民安。现在很多外出打工的人，也多在这一天出发，去各地发财，谓之"想要发，不离八"。

正月初九 正月初九是天日，俗称"天公生"。传说此日为玉皇大帝生日，主要习俗有祭玉皇、道观斋天等。有些地方在天日时，妇女备清香花烛、斋碗，摆在天井巷口等露天的地方膜拜苍天，求天公赐福。

正月初十 正月初十为开灯节。家族中的男孩要到祠堂或庙堂开灯，让祖先认识自己的子孙而加以荫佑，或请神明进行保护。旧时的民间习俗也有的说在这一天是老鼠嫁女的日子，忌开启箱柜，人们要早早入睡，如果你扰它一晚，它会扰你一年。

正月十一 正月十一为女婿日，岳父在这一天宴请女婿。

正月十二 从正月十二起人们开始准备庆祝元宵佳节，选购灯笼，搭盖灯棚。

正月十三、十四 这两天是筹办灯会的日子，为了庆贺元宵节，舞龙和舞狮的队伍开始在大街上演习。也有人写灯谜、猜灯谜来增加节日的欢乐气氛。正月十三也有传说是灶头生日，这一天要在厨灶下点灯，称为点灶灯。

元宵

正月十五 正月十五又称元宵节、灯节、上元节，仍属广义上的

第二编
第五章 传统节日

"过年"范畴。是日，城乡居民早餐或晚餐多吃"元宵"（即汤圆），以示春节圆满结束。民谚说"吃了元宵粑，各人做庄稼"。习俗活动有赏灯、游灯、放烟花、闹元宵等，赏灯与放烟花是元宵的主要习俗。因历代这一节日有观灯的习俗，故又称灯节。吃过午餐后，人们作兴送明烛到先祖坟前拜祭，燃放鞭炮和烧纸钱。近年来，为避免引发森林火灾，送明烛改送电子灯，也不放鞭炮和烧纸钱了。入夜，城区街道华灯初上，居民的厅堂、卧室、厨房、卫生间皆亮灯，过去有灯火通宵不灭的习惯。近年来，大部分人家只在客厅或是厨房、卫生间等部分空间彻夜亮灯，让家里有亮处就行。旧时小孩子点的是松明子，放在每一个墙角，同时口里念着："照什么？照虫蛇蚂蚁。"据说这一照一念，虫蛇蚂蚁就不敢进家了。

传统习俗元宵晚间还兴舞灯。是夜，龙灯、狮子灯、采莲船以及腰鼓队、武术表演队等纷纷出动，每到一处，锣鼓声、鞭炮声、灯歌声不绝于耳。有些年更是全市城乡互动，凡乡下有女儿因婚嫁或是工作搬迁到城里的，其娘家的灯队会上门拜年喝彩，主家会给予龙灯队一定的礼金。近年来，因为禁放鞭炮及农村人口越来越少，几乎见不到有龙灯队伍上街玩灯了。

拜天灯 有些地方有在元宵节拜天灯的习俗。在本庄下首，建一神台，神台后立根长杆，挂个大灯笼，笼内点燃一盏菜油灯，在长杆上安一滑轮，名为"天灯"。现在也有图省事，直接装个电灯的。

平时谁家有喜事，必到"天灯"来供奉。元宵节、清明节家家户户前去祭拜，春节期间更为重视。尤其是大年初一早上和元宵节，家家户户、老老少少齐聚"天灯"前燃放鞭炮、烟花。鞭炮声震耳欲聋，响彻大地，烟花直冲九天、五颜六色、光艳夺目。随后人们行齐拜"天灯"

大礼，祈祷"天灯"保佑全村老幼平平安安、身体健康、五谷丰登，来年又是一个好年景。此风俗自古一直延续至今。

很多地方在元宵夜还有敲葫芦瓢的习俗。大人带着孩子边敲边唱："月半夜，敲葫芦瓢，老鼠下儿不成苗；月半夜，敲葫芦背，老鼠下儿不成器。""月半夜里敲葫芦瓢，老鼠下儿不成苗，大老鼠发瘟，小老鼠发惊。"灵不灵是次要的，主要是人们表达某种心愿，祈望辟邪趋吉、除害求利才是这种习俗得以延续的原因所在。

拜火炉姑　元宵节还有拜火炉姑的习俗。拜火炉姑需要置办的材料很简单，两根柴叉、一根鸡毛、一根放在柴叉上当横梁的小芒杆、三根被折成钩状的更细的小芒杆，称为"茅脚"，供品为肉、粑、豆腐等。将两根柴叉插在两端的火炉灰上，叉上横放一根芒杆当横梁。再把三根茅脚挂在梁上，用一绺红布披在梁上。然后拿一根鸡毛在杉红叶上捋几捋，口里念念有词：

　　火炉姑，火炉娘，正月十五请你上高梁，
　　不用猪，不用羊，只用一匹红布搭高梁。
　　一片腊叶捋三捋，三只茅脚齐来搭（粘在一起的意思）。

念到最后一句，将那鸡毛凑近横杆上的茅脚，三只茅脚齐齐"扑"向鸡毛，就"搭"在一起了，火炉姑真的"显灵"了。实际原理是鸡毛与树叶摩擦产生静电，将茅脚吸过去了。

元宵节这一夜，灯火整夜不灭，旧时有人夜里鸣锣串户，提示人们小心火烛。元宵节后，春节就算结束了。

春节期间的各种文娱活动一般也是到元宵节结束。新中国成立后，春节拜年的传统延续了下来，有的地方政府还会组织团拜活动，向军烈属、五保户家庭拜年。

虽说"有心拜年十五也不迟",但过了正月初十,上门拜年或路上互道拜年的就基本上没有了。

独特的地方风俗

放兵巡逻 放兵巡逻是山区一些乡镇的传统习俗。据传,有一位称为"太子老爷"的神,统领神兵神将维护村里的太平。按祖传的习惯,他每年最少要三次放兵和收兵。意思是,他把兵放

放兵巡逻图

出巡逻,维护村里的安全,几天后再把兵收回。正常情况下,五月、八月和腊月二十四各放兵一次。遇到不太平的年份,放兵次数会临时增加。由于历史原因,这一习俗后来有所改变。到了二十世纪末,村里只保留了腊月二十四日为太子放兵日,到翌年正月十六再收兵。放兵仪式很简单,神祝先生(念咒请神的人)命管香者点香放炮,念过咒词,放倒坛砖,即放兵结束。老辈人有个说法叫:"收兵生坛,放兵撬坛。"

生坛 在正月十六收兵仪式过后,接着是"生坛"。神祝先生先把七块青砖分别用黄表纸包扎,叠放三层,置于香案底下。然后点香鸣炮,之后他一边口念咒词,一边拧断鸡头,致使血溅坛砖,然后取一瓷碗,扣压鸡头,并画符念诀,至此"生坛"仪式结束。接下来,人们开始庆神,寓意是为"太子老爷"接风。

太公游春 每到正月,在农村大多数地方都有把自己的太公(祖先雕像)请出来在族内各自然村"抬游"的习俗,谓之"接太公游春"。

接太公游春图

太公游春上祭

太公坐案 这里所称"太公"即西汉政治家张良,也称"张公大王"。"太公"坐案习俗流传于夏畈乡荷塘寺周边十八庄(俗称十八案,也叫十八夜)。相传汉朝初年,天下初定,张良自请告退,辞官学道。他和横喜王、谢公大王三人结拜为弟兄,一同到瑞昌入山隐居,在白云山灯盏地拜师修炼。张良在拜师修炼期间,设立了不少学堂,同时济困扶贫，因此深得民心。张良修得正果后，人们在今夏畈镇新桥村港埂上的荷塘边修建了一座寺庙纪念他，即今荷塘古寺。

传说荷塘之地是一穴宝地，有水涨地升不可淹没之奇。后来张良在寺中仙逝后，周围民众和他的同门挚友对他无比思念和敬仰，自发性地集合十八庄村民，请来工匠雕刻了张公大王、谢氏娘娘、樊凯将军、铁叉老君四尊神木雕像，同时还配制了四顶四人轿和轿衣。并拟定：每年农历正月初一将四位尊圣接到各庄游春，各庄轮流迎接，尊圣在每庄停留一昼夜。十八个庄转完后，最后一庄将尊圣送到荷塘古寺落座。

在每年农历三月初三，又将尊圣请出，一庄一庄地轮流进案（又称坐案，当值年的庄被称为案主，案主由各庄轮流担任），直至第二年农历三月初三再轮到下一庄。进案那天，案主庄的每家每户都敲锣打鼓去接圣，将其接到祖堂之后，设办酒席庆祝，还会请戏班前来演戏。到第二年农历三月初三，案主又将尊圣送至荷塘古寺，等待迎接下一任案主，这个习俗就这样年复一年地流传至今。南阳乡也有类似的习俗。

进案后，案主必须安排好专职人员，其标准为夫妻齐眉、儿孙满堂的原配夫妻，在一年内，每天给尊圣敬奉茶、饭、香火，并负责侍候尊圣早起、晚睡、卫生及沐浴等照护和祭祀，直至出案。

第二节　立春

立春是农历二十四节气之首，本不是传统节日，是农事节气，但人们对此十分重视。有些地方还有"新春大于年"的说法，意思是立春比过年还要重要。因为立春是个节气，交节时间具体到几点几分上，因此

"接春"的气氛非常热烈。在禁燃鞭炮之前及尚未禁燃的乡村,人们会在立春时刻前后几分钟之内燃放鞭炮,响声震天,比三十夜的迎春炮和初一早上开门炮更为集中而热烈。

接春 "立春"一到,表示新的一年开始了。"春打六九头",春天来了,给予人温暖和希望。春华秋实指的是春天顺顺利利,有了好的开头,秋天才会有好的收成。因此,人们把春喻为给人间带来幸福吉祥的福神,谁能最先把"春"请回家,谁就能确保一年五谷丰登、六畜兴旺,就能一整年幸福安康。古人称春天之神为"青帝"。唐代农民起义领袖黄巢的《题菊花》中写道:"他年我若为青帝,报与桃花一处开。"另一位诗人韦庄在《立春》中也有"青帝东来日驭迟,暖烟轻逐晓风吹"之句。这样一位让生命蓬勃旺盛、让大地生机勃勃的福神人们当然要接,还要毕恭毕敬地接。接春时,有的人会在红纸上写"迎春接福"四个大字,贴在大门上,增添喜庆的气氛。有的人则将事先准备好的供品和供果等摆放在家门口,待立春时辰一到,点燃三炷香,放一封大爆竹,老人还会向天地跪拜,虔诚地迎接春天的到来。

二十四节气在每年交节的时间都不一样,这主要是有闰月所致。有的年份立春在春节前,有的年份立春在春节后。没有立春节气的年份被人们俗称为"寡妇年",认为在这种年份嫁娶不吉利,兆头不好。虽然这是没有科学依据的,但也说明了人们对立春节气的重视程度。"立春"正好赶上大年初一的话,则称之为"岁头春",民间有"百年难遇岁头春"一说,寓意当年会风调雨顺、五谷丰登。

采青 采青也叫偷青、踏青。每年立春时节,村里妇女提着菜篮子到邻村人家的菜园里去偷青。一进菜园门,便唱道:

一进菜园门,守门神灵请放行,不偷金,不偷银,偷片青菜掸灰尘，干净月半龌龊年，掸去秽气保安平。

然后妇女们就动手采摘白菜、葱、蒜、茼蒿、菠菜、胡萝卜等。采完后回家切菜包卷煎，让全村人有滋有味地享受采青的味道。吃的时候，妇女们又念道：

十五月儿亮又明，手拿青菜掸灰尘。青的掸个青滴滴，蓝的掸个蓝盈盈。白的掸个白如雪，红的掸个满园春，黄的掸个吉祥运，一年四季万事顺！

之后，全村人齐声念道：

风调雨顺，五谷丰登，六畜兴旺，人寿年丰，平安吉祥。

吃完后，大家欢笑而散。

第三节　三月三

在清明节前后的"三月三"也叫上巳节，不少地方的传统是吃马兰粑和地菜蛋。有句老话叫"三月三，吃了马兰粑不生灾"。村妇到地头田埂采摘新鲜的马兰，将其洗净焯水后切碎，拌入米粉里，加水、加盐揉成条状，做成圆米粑蒸熟食用。以前脑膜炎曾一度流行，当时的医疗条件较差，因此人们就在"三月三"前后挖地菜，用来煎水熬汤煮蛋，让小孩当茶喝，吃地菜蛋。地菜、马兰都是中药药材，对抑制细菌繁殖、提高人体免疫力、预防脑膜炎有一定的效果。此外，"三月三"还有女回娘家的传统。通常这个时节暖阳高照，万物回春，正适合回娘家走亲戚。

另外，有些地方也有三月三"看鬼火"，夜晚忌出门的习俗。

第四节　清明

寒食节后一天即清明节。此时家家都会祭扫祖坟，客居外乡的人也会赶回家乡祭奠。

做清明　相传做清明本是晋文公重耳祭奠介子推之礼，后来民间亦相仿效，在此时祭祀扫墓，之后历代沿袭，遂成为中华民族的固定风俗。

民间有"三月人寻鬼，七月鬼寻人"及"三月忙，带着钱纸上青山"等说法。民间的风俗是祭祀和扫墓可在清明的"前三后四"进行。清明前一天为寒食节。这一天，人们都要到祖坟上修一修、补一补、往坟上培点土，有茅刺的割一下，有老鼠洞的堵一堵，叫作"垄坟"。第二天清明节基本上是全家出动，拿着祭品和香纸爆竹去祭拜祖先，并在墓前插花、送伞、送冥钱。各种各样的花和各式各样的灯摆满了墓前。

清明节在人们心目中占有重要地位。俗话说："养儿孙，保坟墩""望年望月，望到儿孙纸一帖"。每年这一天无论是在天涯还是海角，作为一家之主的人，必须回来祭祀。有的人即使过年不回家，清明也必回。从2010年起，国家把清明节作为法定节假日，并且安排为小长假，便于人们出行，体现了中华民族尊亲、孝道的优良传统。

扫墓　瑞昌居民盛行在清明前后三天祭祖扫墓。个别地区还以族姓房头为单位，齐聚族人为祖先举行祠祭或墓祭，然后合族聚餐，谓之"吃清明祭"。清明前后，许多中小学还会组织学生向革命烈士纪念塔或烈士墓敬献花圈，以缅怀先烈，进行革命传统教育。

第五节 立夏

立夏是夏天的开始，也是夏季的第一个节气。历书载"斗指东南维"为立夏，万物至此初长成。每年立夏后，由于天气转热，日照增加，农作物进入了茁壮成长的阶段。因为立夏正是农忙季节，农民身体能量消耗大，于是，为了能够在劳作中干活有力，身体健康，就需要先慰劳一下身体。因此，瑞昌有"吃笋子硬脚骨"、吃地菜汁煮鸡蛋防脑膜炎的习俗，很多人还蒸米粉肉吃。此外，这时还有为小孩子称体重的习俗，因为自此节气后，孩子就处于"肯长"阶段了。还有一俗，将新收回来的蚕豆、早米炒熟，或加其他配料，熬制成稀饭，叫"煎米茶"，有止泻结肚等功效。

第六节 端午

农历五月初五为端午节，又名天中节。因为五为阳数，亦称"端阳节"。这一天也是纪念著名诗人屈原的节日。屈原因举贤授能被官场排挤，写下《离骚》《天问》等著名诗作后投江自尽。当地人得知后，划船捞救，并向江中投入米团，后演变为今天的赛龙舟和吃粽子的习俗。过端午节那天，人们做的第一件事就是在门头上插上艾蒿和菖蒲，艾蒿有禳毒驱邪的作用。瑞昌田少地多的地方几乎家家户户都做馒头、包粽子，到处都飘着香味，洋溢着欢乐的气氛。粽子用新鲜的箬叶包，因为粽子馅各有不同，所以有甜粽和咸粽之分。

有的地方的小孩子这一天会在脖子上挂一个蛋网袋，也叫蛋箩。里面装上一个煮熟了且染成红色的咸鸡蛋或鸭蛋。

赤湖龙舟赛

端午有一个重要的传统项目,就是龙舟赛。赤湖地区自古以来就有端午举行龙舟赛纪念爱国诗人屈原的传统习俗。"赤湖五月五,处处闻锣鼓。龙舟似箭飞,观看人无数。"这首民谣开门见山地道出了龙舟赛的盛况。在每年的农历四月下旬,赤湖水面上就会传来锣鼓声和呐喊声。参赛的人们早早就进入赤湖进行赛前训练。通过训练,一可以增强自己的实力,二可以摸清对手的水平。

端午节那天,沿湖百姓一早就紧张繁忙起来,家庭主妇忙着包粽子、做粑,孩子们急着看龙舟赛,比赛的青年人忙着装饰龙舟。舟头安上木雕或篾扎的龙头,系上彩带,舟身配好桡板,舟尾架起长舵。未及中午,锣鼓声、鞭炮声断断续续从各个湖汊港湾响起,就是各村的龙舟出村比赛了。

端午龙舟赛

第二编

第五章 传统节日

观看龙舟赛

每艘龙舟上配划桨手14名、舵手1名和锣手、鼓手各1名。比赛地点选择在相对狭窄的水域，距离约500米。舵手站在船尾，脚用力地在舱板上一跺，舱内便响起进军的鼓点。顿时，划桨手们身子前倾，甩开双臂，划动舟桨，龙舟如箭一般地在水面上飞驰而去。各舟锣鼓手坐前舱击鼓鸣锣控制划舟的节奏，一时间赤湖锣鼓喧天，犹如古时的水上战场一样。各村村民则围在岸边观看，品评龙舟的优劣和选手的技巧。

赛事一般要到钩月初起、星辰乍现时才作罢。龙舟回村时，比赛选手一路唱着粗犷的船歌。船还未进村，岸上就已响起迎接的鞭炮声和人们的欢呼声。赢的自然兴高采烈，输的也不服气，相约来年再比。

瑞昌龙船鼓

伴随龙舟赛的是龙船鼓。与前者这样的民间体育赛事不同，龙船鼓是从瑞昌渔歌和号子等音乐形式脱胎而来的，歌词质朴无华，唱腔深沉粗犷，饱含着浓郁的文艺特质和地方特色。龙船鼓流传于赤湖区域，是当地人在端午祈福活动中创造的一种艺术门类。

龙船鼓分为《祭龙歌》《十保歌》以及《谢茶歌》三部分，其中祭龙歌是最出彩的部分。它通过祭祀龙船的仪式，旨在让龙王爷给百姓赐福，并祝福来年风调雨顺。祭祀在湖畔举行。上午9时，祭龙开始，主祭人沙哑而极富韵味的嗓音，众人的帮腔声，"前三、中三、后七"的锣鼓声，加之湖边响个不停的鞭炮声，在广阔的湖面震荡。所有参加祭祀的村民都以"哦嗬嗬"的帮腔声，配合主祭人动情地唱那首《祭龙歌》。

锣鼓打得闹阵阵，本案祭船好诚心。八仙桌子湖边摆，玉石香案摆当中。三炷宝香炉中插，一对蜡烛放光明。一个猪首当中摆，红茶绿酒摆当中。左边摆的金丝鲤，右边摆的凤凰鸡。左边作揖秦叔宝，右边作揖尉迟恭。中间作揖唐天子，点香放炮徐茂公。美酒本是杜康造，杜康造酒祭龙船。一杯美酒祭船头，文臣拜相武封侯。二杯美酒祭船中，代代儿孙坐朝中。三杯美酒祭船尾，祭得船尾欢欢喜。欢欢喜来喜欢欢，一匹银红挂船头。祭船言语说不尽，打起锣鼓向前行。

龙船在下水之前还要举行一场特殊的点睛仪式，以期平安吉祥。主持者口诵：

一点龙头，福星高照，国泰民安；二点龙睛、眼观六路，鹏程万里；三点口利，笑口常开，大吉大利；四点铁角，钢筋铁骨，顶天立地；五点耳朵，耳听八方，左右逢源；六点龙尾，六六大顺，由头顺到尾。

祭罢龙船，统一着装的水手划动龙船往邻村而去，船上站着送福使者"金童"。邻村村民见到龙船，便燃放起鞭炮。船上的金童或善歌者，开始在锣鼓声的伴奏下唱起十保歌，这就是送福。唱完十保歌，已经有人将酒菜等放到船上。船上的人这时又唱起歌词有些夸张的谢茶歌。在歌者眼里，对方的茶是这样的：

柴是南山砍来木，水是半天龙放涎。茶是庐山云雾茶，盐是东海浪来沙。茶壶出自宜兴府，茶托圆圆鲁班车（读cā）。茶碗出自景德镇，景德镇内倒莲花。

不仅如此，高明的演唱者还能根据现场情景临时改编歌词，他们高超的应变能力，生动的语言描述，常常引得听众一片喝彩。谢茶歌唱完，整个祈福活动才宣告结束。

附：码头镇龙船鼓"祭龙歌"

神龙闪闪下凡尘，贵府摆案祭龙神，爆竹喧天如雷响，喜把龙神接进门。
香案摆在九龙口，九龙口内放光明，玉石香炉当中摆，宝香插在玉炉中。
黄钱化在尘埃地，一对玉烛放光明，四盅茶来四盅酒，四杯美酒祭龙神。
香案摆的三牲礼，三牲祭礼摆得清，中间摆的猪福首，金鸡鲤鱼两边分。
左边摆的金丝鲤，右边摆的凤凰鸡，鲤鱼跳得龙门转，凤凰啼得状元归。
初杯美酒祭龙头，文官拜相武封侯，龙凤鼓响金龙闪，紫金钟响出王侯。
二杯美酒祭龙腮，桃园结义刘关张，曹操无能中暗计，孔明妙计过大江。
三杯美酒祭龙中，昔日有位徐茂公，茂公妙计安天下，千秋万代永传名。
四杯美酒祭龙尾，文臣武将谁能比，长坂坡上把主救，英雄子龙显神威。
老年公公来祭龙，好比当年姜太公，渭水河边垂钓钩，文王访贤遇明君。
婆婆祭龙福寿多，好比当年杨令婆，令婆坐在九龙口，怀抱太子笑呵呵。
婶娘祭龙寿延长，好比当年窦一娘，他用义方来教子，五子登科美名扬。
姑娘小姐来祭龙，八姐九妹杨排风，番邦摆下天门阵，阵阵不离穆桂英。
学武勇士来祭龙，昔日投军薛仁兄，地壳仙人得法宝，后来跨海去征东。
读书学子来祭龙，昔日有位孔圣人，教育三千儒学子，还有七十二贤人。
甘罗十二为丞相，解缙十四入朝门，府上功绩表不尽，撤开香案船动身。

端午的其他习俗

端午喝雄黄酒 瑞昌还有一个习俗就是端午喝雄黄酒。雄黄是一种矿物质,也是一味中药,有解毒镇静的作用。农历五月,旧时被认为是毒气最盛的季节,蛇蝎类毒虫出没,易伤到人。而这些毒虫怕雄黄,于是端午节喝雄黄酒的习俗就得以流传。人们将雄黄放到酒里待其融化后喝下去,因为雄黄遇高温会氧化,生成As_2O_3(砒霜)后有毒,所以只能用凉水或冷酒冲服。小孩额头也要抹些雄黄,预防蚊虫叮咬。

端午送节礼 在瑞昌不少地方,刚定亲的男方一定要向女方"送节",有的地方叫"料节"。礼品除了猪肉、蛋糕、冰糖、罐头之外,还要按人头送扇子。给年长的人送蒲扇和手巾,给年轻男子送纸质折扇,给女子送鹅毛扇,有的还要给上学的孩子送书包、文具、雨伞。时间为端午当天或提前几天,不可节后补送,因为,"过了端午酒不香"。

第七节　六月六

六月六作为一个地方传统节日,也叫天贶节、翻经节、姑姑节,有的地方把尝新节也并入六月六。"六月六,晒红绿。皇室晒龙袍,民间晒衣服,家族晒宗谱。"这个时候,人们会趁"出梅"后高温干燥的气候晾晒衣物、晒珍藏的家谱,借此祛除潮气,以防霉烂蛀蚀。

晒谱与上谱 晒谱与上谱活动都在祠堂举行,通常由族长主持。参加者多为各支房房长和有名望的长者,以及外出能回家的男丁。活动的主要任务:一是对本族所有的族谱集中晾晒,防止霉烂、变质、生虫;二是对各家收藏保管的族谱集中进行交叉检查,看有无损坏或丢失;三是对一年来本族新生和死亡的人员在谱上进行统一登记；四是对上年度宗族一些情况进行通报，包括对违反族规的人员进行处理；五是讨论下一年本族的相关事项。

人们在晒谱与上谱前要净手焚香，以示尊重，同时举行各种各样的晒谱与上谱祭祖活动。其目的一是团结宗亲，增强同族的认同感、向心力、凝聚力；二是为了教育后人勿忘先祖，更深地了解自己的姓氏文化。旧时的习俗是上谱后新生男丁成为正式宗族红丁。如家中只有女孩的，选一名女孩当作红丁，以继承该家香火。

在很多地方，这一天还有出嫁的姑娘回娘家的习俗。

附：民间晒书传说

民间晒书的传说相传起源于唐代。高僧玄奘从西天取经回国路上，经文在通天河被淹，因此玄奘于六月初六将经文曝晒。后来，大小寺庙、祠堂都会在这一天翻晒经书，民间则是晒族谱，这个习俗一直延续到了今天。

又传宋代时有一年六月初六时，上天赐给宋真宗赵恒一部天书，赵恒将天书视为珍宝，收藏了起来。为了防止天书霉蛀，每年六月初六这一天，他都要把天书拿出来曝晒。后来，读书人也开始在六月初六这一天，将所藏的书籍、字画摊在太阳下晒，故六月初六被称为晒书节。

尝新　每当六月，新一年种的蔬菜如辣椒、茄子、豆角就成熟了，故有尝新一节。瑞昌的习俗是六月逢"卯"（地支含"卯"的日子，也有选择逢"辛"日的）日尝新，具体哪一"卯"，则由各地（村）视情况而定。如"卯"日在六月上旬，有的村便把这个日子并入六月六，于是六月六就有尝新的活动了。但也有的村不把尝新并入六月六，六月六与尝新节各过各的。当然，也有的村把尝新并入其他日子。如南义太平村，就把尝新并入了农历六月二十四日，因为那天为邹姓太婆（张氏妙贞）生日。所以村民在二十四日以为太婆庆生为主，又兼过尝新节。六月六正值小暑、大暑之间，是进入初伏、中伏的时期，标志着一年中最炎热的天气已经来临。"六月六，日头晒得鸡蛋熟"，喜温农作物的生长正值旺盛。人们传说六月六那天"太阳晒开石头，吃的不用愁"。因此，许多地方这一天人们杀猪、宰羊、唱戏、接宾客，非常隆重、热闹。

第八节　七夕

七夕是指农历七月初七晚。这是一个起源于汉代的我国民间的传统节日。传说牛郎织女每年农历七月七日夜在天河鹊桥相会，这天百鸟升天，为牛郎织女相会搭鹊桥。因此，这一天人们不猎禽畜，焚香祷告，庆祝牛郎织女喜相逢。旧说这天在苦瓜棚下可望见牛郎织女相会。另外，旧时这一天，少女会在自家庭院呈献瓜果香案，用彩线竞穿"七巧针"，意在向织女乞求智巧，故又称七巧节，或乞巧节。如今此风俗大都不兴了。现在的农历七月初七这一天，已演变为我国的情人节。瑞昌地区过七夕节的风俗有香桥池会、接露水、拜七姐、斗巧、穿针乞巧、游七姐水、染指甲等。

第九节　七月半

七月半指的是农历七月十五，正规的叫法是"中元"，俗称为"七月半"或"鬼节"。中元与除夕、清明、重阳、冬至都是我国传统的祭祀大节。当日,每家每户都要给祖先、神明、土地、力夫(运送钱粮的人)等包"包袱"。包袱内是所谓鬼神使用的冥钱,用白纸包好,在外面和写信的形式一样写上受用者的姓名、何人发送等,背面写个"封"字。按风俗要求,中间的一行字要过得黄道,过不了黄道这个包袱就白包了,祖先收不到,你烧的钱途中会被卡住。黄道就是指收包袱人的姓名这一行最后一个字要与"道远几时通达,路遥何日还乡"这两句话里面带有"走之"偏旁的字相对应,这就算过了黄道。如:"故祖×公××大人收用"共10个字。"用"字对应黄道中的"日"字,"日"字无"走之"偏旁,因此过不了黄道。而"故先祖×公××大人收用"共11个字,这时"用"字与"还"字对应,因此这就算过了黄道,合这个规矩了。

烧包袱　农历七月十四日或十五日下午人们在村庄或出村路口,也有在自家门口选一处空地作为烧(荐)包袱的地方,铺上柴草,把包袱排好,摆上供品,然后插香,放鞭炮,点火燃烧,最后人们跪拜磕头,候着亲人的魂魄来家领钱。在包袱燃烧过程中不能翻动,要让它自然烧透,火焰自己熄灭。

太公太婆放针、摸炉罐　传说在鬼节期间,有人发现家里的木门、屋柱或板壁上有乳白色的滴痕,像一个感叹号,更像一枚缝衣针,乡人称之为"太公太婆放针",据说是太公太婆回家过节、讨钱的信号。

有的地方从七月初十起,一日三餐都要将茶饭供在桌上,碗筷摆好,开饭时先请太公太婆享用,然后家人才可进食。每天晚饭,要在饭罐里留些饭、菜,等太公太婆过夜,称之为给"太公太婆摸炉罐"。

七月半和清明节一样也是一种怀宗思远的特定节点,它告诫后人不要忘了祖宗,不要忘了根本。所谓挖树盘根,饮水思源,其文化核心是敬祖尽孝，所以千百年来才能够得以世代相传。

第十节 中秋

农历八月十五为中秋节，是一年中最隆重的三大节日之一，也是团圆节。这一天，人们送节、请客、打糍粑，吃饭席面十分丰盛，场面分外热闹。中秋节的来历源远流长，追根溯源，众说纷纭。在不同地区的说法各异，古籍记述也不尽一致。但有文字可考的说法，有下述几种。

一是神话说，也就是"嫦娥奔月"说。其记载始于公元前475年战国初期成书的《归藏》，书里所述："昔嫦娥以西王母不死之药服之，遂奔月，为月精。"此后多数传说羿与嫦娥夫妻恩爱，嫦娥是被逼（有说是羿的徒弟逢蒙所逼）于农历八月十五这天，服下长生不老药后成仙升天，飞进了月宫。羿心痛欲绝，但别无他法，只好摆上供桌，遥祭月宫里的妻子。

二是习俗说。相传我国夏商周时，就有中秋节祭拜月亮神的习俗。《国语·周语》中载"秋暮夕月"，夕月，即祭月，相沿成俗。据说到了北宋时，每逢中秋之夜，朝野都会举办祭月仪式，从此中秋正式定为一个节日。

此外还有纪念说、祭日说等。不管哪个说法，中秋节作为我国民间佳节，长久广泛地流传了下来。中秋时节正是在农民秋收后，人们聚在一起庆贺一年辛苦获得丰收的硕果，借此时机合家团聚，共赏明月。所以有些地区中秋打糍粑、蒸发饼、做月饼，象征着团圆，所以中秋节也叫团圆节。

中秋节期间亲友相馈，以月饼为节日必备礼品。是夕，全家老幼围席而坐，团团圆圆，吃着月饼，对月谈天，谓之赏月。文人墨客也喜欢在这一天雅聚，吟风弄月，写写诗，会会友，叙叙情。机关、团体也有在此期间举办中秋座谈会、茶话会之类的活动，以增加人们相互之间的沟通，增进彼此间的友谊。

关于中秋节还有一个有趣的传说，小孩子在中秋节这一天是不能用手对月亮指指点点的。你指它是对它的不敬，它晚上会飞下来割你的耳朵。小孩子会被这个传说吓得毕恭毕敬，对着月亮作揖打躬，虔诚地祈求月仙多多保佑他们。

第十一节　重阳

农历九月初九是我国传统的重阳节。关于重阳节来源的传说颇多，一说是缘于古人对天象的崇拜，根据上古时代，秋季丰收后的祭祀演变而来。另一说来自《易经》，《易经》中把数字九称为阳爻，九月九日即两九相重，也就是两阳相重，所以叫重九，也称重阳。古人很早就把重阳看作吉庆的日子。爱国诗人屈原在他的《远游》一诗中，就有"集重阳入帝宫兮"的句子，这说明重阳节在战国时就已经存在了。

到了汉代，据说汉高祖刘邦的爱妃戚夫人被吕后残害后，她的侍女贾某也被逐出宫，后来嫁给平民为妻。有一次她谈起每年农历九月初九，在皇宫中要饮菊花酒，吃"蓬饵"、茱萸，以求长寿的故事，引起了很多人的兴趣。从此，重阳节也在民间广泛流行起来。汉末曹丕在《九月与钟繇书》中说："岁往月来，忽复九月九日；九为阳数，而日月并应,俗嘉其名,以为宜于长久,故以享宴高会。"

重阳节的风俗很多,有登高祈福、秋游、赏菊、插茱萸、饮菊花酒、吃花糕等。

旧时,瑞昌亦有重阳祭祖的传统,谓之秋祭,今已少见。所谓秋祭,就是人们到各自的祖坟上供饭、上香、洒酒,借以怀念祖先。过去还有一些文人雅士有重九登高、饮酒赋诗的习俗。现代人多在秋高气爽的重阳节这一天,组织去郊外活动,或登山赏景或秋游观光或摘野果或烧烤。2021年全国人大常委会修订通过的《中华人民共和国老年人权益保障法》规定,每年农历九月初九日为老年节。老年人在这一天会举行健身比赛、棋艺比赛、牌艺比赛等多种活动,以庆祝自己晚年的"黄金"节日。很多单位也会以举办茶话会、座谈会等多种形式,对退休老人致以慰问,表示关怀。

重阳节茶话会

第十二节　冬至

冬至是农历二十四节气中的第二十二个节气，又称日南至、冬节，兼具自然与人文两大内涵。民间有"冬至大如年"的说法。它的习俗有享祀柞、吃饺子、吃馄饨、吃汤圆、喝羊肉汤等。瑞昌多数地方这一天有祭祖活动，有人上山给祖坟培土，在坟前焚香烧纸。有部分人在这天还请道士给祖先打安山、做道场、立墓碑，祈祷祖先在地下长久安息。因为瑞昌的习俗是一年中只有清明、冬至两天可以在祖先的墓茔动土。

第六章　各类喜庆

第一节　升学

过去旧的民间教育体制下，孩子升学或迁到新学校，要先举行拜师礼，就是先向先生鞠躬，然后再奉上"束脩（xiū）"，这样孩子才算正式进入师门。这里的"束脩"，就是给先生的见面礼。除入学时家长要给先生送礼物外，平时四时八节，也要给先生送礼。有句俗语叫"木匠怕节（结），先生望节"。随着时代的发展，现在已经很少有这种规矩了。

新中国成立初期，因教育不发达，到外地读书者甚少，所以极少有人办升学喜宴。二十世纪六十年代以后，到外地读书的人多了起来，升学办喜宴的人也多了。瑞昌农村的升学者或家长一般会邀请老师，大、小队干部和本村相关人员及直属亲戚来参加升学喜宴。

进入二十世纪八十年代，升学的人越来越多，贺礼也由实物改为现金，其数额也越来越大。"谢师宴"在这段时期非常盛行。"谢师宴"安排尊位一般是这样的：启蒙老师坐第一位，孩子毕业学校的领导或班主任坐第二位，以下再安排家长单位领导和上辈亲属的座位。

第二节　嫁娶

相亲

说媒　俗话说，"天上无云不下雨，地下无媒不成婚"。旧时候即使是两个人自由恋爱，大多也要在婚前请个媒人，以示正规、隆重。所谓"一家有女百家求"，一般由媒人直接牵线，男子在媒人约定的日子到女方家相亲。以前的相亲多半是在晚上，晚上相亲两方在昏暗的油灯下相面，难以发现对方的不足。男方还要带上一定礼物上女方门以示诚意与尊重。相亲后男女双方互不表态，由女方家长暗暗考察男方的一举一动、一言一行，看媒人说的是否属实，男子是否存在缺陷。如果男女双方中意，事后由双方告诉媒人，方可继续交往。

旧时媒人为了促成一桩婚事，常常两边说些假话，所以有"媒人不打挈（方言，说谎之意），神仙活不得""媒人不打哄，一世说不拢"的说法。甚至还有隐瞒真相的看亲，如打照面时丑男请英俊的男人代去看亲，丑女由美丽的女人替代看亲，双方待到成婚后揭开头盖，才知真相。这类事情过去时有耳闻。

查八字　旧时男女双方还要根据媒人提供的对方的生辰八字，请算命先生掐算，看两人八字是否相合。如相合，男女双方家长才会互相考察对方。有的女方亲属会直接到男方家查看，称之为"察人家"或"察家舍"。

相亲后，如果女方相不中男方的话，男方就不能在女方家吃饭。如果双方都同意了，男方就在女方家吃顿饭，并给若干钱的见面礼，也叫定心钱。心急的人这时就会开始称呼女方父母为岳父岳母，并约定"小

定"的日子。

小定 相亲成功以后，男方必须择日"小定"，又叫"改口"，即正式称女方父母为外父（岳父）、外母（岳母）。小定的规模较小，只是男方买点肉、糖果之类，再给女方及女方家长买一两套衣裳就行，具体要求根据各地风俗及主家的经济状况而定。

见面礼 "小定"后，男方要给岳父、岳母送见面礼，现在叫包红包。此时女方招待男方吃饭，以示同意。

扯布买衣 男女双方确定建立关系后，要选一个好日子到集市去扯布，后来改为直接买衣。男方要带足钱，女方至少要买三至五套自己喜欢的衣服。同时，与女方一起去扯布的往往还有女方的嫂子、姊妹，男方也要为她们买一身布料。早先买的布是市布、卡其布、平绒、灯芯绒、绸缎，之后有的确卡、的确良，现在则是买成衣了。男方给女方买完衣服后，还要买首饰。旧时多是买银器，有银钗、银拢、银镯、银耳环等。现在大多要买"三金"，即金项链、金戒指、金耳环，有的人家还要买"四金"，加上金手镯。

下聘

大定 "大定"即行书"下柬"订婚约，"下柬"是指选好定亲的日子，同时男方向女方下彩礼。过去给女方下的聘金、聘礼由男方的兄弟叔侄用盖上贴有喜字的箩担挑到女方家，由女方分发给亲戚，聘礼多为猪肉、烟、酒等。

新女婿过门，也叫过定亲缘。即按选定的日子举行定亲仪式，这在不少地方是与大定同时进行的。女方要办定亲酒，酒席费用多是男方承担。请长辈亲属到场，也有的人家要请三亲六党全到场。新女婿可坐上位，根据各地习俗不同，新女婿有坐第一位的，也有坐第四位的。众亲朋好友要轮番向新女婿敬酒。同时新女婿当众叫外父、外母，并按女方对亲戚的称呼叫女方亲戚。外父、外母对新女婿要有回礼，如一身新衣帽。仪式完毕后新女婿必须在女方家住一晚，但不能与未婚妻同房。

过门　女方第一次到男方家叫过门。女方家来的人数也要成双作对。男方家要当作大喜来办，场面热闹非凡，整个村庄的人都会来看新媳妇的风采，男方家要宴请全村每一家当家的人吃过门大席。早先车马不便，女方路途遥远的，还要在男方家住一宿。

过早　所谓过早，就是过门第二天早晨的第一餐，餐桌上的菜全是荤菜，从猪头到猪尾巴样样俱全。大家边吃菜边喝酒边聊天，十分热闹。酒罢，男方家紧接着端出糍粑，还有糖果糕点之类的，可谓丰盛。

起马餐　起马餐就是准媳妇回程前的那一餐。这一餐就简单些，男方家人及亲属还得敬酒，新人可以随意喝，但不喝醉。这时男方家已准备好给女方家来人的每人一份礼品，瑞昌地区通常为糍粑一个、衣料一段、钱若干，以表男方的真心实意。

送三节　男女双方结为亲家，双方认为到合适的时候方可完婚。在结婚前，男方要向女方及亲属送三节，三节即端午节、中秋节、春节。端午节要送肉、鸡蛋糕、鹅毛扇、皮蛋等；中秋节送肉、月饼；春节送肉、烟、酒、糕点等，各地习俗分别略有不同。

婚娶

拍结婚照与领证　履行完定亲程序后，双方情投意合便可迎娶结婚。新中国成立后，到了结婚的法定年龄，男女双方认为可以永结同心时，两个人要进行婚前体检，拍结婚照，并到民政部门领取结婚证，有的新人还要专门拍婚纱照。

送日子 送日子即送确定结婚日期的喜帖（告知书）。喜帖的内容格式一般如下（此处以男方张家，女方李家为例）。

封面：红色纸张，上面一个双喜字。

扉页：左面写瓜瓞绵绵；右面写螽斯蛰蛰。

正文：分中间左右三个部分。

　　中间：大硕德懿德尊亲翁　李先生王女士　二位台鉴

　　右边：谨诹于公元某年夏历某月某日为令嫒于归佳期恭请准允

　　左边：愚（兄弟）张某率子张某顿首叩谢

告知书拟写好了，男方即携带书信和彩礼，一般是猪肉一块、红包若干，到女方家提嫁娶事宜。女方家长接到书简后，一般对婚期无异议，也有的因情况特殊有所变更。

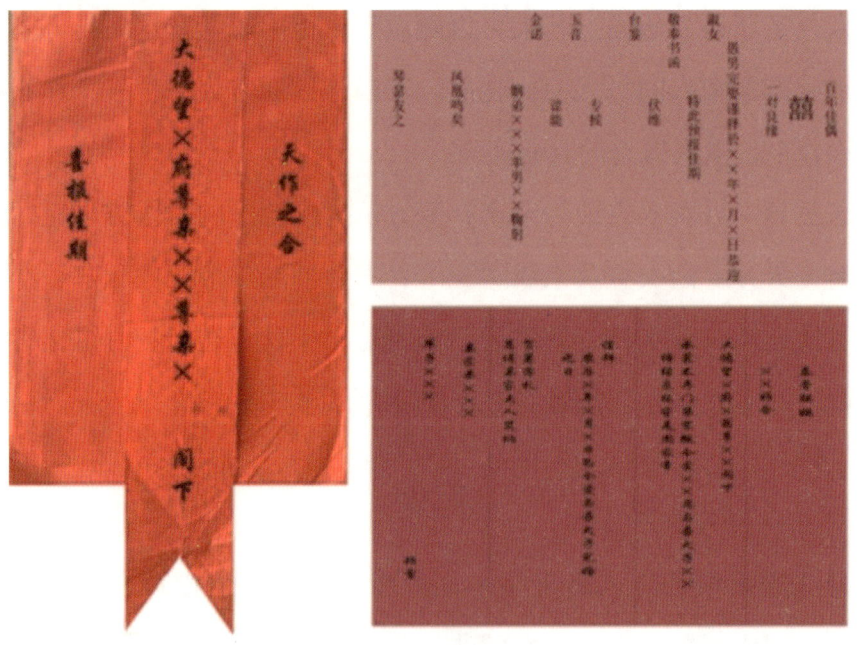

左图：信封，右上图：南义片区书简内容，右下图：肇陈片区书简内容

第二编
第六章 各类喜庆

此习俗流传至今，虽然不具有普遍性，但也时常会出现这类做法。

嫁妆 女方接受了男方的喜帖后，就要陆续地准备嫁妆。随着时代变迁，嫁妆也不尽相同。二十世纪九十年代以前，嫁妆一般是桌、椅、柜、箱之类的家具，家具做好了，要请漆匠师傅全部漆红。各种器皿都不能空着，要装得满满的。嫁妆物品越多越受人称赞，比如桌镜、花瓶、梳妆台、花露水及化妆品，还有喝茶用的泡米、糖、枣、小花碗、汤匙等。嫁妆里的物品一般都是双数，小花碗、汤匙都是"十"数。嫁妆根据女方家庭的经济条件而论，条件较好的，就连油、盐、柴、米、酱、醋都会办齐。在很早以前，还有人家会把山林、田地、犁耙、水车都作为嫁妆送给女儿。随着现代生活水平不断地改善提高，到了2000年以后，嫁妆也不同了，一般有电视机、洗衣机、冰箱、煤气灶等。经济条件好的人家还会买摩托车、汽车、大型电器甚至商品房作为嫁妆。有些殷实之家不但不收男方的彩礼，还要把"离娘带"全部装入箱内作为压箱礼送给女儿。这就是所谓的"有钱人赔钱嫁女，一般人用彩礼嫁女，穷人赚钱嫁女"。

轿封 轿封是指男方在娶亲之日，抬着花轿去迎娶新娘，在轿门两边各挂上红笺一幅，男方写好上联，空出下联以待女方对出下联，写好后方可起轿。田柳风所著的《诗联习作浅谈》中提到，轿封的内容一般以双方地名、景点或堂号、郡望等为元素拟联，还有的带有诙谐、逗趣之语。例如：

周易定乾坤乾为阳坤为阴阴济以阳阳济以阴济阳子阴阳相济

柯廷张礼乐礼主肃乐主顺顺文乎肃肃文乎顺文肃女顺肃从文

据传这是柯姓前往周姓迎亲，双方出对的轿封联。周姓为文肃堂，柯姓为济阳望郡，这是以堂号、郡望对。

白水绕南溪喜驾麒麟迎淑女

绿窗开东阁巧梳丫髻会良人

这副对联是白水人前往南田畈南边田村迎亲出对的轿封联。白水有麒麟峰，南田畈有丫髻崖，南边田有南溪。这是以地名对。

与袁府结良缘今夜月圆园岭背

这是清代某姓前往袁府迎亲，写出的上联，当时无人对出下联，称绝对。当时袁府极为尴尬，后人假设男方为李姓拟联：

偕李郎行大礼明朝妆理里窗台

轿封这种习俗虽然早已消失，但也可见当时重视文化的风气，这对刺激各庄房办学读书也有一定的积极意义。

铺床　旧时男方铺婚床是一件大事，很有讲究。迎亲队伍出发后，男方家里就要在早已准备好的新房里铺床了。这铺床不是随便什么人都可以胜任的，铺床人必须是品行好、身体健康、品貌出众的女性。还要求铺床人要子女多，特别是家里男丁多、家庭和睦、兴旺发达、有富贵之相者。铺床的规矩是铺床人捏着被边直接抖开，腿不能跪在床上，并念吉语，如："枕头一揎（xuān），一对书生；被牵四个角，儿女睏不落（方言睡不下，意指儿女多）"等。古时还要在新被单上铺块白布，以此验证新娘是否为处女。铺好床后要在上面撒些花生与枣子，意为早生贵子。床铺好后，还必须让男的在床上坐一坐，或让小男孩在床上滚一滚，以兆示首先会生男孩。

梳头　女儿出嫁时，母亲（有的是媒人）为女儿要梳出嫁前最后一次头，边梳边哭边唱《梳头歌》，以示对女儿的不舍和祝福。

一梳梳到尾。

二梳我㘵姑娘白发齐眉。

三梳姑娘儿孙满地。

四梳你咯老爷行好运，出路相逢遇贵人。

五梳五子登科来接契，五条银笋百样齐。

六梳亲朋来相庆，香闺对镜染胭红。

七梳七姐下凡配董永，鹊桥高架一路平。

八梳八仙来贺寿，宝鸭穿莲道外游。

九梳九子连环样样有。

十梳夫妻两老到白头。

离娘带　离娘带是新郎为酬谢岳父母对妻子的养育之恩，在接亲时付给女方父母的一笔礼金，也是检验新郎一家对新娘是否真心及其满意度如何。一般来说，这份礼金娘家还是会随陪嫁物品返还给男方的，但也有例外。二十世纪九十年代的离娘带是几百元到几千元不等，进入二十一世纪，随着生活水平提高，离娘带一般高到万元甚至更多。

哭嫁　迎亲队伍来到女方家后，新娘的闺房里几乎哭成一团。仔细听来：

儿啊，今后你要多多遵守家规、家风。夫妻间要互敬互爱；要孝敬公婆。妯娌间要如同姐妹。千万记着勤俭节约，艰苦朴素。全家要和和睦睦。

新娘快要上轿时，更是拉着亲戚朋友哭。哭的内容各异，不外乎是一些对父母的养育之恩非常感激、对亲戚朋友的关爱非常感谢之类的话语。俗话说"娘家的哭，婆家的福"，说是越哭越发，真是"乐中悲，媳妇上轿哭啼啼"。

辞堂　辞堂是指新娘到堂屋里拜别娘家的祖宗牌位，谢谢娘家的养育之恩。大多由新娘的兄弟或其他亲属将新娘背到祖堂，新娘手拿一把筷子，对着祖堂香火作揖，将手中的筷子撒往地下，表示辞别祖堂香火，不再吃娘家饭。出堂屋门时，必有新娘的兄弟等在门前阻挡，以示不愿意姐妹远去。

新娘要出门了，大家恋恋不舍，但大家都希望新娘早去早成家。这时哥哥（弟弟）才肯背着妹妹（姐姐）走出大门，交与新郎，并叮嘱几句："今把妹妹（姐姐）交与你手，望以后你们互敬互爱，过上美好的生活。"新郎点头，把新娘抱或背上轿。起轿时，有的地方在轿后泼一盆水，表示"嫁出去的女，泼出去的水"的意思，从此娘家不再是家。

陪嫁人，也叫"押轿人"。旧时新娘出嫁，女方家得有一人送嫁，陪嫁人通常是新娘的弟弟或妹妹。这陪嫁人别看年纪小，但权力挺大，他（她）全权代表新娘的娘家人，掌管着嫁妆中所有的钥匙。新婚第二天，新郎作为新姐夫，要在新娘在场时对陪嫁人行"押轿"礼。礼钱多少看男方家庭的富裕程度，之后陪嫁人便把钥匙交给新郎。新郎接过钥匙，将嫁妆一一开锁后，再把钥匙给新娘。

新娘进门 迎亲的队伍快要到家时，男方家要举行热烈的迎接仪式。一是烟花、鞭炮的准备；二是安排一男一女两个十多岁的儿童，待新娘花轿停稳后，这金童玉女一左一右挽着新娘下车向屋里走。这时的新娘将早已准备好的挽袋故意倒掉，花生、红枣、糖果撒满一地，早在门口等待的孩童们蜂拥而上抢了起来。接着，新娘跨过事先已点着的一盆火，行"过火盆礼"，以示除去秽气，又表示家中红红火火、人丁兴旺。还有的地方新娘到家时须走"状元桥"方能入洞房。"状元桥"是在院中用方桌、木梯架设的，上铺红毡，摆放枣子、剪子、筷子、升子等物，寓意早生子、快生子。新娘由新郎扶着过"桥"，让新娘边走边拾取、辨认摆放的什物，以讨吉利。

第二编
第六章　各类喜庆

拜堂（专指新娘）　进屋后新娘在两位牵娘的搀扶下行拜堂礼，父母坐在中堂接受新娘拜谒。拜堂完毕，新娘方可进入洞房。新娘接进门，男方长辈再到祖宗堂向先祖上香，告知喜事。

有的地方在新娘进屋时，男方的父母、哥嫂、姊妹要避一避，说是不能见热面。见了热面，以后难相处，容易吵架。新娘入洞房后行"洗脸礼"，由帮忙的姑嫂打洗脸水给新娘洗脸。洗脸完毕，水端出，新郎接着洗脸，再由公公婆婆用同一脸盆水象征性地洗洗脸，以示公媳和睦、婆媳和睦。洗揩过后，再由新郎端来热气腾腾的鲜汤给新娘吃，所谓汤，其实是一碗精肉、蛋和红枣，新娘意思一下即可。

闹洞房　闹洞房作为我国传统风俗的一部分由来已久。该习俗最早始于汉代，先秦时期有闹洞房为驱邪避灾的说法。后演变为咬苹果、咬喜糖、过独木桥、当众接吻等，甚至少不了些恶作剧。因发生在洞房里，故称闹洞房。这一习俗多以新娘为主要逗趣对象，故也有称"耍新娘"的。瑞昌一带闹洞房多是喝交杯酒、公开谈恋爱的经过，少有过分之举。

撒帐　旧时新婚夫妇交拜毕，并坐床沿，新娘撒掷金钱彩果，以祈富贵吉祥、多生贵子，谓之撒帐。现在，这一程序与闹洞房基本合并在一起了。

附一：结婚撒帐文

伏羲，天地开张，日吉时良，
来撒红罗帐，新人喜洞房。
一撒天长地久，二撒地久天长。
三撒五男二女，四撒男圣女良。
五撒克勤克俭，六撒宜室宜家。

七撒福如东海，八撒万寿绵长。

九撒事事如意，十撒百代其昌。

撒帐已毕，百事大吉。

附二：夏畈一带闹洞房撒帐的礼俗是一人唱众人和，祝贺新人早生贵子，幸福满堂

（领）福喜吔！　　　　　　　　　（众）喜呀！

（领）一进新人房吔　　　　　　　（众）吔！

（领）新人房内喜洋洋呀　　　　　（众）喜呀！

（领）两边摆的箱和笼吔　　　　　（众）吔！

（领）中间摆的象牙床呀　　　　　（众）喜呀！

（领）象牙床上铺金被吔　　　　　（众）吔！

（领）金被内面枕鸳鸯呀　　　　　（众）喜呀！

（领）鸳鸯成对男女成双吔　　　　（众）吔！

（领）今夜两人成婚配呀　　　　　（众）喜呀！

（领）来日生下状元郎吔　　　　　（众）吔！

（领）或是男儿生五个呀　　　　　（众）喜呀！

（领）或是女儿生一双吔　　　　　（众）吔！

（领）大男儿朝中拜相呀　　　　　（众）喜呀！

（领）二男儿两广都堂吔　　　　　（众）吔！

（领）三男儿边关领兵呀　　　　　（众）喜呀！

（领）四男儿兵部侍郎吔　　　　　（众）吔！

（领）五男儿发富持家呀　　　　　（众）喜呀！

（领）大女儿千金小姐吔　　　　　（众）吔！

第六章 各类喜庆

（领）二女儿巡抚太太呀　　　　（众）喜呀！

（领）洞房花烛喜上喜吔　　　　（众）吔！

（领）家和万事齐兴旺呀　　　　（众）喜呀！

（领）撒帐已毕吔　　　　　　　（众）吔！

（领）拿得枣子大家吃呀　　　　（众）喜呀！

（领）撒帐有吔　　　　　　　　（众）吔！

（领）后面先生来接手呀　　　　（众）喜呀！

附三：肇陈一带的撒帐文

伏以，喜啊。

天地开张，日吉时良啊。

手端金盘米，我今来耍喜。

一把谷米撒祖堂，撒得先祖笑洋洋。

二把谷米撒大门，门前站的二将军。

左边站的秦叔宝，右边站的尉迟恭。

秦叔宝枪法好，尉迟恭会用兵。

三把谷米进厨房，厨房接个管家娘。

赐你厨房三宗宝，油盐经吃米经量。

四把谷米进新房，新人房内闹洋洋。

左边摆的箱和笼，右边摆的象牙床。

象牙床上铺锦被，锦被内边盖鸳鸯。

鸳鸯成对，夫妇成双。

生下五男二女，七子团圆。

大孩儿朝中拜相，二孩儿拜相登台。

三孩儿天官之职。

四孩儿兵部侍郎。

五孩儿年纪虽小。

代管十三省钱粮。

六妹妹金花小姐。

七妹妹正宫娘娘。

撒帐已毕,百事大吉。

附四:结婚证婚词

各位来宾、女士们、先生们:

伏以天象呈祥,关雎赋好逑之句,渭滨传佳偶之风。女嫁男婚本有定数,夫义妇顺,姻缘岂是偶然。兹因某君与某女士择于某年某月某日吉时,行文明结婚之礼,交合卺欢杯。欣百辆以盈门,笙簧并奏。占三星之在户,鸾凤齐飞。颂日月兮升恒,如松柏之并茂。案对梁鸿,百年好合。屏开孔雀,千古风流。宜结同心,看今日华堂集庆。诗称偕老,卜他年阑梦呈祥。爰序颂词,永为证据。

有的地方还有一种"同村同日有两对新人结婚,谁先到家,谁先生崽"的说法。

在完婚当晚,有的人家还会请戏班子唱戏,或请放映队放电影,以示全村庆贺。

结婚酒 完婚当天或第二天男方会办结婚酒,邀请亲朋好友来庆贺。新婚夫妇要向长辈敬酒,长辈也会祝福新婚夫妇大富大贵、早生贵子、儿女满堂。

第二编
第六章　各类喜庆

拜祖会亲　在迎娶新娘的第二天，由男方请本地辈分高、年纪长者坐于堂上，并请男方根党到堂，堂中摆好香案，铺好地毯或红纸，请族长或有文化的老先生主持。新郎新娘穿戴好新婚礼服，跪在香案前。主持者先喝彩或说些吉利的话语，再由新郎新娘先拜堂上的列祖列宗，然后由主持人领着从大到小的顺序给亲属一一跪拜。受拜者须备好礼物或红包，每拜完一位，受拜者将礼物或红包置于盘中。

款媒　在完婚日前一天，有的地方则是在完婚后一天，男方要专门为媒人办酒席，俗称款媒酒。做媒的人——女的叫媒婆，男的叫红叶先生——坐首位。为感谢媒人，大家轮番向其敬酒，赠送礼品，称为谢媒。

探望与回门

新婚第三天，女方家的客人，一般是和新娘玩得好的姐妹、侄女等，会来看望新娘。主人家热情接待，让来者吃好喝好。客人要回时，不得让她们空手出门。

与此同时，新郎领着新娘和客人一同回娘家，旧称回门，也有仅新婚夫妇俩回门的。初次回娘家，新郎不能空手，一般是带着四五斤重的猪蹄作为回拜礼。岳父、岳母留意女儿的神色和心情，如果女婿、女儿夫妻相亲相爱，娘家人自会高兴。

寡妇再嫁

按照过去农村的旧习俗，寡妇再嫁，只能在天不亮时出门。有一俗语："寡妇嫂，夜里跑"。这当然是旧时主张妇女从一而终、阻碍寡妇再嫁的封建陋习，现在不存在这种情况了。

第三节　生子

接生员

旧时把助产婆称稳婆。稳婆虽居三姑六婆末位，但其作用却是最重要的。因为她既是迎接新生命诞生的使者，又是关系到母子双方生命安全的保护神。所以，稳婆的社会地位是比较高的。

民国时期至二十世纪六十年代，瑞昌各地称接生婆为"妈娘"，意即"妈妈的娘"，也有称"细娘""洗姑""洗娘"和"捡伢婆"的。

二十世纪六十年代以后，我国对各地的接生人员加强了管理，选派有一定文化程度的青壮年妇女进行培训，培训合格发给证书。对其的称呼也改成了接生员，并配备接生包，内含止血钳、医用剪刀、消毒药棉、碘酒、酒精、医用胶布等物品，强化了接生的卫生及消毒措施。此后，新生儿破伤风的发病率便大大降低了。至二十一世纪初，国家大力提倡产妇住院生产，进一步降低了新生儿破伤风的发病率，也保障了产妇的生命安全。到2010年左右，新生儿破伤风的发病率基本为零，产妇死亡率也降到了千分之一以下。

时至今日，由于普遍实行了住院分娩制度，接生的工作已由医护人员接替，接生员这一职业也就完成了它的历史使命。

"初生"的习俗

初生是指产妇生第一胎孩子。这是人生一大喜事，一般家庭都会举行庆祝活动，活动多在孩子出生后半月内举行。孩子出生后，岳父母家就会准备好礼物，女婿到岳父母家报喜，不可空手，要送红蛋、鸡、酒。酒壶壶嘴向外为生女，反之则生男。送公鸡的则是生男，送母鸡的是生女。亲友都须送礼，俗称送"祝米"，也有地方称"送鸡米"。岳父母家除送祝米外，还要给新生儿送童衣、摇篮、童轿等。岳母要准备好糯米酒、鸡、油面和鸡蛋等礼品，并来到女儿家，在女儿家住上一两天，帮助料理家务。如婆婆已不在，岳母则会住得时间稍长些，直到教会女儿怎样照料孩子，并叮嘱女婿别让其他孕妇进门，以防"采奶"，又称"带奶"（旧俗认为孕妇进产房会带走产妇的奶水）。

洗三朝、钻狗洞、接高婆

以前请接生婆为婴儿洗澡，自然少不了要给其喜钱，还要办三朝饭。三朝饭请的客不多，岳父母家来一两个，亲戚家一户一个，有的还要请一下左邻右舍，总共两三席，送的礼也轻，一户二十几个鸡蛋即可。岳母则要备婴儿的帽子、衣服、鞋袜、摇窠被子等。

刚生下来的婴儿，满三天才由接生婆洗出生后的第一个澡，叫洗三朝。洗三朝这一传统是因过去医术不发达、消毒不严格，婴儿刚出生皮肤娇嫩，脐部及其他地方有伤口的话见水容易感染，三天后婴儿皮肤已适应外部环境，这时洗澡不易感染生病。旧时民间多以黄花蒿、清风藤、橘皮、柚皮、艾草、枇杷叶等祛风解毒、舒筋活血的中草药煎汤，为之洗浴。有的稳婆还边洗边唱，如"洗洗头，做王侯；洗洗蛋，做知县；洗洗沟、做知州"等祝福之语博得宾客喝彩。

瑞昌有的地方的习俗是给婴儿洗完澡，穿好衣服后，要把婴儿抱到大门旁去钻狗洞，以示孩子像狗一样好养的意思。以前老屋每家大门旁留一小圆洞，叫狗洞，是狗出入的地方。而现在的产妇多在医院里生产，这些习俗就不再有了。

岳母回家后，静心等待女儿请客的讯息。女婿家看好了日子后，便到岳父母及亲友家请客，名叫接高婆（外婆）。到了请客那天，岳母及其他亲属随同前来迎接的女婿，再次带着礼品来到女儿家。一般的客人送礼为油面和鸡蛋，现在多为现金。而其娘家父母除送面、蛋外，另须"办茅山"。所谓"办茅山"，就是为外孙或外孙女购置摇篮、童蚊帐、童轿、童被、衣裤、鞋袜、狗春碓（一种幼童学步玩具）等。有的地方女方家庭殷实的，"茅山"礼会给新生儿送一头小牯牛。普通人家则给婴儿置些衣裤、鞋袜即可，现在也多以现金替代。

喜宴开席前要设首席，席位一般为岳母（新外婆）第一位，当然也有年月先生（专职或兼职给他人择日子的人）为第一位的。其余长辈亲属按辈分大小依次安排。开席后大家先吃糯米酒，再吃油面，然后才是正席。宴席结束后客人向主家和产妇道别并说些祝贺、恭喜之类的话，并看看新生儿。在收礼的习俗上，以前主家只是象征性地收取少量的米和面，大部分则由送礼者带回，因太烦琐，这一习俗后被废弃，现在是送多少收多少，一般不回礼。上亲（地方习俗，称女方为上亲，男方为下亲）则在开席后，待小夫妻抱着婴儿到席前向外婆等作揖时，将礼金塞入婴儿的衣兜里。主家要入席敬酒，从上亲敬起，逐席敬到。

初生请客，既彰显一个家庭传宗接代的喜庆，又折射出请客者的亲友交往情况，也体现老人的舐犊之情。随时代不同，其庆贺方式也不同。

剃满月头

婴儿满月要择日剃满月头，至今此风仍在瑞昌多地盛行。剃满月头时有说道和讲究，首先主家得准备十一个熟鸡蛋，其中十个是给理发师傅的喜蛋，剩下的一个是给师傅为孩子祝词时使用的，就是拿鸡蛋在孩子头上滚，边滚边说祝词，为主家的孩子讨一个好彩头。如：

手拿元宝上头门，易长易大易成人。

天地君师来照看，歪风邪气不进门。

元宝滚到后颈窝，恭喜姐妹带得多。

元宝滚到后脑壳，读得书来进得学。

元宝满头滚四方，恭喜写得好文章。

元宝滚得眉毛弯，好兄好弟连二三。

元宝滚得眉毛曲，好姊好妹连五六。

元宝滚到上眼皮，恭喜手下带弟弟。

元宝滚头万发诸侯，吉祥如意寿长百岁。

满月头剃好后，主家还要拿出红蛋或一些糖果、零食之类送给邻居们吃，讨个吉利。得到零食的人也会说上几句吉利话表示祝贺，如易长易大、清吉平安、吉祥如意、长命百岁等。

夜哭郎

以前小儿夜啼不止时，家长就将"天皇皇、地皇皇，我家有个夜哭郎，过路君子念一遍，一觉睡到大天光"四句话写在纸上，到处张贴。据说来往路人念一遍，夜啼就会止住。当然，这只是一种心理安慰，没有任何科学依据。

穿百家衣、吃百家饭

百家衣是婴儿服的一种，取自周边、邻里一百个家庭拿出的碎布缝制而成的衣服。吃"百家饭"就是指农历正月初一，爷爷抱着未满周岁的孙子到各家吃一口饭，或计一百家的米。这些都是为子孙祈福，祝福其无灾无难、一生平安的习俗。再就是给孩子取个"下贱"的小名，为的是好养活，如"花子""讨米子""狗子""贱根"等。

坐夜

旧时小孩百日内睡觉常发生危险。家长常会请算命先生给孩子算命，如果算出孩子八字相克，夜里有"煞"，须坐夜守护。到了算命先生算定的当夜，家长恭请亲友中火气旺盛的青年小伙子，拿着刀、剪、鸟铳之类的器具，守护在婴儿床前。据说"煞"怕人多，不敢进门，之后婴儿就安稳无事了。当然这也是没有科学依据的。

过百日

当孩子出生满一百天时，主家要为小孩举行过百日仪式，俗称"过百日"。这天，主家设宴，客人登门道贺。过百日要举行"剪发"仪式。中午时分，由母亲或奶奶把小孩抱到屋内明亮暖和的地方，先由父母持剪刀，分别在小孩头上虚剪三下，后由理发师傅将熟鸡蛋在婴儿头上滚几下，说几句吉祥语，并将滚过婴儿额头的鸡蛋分给其他小孩吃，叮嘱小孩子们以后要善待这个小孩。然后，由理发师从孩子头上剪下一些头发，派人拿到临近的十字路口撒，且须一边撒一边说："头发随风刮，宝宝活到八十八；头发随风走，宝宝活到九十九。"剪发完毕后，就表示孩子不再是黄口小儿，可以出门到外婆家了。古时百日后上外婆家要看日子，小孩的生辰八字与外婆的生辰八字当日是否相冲，如相冲则要避开，俗称带"家婆煞"。以免外婆门楼高，小孩受不了，对小孩的成长不利。为了辟邪，在去外婆家前，小孩鼻尖上要抹上锅灰、戴项圈、佩银锁，并从外婆家后门进。现在这类辟邪习俗已没有了。

周岁

孩子满一周岁时过第一个生日。这天，主家会宴请亲朋好友来吃周岁粑，喝周岁酒，有的人家还有一个活动给生日宴助兴，这个活动就叫"抓周"，又称"试儿"。这是个古老的习俗，早在《颜氏家训·风操》中就有记载："儿生一期（一周岁）男则用弓矢纸笔，女则用刀尺针缕，并加饮食之物，及珍宝服玩，置之儿前，观其发意所取，以验贪廉愚智，名之为试儿。"席间，亲朋好友酒足饭饱之后，主家把孩子抱到众人面前，用被单铺在桌上，上面放一些日常小物件，让孩子随便抓。若孩子抓住书或笔，预示他长大后是文人或能当官；若孩子抓住一把小刀，预示他长大后是武将；若孩子抓住算盘，预示他能管账善算；若孩子抓住钱，预示他今后会经商成为有钱人；女孩若抓了一缕绣花线，则预示她长大后善女红，定是淑女贤妻等。

第四节　寿庆

瑞昌旧时民间盛行寿诞庆祝，年轻人的叫过生日，老年人的叫做寿。凡人年满五十岁称为知命之年，年满六十叫花甲重开，七十为古稀，八九十为耄耋之年，百岁为期颐。做寿庆之举，一般是做九不做十，如七十大寿，便在六十九周岁做。祝寿之日亲友送寿幛、寿联、寿面等礼物。家里人摆设香花、点燃蜡烛，将屋子布置一新，张灯结彩。把寿星请到客厅上位坐下，儿、孙分辈，成双成对进行拜寿，随后亲友轮拜。拜毕，举行寿宴。山区一些地方做寿的习俗则小有不同，为"男做九、女做十"，就是男做虚岁、女做实岁的意思。

第五节　做屋

　　择地　瑞昌人称做屋是"千百年的事"。屋做在什么地方，瑞昌人有特定的风俗，一般人们都略知一二。做屋基本都选择朝阳、干燥之地，避免潮湿和阴气重的地方。俗话说："牛栏旺，破茅房、门对直路受箭伤。"意思是说，在牛厩上做屋会兴旺发达。因为传说牛会踩八卦，能踩掉煞气，留下旺气。而茅房是肮脏的地方，做屋的话不破财则伤人。大门若对着直路，像利箭射向房屋一样，对房主不利。"左青龙，右白虎""只许青龙高万丈，不许白虎抬头望"等俗语流传甚广。即做屋时准许左边他人的屋比自己的屋高一些，但决不允许右边的房屋比自己的房屋高，更不会在房屋右边开门或开窗，因为右边有门窗如"白虎开口"，是不吉利的。另外，大多数村庄都会把祖屋做高一点，不允许其他人的屋高于祖屋，避免"欺祖"。还有，门前可栽枣子树，意为早生贵子、多子多孙，不能栽桑树，因为桑与丧谐音。

　　在瑞昌一些地方还有做屋前看风水的习俗。信奉风水的人往往以虔诚的心态，请风水先生（专门从事帮人查看风水的人）看地脉，或利用溪流、树木改造地理环境，确定做屋的地址、房屋的朝向等。当然看风水也不全是迷信，有科学合理的因素，所以做屋的理想地是地基宽平、避风向阳、傍山依水、交通方便、景色优美。

　　选日　选日，民间俗称看日子、拣日子，文雅的说法叫择吉。在民间无论是建造阳宅还是阴宅，开工动土前的第一件大事就是请年月先生（专职或兼职给他人择日子的人）择日子或求神问笅，择定良辰吉日。过去人们对此很是看重，现在虽然不少人不怎么相信这些，但通常也会入乡随俗，择个吉日，图个心安。

第二编
第六章 各类喜庆

伐木　过去瑞昌人要盖房子，做的第一件事便是伐木。所谓伐木，就是屋主向大家宣称准备盖房子了，于是办一餐丰盛的伐木酒，邀请石匠、木匠、锯匠、砌匠四大工师，以及本村和邻近村庄的户主及亲朋好友前来喝酒，这餐酒由四大工师坐上座。有一个不成文的契约，就是喝了这酒后，在东家建房时，在座的人都有义务来帮两至三个土工，叫帮工。他们或砍树或挑砖或服侍砌匠或做各种杂工等，直到房子建好为止。至于每天需要多少帮工，则视当天建房的工程量而定，由工匠安排，东家头一天晚上上门邀请。做屋是大喜之事，没有谁被邀请会推托有事不去的。有的人帮了四五个工，屋主不好再叫了，但房子还未建好时，乡邻还是会主动上门帮忙。"伐木"这种形式，是旧时财力单薄的人家约定俗成的一种筹工方式。

开款　开款即屋主设酒席款待工匠。瑞昌人管建房叫做屋。在山区，做屋需要用到的工匠有：铁匠（打凿子）、石匠（做门槛、门甲、条石）、锯匠（锯桁条、桷子）、砌匠（起砖、砌墙、粉刷）、木匠（做门窗、桁条、椽子）。在物资匮乏的年代，做屋者对工匠是特别恭敬的。在做屋的全过程中一般要开款三次，起首前一天晚上进行首款；架"彭枋"（铺楼板的横木）前进行二款；抹尖、钉桷子前进行三款。每次开款不仅要设丰盛的酒席，屋主还要发"利市"，一般是给每个工匠师傅发香烟两条，红包一个，内装工匠一个工作日的工资。屋主将"利市"恭恭敬敬送给工匠时会说："不成敬意，请笑纳。"工匠也会站起来谦让说："见利，见利。"

起首　建房正式破土动工的日子叫起首。这天，屋主要把石匠、砌匠、木匠、锯匠四大工师及年月先生、风水先生一起请来，然后到宅基地上按照整个房屋的长度、宽度和需要建房的间数，架罗盘、画线、打桩，接着按所画的线和下的桩开挖墙脚沟。之后，则按这个墙脚沟下石、打墙脚，然后开始行墙。起首这一天，屋主要办做屋起首酒，不但酒菜丰盛，还要封红包。大家在起首之日净说吉言好话，呈现出一派吉利祥和、喜气洋洋的景象。

动土开始，先放鞭炮，砌匠师傅念词祈求做屋顺利平安。词曰：

吉日良辰，天地开张。起土动土，四季平安。三阳开泰，福星高照。紫气东来，艳阳天骄。平安二字值千金，千年福运天天有。亿万财源滚滚来，发人发财发富贵。添福添寿万万年，子子孙孙世代兴。

架门 瑞昌人做屋对"架大门"非常看重。过去主要流行砖木结构的青砖瓦屋，一般在行墙后的第三、四天就要架大门。当然，架大门也是要选择吉日良辰的。如是石门槛的，都是提前几个月就请石匠在山中取石做好。一副大门由门墩、门槛、门甲、托楔、侧联五个部分组成，通常都做得比较大气，因为它是一屋的门面。架大门时，要先搭好架门的台座和架子，以便架门时竖门甲、架侧联。架大门之前要进行一套隆重的仪式，这些仪式既可以让施工人员增强责任感，也可以满足屋主求吉的心理，增强喜庆的气氛。木制的门甲在施工时会省力些，但仪式的隆重的程度是一样的。大门架好后，屋主会将一块大红绸布系在门头上，大门两边张贴红纸对联。

瑞昌有"千斤门楼四两屋"之说。大门有木门、石门、砖门、铁门，现在还有铝合金门、铜合金门。大门宽、高有固定比例，大多数人家通用"官禄门"。旧时的大户人家的门与普通百姓家的门区别很大，大都用石料做门，耗资颇多，其中门墩、门槛、门甲、门联、门头都有雕花。这些门料大多重几百斤，有的重达千斤。在机械化程度极低的时代，"架大门"完全是力气活，除了需要工匠指挥外，还需要身强力壮的年轻人帮忙。大门架好后，工匠会说："恭喜老板，发富发贵，多子多孙。"屋主则一手递香烟，一手递"利市"，笑眯眯地回复："多谢，多谢。托福，托福。"再燃放鞭炮以示庆贺。

"偷"梁　瑞昌人做新屋有"偷"梁的习俗，指的是屋主在上梁前晚，携带斧头到山上"偷"梁。不管谁的山、谁的树木，只要被屋主看中便可取走，名为偷，实际上不算偷。

做梁的树种最好是扁柏树、香椿树等。这些树材质好、名字吉祥、有香味，扁柏树人称香柏，香椿又叫龙树，当找不到扁柏树、香椿树时人们做梁普遍使用的是杉树或松树。

梁树无须太粗，但一定要端直，上下粗细均匀，采伐时宁长勿短。砍伐之前，屋主先要朝将砍的树木点燃三炷香，烧上一堆纸钱，再念几句祝词才可动手砍伐。为图吉利，树倒时，人要掌控倒向，只许树倒向上方，不许倒向下方。通常为一人瞭望放哨，两人拉锯，一人肩扛树身。这是因为锯倒梁树时，讲究树干不能落在地上，所以必须由一人扛着树。树锯倒后，四人迅速砍掉树干上的枝杪，搭上红绸抬起就跑。屋主把来时准备好的红包放在树蔸上，大约与树的价值相等，以示酬谢。早些年，有的地方房主砍倒树后，会在树蔸上放四元、五元或十二元钱，寓意为四季发财、五福临门或月月红。事后谁发现了钱就归谁，拾钱人也同沾喜气。大集体时代因山场是属于公家的，所以无须包红包，放一两条烟即可。等抬树人跑出一段路，便鸣放小挂鞭炮，表示偷梁成功。也算是给树主捎个信，暗示他来取红包。树主听到鞭炮声，知道被"偷梁"了，不但不干涉阻止，有的还会放鞭炮为偷树人助兴，彼此形成默契。

建房为何要"偷梁"呢？传说木匠的祖师爷鲁班木工技艺出色，

找他建房的人很多，他的木匠活做不完，只好交给徒弟去承担，自己则在关键时刻去检查一遍，没有差错就行了。一次，一位徒弟一切都准备就绪，屋主也通知了亲戚朋友，择定了吉日，准备第二天上梁。可是该徒弟在最后一次例行检查时，发现竟然少了一根主横梁。因为第二天就要上梁了，这个徒弟异常焦急。鲁班赶到了解情况后，跟徒弟说他路过一座山时见到了一根紫金木，用来做梁木很好，叫屋主去与这根紫金木的主人商量，将其买下。屋主也不知道那紫金木的主人是谁，想到等打听清楚了也许会误了时辰，因而心里很是不安。这时，鲁班的徒弟急中生智，将自己的想法与屋主和鲁班耳语了一阵后，便选了几位身强力壮的小伙子上山，砍了那根紫金树。按鲁班的吩咐，徒弟将红纸包好的钱放在了树蔸上作为对树木主人的补偿。因要赶时间和防止被人发现，几人路上不敢休息，轮换着将那根紫金木扛了回来。鲁班亲自动手做梁，并在梁的中央画上太极图和乾坤卦，祈使这栋新屋与日月同寿、地久天长。并叫两个口齿伶俐之人，在上梁时讲梁木的来历，等一切都安排就绪，上梁吉时也到了。紫金树的主人寻来，方知梁木是这家人偷的，这时紫金树的主人耳边听到的全是对自家梁木的赞美，心想这表示自家的山地风水好，长出了人家喜欢的梁木，心里越想越高兴，便不再为紫金树被偷而生气了。后来，这栋新屋的主人百事顺利，家大业大，人丁兴旺。此事一传十、十传百，大家都认为是这偷来的梁木给这家带来了好运。由此，每到有人建新屋时，都学着偷起梁木来，久而久之就演变成为一种风俗。

　　旧时做屋上梁是大事，规矩禁忌也多。众人将梁木抬回时，有的还要由舅爷陪送到家。途中抬梁木者只能换肩不能休息，梁木不得落地和碰坏树皮。梁木进屋时，屋主须放鞭炮迎接。梁木抬回来后不能放在

第二编
第六章 各类喜庆

地上,要搁在事先准备好的两个木马或板凳上,不能沾染污物,不准小孩骑,任何人都不能乱碰或迈腿从梁上面跨越,更不准猪狗靠树、鸡上跳。梁木须由掌墨老木匠加工。在加工梁木时,木匠会口念赞言,祝福屋主新房落成后家旺人发、万事如意。木匠师傅也只能站在旁边用斧砍,用刨子刨,不能骑在梁上干活。手艺好的木匠师傅除了将梁树刮皮、刨好外,还要在大梁上雕刻八卦图、吉祥鸟,正面一头写上木匠、砌匠等领班人的名字,另一头写上梁的年月日,梁中贴有写"长发其祥"或"紫微高照"四字的红纸,也有梁中画上太极图和八卦的。

上梁 做屋上梁,昭示这栋房子快要建造完工了,是一件非常值得庆贺的事情,所以上梁时会举行盛大的仪式。

上梁仪式开始前屋主要放鞭炮、抛米粑、散糖果,以招引村上人来参加。如果来看热闹的人太少,就说明屋主的邻里关系不够和睦,屋主会觉得脸上无光。

上梁一般选在上午进行,取红日正升之意,最佳时间在上午八九点。上梁有三个环节。第一个环节是"暖梁",这是大梁登位前举行的一种预备仪式,就是将加工好的梁木和纱帽(夹拖并固定梁木位置的一种木质构件)架在新屋厅堂当中,梁木前摆放一个方桌,桌子上面点上香烛、摆上供品,并燃放鞭炮,把房主准备好的"引龙带",即拉梁用的绳子系在梁木两端,红带系东头,由木匠师傅主持,黄带系西头,由砖匠师傅主持。然后由木匠师傅用斧头在梁木两端适度敲打两下后就"张彩"祝福,其他人随声附和"好哇"。暖梁结束后,屋主和家人要在厅堂守护和陪伴大梁,意为不能让大梁在此孤单,显示人们对梁木的崇敬之意。

第二个环节是"祭梁"。祭梁的彩段在瑞昌各地有所不同,兹录几则如下。

木匠喝彩：

伏以（鲁班的弟子名）！

接过瑶池酒一壶。（众：好哇！）

我将仙酒祭梁神哪。（众：好哇！）

一祭梁头耶，万代诸侯，吃穿不愁。（众：好哇！）

接着往梁中部洒酒，木匠唱道：

二祭梁肚耶，大印在手，金银满库。（众：好哇！）

接着往梁腰上洒酒，木匠唱道：

三祭梁腰耶，玉带飘飘，爵位高召。（众：好哇！）

接着往梁尾上洒酒，木匠唱道：

四祭梁尾耶，添财带喜，福荫乡里。（众：好哇！）

再走回到梁中间，往红纸上洒一点酒，木匠唱道：

再祭中心太极图耶，太上老君点丹炉，炼出金丹同分享，凡人延得百年寿。（众：好哇！）

祭梁撒五谷（锯匠）：

手拿锯儿慢慢走，老板接我开金口。开金口，开银口，开个金银对北斗。

先开东来后开西，代代儿孙穿朝衣。穿朝衣，戴朝帽，子子孙孙做阁老。

主东堂前一只鸡，生得头高尾巴低。头高好打黄凉伞，尾低好穿紫龙衣。

此鸡不是平凡鸡，王母娘娘报晓鸡。昨在昆仑山上叫，今在弟子手中啼。

手提金鸡点梁头，子子孙孙封王侯。手提金鸡点梁尾，子子孙孙在朝里。

手提金鸡点梁腰，骑马封侯挂金刀。栋梁两头一起祭，主东定要当千岁。

天上金鸡叫，地上凤凰啼。八仙云里过，正是上梁时。

一杯酒祭梁头，子子孙孙封王侯。二杯酒祭梁肚，荣华富贵样样有。

三杯酒祭梁尾，万事顺风又顺水。

第二编
第六章　各类喜庆

大厦落成齐恭喜，祝东家荣华富贵万万年。

一把五谷撒向东，儿孙代代在朝中。一把五谷撒向南，儿孙代代中状元。

一把五谷撒向西，儿孙代代穿朝衣。一把五谷撒向北，儿孙代代留传说。

东边一朵紫云起，西边一朵紫云开。两朵紫云齐喝彩，半天掉下玉带来。

手拿玉带软如棉，黄龙头上缠三圈。左缠三圈生贵子，右缠三圈点状元。

左缠右缠，富贵双全。

撒谷、粑、钱喝彩（砌匠）：

手扳金砖望青天，要发主东万万年。

主家来把金钱丢，我贺主家做公侯。主家金钱丢得爽，喜得黄金万万两。

主家银钱丢得好，贺喜主家为阁老。我把银钱封得宽，主家世代出高官。

我把银钱封得长，主家贵子招东床。拴红吉日把梁上，主家富贵乐无疆。

脚踏楼梯步步高，手执云梯摘仙桃。王母亲备蟠桃酒，庆贺贤东把梁套。

东方一朵紫云起，西边一朵紫云开。两朵紫云同喝彩，张郎鲁班下凡来。

此日不是平凡日，乃是东家老板上梁日。

上梁日，上梁时，此刻上梁正当时。

一根金线下海中，先钓鳌鱼后钓龙。先钓龙头出天子，后钓鳌鱼出将军。

中间画的太极图，子子孙孙封王侯。兵书宝剑两边分，荣华富贵享不尽。

一撒五谷福禄双全，二撒五谷鳌头独占。

三撒五谷三星拱照，四撒五谷四季长春。

五撒五谷状元及第，六撒五谷鹿鹤同春。

七撒五谷七仙下凡，八撒五谷八洞神仙。

九撒五谷天长地久，十撒五谷十全十美。

赞红（石匠）：

手拿主东一匹红，一丈八尺正当中。左缠三圈生贵子，右缠三圈状元郎。

兵书宝剑家中有，黄金白银用不穷。拴红吉日大吉星，正是主东上梁时。听我师傅把话讲，此梁来得不寻常。昆仑山上一棵树，长在山中放金光。鲁班师傅行路过，得见此树胜沉香。今日主东造华堂，特赐此木做栋梁。说做梁来道做梁，做梁听我说端详。今日拴红把线上，红线根根万代昌。

第三个环节是"启请"，即大梁登位。程序是木匠和砖匠分别在梁的东西两头系好"引龙结"，将梁木和纱帽缓缓拉升，攀到屋顶。此时，鞭炮齐鸣，人群欢腾。安装梁木和纱帽后，先由木匠张彩祝福，一边祝福，一边向下抛饼干、糖果、红枣、香烟等，围观的邻里抢着捡、抢着吃。接着砖匠师傅张彩祝福。上梁这天家境好的屋主一般派发木匠、砖匠师傅两条香烟，表示发户发烟。其间气氛十分热闹、喜庆。

有的地方上门梁和上大梁同时进行，门梁两侧的砖缝里要放进五彩布条，以示吉祥。

不过如今大多数人家做屋上梁仪式已经简化了，省去了"暖梁"和"祭梁"两个环节，只举行启请大梁登位后的"祭位"仪式。

随着社会发展，人们的住房条件得到极大改善。现在的房屋均为钢筋混凝土结构，当最后一层混凝土屋面完工时，即为"封顶"，也会像旧时上梁一样庆贺一番。

平顶无梁，人字顶还是有梁的。砌匠也要在上梁吉时之前做好披水屋顶。待吉时一到，众人抬梁架上屋顶，再用砖压梁收顶，叫"安梁"。收顶完毕，人们会放鞭炮，撒喜糖，抛米粑，庆贺房屋落成。

上梁安梁喝彩的同时，便有人从屋顶向地面抛粑，供围观的人抢捡（约抛一谷箩左右的粑，大户人家则预备更多）。旧时抛粑还讲究先抛"元宝粑"，屋主有几个儿子，便做几个比巴掌稍大点的元宝形米粑。抛粑时所有的儿子跪在地上，上面抛粑的人对准所跪之人将"元宝粑"抛下来，儿子们便双手牵起前襟将"元宝粑"接住，其他人不得哄抢，有的地方则用长麻索捆住粑吊着放入屋主后生们的兜里，以此预祝屋主后人发财。然后再给众人抛粑。抛粑先抛向东侧房间，依次再抛向堂屋和西侧房，还要抛一部分粑到大门口，抛粑时会夹杂一些硬币、糖果和香烟等。待粑抛完了，整个上梁仪式也就正式结束了。

上梁、抛粑作为庆祝做屋竣工的一种特殊的喜庆活动，在瑞昌延续了多年。各地虽然形式有所不同，但其目的一致。时至今日，各地建造高楼大厦，在封顶时也会挂上喜庆条幅。就算是农村建平顶现浇房，封顶时也会燃放鞭炮、烟花，向地面撒些糖果、烟支，这些做法其实也是上梁、抛粑这些古老习俗的延续。

出水　以前民间新建的住宅大都是砖木结构的房子，顶部安放好桁条，椽子钉好，土瓦或机瓦也全部盖好，即房屋竣工之时，被称为"出水"。此时，屋主的内亲一般都要送茶点"饭餐"相助，屋主也要置办"出水酒"，以酬谢风水先生、工匠和帮工者。

乔迁　新居落成和过屋乔迁是一件大喜事，屋主通常都会举行比较隆重的庆典仪式，广宴亲朋好友，以示庆贺。按照旧时的习俗，新房子建好装修后，屋主一般都会请风水先生看过屋的日子，并在过屋后举办庆贺新房告竣和乔迁的喜宴，以表达屋主对亲朋好友以及泥木工匠等人的感谢之情。

依照社会传统，人们对于搬家颇郑重，除了要选个吉日之外，还要备好六样东西：

(1) 米，用米桶装八分满。

(2) 红包，用红纸把钱包好，放在米桶上面。

(3) 簸箕和新扫帚各一对，用红布绑好。

（4）水，装三分之一桶水。

（5）碗、筷，皆为双数，放在水桶中。

（6）火盆，里面放些干柴。

以上六样物品全是日常生活中必须使用的，首先要把这六样东西全部搬进厨房，然后再将其他物品搬进屋里。有的人还会带一块泥土进去，说是可以避免水土不服。也有的地方的习俗是先搬柴、米、油、盐等生活必需品进屋。

搬家时还要注意，如果家中有怀孕的女人，尽量以不搬动为宜，非搬不可时，需要让孕妇避开现场，以防动胎气。

过屋时间一般都是选择吉日的凌晨0时到1时许，屋主家成年人挑粮、担柴，妇女拿锅罐瓢盆，小孩手拿寓意"清吉"的青色树枝或寓意节节高的竹子一起从旧家去新家，竹子先进门。关系密切的亲戚朋友来送米、送油、送柴（财），新屋所有对外开放的门上都要贴上对联。时辰一到，即燃放鞭炮烟花，庆祝新生活的开始。近些年瑞昌城区禁止燃放烟花爆竹，这种习俗也相应地发生了改变。

乔迁喜宴通常比较隆重，举办时间有先有后，有的人家是在搬进新居之日举行，有的人家是在搬进新居之后举行。旧时瑞昌地区的大多数人家是将"出水酒"与乔迁宴合起来一并举行。现在建新房办"出水酒"的很少，而办乔迁酒席的则日趋隆重。庆贺亲友新居落成或乔迁，旧时亲朋好友都是赠送礼品，而现在都改为赠送礼金。为了表示隆重和礼貌，人们会在赠送的礼品或礼金的包装上书写衔头、具名和喜庆恭贺的词语。

第七章　衣食住行医

第一节　服饰

穿衣

一、衣着式样

瑞昌人民历来尚俭朴、亦爱美，人们的衣着打扮因时而异。二十世纪八十年代以前，男士穿中山装居多，女士以便装为主，布料则以的确良、涤纶、毛料为时尚。农民的衣服样式更单调一些，男人多穿对襟褂，颜色或白或黑，横排的扣子有用布条缝成的；妇女多穿大襟衫，衣襟弯到右腋下用扣子扣上。女装最漂亮的颜色大概要算"士林蓝"滚白边了，给人一种干净利索的美感。后来有了的确良、的确卡，服装的裁剪更讲究了，年轻人在夏天最爱的莫过于海军衫。二十世纪八十年代前后，受港台流行文化的影响，年轻人中还流行过一段时间的喇叭裤，不过很快又被牛仔裤取代了。

改革开放后，居民服饰变化较快。外衣式样繁杂、新潮，布料档次不等。男士春秋以西装为多见，布料牢实、笔挺，内衣则为全棉布料，中山装仅有少数老人偶尔穿着。近些年来，富裕人家开始追求高档和名牌服装，贫困居民也很少缺衣。青年女士穿着时尚，并配饰珠宝和金首饰，老年妇女戴金耳环、金戒指者亦不少见。

二、制衣工序

纺纱　在二十世纪六十年代前，每年秋末，人们将地里的棉花捡回家，挑选最好的晒干、去杂质，送去轧花厂除籽。然后，请絮匠将其打醒成棉花绒，撕成一小块一小块的，放在桌上铺平，约一寸宽、四寸长，中间放上筷子，用木板搓成若干空心棉条，用于纺纱。纺纱的人左手拿着棉条，把握力度斜向上拉，同时右手摇动纺车，左右手要紧密配合、协调一致，才能纺出好线。心灵手巧的人大半夜能纺出二三两（旧制1两＝31.25克）好线。

织布　纱线备好后，人们请织布匠来织布。织布机全是织布匠手工操作，脚忙手不乱，梭子来回穿动，一般的织工每天能织半匹（6米）布。

制衣　布织好了，人们请裁缝师傅来量体裁衣，将布料剪成各种形状，千针万线缝成一件衣裳。裁缝师傅每天可做一两件单衣，快的一天可做四件，而棉袄之类的冬衣，一天也做不好一件。

农村人生活节俭，手里也没有很多钱，所以除非娶亲嫁女办喜事，很少请裁缝做衣服。一般的衣服，尤其是孩子、老人穿的，大都由妇女自己缝制，简单能穿就行。这也是旧时农村姑娘早早学针线活的缘由。

三、各种服饰特点

颜色　瑞昌人旧时服饰的常见颜色有黑、白、青、红、蓝。红色象征喜庆，早先新娘上轿时，多穿红色衣裙。大红大绿的搭配象征吉祥富贵，黑色、蓝色象征严肃庄重，白色、青色则象征素雅高洁。

早年生活艰苦，山里人穿衣很简单，夏天为遮羞，冬天图保暖。颜

第二编
第七章 衣食住行医

色多为黑白，蓝红绿色衣服仅为孩子们所有，妇女偶尔穿红着绿便显得扎眼。衣服的颜色都是山里人用土法手工自染的，经洗涤很容易掉色。

适用场合　瑞昌人旧时穿衣大致分三类。

一是出客服，即出门做客时，必须配一套较新或较好的衣裤鞋帽。所以很多人家都有这样一套平时不穿的服装，以备做客和节庆时穿。现在人民生活水平提高了，服饰呈现多样化，人们在家和外出都穿好衣服，就不再只有一套出客服了。

二是劳动服，即人们上山、下田劳作时，只穿往日穿旧了的破衣破裤。为了便于耕作，劳动服多以宽大为特点，为了不显脏，多为深色，以蓝色和黑色为主，或接近山野的黛青色。上了年纪的人干活时多用一块白色大布手巾，既可擦汗，又可当挑担的披肩。如有人穿好的衣服去劳动，则易被别人认为很"假马"（显摆的意思）。

三是便装，旧时人们在家日常穿衣，男人穿对襟便装，女人则穿大襟衣服。后来穿中山装、口袋插一支水笔的，多为教师类的知识分子。再后来穿西装的人多了起来。

男裤女裙　新中国成立前，山里人一般用廉价的浅色土布做便裤。便裤的裤裆较深较大，上面是宽宽的双层裤腰，穿着时，拉开大裤腰，往左右回折，交叠肚前，然后以一根棉带缠在腰上，裤腰头再反折卷下，遮挡棉带。有的便裤干脆不用绳子，只把裤腰两边交叠肚前，再往内反折至肚皮位置以固定。后来出现了把布条缝在裤腰上的裤子，穿时将布条交叉拉紧打活结，当裤带用，穿、脱起来就方便多了。人们夏天穿短裤，多以蓝、黑色为主。冬天富裕人家穿又大又肥的棉裤，贫苦人家穿一条夹裤，再穷的人穿单裤的也有。旧时农村女人穿裙的不多，只在烧火煮饭时临时系一条围裙。以前的年轻女性穿花布裤子的居多，年长女性穿黑、蓝色裤子的居多，也有人会在裤脚镶边。

童衣 旧时的孩子难得穿件像样的衣服，大多是小孩子捡大孩子剩下的衣服穿，一件童衣确实是"新三年，旧三年，缝缝补补又三年"。幼儿穿开裆裤，三岁左右换成满裆裤，又叫裤裆裤。农村地区稍大点的男孩子，夏天就穿一个小裤头，晒得黑不溜秋的，更小的孩子穿一个肚兜就能过一个夏天。

戴帽

早年虽然日子艰难，人们连穿衣都难于顾全，但瑞昌人花在孩子头上的工夫却是例外。孩子戴的帽子有漂亮的花帽、凉帽、狗头帽、拖梢帽等，不一而足。

一般的帽子大都是母亲利用冬闲时间亲手做的，得花不少工夫。凉帽样式相对简单，没有帽顶和帽檐。分内外两层，内层为衬布，外层由彩色的小布块拼接而成，五颜六色，针脚细密，做起来费时费力但很漂亮。狗头帽，顾名思义，是将帽子做成狗头形状，上面有两只狗耳朵活灵活现，很得孩子们的喜爱。虎头帽，初学走路的小孩戴上特别可爱。

最漂亮又珍贵的要数拖梢帽了。这种帽子是冬天戴的，做工精致，色泽鲜艳，富贵大气。最耀眼的是帽子前额上一排钉上去的银菩萨，神态各异，银光闪闪，特别亮眼。这些银菩萨是纯银质，由银匠手工打制的，工钱之外还得用掉不少银子，所以一般人家不敢奢望。拖梢帽自然后面还有一个长

狗头帽

"梢"，通常用长绒布滚边，能遮住孩子的脖颈，戴上更舒服、更保暖。有的帽梢的下沿或两边还钉有两个或多个银铃，头一晃动便"叮叮"作

第二编
第七章 衣食住行医

响，铃声清脆，银光四溢，显得珠光宝气。

老人戴的帽子多为黑色的绒线帽。帽顶扎个小绒球，帽筒很长，平时上卷戴着。大雪天可以把帽筒拉下来保暖。帽筒上在眼睛和嘴部留了小洞，十分方便实用。

饰品

首饰 又叫头饰。古代女性插在头上的装饰品很多，大都亮闪闪、金灿灿的。它既是妆饰的需要，也是财富身份的象征。即使贫穷人家的女性，也有一根竹簪。至于银簪、银拢、骨梳，在农村也不少见。

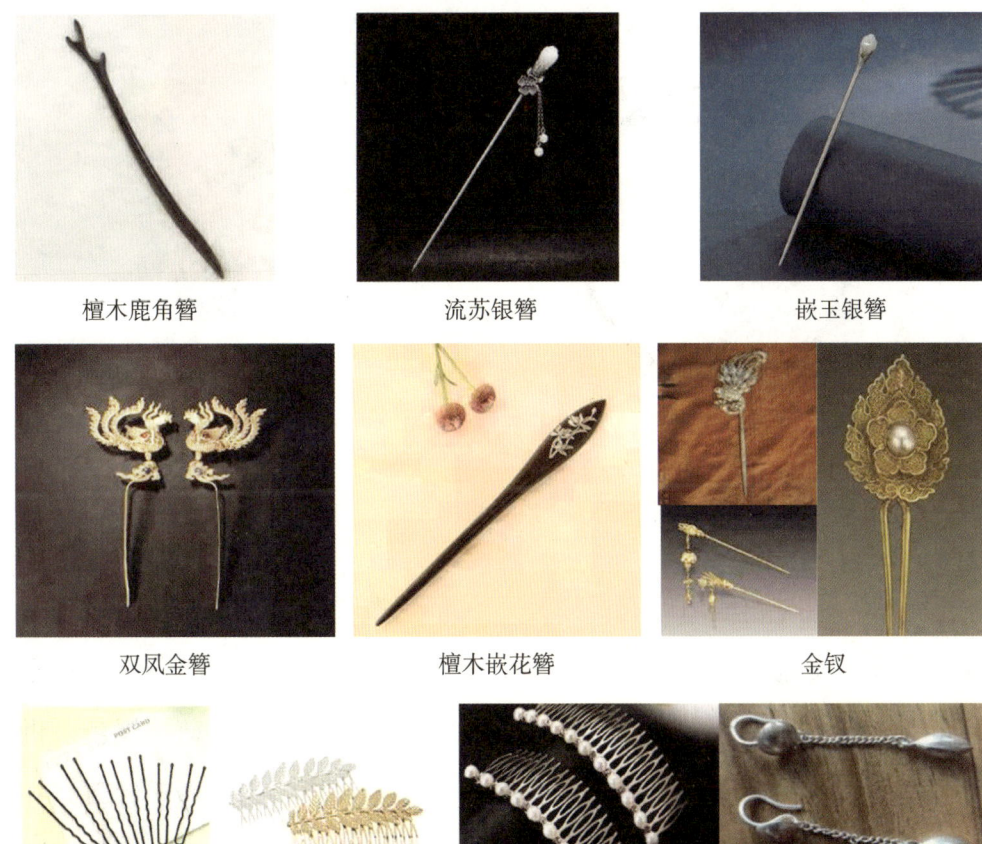

檀木鹿角簪　　　流苏银簪　　　嵌玉银簪

双凤金簪　　　檀木嵌花簪　　　金钗

发夹　　　银发拢　　　耳坠

223

发饰　以前的中青年妇女多梳一个辫子或两个辫子,以有一两条油光水滑且拖到腰际的发辫为荣。年轻女性,特别是女学生,流行梳一头齐耳短发,用红头绳在右边耳畔扎起一绺,前蓄刘海。而老年妇女大多将头发拢起,用银筐饰成多种造型,最多的是在后脑勺盘一个发髻,套上发网,再插上银钗、竹簪等发饰。

项圈、脚铃　项圈又叫颈圈、颈箍,是小孩子戴在脖子上的银质饰品,可拉大缩小。传说项圈戴在小孩的脖子上,鬼神无法将其魂魄摄走。旧时,农村大多数小孩子都有一个银项圈,既是装饰,又可护身。脚铃是缀在幼童鞋上的一种银质小铃铛,小孩走路时一路作响,既显得活泼可爱,又可以让大人凭响声知道小孩的所在。

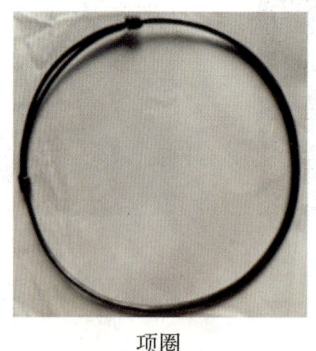
项圈

脚铃

鞋袜

布鞋　旧时,瑞昌的农民以穿一双布鞋为时髦,只有少数人家才会有木屐或牛皮靴。一般人一年到头只有过年的时候才有新布鞋穿。布鞋与布衣一样不耐穿,脚趾露在外头是常见的事。布鞋多是蓝、黑色。做布鞋先放底样,再用旧布片千层万层粘成鞋底,然后用线绳千针万线扎实,俗称纳鞋底,也有些地方称打鞋底。做鞋帮,也要放鞋样,把鞋帮(也叫鞋袷)同鞋底缝在一起叫"上鞋"。新媳妇给新郎做的往往是前底略翘起的翻底鞋，以示心意和女红本事。这种黑帮白底的鞋，人们务农时是舍不得穿的，基本都在家里穿，或是出门做客穿。

绣花鞋 旧时女性的绣花鞋多种多样，有鞋尖绣花的，有鞋帮绣花的，有整双鞋面都绣花的。做绣花鞋要先放花样，即用纸剪出花样，猴摘仙桃、双凤朝阳、喜鹊采梅、花草蜂蝶都有。再用各色花线千针万线地刺绣出来，极精致漂亮。所谓"男看头，女看脚"，女性穿一双绣花鞋出场，会引来不少羡慕的目光。绣花鞋的花，是民间刺绣艺术的展现，是剪纸艺术的生活应用。另外，小孩的兜肚、帽子、背褡、暖鞋上也会绣上花。两三岁的幼童穿上绣花鞋，会显得特别精神、可爱。

绣花鞋

以前的女人有缠足陋习，名曰"三寸金莲"。那时的鞋也是尖的，且鞋尖鞋帮上绣上花，颇具特色，当然现在是见不到了。

婴儿一般不穿鞋。小孩周岁后，多穿外婆送来的软底花布鞋。布鞋系有鞋袢，扣在鞋扣上。

草鞋 草鞋用稻草编织而成，多为农民自己制作。能手一天能编十来双草鞋。以前稻草做的鞋卖五分到两毛钱一双，由鞋鼻、鞋耳、鞋襻、鞋跟、鞋底组成。这种鞋不经穿，往往两三天就坏了。后来有人用旧布条和没去皮的壳麻织成麻草鞋，这种鞋就耐穿多了。过去很多人平时下地、走路，甚至上山砍柴都是光脚板，以至许多老农的脚板都有一层厚厚的老茧，连踩到竹桩、柴桩都不怕。有这种麻草鞋，下地干活舒服多了。

木屐 木屐就是一块脚掌形的厚木板，鞋底中间凹进去防滑，前端钉一块约两寸宽的皮带，也叫木拖鞋。这种鞋简单、凉爽、方便，适合晚上洗脚后在家穿。但其响声太大，夜里走路，颇有空谷足音的感觉。

皮靴 皮靴是用硬牛皮裁剪好，请钉鞋匠钉好鞋底，再在鞋底钉上铜钉。人们穿着靴子走在路上，"咔嚓"作响，显得威风。

袜子 旧时的棉纱袜子袜筒很长，也叫长筒袜，一直穿到膝盖下，要用一根袜子带系住，或者用一根约半寸宽的松紧带扎成箍，套在大腿肚上才不下滑。因袜底部位易破，故新袜买到家，有人便将袜底剪开，缝上一双绣花袜底，既保暖，又美观，还耐穿。

当然，这些都是几十年前的事了。现在无论是鞋还是袜，其款式、质地、品种和品牌，都与以前不可同日而语。近年来，瑞昌人穿鞋大多以旅游鞋为主，皮鞋辅之。

第二节　饮食

自古民以食为天。食是大事，既是维持生命的需要，也是一种口福。饮食二字的文化内涵是非常丰富的。通过饮食，能直接反映一个地方的经济状况、生活水平、文明程度和社会习俗。

瑞昌粮食以水稻、小麦、红薯为主，其他辅之。有的地方特别是高山地带，因为水源匮乏，稻米较少，则以红薯、小麦为主，其他次之。

基本习俗

瑞昌地区传统的主食大多是饭和粥，一日三餐一稀两干或两稀一干。早餐各异，中餐、晚餐主食以饭居多。饭又有大米饭、粟米饭、红薯饭、南瓜饭之分。粥也有大米粥、粟米粥、红薯粥、绿豆粥、玉米粥、南瓜粥、五谷杂粮粥等多种。近年来，城镇居民为了健康，常吃红薯粥、红薯饭。少数人早餐以面点为主，且常在早餐馆就餐。老百姓日常的菜肴荤素搭配，调味尚辣。瑞昌人喜自制咸素干菜、自腌腊鱼腊肉，近年渐有改变，以食用新鲜菜和活鱼鲜肉为主，少吃腌制菜肴，以利健康。

一般人家常饮食不喝酒，但节日或有客来时则备美酒。也有少数老年人中晚餐喜欢自酌小酒。居民多饮用本地农民自酿的谷酒、糯米酒及自制的红葡萄酒，宴席一般备瓶装酒。

宴请

饮食文化除了反映在日常家居饮食外，最重要的还是体现在酒宴上。酒宴包括婚丧、寿诞、喜庆以及过年过节办酒等多种。酒宴内容从酒的品种、菜的变化到席位座次礼仪都不同。

酒宴用酒 置办酒宴，需要准备较多酒水，对于置办者来说，既要考虑酒水看起来拿得出手，又要考虑自家的经济实力。

旧时，办喜事基本上是用自酿的酒，统称"老谷烧"，包括糯米酒、高粱酒、红薯酒、玉米酒、大米酒、小麦酒等，而今全部都是瓶装酒且越来越高档。从三花、江南大曲到泸州老窖、双沟乃至五粮液、茅台等。价格从数十元至几百几千元不等。另外，啤酒、葡萄酒、饮料也是酒宴必备饮品。

酒宴种类 按农村的习俗，凡婚、丧、做屋、寿诞、小孩满月、升学等，主家都要置办酒席，宴请三根六党、亲朋好友。旧时酒宴都在家里操办，由房头上的妯娌、婶娘掌厨，前后要忙好几天。现在很多人家会请移动餐馆来家里进行一条龙服务，也有人家在酒店里办酒宴，虽然费用较高，但显得利索、气派。过年请春客时，只是一桌两桌的，现在基本上还是在家里办，既实惠，又显得亲近、热闹。

酒宴席位　在农村的酒宴上，每个单桌有两个上位、两个下位，上下位摆椅子，两边则是长板凳，椅子够多也可以全摆椅子。如下图所示：

2席位	1席位
3席位	4席位

在堂屋内并排摆两桌的，称之为"龙口席"，则有四个上位。席位如图所示：

4席位	2席位

1席位	3席位

一厅三桌为"品字席"，上边一桌，上下四席位为主席位，排列拼桌席位一样。摆桌子时，若是用显缝的桌子摆宴席，桌子的直缝不可对着上下位。

宴席安位　瑞昌流传已久的大多数地区均遵循以下这些座位顺序安排的习俗。

婚嫁：媒人一位，母舅二位，太家婆（家婆的娘，这里指家婆的娘家）三位。

满月酒：家婆（外婆，这里指外婆家）一位，太家婆二位。

升学酒：启蒙老师一位，太家婆二位，家婆三位。

做屋酒：太家婆一位，也有的地方是四大工师中的石匠坐第一位，家婆二位。

丧葬酒：打老（司殓者即死人入棺仪式的主持人）一位，道士二位，亡人的舅舅家或娘家人三位。

前些年兴起的参军酒：太家婆一位，家婆二位。

一个席位代表一门亲，该门亲中只能一人当代表。宴席排座习俗及座次排列，各地不尽相同，体现的人事关系也极为复杂，稍有不慎就会引起纠纷，这时主家人还要放鞭炮赔礼道歉。

斟酒　斟酒的人应面向客人斟酒，不能背对着客人。若用酒壶斟酒，壶嘴应朝向斟酒者自己摆放，不可朝向其他客人。

上菜顺序　娶亲嫁女酒宴的第一碗是红枣花生桂圆莲子汤，寓意"早生贵子"。白喜事酒宴的第一碗是白切肉，上面都铺香菇，称之"香蕈酒"。满月酒必须有喜面。寿庆宴上要有寿糕、寿面。升学宴上要有鲤鱼，寓意"鲤鱼跳龙门"。做屋宴的第一碗是笋子，意为"节节高"。

另外，在节日的家宴上，旧时端午有吃咸鸭蛋、粽子，喝雄黄酒的习俗，现在已不再讲究。中秋吃月饼。年饭必有全鱼，寓"年年有余"。外甥女婿拜年要吃鸡胯（鸡腿），有老话说"拜年，拜年，鸡胯上前"，但若鸡胯上系了红线，再想吃也不能动，因为它是借来的，没系红线则表示可以吃。现在随着生活水平的提高，人们日常想吃什么就吃什么，那种"大人望插田，伢儿望过年"的期盼早已成为历史。

在新中国成立前，还有一个特例，一夫多妻或续妻不论是否有儿女，都按先来后到的顺序排座位，即使后来的妻子生儿女办喜事，首位还是由前娘坐。

特色小吃

瑞昌饮食文化丰富多彩，各地形成了许多特色小吃。

山药炖排骨　选上等山药刮皮洗净，切半寸长的段或斜切成片，和排骨一起放置在瓦罐中，文火慢炖。待排骨炖烂后，揭开瓦盖，清香四溢。这道山药炖排骨原汁原味，汤鲜味美，山药酥糯，是瑞昌最负盛名的一道菜。

泥鳅炖豆腐　将泥鳅放清水中养一两天，待其体内秽物排出，和切成两寸见方的大豆腐块一起冷水入锅，文火慢炖。炖成后，泥鳅鲜嫩，豆腐味美。

泥鳅炖腊肉　泥鳅炖腊肉是南义的特色菜。做法是将泥鳅抓或买回后，放入清水中养两三天，每天换水，让它排净肠胃。腊肉要选用农家养的土猪为好。将腊肉洗净，切块放入锅中煮沸，然后盛入沙钵或瓦罐中继续炖，直到肉熟透后倒入泥鳅，煮至泥鳅爆腰，加入佐料便可出锅。

猪脚炖黄豆　猪脚炖黄豆是一道历史悠久的传统菜，大席上是必不可少的。将猪脚洗净和泡好的黄豆一起，冷水放进罗罐中细火慢炖。待到猪脚的皮肉一抖便散时，即火候已到。黄豆入口稍含即烂，猪脚骨头里的胶状物质一吮即出。

糍粑　把糯米用饭甑蒸熟后，放到碓里舂烂，然后做成碗口大的饼，也有的地方是切成菱形。趁热蘸上蜂蜜，或拌上红糖、白糖、芝麻盐，或拌上油盐之类的佐料，其味香甜、软滑，别有一番风味。

荞麦肉丸　将准备好的荞麦粉和肉末用水搅成糊状，然后舀在锅里摊成饼状，饼熟了后分成小块捏成肉丸子。捏好回锅，加上本地的腊肉，配上佐料，拌匀后出锅，香气扑鼻。

黄金鱼面　黄金鱼面是黄金乡的特产，鱼面的制作用材至简，做工至繁，吃法较多。味道至佳的是鲜肉汤煮鱼面，上面覆盖着两个鲜鸡蛋，配以姜、蒜、葱等佐料，鱼面细如丝，色香味俱全。

油子煮薯粉　油子就是猪油熬过后的渣子，也有的地方称油菇。薯

第二编
第七章 衣食住行医

粉搅好煮熟后切成一厘米见方的薯粉粒,与油子一同进锅,翻炒一两分钟左右,倒进肉汤,然后加上食盐、豆豉等调料,焖熟后出锅,其味鲜香可口。

油子煮折粉 做法与油子煮薯粉差不多。不同的是折粉用温水浸胀,捞出沥干,然后放到油锅里翻炒一两分钟,再加上食盐、豆豉、猪肉汤等,味道可与油子煮薯粉相媲美。

石灰鱼炖火锅 流行于肇陈、南义等地区。农民在水稻生长期向稻田撒播石灰改良土壤并杀虫时,呛死的小鲫鱼和泥鳅被称为石灰鱼。石灰鱼无毒,烘干后,配上大蒜、葱头,加上适量的油盐和红辣椒粉、腊肉,味道非常鲜美。石灰鱼还可炖干豆角,炖鲜黄瓜,也是农家平常招待客人的美味佳肴。

土鸡炖油面 将土鸡炖出味道鲜美的汤汁后,加进手工制作的油面,再细炆慢炖,就是一道妇孺皆宜的美味。无论是在餐馆还是乡村小户,都可尝到它的味道。堪与土鸡炖油面媲美的还有牛肉面。将上等牛肉洗净,用文火细煮慢炖,待到肉烂汤腻时,再将油面放入其中,并放入姜蒜、辣椒,一碗牛肉面就做好了。

虾米煮油面 虾米煮油面是旧时山里人办大席必不可少的一道菜,不仅价廉物美,吃起来还乡情味极浓。俗话说,"面有百滚之味"。说的就是面在滚水里煮,越煮越有味道。将新鲜油面和鲜虾米一起倒进锅里煮,待到大锅里的油面煮成糊状,虾和面的味道就都出来了,既有虾的鲜味,又有面的香味。

猪肚蒸糯米 这是瑞昌农村女人坐月子及款待贵宾的一道上等菜。将猪肚洗净,内塞进浸泡发胀的糯米若干,洒上适量盐水,放上红枣数枚,蒸到猪肚软烂、糯米熟透就可上桌,吃时用小刀将猪肚划开,色香味俱全。

鸭蛋丸 鸭蛋丸形似鸭蛋但不是鸭蛋，是用薯粉和芋头做外皮，内包肉馅，做成鸭蛋大小的肉丸。吃起来又香又鲜、又松又软。

芋头丸 将芋头洗净、煮熟、去皮，然后和薯粉一起揉成团状，反复揉捏，再搓成一个个直径约半寸大小的芋头丸。放在沸水中煮至芋头丸一个个浮起，放上葱蒜等佐料，吃起来软滑甜爽，既可当菜，又可当主食。

第三节 居住

从住山洞到巢居，再到现在钢筋水泥结构的高楼大厦，人类的居住条件在不断改善。瑞昌民居也从单间的筑墙屋到连三间、连五间的房屋，再到窗明几净的大八间、多套间的房屋。马头墙、双出水、中天井、两厢房等，房屋的式样和风格也发生了很大的变化。

建房

在瑞昌，建房又叫做屋，历来被看作是人生中的一件大喜事，受到人们的高度重视。有关建房的风俗一直流传至今，具有鲜明的地方特色。建房步

老式房

骤主要包括选址、形制、起首（动工）、上梁、圆工（完工）等。

原基建房 原地基因祖辈一直在此居住，址老邻熟，不需要重新选地。将原住房拆除重建的叫"翻新"。

第二编
第七章　衣食住行医

易地新做住房　旧时，重新选择宅基地做屋，要先请"地仙"（也有叫地理先生，专门从事帮人选地，类似风水先生）看地，实地察看宅基地的方位、地势、脉象，避免新的宅基地选在林地或坟地、庙宇、祠堂、粪坑、窑基等不吉利的地方。此外，还要虑及邻里关系，俗话说"先择邻后择屋"，以及生活的便利条件等诸多因素。新房朝向首选是坐北朝南，其次是坐西向东，以避风纳阳，免受风雨的侵扰。民谚"坐北朝南屋，享受神仙福""坐北朝南，冬暖夏凉""屋朝南，人向阳"，讲的也是这个道理。当然也有因地理位置或其他原因，房屋朝东、朝西或朝北的。

住房式样

新中国成立以前，瑞昌民宅多为单间，门槛很高，土砖屋为主，或盖瓦或盖芭茅，困难的人家祖孙世代同住一室。二十世纪六七十年代以后，随着人口的增长，民宅多为一进三间或明三暗五加披舍（sǎ），俗称"三间扁担屋"。房屋多为砖木结构，一面青，三面土，有的出"山头"（墙脊）、有的不出"山头"，屋面盖的大部分是青瓦。最大规模的民宅建筑格局是"一进两重"，中间设天井，侧配厢房，前后左右八大间，"四水归堂"的砖木结构。还要有马头式封火山墙，穿斗式梁架中隔板壁、磨砖地面，青石门槛、门甲，大门呈八字形等。门楣前后帐枋高悬"松苞竹茂""紫微高照"等匾额，两侧山墙各有楼门通次舍。这种格局的房子，大气且有鲜明的地方风格。

住房类别

瑞昌各地区的房屋，可以分为以下几种类型。

一、按墙砖分类

土巴屋　土巴屋的墙不是砖砌的，而是土巴筑成的。将筑墙板架成凹形固定住，把选好的黏土倒进去，筑紧夯实成墙，其厚度是砖墙的两倍。这种土巴屋都是檐高不过一丈的平房，没有筑成楼房的，而且四面出檐要有两尺以上，为的是保护墙体不被雨淋。这种房子，如果墙土黏性较好，瓦桷养护良善，使用期可保四五十年或更长时间。土巴房最大的优点是抗热保温，冬暖夏凉。

泥砖屋　这是一种整个用泥砖做墙的房屋。泥砖有两种，一种是用木匣搭成的砖，这种砖大小一致，做起来的墙两面整齐；一种是从稻田表层土切下来的砖，俗称"土砖"，这种砖大小不很一致，做起来的墙一面整齐，另一面有点凹凸不平。如土质相同，切的砖比搭的砖要坚固耐久。泥砖屋的牢固程度是由墙砖土质和养护是否完善决定的，土质黏性强、养护完善的泥砖屋寿命可达五十年以上。泥砖屋也有冬暖夏凉的特性，这一点和土巴屋相似。

青砖屋　青砖屋叫火砖屋其实更为恰切，因为整座房子的墙都是用经火烧制出来的青砖建造的。青砖屋是根据砖的色彩命名的，瑞昌当地也叫"青砖到脊"。青砖屋是很牢固的，它的寿命是泥砖屋的好几倍。

青砖泥砖混合屋　用火砖和泥砖搭配修建房屋也是普遍现象，搭配的方式多种多样：有的是下面墙做三四尺高的青砖，上面墙做泥砖；有的是一楼是青砖，二楼是泥砖；有的是上下各做一段青砖，中间做泥砖；最多见的是外墙做青砖，内墙做泥砖，这种叫"火砖桶"；还有的是前后出檐较宽、墙头较低的外墙和内墙做泥砖，两边墙头较高且出檐很窄的外墙（俗称"垛子"）做青砖。如此等等，不一而足。

第二编
第七章　衣食住行医

二、按房屋的结构分类

独间　纵向只有两道长墙，横宽不过一丈五六尺的房子属独间房。独间房做得长的，中间可以用砖或木板做隔断分成两个或三个房间，但外观看上去仍然是一间屋。独间多见正屋边上的盖舍（sā），舍比正房低且朝一边披水，而正房是前后都披水，舍还可以起到与正房互相支撑的作用。

连二间　纵向有三道长墙，横向为两间房的房子为连二间。连二间中间可做隔墙，分为三间或四间房。连二间也多见正屋边上的盖舍。

连三间　纵向有四道墙，横向分为三间的房子叫连三间。连三间中间是堂屋。两边是房间，有的人家把两边的房间各隔成两间，且门都朝厅开，就成了四室一厅。也有中间带巷的，又称明三暗五，仍属连三间。

连四间　横向一排分四间的房子为连四间，即厅的一边是一间长房，另一边是两间长房，两间的这边有的在前面开走廊，有的在后面开巷道。

一厅四间　连四间的房子并不多见，但一厅四间的房子是很多的，一个大厅四个房间的房子叫一厅四间。厅的两边一前一后各两个房间，中间是巷道，房门朝巷道对开，巷道的两头都开耳门。这种房型夏天住很舒服，门都打开就形成空气对流，特别凉快。

连五间　中间一个大厅，两边各两间房子叫连五间。连五间一般是有巷道的，巷道有安排在前墙内的，但多数是靠后墙，门朝巷道开。还有的人家把走廊安排在前墙外，靠边的房间做长些，门朝走廊开。这种房型比较开放，但不够安全，所以以前较少见，新中国成立以后较多见。

一厅多间　指一厅八间、一厅十间等房型，但八间以上一厅多间的房型较少，大户人家一般都选择加重或重新修建新房。

连三间上下两重　又叫大八间，前一个连三间和后一个连三间连成一座房子叫连三间上下两重。连接的中间下面是一口长方形天井（放水池），井下有个下水道，叫溶管，上面是个略小于天井的天窗，下雨时水从天窗下泄到天井，通过溶管流出去。天井的两边是走廊，走廊的边上是个叫厢房的小房间，也就是两重之间有两个小房间。这种房子因有天井，上下厅和走廊是亮堂的，但房间仍是黑暗的。因过去没有钢筋和玻璃，更因防盗贼而不敢开大窗，只能开高不过一尺、宽不过五寸的小窗，所以只有微弱的亮光透进房间，当然这也是过去所有房子的特征。建这种房子的木工是要有较高水平的工艺的，因为这种房子的桁条、瓦桷构架除了前后披水以外，中间四方还要向天井披水，这就需要做木支架，连天井两边的楼上要用多根长短不一的立柱和横木穿栓连接，使其互相支撑、牵制，才能形成一个稳托桁条瓦桷的支架。这种老房子目前留存的数量不少，足见过去瑞昌地区不乏能工巧匠。

连五上下两重 连五上下两重的格局与连三上下两重的格局有同有异，相同的是：两头朝前后披水，中间桁条瓦桷起列，朝中间天井披水，水走天井下水道外流。不同的是它不止一个天井，而是有两个天井，所以，楼上撑托桁条瓦桷的木架结构更加纷繁复杂，高低不一的立柱和长短不一的横木如蜘蛛网一样穿栓交织。不仅如此，楼上楼下两间堂屋大厅和走廊的楹柱横木还有许多雕刻，题材有花草鸟兽、龙凤虎豹等，栩栩如生，若加油漆描画更是显得活灵活现。可以说，连五上下两重这样的院房非大户不敢兴建，非工匠大家不敢承建。

连五上下两重的房可称院房，但还不能算大院，还有连五三重、四重、五重等多重大院。据说，肇陈黄坪村曾有连五七重大院。旧时，只有名门望族才拥有连五多重大院。这样的大院内，有比较讲究的大堂、客厅、正室、厢房、书房、闺房、绣房、香火堂等，后房还有专为女眷开设的巷廊过道，因为这种大家族的女人以前是不能从大堂正厅现身路过的。

第二编
第七章 衣食住行医

这些砖木结构的大院寿命可达数百年之久,有的寿命甚至能超过现代钢筋水泥结构的高楼大厦,这充分体现了我们的祖先具有高超的建筑水平。

室内家具与生活用品

1.生活用具

板结箩、篾丝箩、晒筐、米筛等　　　　畚箕

囤子　　　　　　　　　　扁桶

甏　　　有盖釉面陶土坛　　无盖釉面陶土钵　　瓷坛

237

2.炊具

炉罐　　　耳锅　　　饭甑　　　粑笼　　　大集体用蒸笼

3.儿童用具

座轿　　　　　　摇椅　　　　　　座枷

摇窠

竹床

第二编
第七章　衣食住行医

圆椅

凉寨

4.卧室用品

衣柜　　　　　　　　　　凉床

5.其他用具

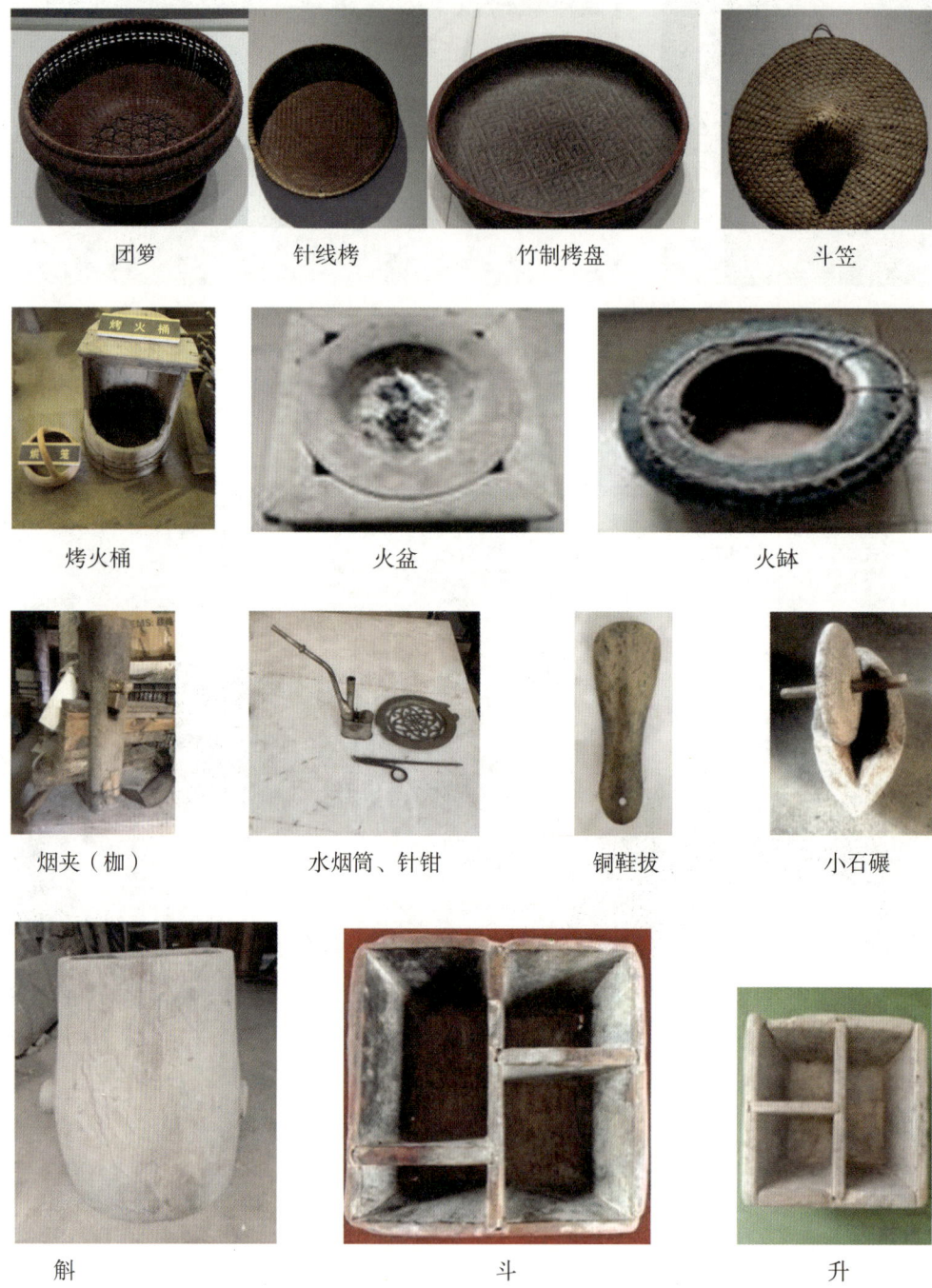

团箩　　　针线栲　　　竹制栲盘　　　斗笠

烤火桶　　　火盆　　　火钵

烟夹（枷）　　　水烟筒、针钳　　　铜鞋拔　　　小石碾

斛　　　斗　　　升

第二编
第七章 衣食住行医

杂物一组

第四节 出行

行，主要指出行工具和道途设施。在封建社会时期，由于交通闭塞，交通工具落后，人们的活动范围很小，出行受到诸多限制。有的人终其一生没有走出过大山，尤其是女性。如乐园望塘村的一名妇女，自嫁到婆家后终其一生就没出过村口的大门，而她在当时被誉为守规矩、守妇道的典型。

普通人出门靠两条腿。从前山区有挑夫，每天到瑞昌街上挑货，每担重60千克，从山里到山外，远的有50多千米。挑夫翻山越岭，两天一个来回，全靠步行。都是头天天不亮出门，第二天半夜才能回家，那种辛苦可想而知。

　　有钱人的出行条件要好得多。他们可以不用肩挑背驮，一应行装自有下人担负随行。能管点事的人更高一级，或坐滑竿，就是一对轿杠上绑着一张躺椅，由两人抬着。官员则多坐轿，有钱人家的小姐出嫁也坐轿，轿子舒适又气派，自是地位的象征，但这种人在山区毕竟是少数。瑞昌地区因为地形的缘故，骑马出行的人很少。根据有记载的资料，源头山以西三个乡镇，只有水塅村的一位陈姓乡长骑过马出行。

　　所谓交通，不外乎两个要素，一是道路状况，二是交通工具。瑞昌市西南片等山区在二十世纪五六十年代之前，道路的状况极差。1964年货车才通到肇陈，那时候农民交公粮的、上县城读书的都只能步行。从七十年代到九十年代，道路仍是泥巴路，一路都是坑坑洼洼的。直到九十年代后期道路条件才有了改善。随着时代的进步，农民开始有了自行车，往后，摩托车、小汽车也渐次入户。

　　道途设施指为行人提供便利的设施和场所。古时候的官道上有驿站，民间道路则设有凉亭、茶亭等。所谓"长亭外，古道边""长亭更短亭"便是道途设施的写照。

　　过去有的村庄地处偏僻，外出路途遥远，来去几十里，中途人烟稀少，"前不着村，后不巴店"。古人肩挑背驮，在漫漫长路上常常饥渴难忍，故途中便有茶亭、凉亭之类的建筑。这通常是由大村庄或富裕人家为了做好事而建，并常年派人在此烧茶奉水，供来往之人歇息、喝茶。瑞昌地区有肇陈冲内上山去乐园凉亭、夏畈暑阁嘴凉亭、早年去洪一大块地山坳上的凉亭、南义筱源的双坑坳凉亭等。

　　茶亭、凉亭的产生，从另一方面看，也反映出过去的人"行"之艰难。

第五节　医疗

旧时人们生病请医生看病，叫看郎中。

郎中，原是古代官职名。"一尚书，二侍郎，三郎中"，都是地位尊贵的官职。"不为良相，便为良医"，在人们的观念里，良医是可以与宰相相提并论的，所以古时把皇帝身边的御医也尊称为"郎中"。至宋代后，黄河以南的地方多称医生为郎中，瑞昌也不例外。

很早时，人们医、巫不分。到春秋时期，才分专科医生和巫医两种。瑞昌民间称医生为郎中，称巫医为"看外祸的"，即巫婆、神汉之类。

医生又分两种类型，坐堂的称"大（dài）夫"，行医、跑江湖的称"郎中"，所以有"江湖郎中"一说。不过，瑞昌一带多以郎中称呼，大夫、郎中没有明显的区别和界限。

郎中治病，通过对患者望、闻、问、切进行诊断，多数郎中还能根据患者的家庭情况酌情收取诊、疗费，对一些穷苦人甚至少收或免收药费，或待其病好后再收取若干费用。所以郎中一般在乡间声望较好，人们多以"先生"称之。由于治病的需要，瑞昌大大小小的郎中不少，每个大一点的村庄几乎都有一个郎中或"草药郎中"。

民间土方

瑞昌乡间郎中诊病，大多只能治一些常见病，常用一些民间土方。

鼻腔出血　鼻腔出血一般分为两种，一种是摔碰导致，二是自然出血。出血位置又分为左右鼻孔，很少有两个鼻孔同时出血。

左鼻孔出血，用左手中指、大拇指用力掐右手虎叉内软骨若干次，血止为止；右鼻孔出血，用右手用力掐左手虎叉内软骨若干次，血止为止。不需要任何药物可自愈。

或，左鼻出血从右耳吹气，右鼻出血从左耳吹气，可止血。

又或，用头发烧成灰吹入鼻孔可止血。

止牙痛　牙痛多发于中老年人。方法：采用生长五年左右的桃树根150克，手指粗为宜，去粗皮，切片熬一个小时，取汤汁半碗服下，一般三十秒即可止痛。

按摩治歪嘴　歪嘴即面瘫，也叫小中风，从前无针可打时郎中就采用按摩的方法治疗，每每行之有效。后来郎中按照一定的穴位按摩，外加西药辅助治疗，中西合璧，屡见奇效。

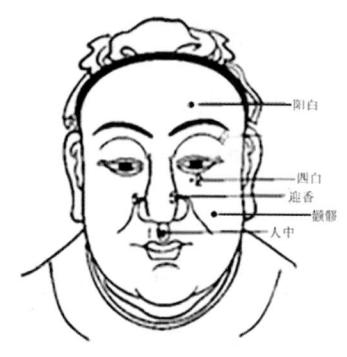

治歪嘴穴位按摩图

爆灯花　爆灯花也叫打灯火，就是将一张火纸打湿，贴在患处，然后用一根火纸卷成纸棒，俗称煝子，蘸上清油，点燃后，于贴在患处的湿纸上轻轻敲打，并不时地替换湿纸。

过去土法接生，消毒不严，常常导致一些新生儿发脐风。农村常用银针扎小孩的牙龈治疗，轻微地扎几次便可痊愈。严重的会发生痉挛，造成昏迷，这时便在小孩的脑门上印堂、鼻下人中等穴位爆灯花，用这种方法刺激昏迷的小孩醒来，或可转危为安。

过去人们身上生疱疱疖疖，在还未"出头"（脓血未排出）时，也常常使用爆灯花一法，使其消退，多数时候也管用。

爆灯花的治病原理实际上接近热敷，目的是刺激身体局部的血液循环，不使病毒瘀积在一处，酿成祸害。

刮痧　瑞昌民间的刮痧，就是拿一个铜钱或一只调羹，在患者背

第七章 衣食住行医

上、后颈处或其他地方反复摩刮，直到表皮显出红色或紫黑色的痕迹，将体内的邪气、寒气、毒气，从皮肤中排出。有时，通过刮痧能让患者感觉身体轻松，之后病也真的有所好转。过去农村人胸闷腹痛，常用刮痧这一方法解决。

当然，刮痧有时也会使皮下组织损伤、毛细血管破裂，导致出血和组织液渗出，容易招致细菌感染。

提鼻梁　治疗头疼用得最多、最经济的方法，就是"提"鼻梁，也叫掐眉心。

所谓"提"鼻梁，就是弯曲着食指和中指，在鼻梁上方两眼窝中间部位反复提、揪。待到眉心出现红紫，病情便可缓解。中医认为，此处是一个穴位，患者是由火热炽盛、血液上涌而引起的头疼症状，这么一揪一掐，有疏通督脉经气、去除督脉热邪的作用，所以治疗头疼有一定的效果。

掐筋　以前瑞昌农村常见小儿发一种病，俗名叫"发筋"。这种病是突发性疾病，常常表现为手脚抽搐、两眼翻白、口吐白沫，看上去非常吓人。这时有经验的人就一下子死死掐住小孩的人中，有时为了救人，情急之下，能掐出深痕，甚至导致出血。这一招通常很奏效，小孩很快就能转危为安。据中医理论，掐人中能升高血压，刺激呼吸活动，是紧急救治的重要措施，故人中穴又被称为救命穴位。

拔火罐　拔火罐一法，常见于疱疖的脓血出不来而采用的一种土办法，是利用热胀冷缩的原理将脓血吸出来。

将一张粗糙的黄表纸点燃，放在杯状的器具中，迅速地扣在患处，压紧。杯内缺氧，火灭，温度骤降，空气冷缩，就将患处的脓血吸出来了。不过此法要注意盖杯时不要将患处烫伤。

打膏药　过去瑞昌农村由于卫生条件差，加上蚊虫叮咬，人们身上常常生出些疱疖，有时生在敏感部位，红肿异常，痛得要命，又无药可吃，无针可打。因此，民间流传着一种打膏药治疱疖的方法。

打膏药就是有祖传秘方的地方郎中，把中草药按一定比例配制，熬制成的一种胶状物质，涂在方形的牛皮纸片上，叠合成三角形。要用时，放在火上烤软，撕开，敷在患处。很多凶险的疱疖通常用两三帖、至多五六帖药膏，绿色的脓头和腐臭的败血都能"拔"出来。

烤水竹油　烤水竹油、刮水竹灰给孩子泡水喝，是过去农村常见的给小儿治病的一种方法。

水竹，表皮光亮，竹质含水量多。砍来后，截三五段，放在火上烤，待竹表烤出"油"并两端滴水后，将"油"和竹内渗出的水接在碗里，再将水竹表面冷却后形成的薄霜刮下，一起放在碗里，开水冲服。据说水竹有清凉的特性，但具体是什么治病原理，人们也说不清楚。

刮指甲灰　小孩有时发烧或萎靡不振，常被认为是受到了惊吓。于是大人就将和孩子一起玩耍的小伙伴们找来，将他们拇指和中指上的指甲刮下一点灰灰来，给生病的小孩用开水冲服。

紫苏发汗　发烧、感冒，在瑞昌农村被称为"闭了汗"病。治疗方法是将紫苏连根拔起，洗净煎水，放上油面，添上辣椒，让患者趁热吃下。吃完后，患者不脱衣，蒙上被子睡上一觉，一场大汗淋漓过后，病就好了。

生姜治胃疼　有时人们吃了冷东西或夜里睡觉未盖好被，胃受了寒，滞闷疼痛，可用生姜数片，外加红糖若干泡水，趁热服下，其效果立竿见影。

强盗草治创伤　有一种长在田头地边的不起眼的小草叫强盗草，说是过去的强盗飞檐走壁难免受伤,他们常用此草治伤。

将强盗草的叶子捋下,在手掌中反复搓揉。将叶子中的汁液揉出,形成一团后,敷在伤处,可以清凉止疼,使伤口不发炎,过几天伤口便会愈合,长出新肉。

治外伤　将草药野木兰叶搓碎外敷可治外伤。野木兰是一种豆科小灌木,开紫色小花,籽和荚均似绿豆,略小,叶羽状对生。外敷伤口数次即愈,且无疤痕。

韭菜清肠道　常有小孩不小心吞进异物,土办法是将韭菜洗净,切成寸长一段,生嚼吞下,据说韭菜到了胃肠中,能将异物包住排出。也可将韭菜煮熟,或炒鸡蛋吃,疗效也很好。

银针治病　银针点穴,即用银针点(只在表面上按,不伤及皮肤)患者手上或其他地方的多个穴位,以通经络。此法多治小儿惊风、百日咳等,还可治小儿神经系统疾病,如脑瘫、发育迟缓、营养不良等。

针灸则是银针穿透皮肤,直达肌肉深处的穴位,不时轻轻转动,使之有酸麻的感觉。这种银针治病的方法,在瑞昌农村一度风行。但非专业人员,不可乱试。

艾灸　艾灸是利用燃烧艾叶的烟治病。艾叶阴干后,做成艾绒,搓成艾条或艾卷,通过燃烧,对人体产生温热的刺激,有药性治疗的效力。在小儿科中,艾灸常用于治疗消化系统的疾病,比如厌食、腹痛、腹泻等,灸脾胃的穴位就能达到很好的效果。

还可用艾叶敷穴位,能起到温经散寒、活血通络、化瘀止痛的作用。乡下人肚痛,常将艾叶喷酒搓碎,敷在肚脐上,疗效也非常明显。

治腹泻、痢疾　马鞭草、凤尾草、马齿苋三味草药煎水喝(也可两味联用),可立即见效。

蜂蜇　用人奶（又名仙人酒）挤在患处即可。

治久溃难愈　老青砖墙脚的绿毛衣和腊猪油一起捣烂，洗去脓血，敷于患处，日换一次，数日见效。

火烫伤　蜜蜂草根，刮去粗皮，切成薄片，加水熬成胶状物，涂于患处，见药层有裂口，再涂，几天后便可痊愈。

脸上黑星（雀斑）　用芫荽（又名香菜）煎汤，一天洗三次，一个疗程十天可治。

脚气　用韭菜1斤（1斤＝500克），煮水10分钟泡脚，每日一次，每次20分钟，三天渐除臭气。

立治牙痛　白酒1两、松香15克，泡两小时后用棉花沾酒放在牙痛处咬紧。五分钟后疼痛缓解，虫、火、寒牙齐治。

根治牙痛　马蜂窝、红糖各1两，兑两碗水，煎到剩下一碗半时，放至不烫喝下，可保牙齿常年不痛。

口腔炎症　西瓜皮晒干，炒焦，加冰片少许研末，用蜂蜜调和涂于患处，可减轻炎症。

口腔溃疡　用浓茶叶水加少许食盐，一天漱口三至五次，3日渐愈。

咽炎　用海带白糖各250克。将海带洗净，烫一下取出，用白糖腌2日后吃，每日三次，每次30克。一服减轻，两服愈，三服可除根。

中耳炎　将韭菜根捣烂，在挤出的水中加入冰片滴耳。

感冒　香菜一把，葱白连须5根，生姜10片，水煎，加红糖1两，趁热服，一天两次，两天渐愈。

偏头疼　生萝卜汁适量，令患者仰卧注入鼻中，左疼注右，右疼注左，如加冰片少许更有效。

阴痒肛痒　用醋500克、盐5克加热洗，一天三次。

青光眼　用向日葵盘（去籽）3朵，斩碎水煎，一半内服，另一半熏洗眼部。半月治愈。

肩周炎　生姜1两，芋头2两，去皮捣烂如泥，用布袋装好贴患处，一天两次，四个疗程见好（七天为一个疗程）。

腊米水治感冒　腊米学名吴茱萸，瑞昌多地有种植，本地一直有用腊米水治伤风感冒的习俗。将自制的腊米水用来煮油面或直接服下适量，因腊米水有逼汗的功效，出汗后感冒症状就会缓解。

类风湿性关节炎　辣椒2两泡白酒2斤，泡七天后洗患处，一天三次，半月可缓解症状。

胆结石　鸡内金10克，焙干研末，白开水冲服，一天三次，一个月渐见功效。

肾结石、尿道结石　核桃仁、冰糖各20克，香油50克，温开水冲服，每天一剂，一个月症状减轻。

特殊医俗

过春　"过春"属中医麻、痘二科。麻[麻风天花？]叫"大春"，痘叫"小春"。无论"大春""小春"旧时都叫过喜事。

现在通过防疫，"小春"基本灭迹了。以前的人出生后，不分男女，一般在20岁以前，都要过这一关。过了这一关后，终身免疫。

过去无论是过小春还是大春，患者没有满月都要禁风、禁肉、禁辣等，不能出房门。过去农村有过春儿童的家庭，要烧柏树香（柏树劈成的小块），说是可以辟邪，房里还要喷酒消毒。如果全村都过好了，就由族长牵头送春娘娘。送春娘娘的意思是感谢神灵，感谢春娘娘离去。仪式要请很多菩萨到祖堂上，还要请道士念道、烧纸马。纸马是请扎匠用纸扎成的菩萨、狮、马、鹿、象、衣、帽等，送到离村庄较远的地方，最好是水边焚烧，并念道打锣鼓欢送。这一习俗现在已经没有了。

送船　瑞昌有些地方有送船的习俗。孩子一旦过小春、大春，有的村庄就要举办"接娘娘"和"送船"活动，请求王母娘娘保佑平安。

首先，要请来扎匠，用竹、纸制作麒麟、狮子、象和马等动物，还有八大神仙、二十四孝人物、姜太公、桃园三结义等各种人物，这些纸人纸马里面都安了机关，制作得十分精巧逼真，意为请各路神仙来送船，以最隆重的仪式送娘娘。

最大的制作项目当数船了。那王母娘娘手下有很多兵马，他们一旦撤回，就得全部乘这艘大船，而这艘大船须经过扎匠们几个月的紧张制作，才能完工。

这样规模宏大的盛事，还得请来数个道士一起做法事。在较宽的场地上，搭起了一个比戏台大得多的台子，道士在此念诵经文，谓之请娘娘。经过一段时间，娘娘护好"苗"，整个村庄的人都平安地"过了春"，娘娘"护养"就结束了。

五月初五端阳这天，整个法事推到了高潮，先前把娘娘请来了，就要再把娘娘送走。娘娘还要到别的地方去，其他地方过小春也都要她亲自去关照。大船要抬到河边，开始送船下水。送娘娘时，数套锣鼓打得山响，众人呐喊，一路上放着鞭炮，火铳齐鸣，震动山谷。

送船作为民俗活动，在二十世纪五十年代一度盛行。如今高丰一带有五月十七日洗街活动，大概意思与送船相似。请扎匠扎各种吉祥动物和比较大的龙船，抬着龙船游街，凡从屋门口经过时，屋主人摆设香案，点上蜡烛，摆上供品，祈祷平安。

除了送船活动请娘娘保佑人们平安，人们还会制作"娘娘伞"。娘娘伞是用一块比毛巾小的布，绣上花朵，然后把一块块绣好的花布缀在一起，做成一个圆形的大伞，上面是平顶，中间用一根杆子撑起。如今娘娘伞在一些村庄的祖厅里仍有保留。

巫医

取生 旧时农村医疗条件落后，但有人生了病也不能等死，于是就存在一些类似精神疗法的方法，来缓解病人的痛苦。取生，也叫挖魂，就是其中之一。

取生一法，不到病情十分沉重时，一般不用，因为太兴师动众了。即请来神汉（跳大神的马仔）及诸多人，先由神汉头缠红布、手拿神叉到病人房中察看病情。神汉看罢，在病房中摇动神叉，吹胡瞪眼，施术作法，大喊大叫，以赶走房中附身的鬼邪。然后他判定病人的魂在哪里丢失了，就去哪里取生。

取生一般都在夜间进行。众人手拿火把、灯笼、挖锄、袋子，跟在神汉后面呐喊助威。到了某地，神汉将神叉直捣地面，意即此地为魂丢失的地方。众人忙在此地挥锄猛挖，有时神汉亲自动手，挖到青蛙或逮到有生命的小动物，小虫子也行，就是收到魂了，神汉如获至宝，将其装入袋中，人们一路欢呼呐喊，打马回程。

回家后，神汉将这取来的"生"，连袋子一起，缚在病人的脉搏上。神汉退神，对病属说："好了，恭喜，回家了！"取生便告成功了。

叫魂 叫魂也叫收魂，类似取生，不过规模较小。它是由懂点巫术的神汉、巫婆，先察看病情，也摸脉搏、看面相，判断是哪里惹来的"外祸"。然后吩咐家属，备办三牲酒醴，或到三岔路口，或到村堡社屋中，摆上供品，焚烧纸钱，向土地菩萨、过往神灵祷告："我家人某某在某某地丢了魂魄，请大神保佑回家……"祷告完毕，由父母或其他亲人口呼，比如"某某你被孤魂野鬼吓倒，回来啊！"众人齐答："回来了！""某某，你被虫蛇蚂蚁吓倒，回来啊！"众人齐答："回来了！""你在田沟水缺摔跤吓坏了，回来啊！"众人齐答："回来了！"神汉或巫婆在地上随抓一把土放在手帕或纸上包好，一路呼应不绝，直到病房。将包了土的手帕或一帖纸敷在病人的额头上，连说"回来了，回来了"。再将盛供品的米筛放在床底下，然后将一只碗反扣在上面。叫魂即告结束。

取翳　旧时，短期内眼睛红，视物不清，或似有其他障碍物挡住视线，称之为有翳，现在称之为角膜炎。人们会请当地懂点巫术的人察看患者的眼睛，看看是否家里有什么东西摆放不当，有时是一张桌子或一张床，有的甚至是临时摆放的一宗用具，称为有"犯"，只要移动一下就好了，移完即取翳成功。

画符　旧时，有人遇到病痛时，除了求助草医草药外，就是请菩萨看病，请神汉画符。所谓画符，就是将一块约尺来长、五寸宽的白棉布或火纸，穿在点燃的一枝香上，神汉一手叉着装水的碗，一手拿着点燃的几炷香，对着面前的布或纸，在空中龙飞凤舞地挥写，乡人称之为画符。画毕，神汉含一口水，喷在上面，然后将画了符的布或纸燃成灰烬，让病人冲水服下。说来奇怪，在布或纸燃烧的过程中，一个个带"雨"字头的无法辨识的字样会非常清楚地显现出来，类似魔术。

收疖　早先农村卫生条件差，身上长疮疖的人多。严重的疮疖流脓流血，久治不愈，就只得请来太公"收疖"。

所谓收疖，就是神汉抱着菩萨，口里念咒，对着疮疖，把菩萨上下左右或顺时针或逆时针地不断晃动，长约半个小时。临末，神汉喝上一口说是从菩萨那里借来的仙水（供过菩萨或画过符的水）喷在疮疖上。

第二编
第七章 衣食住行医

再判几味草药，捣烂揉碎，敷在上面。收疬之后，有时居然也能消肿退烧，实际上一般是草药生效的结果。

过阴梦 有人想向去世的先人咨询，便会找来巫婆过阴梦。过阴梦就是祖先的魂魄附在巫婆身上，你告知要咨询的问题，比如小孩病了，是在哪里受了惊吓；家道不兴，是否屋向不对，或哪处祖坟座向不对等。巫婆扮作你的祖先一一作答，并互相通报阴阳情况。过阴梦的人，能模仿你的某个祖先的声音、语气与你对话。结束时，巫婆会浑身颤抖，然后倒靠在椅背上，稍待几分钟，她好似做了一场大梦一般醒来，故称为"过阴梦"。

跳神 跳神又叫出神，是旧时农村常见的事。因为在缺医少药的年代，菩萨是病人唯一可求的对象。先是由神祝师或神汉自己敲鼓念咒，谓之"请神"。一般数小时后便来神，有时大半夜才来神。神汉敲着鼓，念着咒，突然被"神"附身了，他就抛了手中的鼓和槌，跳了起来。此时，众人操起锣鼓，齐声呐喊，鼓更响，锣更急。由神祝叩神，神汉便开始发声："日出东山一点红，吾神打马在空中，脚踩浮云天边走，一脚踢开南天门，急急忙忙到凡尘……"然后问乡民请他下凡何事，遇到何难？神祝便一一告知。神汉跳到病人房中，手抖神叉，吹胡瞪眼，挥拳蹬腿，作法施术。当他伸出三个指头时，神祝便端给他一碗水，他将水碗叉在手中，喷水到病人身上。神汉有时是对着病人画一通符，然后坐到外面的神龛上开口"判神"；有时是判一个药方，内中有数味中药；有时是告知病人魂失何处，准备去取生挖魂；有时患者病入膏肓，神汉判词哀婉，甚至流泪，表示无能为力，病属则苦苦哀求，神汉也发出哀声，说玉帝有召，要返天庭了，然后一声"吾神打马回天庭"，浑身便似筛糠一般颤抖不已，向后一仰，退神了。

附：请五方神的咒语一篇

五方神，五方神，五方兵马闹盈盈。父亲本是祝家子，母亲本是孟家人。
生下兄弟人五个，个个都是有能人。大哥朝中为宰相，二哥东海为龙王。
三哥朝中会跑马，四哥马上会跑枪。只有五弟年纪小，就在家中管钱粮。
差你管人人不老，差你管鬼鬼灭亡。差你管山山不动，差你管水水长流。
玉皇见你功劳大，赐你兄弟五方神。

撒水饭 农村的小孩有时夜里抽搐或突然惊哭，懂点巫术的人便吩咐家人将米饭泡上水，到小孩常玩的地方或岔道上，坛、堡处，撒些水饭，也烧几贴纸，好像是打发小鬼一般，据说有时也有效。

挂黄表 旧时农村小孩有什么头痛脑热的，总是请巫医看"外祸"，疑是小孩在外遇上了邪鬼。巫医常交代家人到村口或路口挂黄表纸。即将小竹子插在路边，把约五寸长、寸多宽的多张黄表纸挂在竹枝上。风一吹，黄表纸飘飘，有种萧索的感觉。

收米 旧时小孩生病，也请巫婆来"收米"。巫婆施此术道具不多，拿一个酒杯或小碗，里面装满了米，然后用红布包住酒杯口或碗口，放在掌心摇几摇，只见她嘴唇微动，"喏喏"有声。再将酒杯口或碗口对着小孩摇若干下，拖过额头，然后将红布打开，观察米粒的排列形状，据说就能辨出"祸"出何方，然后吩咐家人去哪里挂纸、烧香、赏鬼。

敷狗毛 小孩发热或夜里痉挛，手脚抽搐，梦里哭醒，老人们总认为是受了狗或猫的惊吓。就从狗或猫的脖子上剪下一撮毛，敷在孩子手腕的脉搏处。通常过了一两天，小孩病就好了。这实际上也许是人体的自愈功能起了作用；也许是大人细心照料，小孩精神上得到了安慰，精神一爽，病就好了。

第七章　衣食住行医

讨仙水　过去小孩有什么小灾小病，家人常到寺庙中讨仙水。尼姑或和尚拿碗到泉洞中（一般寺庙旁多有泉洞）舀来半碗泉水，供在菩萨跟前，泉水便成了仙水。盛在瓶子里带回，有时居然也能治好一些小孩子的病。其实，除了人体的自愈功能以外，有些泉水含有某种人体所需的矿物质或微量元素，能补充人体所缺，偶尔碰对路，确能"治"好某些疾病。

当然，随着社会的进步，人们的文化知识和科学素养的提高，以上许多明显带有一定封建迷信的行为已被淘汰。

第八章 民间仪规

第一节 乡规民约

乡规民约是乡村自治制度的一种规范，是由乡村群众集体制定，进行自我约束、自我管理并自觉履行的民间公约。其包含的内容十分广泛，目的是加强团结，肃清风气，促进生产。通过乡规民约，对乡民村民形成一种行为约束，在一定程度上有利于消除矛盾、解决纠纷，维护公序良俗。

乡规民约一般有以下列几种形式。

打锣亮相 如有人不孝敬父母、虐待继子女，责令其在指定范围内，一般是在全村或者附近几村打锣悔过。他要一边敲锣，一边向大家诉说自己打锣所为何事。如"大家不要学我，我不尊敬大人，不孝敬父母"或"大家不要像我，我虐待前娘的孩子，不给吃、不给穿，真是丧尽天良"等。这种惩罚往往使当事者颜面扫地，同时也对旁人起到警示作用。

杀猪 如有人偷伐他人树木、破坏森林，通常由村民到这人家，捉他家圈里的猪来杀掉分肉。人们常说"打狗欺主"，更何况是捉猪来杀，这是既折财又折面子的惩罚。

写悔过书 如有人参与赌博或某些损害公益行为的，责令其写悔过书。悔过书中要写清犯事的事实，并要保证下次不得再犯。有的还要责罚他誊抄几百份，张贴在外，使其糗事曝光、臭名远扬。

罚做义务工 还有一种惩罚是责其为公益事务挑沙、担土、搬砖、挑石头等。

罚款 对小偷小摸的人，如偷树一根价值十元，则罚他百元，罚款通常远超过原物价值，使其得不偿失、后悔不迭。

乡规民约的内容多种多样，一般先以公约的形式出现，经村民大会通过，由村民签字，然后张贴在显眼处，使妇孺皆知。常见的公约有禁赌公约、禁笋公约、禁毒公约、卫生公约、保护森林公约、水资源保护公约等。二十世纪八十年代乡规民约一时盛行，曾一定程度起到了稳定社会治安的作用。

附：乡规民约一例

禁笋公约

为保护竹林，保护本村的绿色环境，经全体村民通过，决定禁止本村及外村人来我组竹林里扯笋，包括家竹、野竹、大竹、小竹笋。

一、有持空篮或者蛇皮袋、锄头进竹林者，无正当事由即视为扯笋，罚款五元；

二、扯小山竹笋10根以下罚款10元，20根以下罚款25元，30根以下罚款40元，40根以下罚款50～100元不等，视其态度、情节而定；

三、扯毛竹笋、大竹笋一根罚款10元，两根罚款25元，三根罚款40元，四根罚款60元，五根以上十根以下罚款70～200元。情节严重上交派出所处理。

如当场抓获，除罚款外并将其工具没收，所有缴获的笋子一律归公。

以上条约请切实遵守。

某某村民小组
某年某月某日

第二节　民间交往

交往

中华民族是文明礼义之邦。瑞昌地区的人际交往也非常讲究礼尚往来，讲究"情义"二字。亲戚之间的亲热走动，朋友之间的冷暖相知，有来有往才显出亲密无间。节庆时的互赠礼品，病痛时的关怀慰问，困难时的两肋插刀，都体现出"礼义"二字的内涵。从社交上的谦让进退，到日常生活的人情世故，从待人接物的一笑一颦，到公众场合的一举一动，每个人的举止言行无不是人格的标签、教养的符号，无不打上人文的烙印，留下传统礼俗的痕迹。

称呼　瑞昌过去对尊者、长辈的称呼，前冠以尊字，如尊伯、尊嫂；对平辈或晚辈，则用贤字或老字，如老兄、贤弟或老贤。在称呼对方亲友时，无论长幼均加令字，如令尊、令郎；称自家人时，比自己大的面前冠家字，如家父、家兄，比自己小的冠舍字，如舍弟、舍侄等。新中国成立后，摒弃了旧的称谓，一般人互称同志或根据年龄身份称呼。在家族中尊称某某伯、某某叔、某某婆、某某嫂以及某某老弟；见陌生人则视年龄不同称大叔、大嫂、老弟等；对熟人多称老某、小某；对有职务或职业的人按身份称呼，如某局长、某主任、某老师等。

相见　旧时，幼辈见尊长，行作揖打躬礼，后来行脱帽鞠躬礼。平辈或朋友相见，行拱手礼。学生、徒弟拜师要磕头，以示尊敬。新中国成立后，旧礼废除，人们相见时握手问好或点头、招手致意。在车中、路上，让老人、女士先坐、先行。

待客　客至，主人出迎，揖让入门。对亲朋好友来访，要起立让座，招待以烟茶、瓜子、糕点、果品。告别时，主人须送客人至门外。宴请时按辈数、身份、亲疏排位入座，席间，主人须敬酒布菜。给客人斟茶不宜太满，斟酒不宜太浅，称为"浅茶满酒"，并用双手端送，以示敬意。

礼节　亲友间贺喜吊丧，慰难问疾，有来有往。对远行者设宴饯行；有人久行归来，则要登门看望或摆酒接风。新中国成立后，亲友、同志之间，崇尚扶困济贫、婚丧相助。近年来，遇亲友子女升学、参军等喜庆事，人们习惯送礼祝贺，主人设宴招待。

结拜

瑞昌也有结拜的习俗。认干亲俗称"结干亲家"。是指两家为加深关系，一家将子女给另家为义子、义女，拜认对方为干爹、干妈。此后两家来往密切，逢年过节互送礼品。

"结金兰"俗称"拜把子"，是指意气相投的人烧香结拜，男结异姓兄弟，女结异姓姐妹，彼此互相帮助，情同手足。旧时人们结拜较为普遍，如今随着社会的进步，此习俗渐趋淡无。

收养

抱养　旧时瑞昌农村无儿无女户有抱养的习俗，即将不满三岁的小孩抱来当养子、养女，或当童养媳、望郎媳等。此习俗很大程度上缓解了当地人口发展的不平衡，解除了无儿无女家庭的无子女之忧。

娃娃亲　瑞昌一带自古以来就有对娃娃亲之俗，对娃娃亲的多为世交之家。一是指腹为婚，待子女出生后，若果一男一女，两家人则互称亲家，来往走动亲密，长大后则婚娶。也有在子女出生后对娃娃亲的。二是两家世好，对彼方家境、人品满意，或对彼方子女爱慕而提出结娃娃亲的。现代社会婚姻自主,所以结娃娃亲的事基本上没有了。

过继 亲兄弟或外婆家无男丁,有多个男丁的家庭把一位男丁给无男丁的亲兄弟或外婆家当儿子,叫"过继"。顶继的男丁有继承无男丁叔伯或外婆家财产的权利,也有赡养老人的义务。过继有两种,一是上门过继,就是直接生活在顶继家庭;一是挂名顶继,不需要到顶继家庭生活。

古代过继有多种方式,与生父母解除关系的叫嗣子,与生父母和继父母同时保持关系的叫祧子,与被收养人不限于血缘关系和姓氏的叫养子。过去仅限于男丁过继,继父母家即使有女孩,也不能承嗣,非男丁承嗣不可。现在时代不同了,男女都一样,兄弟间也有女孩过继的。无血缘关系的抱养不能算过继。

旧时过继时须履行过继仪式,一般由族上有威望的长者主持,其亲房人等都要到场。被过继的孩子须向继父母行跪拜礼,还须签订过继协议,双方在协议上签字并按手模,主持者也要签字、按手模,起监证作用。如都不识字就由主持人口头宣布,然后由抱养者请大家吃过继喜宴。如遇族上叙谱,谱牒上须予以写明,承嗣人有财产继承权。瑞昌地区的过继习俗多以兄弟间子女过继和顶外婆继为主,也有亲房兄弟间子女过继的。

过继这一产物在神州大地上已延续了两千余年,在一定程度上弥补了家族和亲戚之间的缺憾,增进了感情,也对社会抚养起到了余缺调剂的作用,特别是为某些子女过多的家庭减轻了抚养压力,因此其效力也得到了当时社会的公认。对需要过继的双方家庭来说,不失为一种有益举措。

第九章　丧葬

第一节　离世亡故

老人临终，凡在外地的子女必须尽力赶回家中，守候床前，尽孝送终是瑞昌的传统习俗。人将要辞世前，其家人将已备之物如寿衣、寿鞋和寿帽等取出待用。

穿衣系线

人落气后，要趁体温余热给逝者穿好寿衣。寿衣有讲究，岁数大的逝者，女的宜穿大红寿衣，男的宜穿深紫色寿衣，年数不大的宜穿黑色或藏青色寿衣。穿衣之前由女儿或媳妇将逝者的身体洗干净，胸前要抹三下，后背要抹三下，洗净垢尘穿好衣，以安慰逝者的灵魂。穿好衣服后，再用白色丝线做成腰带系在腰间，白色丝线每岁一根，以示老人寿终的生命年岁。

有的地方由帮忙的人拿着盆或桶、香纸、爆竹，外出到池塘中讨水，称为"觅水"，给逝者沐浴。沐浴一般是孝子、孝女或儿媳亲自动手。沐浴好后给逝者穿衣、整理仪容。穿衣讲究上七下八，即上七件衣，下八条裤或裙，外套寿衣，头枕帽。衣服穿好后，逝者手握鸡蛋，口含金银或铜钱，脸盖黄表纸或手帕。遗体由孝子兄弟亲人抬于厅堂，置门板上,头朝外。

练尸

逝者置于门板的过程叫练尸,也叫摊尸落枕。或用两块四尺长的白布将逝者的手脚缠住,缚在倾斜的椅子上,使其脚踏铜盆,铜盆上放烧火钳,双脚落在火钳上。逝者身上盖着里红外白的被单,被单红里外白,据说是明朝时期由北方迁徙过来的民众所带来的习俗。

烧引路钱

孝子孝孙等一干人要跪于逝者身前,一边哭一边忙于在一口大铁锅中烧麻和纸钱。有的地方叫倒头纸,其数量、斤两各地规矩不同,一般用九斤四两,口中念念有词:"爷爷(奶奶)来领钱啰。"纸钱烧毕,等纸灰冷却后,将其装进随身的背袋里,作为逝者初到阴间的过关钱。同时背袋里装好牙膏、牙刷、梳子等日常生活用品。然后为死者盖上吊布单,将死者头部放置于"落枕"之处,并供奉祭品。祭品有酒、肉、鸡一只、米粑三个,用筷子穿好,清香一根为引路,香灯必须日夜不灭。

摆祭

烧过引路钱后,在逝者面前要上好香,点好白烛,摆上饭菜祭品,子孙依次下跪作揖,叩拜过世的亲人。

亲房人等守护不离,称为"坐夜"。"坐夜"一般为3~5天。出殡前一天,所有人等早餐都要吃熟米茶,就是用炒熟的大米煮成的稀饭,有的地方也叫"煎米茶",当天的三餐都吃在丧主家,瑞昌有"爹娘死,饭甑开"的俗语。

第二编
第九章 丧葬

送烟包

首先是扎烟包。八位抬灵柩者被称为"八仙",他们负责扎用稻草做的烟包,制作孝子孝孙用的苦竹做成、白纸条缠绕的哭丧棒,以及麻冠、草带。烟包的长度按逝者的年龄,一岁一结,比如八十岁就扎八十结的长条形草辫子烟包三个,有的地方是分三个晚上送到堡里,有的地方是送一次。各地的堡名称各不相同。

扎烟包

送烟包的时间各处有所不同,有的是逝者去世的当天晚上,有的如横港范镇一带则是逝者安葬后的连着三天,而南义则是出殡前一天晚上。孝子端着灵牌、遗像,男性(有的地方女性也可以)亲属拥着烟包,由道士引路再加上屋下亲房叔侄等,另加上"八仙"、哀乐队、鼓乐队,队伍庞大。

送烟包仪式:开始,哀乐队和鼓乐队一起奏乐,鞭炮、烟花齐齐鸣响,一条长长的孝子孝孙队伍,向灵柩作揖鞠躬三巡,由长子抱着烟包头,拄着一尺二寸长的苦竹棒,躬着身缓缓向堡的方向前行,"八仙"则负责在沿途插蜡烛灯。一路上灯火通明,吹吹打打,哭声连连。烟包送到堡里后,由孝眷点燃烟包,献上供品,鸣响烟花和鞭炮,然后返程。返回家后还要向灵柩作揖鞠躬并致哀。

请"八仙"

房头众亲属中推出一位总管,由总管带着孝子孝孙,从族里请抬灵柩的"八仙",各房头都相对固定几人担任"八仙"(年老体弱者在有新的年轻人加入后方可卸任)。请"八仙"时,孝子孝孙要带上烟和毛巾,上门跪求。有的村庄请一副"八仙",有的请一副半,路远的还有的请两副。每副"八仙"由8人组成,加上两个"打落"即抬死尸的人,少则10人,多则18人。后来瑞昌殡葬实行了火化、葬公墓,"八仙"也渐渐地没有了。

入殓

入殓也叫封棺或封印。由道士择日,道士先将犯冲避忌的生肖贴在墙上,提醒与犯冲避忌的生肖相同的人规避,虽不可信,但风俗如此,再进行起请仪式,送逝者进棺椁。逝者由亲人和"八仙"或帮忙的人抬入棺中,逝者的儿女要脱下当时穿着的内衣白褂子一件,放置于逝者的头部下面当枕物。整理好后再放入逝者的衣服和其生前心爱之物等,之后倒入石灰若干。由"八仙"分好逝者人中,即从棺木两头居中拉一红线,逝者全身皆须置于正中,然后盖上棺盖,孝子孝孙跪在两边,地理先生(有的地方是道士或"八仙")手持斧头封钉,钉上系上红布或红绳,一般封四口长钉。也有的棺材钉三枚钉的,并男女有别,男左一右二,女右一左二。封棺时要关紧大门,鸣锣不断,封好棺后,才能打开门。盖棺时要喊吉语:

  日吉时良天地开,盖棺大吉大发财,
  天清地灵日月明,盖棺子孙进财丁。

封钉时也要喊吉语:

  手执金斧要封钉,东西南北四方明,朱雀玄武来拱照,青龙白虎两边排。一钉添丁及进财,二钉福禄从天降,三钉三元及第早,四钉子孙满厅阶,代代子孙大发财。

整个过程叫入殓。入殓的棺木放置有讲究,也有男女之分,男性逝者的灵柩放置于本家堂屋进门之右边,即出门之左边;女性逝者的灵柩放置的位置与男性相反。

入殓全程唱吉语:

初起请,现尸全,此班神煞听吾言,吾今送入天堂去,孝门人眷得安圆。二起请,色更鲜,大小神煞喜生欢,尽皆送上花盘去,尸骸不久入金棺。三起请,理所然,众等神煞莫欺言,火速登程扬州去,三魂七魄早升天。

至此起请仪式完毕,棺木封口处用红纸条再封一圈。

看日子

孝子孝孙请年月先生,又叫白鹤先生或黄冠(道士)先生,看出殡下葬的黄道吉日。先生根据所葬之地以及各位孝子孝孙的生辰八字,推算下葬的日期,并推算出当天与来客相冲的生肖,张贴告示,以明避让。

报丧

逝者去世当晚,子女要向自己房头的众亲属报丧,请各位亲属来帮忙办理丧事。第二天,根据逝者儿女提供的亲属地址,房头派人兵分几路到各处亲属家送孝帕,每家有几口就发几个,或发双款,并告知出殡及归山日期。现在推行火化,还要告知火化的日期与时辰。

开咽喉

停柩期间,逝者家属在棺材前放上桌子,摆上祭品,点亮长明灯。

道士念经文的过程叫为逝者开咽喉，传说如果不为逝者开咽喉，逝者就无法吃喝。同时道士要为逝者制好灵牌和引幡，传说如果没有引幡，逝者就会迷途不返家。瑞昌有的地方在逝者封棺后的当晚，还要将茶摆放门口，点燃香、纸，鸣炮后，由媳妇或儿女哭着叫逝者不要喝迷魂汤，因为"喝了迷魂汤，不能转家乡"，要回家喝芝麻绿豆和清茶，这样才能"子子孙孙享荣华"。第二天，将茶摆在门槛上，第三天，将茶放在棺椁前。如此连叫三次，俗称"叫茶"。

第二节　归山

选地择穴

瑞昌民间择穴或由逝者生前选定，或由主家事先预选，也有请地理先生确定的，一般多选避风向阳不积水之处。至于发富发贵的"牛眠"之地（风水学的专用术语，即墓葬的吉地），只是一种祈愿。

孝衣与哭丧棒

在请"八仙"之前，主家要准备好孝衣，孝子孝媳人等身穿白长褂，头披麻巾，有的还耳塞棉球，腰缠草绳，鞋上缀上白布。如父母、岳父岳母均已过世，鞋上白布要围一圈，如父母、岳父岳母中有一人还健在，只能缀一半，不能封闭。孙辈则身穿红衣，头披红布，鞋上缀白布丁，白布丁上缀红布丁。孝孙以下根据辈分的不同，缀布丁的层数和颜色各有不同。不同的地方风俗又不尽相同。

第二编
第九章 丧葬

逝者为男性时用苦竹做哭丧棒，取其外直中空，苦而有节；逝者为女性的用泡桐树枝做哭丧棒，也有空而有节的意思。哭丧棒长度约一尺二寸（40厘米），各人所执哭丧棒的长度按辈分大小依次由长到短，棒上缠上剪成须的白纸条。在哭丧棒的顶端，孝子、孝媳辈的人由内向外包一层钱纸一层白纸，孙辈的人由内向外包了钱纸和白纸后、再包一层红纸。其他人等的也根据辈分不同而略有不同。也有的地方只有红丁才用哭丧棒。

此外，主家还要准备两小捆四季长青的把柴、一小袋五谷和一担长青湿柴。把柴通常用松木柴，丧事办完后要用此柴煮饭，戴孝之人同吃，以保佑子子孙孙团结同心。五谷用来在下棺时撒向各戴孝之人，再由戴孝之人把接住的五谷撒进墓坑，以保佑子子孙孙开枝散叶、平平安安、荣华富贵。一担湿柴用于出棺时挑着挤进屋内，以示进柴（财）。

放路烛

出殡之前晚上要放路烛，由孝子、孝孙等晚辈及族中男丁一起进行。村庄周边有多少堡都要走到，每经过一堡要放爆竹，上三根红香，众人要下跪作揖，沿路要插点燃的白香或蜡烛，也有用白香蘸上菜油点燃代替蜡烛的，撒纸钱。放路烛的目的是告知各地堡见到逝者要放行，各路孤魂野鬼不得为难过世到阴间的逝者。

"八仙"祭杠

出殡前一天下午，"八仙头"要召集众"八仙"，拿上长杠和短杠到屋场上进行"祭杠"。由"八仙头"唱，众"八仙"和，保佑抬棺时棺不侧不翻，抬棺顺利。

款"八仙"、醉"八仙"

出殡前一天晚上，主家会大办酒席款待"八仙"，称为"开款"，要让"八仙"喝得痛痛快快，第二天他们便有力气，在出殡的路上逢水过水、逢坎过坎，如履平地。

堂祭

出殡前，瑞昌不少地方还有开堂祭奠的习俗。前一天晚上的堂祭叫"夕奠"，第二天即登山之日，上午的堂祭叫"朝奠"。亲戚晚酌（归山前一天晚上的酒席）后，要齐聚厅堂，举行开堂"夕奠"仪式，类似追悼会。此仪式的内容有多项，主要有念祭文、上香、绕棺、摸棺等，极为隆重。

开山

挖墓穴前，孝子在过午夜12点的凌晨，到选中的坟地上倒着挖三锄，每挖一锄，放一块硬币，并念道："一挖金，二挖银，三挖儿孙万代富。"最后一锄不拿起来，待次日"八仙"来接着挖穴，也有由亲房人等挖的特例。然后由年月先生手拿罗盘下针定向，有的叫下字向。先生手托罗盘，眼观地理，在墓穴四角下好桩位。并喊令：

乾元亨利贞，针法理尤深，能祭阴宅，阴阳妙有灵。秘诀似神通。至灵至望感应，奉请苗光乔、赵光普、袁天罡、李淳风一切先师，悉奉真香并同供奉。今有某府人，孝子某因某丧，天有三奇，地有六仪，精灵异怪，故气伏尸，黄泥赤土，瓦砾坟墓，随针见之。急急如律令。

第二编
第九章 丧葬

铲穴起土

"八仙"开挖墓穴,有的地方是吃了"出殡酒"后上坟地挖穴。"八仙头"喊吉语:

天圆地方,律令九章。今辰破土,万事吉昌。金锄一举,瑞满山冈。鬼魅凶恶,远去他方。金锹再举,起圹安祥。千秋百岁,富贵永昌。一划天门开阔,二划地户紧闭。三划鬼路塞严,四划人道通利。

出殡

归山这天的寅卯时分(也有在午时的),家人或"八仙"将灵柩从厅堂内移到门外,叫出殡。出殡后,"八仙"把两根龙杠(也称太平杠)的八根子杠绑在灵柩下面,叫"扎车",然后用一根又粗又长的麻绳把灵柩和"车"绑紧,叫"花丧"。花丧比较复杂,一要把麻绳拼出图案,二要绑紧实,通常由有经验的"八仙"操作。

"八仙"饭

归山之日,"八仙"挖穴归来,要再次盛宴款待,有的地方也称之为"出殡酒"。"八仙"饭是出丧这天的重要环节。煮"八仙"饭的人必须是有经验的老人,淘米、捞米、上笼都有一定的规矩与火候要求。蒸饭前全体"八仙"都要敬香、酹酒、叩头、祈求逝者保佑。熟饭以一炷香的时间为准。"八仙"装饭不能用铁盆、木盆或胶盆,必须用竹篾编的筲箕,竹子寓意多子多孙。"八仙"装好了饭还要先敬逝者,之后将装饭的筲箕从棺材盖上从头至脚拖过才能食用,有的地方叫"泡松散饭"。开饭前,孝子要用哭丧棒在饭中抄一抄。如果谁家里有老人、病人或是小孩、新婚夫妇、孕妇都可以向"八仙"索要"八仙"饭，即从每个"八仙"碗里拨点饭。相传吃了"八仙"饭能身体健康、多子多福、心想事成。"八仙"饭的习俗是由德安传入瑞昌的，从南唐交泰年间流传至今，但瑞昌并非所有地区都有这个习俗。

瑞昌有的地方还有孝子孝媳吃"压材饭"的习俗。就是用餐具盛一些饭，放棺材上，宴席结束后，孝子孝媳要在灵柩旁吃，意为求先人保佑家中人财兴旺。

丧宴

归山之日，三亲六眷、亲朋好友都来送葬。主家会尽力大办宴席，以表感谢。在人口不多的小村庄，全体男女老少都会来参加。百户以上的大村庄，除亲房人等，每家至少派一名代表参加。

席位　逝者是男性的，一位、二位由太家婆家坐，逝者是女性的，由娘家母舅坐，然后再按戴孝之人的辈分、大小党亲依次安排座位，用于安排席位的谦辞如：

本应人人当敬，位位当尊，无奈蜗居狭窄，不能一一……

谢孝　酒席进行中，孝子孝孙身穿孝服，手拿哭丧棒（有的地方在祠堂坐客的，就不能穿孝服、拿哭丧棒），在唢呐、锣鼓声中爬着从门口进入首席处行礼。待首席客人将其牵起后，退至下一席跪下，再待客人答礼将其牵起后，退至下一席。如此进行，直至最后退出宴席大厅。除了宴席大厅，孝子孝孙也要去厨房行谢孝礼。一起谢毕，然后再回席上向亲友敬酒。这一过程的意义就是主家人感谢众亲友前来送葬。

瑞昌现在也有很多地方谢孝仪式简化，不再跪拜，只需逝者的直系晚辈向来宾敬酒，以示感谢即可。

第二编
第九章 丧葬

仙鹤、靠背幛与盖毯

逝者是男性的由太家婆方送仙鹤（纸扎的鹤）、靠背幛，是女性的由娘家母舅方送仙鹤、靠背幛。大女儿送盖毯，无女儿则由侄女送盖毯。

追悼会

丧宴结束，便举行追悼会。追悼会由族上德高望重或有文化之人主持，现在大多请乐队中的一人主持。首先是孝子孝媳等所有戴孝之人到灵前上香，孝子致祭文，之后举行摸棺仪式。摸棺时，要在棺材上的盒子里放一些钱，以谢乐队的人代为哭灵。摸棺完毕，戴孝之人两边下跪，孝女孝媳可以抚棺痛哭，以示痛心亲人离去，实舍不得。之后进行客祭，由主持人主持上祭仪式，各位根党姻亲按顺序上祭，主持人祭奠、致祭文。祭品由"八仙"收纳，也有的地方会增加孝子诉苦仪程。然后由单位代表、家族代表、姑及姑老表亲、女儿女婿、侄女侄女婿、孙女孙女婿、亲朋好友、叔侄兄弟烧香，最后是"八仙"烧香。

旧时，追悼会叫"过祭"，又称"上祭"，过祭又分堂祭与路祭两种。

堂祭的主祭人一般多为逝者的子女，在家设灵堂主持，也叫起马祭。路祭则由逝者的亲戚朋友主祭，在逝者归山的途中举行。如今也有很多堂祭、路祭一起进行。

过去对主家堂祭的祭文很是看重，一般由当地的专门为人办丧事的先生捉笔，现在则由演礼生（死人时、过祭做七时主持仪式或演示礼仪的人，又叫赞礼生）担任。执笔者要写好这篇祭文，应先向主家详细了解逝者生前的情况，描写才不致空洞无物、泛泛而言。祭文的内容不外乎是赞叹逝者的劳苦功德、纯朴善良，抒发亲友的悲痛缅怀之情。演礼生一般唱读，读到情深处，声泪俱下，子女也禁不住号啕大哭。

附一：旧时祭文格式

时维公元一九五〇年某月某日子某某率妻某某子某某媳某某孙某某薄备香楮酒醴致祭于某某灵前而泣曰：

呜呼！

（正文）

结尾：呜呼哀哉，伏惟尚飨！

附二：现代祭文格式

称呼：尊敬的（长辈）大人

正文：（略）

主祭者：（晚辈某某某）

时间：（略）

附三：哭娘文

正月怀胎正月正，好比杨柳正发春，
好比湖中浮飘草，不知生根未生根。
二月怀胎在生成，娘在房中愁动身，
早晨夜晚吐酸水，闷闷沉沉只在心。
三月怀胎三月三，三餐茶饭吃两餐，
珍馐百味都不想，只想杨梅来当餐。
四月怀胎长头发，儿在娘肚渐渐大，
儿在娘肚总安稳，娘吃茶饭喉咙紧。

第二编
第九章　丧葬

五月怀胎男女分，七孔八窍长成人，
不是一拳便一脚，闹得为娘头发晕。
六月怀胎热难当，紫荆树下歇阴凉，
青年怀胎犹自可，老来怀胎苦难尝。
七月怀胎正立秋，烧茶煮饭难抬头，
眼花无法穿针线，百忙家务一齐丢。
八月怀胎桂花香，晚禾收割正农忙，
白天稍动气难透，晚上两脚搬上床。
九月怀胎苦难言，娘亲心里似油煎，
又怕生下妖魔怪，又怕五官不周全。
十月怀胎正临盆，生死只隔半毫分，
儿奔生来娘奔死，只隔阎王一道门。
牙齿咬得铁钉断，双脚蹬得地皮穿。
一阵痛得汗如雨，二阵痛得欲断魂。
结发丈夫心难忍，洗手焚香许愿心。
一许武当香一炷，二许各庙点神灯，
三许祖宗多保佑，四许虚空过往神。
送子娘，来送喜，儿女轻快离娘身。
请来洗娘为儿洗，可怜情景何堪忍，
一盆清水端进房，一盆血水出房门，
炉灰撒得红满地，血水洗了好几盆。
自从儿女生下地，带在身边料殷勤，
一日吃娘几次奶，十日吃了无数斤，
口口吃的娘身血，娘身瘦得不成形。

自古天下慈母心，只有大人欠细人，
一怕儿女身上冷，二怕儿女肚饿时，
三怕儿女不好养，四怕儿女有差移，
五怕儿女关煞重，六怕儿女跌楼梯，
七怕儿女心懵懂，八怕儿女水边行，
九怕儿女头跌破，十怕儿女不聪明。
一周两岁跟娘走，三岁四岁伴娘行，
娘亲要是出远门，丢下儿女不放心。
养儿到了七八岁，送往学校读书文，
文具书包娘手办，儿未回家娘倚门。
养育儿女十几岁，终身大事操碎心。
待到儿女成家后，本该是娘享福时，
孙儿出世娘劳碌，日携夜抱睡眠迟。
一生心血付儿孙，老来体弱病迷离，
大限来到无常路，儿在东来娘归西。
难诉娘亲一生苦，莫忘十月怀胎情。
为人在世要行孝，不孝父母孝何人？
若对双亲不孝敬，后代儿孙跟样行。
不信但看屋檐水，点滴不差半毫分。

抬丧归山

孝子孝孙按辈分大小依次端灵位、把柴、五谷、苦竹棒、遗像（实行火化后再加端骨灰盒），由金童玉女在前面引幡开路。"八仙"撤掉香

第二编
第九章 丧葬

案，各就各位，大吼一声："日嚁嚁！"向前走三步，向后退两步，连续三下，同时将灵柩向屋内方向倾斜，再迈步向前，然后方可正常向前行。为什么要向屋内方向倾斜呢？民间的说法是内倾发儿，外倾发女。摔碎灵柩下的碗，以示不忍逝者离去，不想让逝者到阴间喝迷魂汤。路上"八仙"可以歇肩，有专门司职搬长凳，以供棺材临时停放。

归山路上，大多由亲友依次路祭。队伍顺序：散钱纸者先行，以买通沿途鬼怪，使其不要为难逝者。接着幡旗、花圈、挽联引路，"八仙"抬着灵柩紧跟，孝子端着遗像、灵牌，拿着哭丧棒紧随其后。众亲友便在喧天的锣鼓、齐鸣的鞭炮声中送葬。一路上还要泼粥、撒五谷，直至墓地。有的地方还有"骑丧"的习俗，即棺材一抬起来，由长孙坐在棺材上。

下椁

到墓地后，"八仙"放下棺木，解开绑绳，只留下两根棕藤套住棺木，停放在墓穴边，先向墓穴内填石灰，等待吉时。吉时一到，"八仙"齐力用套绳拉起棺木，下棺。年月先生手持罗盘，调好方向后，"八仙"方可取出套绳。之后，年月先生开始举行向孝子孝孙撒五谷的仪式，边撒边喊吉语，称为下椁（sì）。下椁辞：

一要发，天长地久。　　二要发，金玉满堂。
三要发，三元及第。　　四要发，大学留洋。
五要发，五子登金榜。　　六要发，女配君王。
七要发，七子团圆庆。　　八要发，八节康宁。
九要发，九老九千岁。　　十要发，万寿无疆。
十一发，文一对。　　十二发，武一双。
亡魂今日登吉地，应佑子孙万年长。

孝子孝孙用衣襟接住五谷，然后把五谷撒进墓穴。下葬若时辰有忌，则棺材不得落到实地，这时用铜钱置于棺材四角底面垫起，暂时掩盖，有的甚至停柩数月不能入墓。待吉时到再取出铜钱，死者自然也就入土为安了。仪式完毕，由"八仙"回填墓土，隆成坟包。戴孝之人重新摆好祭品、酒水，齐向新坟上香并下跪行礼，道士打安山。

葬坟时，由房上叔侄挑来粑和面，给"八仙"和送葬人吃，以示感谢。如果挑来粥的话，没吃完的粥要倒入墓中，意为"祝（粥）坟"。粑中还有包着铜钱的"宝粑"和粑娘，必须带回，分给孝子孝孙。孝子孝孙必须吃完，以期子孙福寿安康、开枝散叶、荣华富贵。

上坟

有的地方在逝者安葬的第三天，戴孝之人要全体上坟。用稻草结绳，逝者有多少岁，就打多少个结，绳沿坟绕一圈，再点火烧尽，谓之"烧地契"，也叫烧烟把。现在已改成烧香，每岁三根为一炷香，逝者多少岁就准备多少炷香。沿坟插满一圈，焚烧完毕，上坟者方可回家。

烧清香

瑞昌有的地方的习俗是第二年的春节，要给头年逝者设灵堂，谓之"新位"，以备亲戚、朋友前来烧清香（也叫烧新香）。烧清香的日期一般不能超过正月初五。但有特殊情况的也可延迟到正月初七。"新位"有扎灵屋、供灵位的习俗，灵堂长奉香烛，以示哀思，待到逝者去世一周年后方可除去灵屋、灵位。

第三节 超度

超度亡魂

旧时，超度亡魂也叫做道场。以前的官家、富裕人家要做七七四十九天道场，为逝者斋醮，即请道士念道士文，四十九日不间断。村上派人日夜护灵守灵。出殡前一天晚上，要搭高台，演礼生要做大祭。孝子行三跪九叩进入灵堂，再行三献文礼，诗童读蓼莪诗，整个过程叫做夕奠。出殡当天早上做叫朝奠，一般是演礼生读孝子祭文和女儿女婿等至亲好友的悼文，为逝者歌功颂德，盖棺定论。逝者去世后，家中的孝子孝孙等见了上亲都要跪行礼迎送，在灵堂内不能搞任何娱乐类活动。对来宾吊客也要跪趴在棺材两侧行礼迎送，无人扶牵不得起身。

由于地域不同，瑞昌各地习俗也不相同。南部普遍是先超度（醮灯）再归山，因此超度就得与选地择穴同步进行。而中部地区的习俗则是先归山，再超度。超度仪式的程序各地也不尽相同。

解厄

这是瑞昌中部地区的习俗。解厄就是免去逝者生前所犯之"罪"。道家认为，人每活一岁就有一罪。因此以一枚方孔铜钱为一罪，用一根细麻索穿起，再用竹签将铜钱从方孔中挑起扣在整条麻索上，以示所有罪行在此。黄冠先生解厄时每解一罪，孝子就解下一枚铜钱，让铜钱落入清水盆中，同时烧三张纸为一联的钱纸。其他人在两旁下跪。先生边唱边打钹，另一乐师打锣。解厄完毕后是喊魂请茶，孝媳奉茶完毕，先生帮助逝者的亡灵度奈何桥。度完奈何桥，先生再安魂。有的地方还有一个"劝亡"的步骤，即安慰逝者的亡灵的意思，劝慰亡灵不必为平庸的一生而难过。"劝亡"中有这样的话："日落西山又转东，人生不必逞英雄，张良用计今何在？韩信功劳一场空。"

解结

这是瑞昌南部地区的习俗，与上述解厄同义，只是形式有所不同。解结是逝者亡故后，停柩灵堂时，道士为逝者生前所做过的事、说过的话、有冲撞得罪万物生灵和神灵的"罪孽"进行解释、恕罪的一朝法事。做法是用一根麻绳或丝线，将十个或十二个铜钱穿起来，再在铜钱的方孔中插上纸钱卷成的灯芯。将绳子或丝线两头系于两张高座椅的椅靠上，使铜钱和纸芯悬在空中。底下放一盆水，盆沿上放一把火钳，火钳上放一双死者生前穿过的鞋子。家中女眷跪于灵前，意思是女儿心善，与父母最贴心，愿代父或母受过。道士每念完一道经文，帮忙的人就烧一个铜钱纸芯。比如，逝者若是六十岁，道士就要念六扎道（烧六扎纸芯）；死者若是八十岁，道士就念八扎道（烧八扎纸芯），但大都须烧完所有的纸芯，也就是念完十扎或十二扎道，故叫解结。

第四节 做七

旧时，父母去世须守孝三年，即子女在三年内不准考试、做官、外出。若有人不照做，革除功名事小，还会受到其他严厉的惩罚。这一习俗随着时代的变革和生活节奏的加快，早已不复存在，但做七的风俗仍存。

做七，亦称烧七、斋七、理七、七七斋等。指逝者被安葬后，亲属每七天设一次斋，通常做七的次数为四次，即：头七、三七、五七、七七。按丧事的习俗，烧一七、七七的以孝子为主，称作有头有尾；三七以孝媳为主；五七则以孝女为主。有的人家做七还会请道士做道场。古时候的做七是七天一次，做满七七四十九天才算完事。近年受打工潮的影响，逝者的家属无法在家中耽搁太久，多数人家就不再做七了，这一习俗改为在逝者下葬后的当天晚上一次性超度。

第五节　修坟立碑

安生基

有的地方的习俗是在人还没死的时候就择好墓地，立好碑石，叫"安生基"，也叫寿域。安生基时，有一系列仪式，其中最为庄重的就数祝赞文了。祝赞文：

（之一）伏以：

日吉时良大吉昌，呼龙祝赞正相当。寿域建成天运开，百子千孙福满堂。
雕龙画栋龙凤阁，彩射斗牛映瑞光。二龙戏珠照日月，双凤朝阳映九星。
金狮守土千秋吉，龙凤护穴万载祥。左边青龙秀无比，右边白虎好非常。
前有朱雀重重起，后有玄武层层高。中天一脉龙气足，牛眠福地享荣华。
千里来龙始献瑞，九曲朝水初发祥。山环水绕气势好，面面有情镇名堂。

（之二）伏以：

福地千年发富贵，吉穴万载永兴隆。真龙吉地气运旺，荣华富贵出将相。
四面环山吉气聚，万派吉源更昌盛。人才兴旺才子生，朱紫满门入朝堂。
富贵千年冠四海，财发万里达三江。房房大发生子贵，年年富贵福寿长。

女儿女婿齐发福，外甥外孙皆昌隆。吉龙吉向收吉水，发富发贵发丁财。丁财齐发即时现，富贵双全天地长。人安物阜添福禄，寿域建成发万庄。

现在提倡火化公葬，安生基的习俗已成过往。

立墓碑

逝者归山安葬后，多数人家都会为其立墓碑。碑文内容一般都是"某某某之墓"及逝者的生死时间、后代谱系等，这些内容镌刻在石碑上，让来扫墓的子孙后代都能看到。

立墓碑时念口诀：

竖起玉笏天门开，左龙右虎两边排。后代子孙大富贵，科甲连登及第来。山山降下是真龙，乾坤正气旺此中。诗书传家长荣耀，科科竖起状元旗。

第三编

本编主要阐述瑞昌民间文化。在漫长的历史长河中，勤劳智慧的瑞昌人民创造了丰富的物质文明和精神文明。瑞昌的民间文化活动尤其丰富多彩。

新中国成立初期，许多较大的村庄都有一个茶灯戏的戏班，茶余饭后，茶灯戏的唱调就在村庄中此起彼伏。少数大村庄还有京剧或汉剧班子。二十世纪五六十年代，由茶灯戏改编而来的瑞昌采茶戏唱到了北京、上海、武汉，红遍大江南北。歌舞"大桥姑娘喜事多"在庐山为党的八届八中全会献演；山歌"笑在脸上喜在心"则进京表演，响彻了人民大会堂。

民间工艺中的剪纸、竹编、根雕，则是瑞昌人民精神文明的产物，是他们聪明才智的表现。剪纸以深厚的文化底蕴、独特的表现手法、高超的技艺、简约的形式，走出了国门，走向了世界；竹编和根雕更是以高超的工艺和精美的造型，赢得了人们的赞赏和喜爱。

私塾作为民间办学的一种形式，在旧时的文化传承中起到了不可替代的作用。有官学以后，私塾仍是教育资源的补充。它表现了劳动人民尊师重教的优良传统，反映了不同时期的教学内容和办学特色。

宗族文化中的修谱、建祠，记录了我国姓氏发生的渊源和发展。对姓氏的延续、家风的发扬、民族的团结，都起到了有益的作用。

许多民间禁忌也包含着一定的科学道理，是古人生活经验的结晶。比如，不能捅燕子窝，因为燕子应保护；不能打屋基蛇，因为蛇吃老鼠；客死他乡之人，尸体忌入屋，是怕将病毒带到家中；不能踩踏字纸，则是敬惜文字、尊重文化的表现。

宗教信仰作为一种长期存在的社会现象，也有着它深刻的历史根源和社会原因。烧香焚纸、抽签问答、测事祈愿、求神拜佛作为从古至今

第三编
第九章　丧葬

人们日常生活的一种客观存在的行为、一种精神寄托、一种民俗活动，被记录在案，对我们观照历史、观照生活，是有一定参考意义的。

　　色彩纷呈的文明习俗，储存了瑞昌多少岁月的往事，唤起了人们很多美好的回忆。

第十章 民间艺术

第一节 民间舞蹈

地盘舞

瑞昌的地盘舞,又名地盘傩、地盘戏,是民间玩傩接祖的一种习俗,源于瑞昌南义镇,后流传于瑞昌、德安、武宁毗邻乡镇。是人们祈求神祖保佑、风调雨顺、五谷丰登、大吉大利、吉祥平安的艺术表现形式。

相传在明末清初,民间兴盛雕塑太祖。人们为了追求平等自由,向往美好,把一切希望寄托在太公太祖身上。地盘舞就是每年的接太祖活动中的重头戏,每到一个庄门,表演者打着大锣大鼓,吹尖嘴号,放土铳,意为压邪扶正,非常热闹。队伍里小孩扛旗,大太祖由四人抬,小太祖由两人抬。地盘舞就是接太祖时的表演形式。

地盘舞里共有十多个角色,大锣大鼓四人,小锣鼓(锣、钹、小锣、马锣、小鼓),四或八位面具人物,还有四位村姑穿各色彩衣,手持托盘,盛有牺牲祭礼全鱼、全鸡、猪头等。面具人物手持"朝简",身着大衣大帽和各色长袍。戴着面具的大人物塑像象征着太公太婆(泛指有名望的祖人),村姑则代表民意,负责拜祖、表演、祷告。地盘舞由真人带着木偶面具表演,风格铿锵有力、粗犷豪放。

第三编
第十章 民间艺术

南义地盘舞

地盘舞分为三部分演出。第一部分是丝弦锣，第二部分是还年福，村姑表演拜祖、求佛、呈献祭品，边唱边作揖打躬，第三部分是"送平安"表演，求太祖保佑新的一年风调雨顺、国泰民安、人兴财旺、逢凶化吉。表演者以"朝简"、双刀、大刀、柳叶刀为道具，以祈旗开得胜、满门平安。

地盘舞作为瑞昌人喜闻乐见的节目，从明代流传下来，至今已有四百多年的历史。从二十世纪七十年代起，经过专业人士的挖掘和整理，在原有的表演基础上推陈出新，新式的地盘舞参加过瑞昌市的文艺汇演，并获得了行家同仁的好评。

跑马灯与跑马调

跑马灯为瑞昌北部地区（原大林埠）每年正月开始到元宵节结束的一项民俗活动，在夏畈镇南畈村已传了十二代。跑马灯又叫茶灯、太平灯，起源于明朝末年，距今已有三百多年历史。在三月茶花盛开时可以玩，清明节、端阳节、重阳节也可以玩，寓意"吉祥、和顺、太平"。跑马调是配跑马灯的一种地方民歌,属于即兴式的唱腔。起调一般为三段12句,主题多为歌功颂德。正调演唱内容多为历史人物、历史事件,也有当代的新事物。唱调为一段9句,每小段3句,每段可换韵,最为独特的是每小段最后一句第三、四字在唱时重复。跑马调的演唱旋律较为婉转,节奏感强,设有主唱一人,和唱多人,和唱内容为每小段的最后一句。跑马灯的表演配有彩灯舞和司锣。彩灯舞配有举灯一人,扮华山圣母娘娘,四人拿茶箩灯。其他角色有:骑马者三人,配三匹骏马;一位推车夫;一位坐车的少奶奶,挑着花篮;看灯婆一人;打锣鼓五人,等等。整个场面表演者众多,气氛十分热烈。跑马调的歌词多是宣扬和赞美古代英雄豪杰,以及为国为民做出杰出贡献的人。表演跑马灯的目的就是团结一方人,共建一方文明。

跑马灯表演

狮子灯

狮子灯表演中的狮子是用竹木和彩布制作的,舞狮子是三人共舞,

第三编
第十章　民间艺术

一人驾驭狮子头，一人驾驭狮子尾，另一人手擎红色绣球，戏逗狮子伴舞。表演分狮子追绣球和武术两个部分，时间各一小时左右。表演中狮子跳跃、滚爬，动作敏捷，造型逼真，舞狮子的人也配合默契。持球人跌、爬、滚、翻、弹跳的动作十分矫健。武术部分会表演刀枪、棍钯、铜叉以及拳术等武术项目。

当有狮子灯队来舞狮子灯时，本村和邻村的村民以及亲戚朋友，都会不约而同地拥向村庄里的稻场或空阔地，并自动围成一个大圆圈。狮子灯表演通常在打击乐、唢呐等乐器的伴奏中进行，曲牌有火爆、铃锣、马上套等。持绣球的人身穿大红对襟便衣裰，着彩裤，其他人统一穿绿色彩服，足穿布鞋，在一路"咚咚锵""咚咚锵"的节奏和唢呐以及爆竹声中，进行舞狮祝福。

到了腊月底，狮子灯队开始在村庄试演。当催场的锣鼓响过之后，狮子灯队的队员们轮番出场，挥拳的，握棍的，挥刀的，大家都使尽了招数，铆足了劲，个个玩得刀棒飞舞，脚下生风。还有火流星表演，更让人大开眼界。火流星是用一根不长不短的绳子，两头拴上两个拳头大小的铁笼子，铁笼里装满点燃的木炭。当火流星甩起来的时候，两个火笼就如两颗星球闪烁。

试演后，狮子灯队便正式开始外出表演，本地演过了，就到外乡亲戚处演，越演越精。姑娘、大姐的亲戚处须放礼花鞭炮欢迎狮子灯队，还要好酒好菜地款待他们。表演完了还要破费塞些钱，即使家庭困难也要尽量有所表示，生怕礼节不到，让姑娘在娘家人面前没面子。玩狮子灯的人也不能白吃白拿，必须献上一场真正精彩的表演，收场时还得来一气奉承感谢之类的段子，方可一路锣鼓地启程他村。就这样狮子灯队从过年开始就每天都"咚咚锵""咚咚锵"，一直要敲到正月十五方才歇手。那时有句俗话说："过了正月半，锣鼓高高放，男人打草鞋，女人搓麻线。"

行傩

行傩也叫行春傩，有的地方叫"行锣"。新中国成立前，每到过年以后，瑞昌各地都喜欢接祖游春坐案。也就是把祖宗雕成菩萨，从这个屋下接到那个屋下，抬着在本屋下的田地里转游一圈后，再安放到祠堂的神龛上供奉。家家户户要都去祭拜，并请戏班子来唱几日几夜的戏，接亲邀友，热闹非凡。行傩时，男童女童涂脂抹粉扮成金童玉女，青壮年涂成花脸或戴着面具，玩各种把式，展示驱赶鬼邪的场面，以求得一年的平安无虞。

有的地方接祖行傩有特定的规矩，比如，码头黄沙村的人接祖要在各房头接驾、送驾，不须出村过堡，只在村内主要路段通过。但太子、老爷的行锣路线一定要打从"老桥"经过。老桥是黄沙村一座年代久远的桥，黄沙人不管办什么红白喜事，都要过此老桥，其意是通过老桥，才平安吉利、发富发贵。

丝弦锣

丝弦锣鼓，民间简称为丝弦锣，是广泛流传在码头、武蛟、白杨一带的传统打击乐，是瑞昌传统民间文化之一，有近两百年的历史。"南有地盘舞，北有丝弦锣。" 瑞昌人对这两种民间艺术非常推崇。

丝弦锣在民国时期最为盛行，瑞昌湖滨的乡镇几乎村村都有丝弦锣班子。其分布范围之广，参与人数之多，盛极一时，正所谓"村村锣鼓响，户户见丝弦"。

第三编
第十章 民间艺术

　　瑞昌丝弦锣鼓起源于码头地区的黄沙村和费村，之后逐渐传入邻近乡镇，成为滨湖广大地区节庆期间群众喜闻乐见的民间歌舞形式。码头镇前些年组织丝弦锣队伍参加市县文艺汇演，其独具特色的民间艺术形式使观众好评如潮，并成为瑞昌农民艺术节的当家节目。为了丝弦锣的传承发展，赤湖之滨不少乡村至今仍然致力于不断创新，目的是要让丝弦锣鼓这一民间文化的瑰宝和着时代的节奏，唱响生活、唱响未来。

　　丝弦锣例谱如下：

采莲船

采莲船又叫跑旱船、划彩船，在瑞昌北部地区流传甚广，成为群众恭贺新春，祈求来年平安吉利、兴旺发达的重要民俗活动，一般在农历初一至十五演出，但也不局限于这个时间。

采莲船表演是边舞边唱，表演者走乡串户，伴随着鞭炮齐鸣、锣鼓喧天。有时还要加上一两支唢呐伴奏，现场气氛热烈，具有浓郁的地方风情。

采莲船用竹木扎成，下为船形，五六尺长，上是宝塔亭阁型盖顶。船高1~2米，船身以纸或布糊裱，画上鲜艳的纹彩，系于表演者的腰间或肩上，下端用代表波浪的蓝布遮住脚。表演时一戏装女子置身彩色的莲船之内，一手拿手帕，一手扶船。另有一花脸艄公，一手拿竹篙或桨，一手牵引彩船跑。船尾加一丑角，名"摆档婆子"，手持破蒲扇，随船而行。

划采莲船的表演妙在一个"跑"字，一阵紧锣密鼓之后，老艄公匆匆上场解缆撑船，作速行进。在锣鼓乐器的伴奏下，船在场内做倒8字运动。随着音乐节奏的不断加快，船行速度也不断加快，船身起伏跌宕、频频倾侧、险情不断。船上女子也显得惊慌失态，场上鼓点越发紧迫，观众的心也提到了嗓子眼上。后面的摆档婆子尽出怪相，让人忍俊不禁。险情排除后，船中女子尽显俏丽温柔，边唱边舞，让人流连忘返。整个表演从解缆开始，历经几次险情，表演者的表情、动作丰富多变，整场戏起承转合紧凑自然、滑稽幽默、妙趣横生。采莲船恭贺歌词（每唱完一段歌词都要打一通锣鼓）。

第三编
第十章 民间艺术

附：歌词

（领）彩莲船哪，（众）哟哟。（领）两头尖哪，（众）呀嗬嗨。

（领）妹坐中间哪，（众）呀儿哟。（领）帅哥牵哪，（众）划着。

（众）哟哟，（众）呀嗬嗨。（领）帅哥牵哪，（众）划着。（打锣鼓）

（领）彩莲船哪，（众）哟哟。（领）八方玩哪，（众）呀嗬嗨。

（领）俏俏姑娘哪，（众）呀儿哟。（领）秀人前哪，（众）划着。

（众）哟哟，（众）呀嗬嗨。（领）秀人前哪，（众）划着。（打锣鼓）

（领）彩莲船哪，（众）哟哟。（领）来拜年哪，（众）呀嗬嗨。

（领）青老孩童哪，（众）呀儿哟。（领）笑开颜哪，（众）划着。

（众）哟哟，（众）呀嗬嗨。（领）笑开颜哪，（众）划着。（打锣鼓）

（领）彩莲船哪，（众）哟哟。（领）庆新年哪，（众）呀嗬嗨。

（领）鞭炮齐鸣哪，（众）呀儿哟。（领）锣鼓喧哪，（众）划着。

（众）哟哟，（众）呀嗬嗨。（领）锣鼓喧哪，（众）划着。（打锣鼓）

（领）彩莲船哪，（众）哟哟。（领）庆丰年哪，（众）呀嗬嗨。

（领）盛世农村哪，（众）呀儿哟。（领）民众欢哪，（众）划着。

（众）哟哟，（众）呀嗬嗨。（领）民众欢哪，（众）划着。（打锣鼓）

（领）彩莲船哪，（众）哟哟。（领）送金言哪，（众）呀嗬嗨。

（领）祝愿家家哪，（众）呀儿哟。（领）年胜年哪，（众）划着。

（众）哟哟，（众）呀嗬嗨。（领）年胜年哪，（众）划着。（打锣鼓）

（领）彩莲船哪，（众）哟哟。（领）四角亭哪，（众）呀嗬嗨。

（领）恭喜老板哪，（众）呀儿哟。（领）发大财哪，（众）划着。

（众）哟哟，（众）呀嗬嗨。（领）发大财哪，（众）划着。（打锣鼓）

（领）彩莲船哪，（众）哟哟。（领）两头扬哪，（众）呀嗬嗨。

（领）恭喜东家哪，（众）呀儿哟（领）多富贵哪，（众）划着。

（众）哟哟,（众）呀嗬嗨。（领）多富贵哪,（众）划着。（打锣鼓）

（领）彩莲船哪,（众）哟哟。（领）喜洋洋哪,（众）呀嗬嗨。

（领）福星高照哪,（众）呀儿哟。（领）保安康哪,（众）划着。

（众）哟哟,（众）呀嗬嗨。（领）保安康哪,（众）划着。（打锣鼓）

（领）喜庆话哪,（众）哟哟。（领）表不完哪,（众）呀嗬嗨。

（领）打起锣鼓哪,（众）呀儿哟。（领）往前行哪,（众）划着。

（众）哟哟,（众）呀嗬嗨。（领）往前行哪,（众）划着。（打锣鼓）

第二节　民间戏剧

瑞昌地方戏曲多样。单就戏种来说,以前流行的有汉剧、采茶戏、黄梅戏等。

剧种

汉剧　又称大戏,清代中叶形成于湖北境内,民国时期定名为汉剧。主要流传于武汉和湘、赣等省部分地区,汉剧唱腔优美、高亢,对白雅致,文本大气,对表演者的文化素质要求较高。二十世纪五六十年代,瑞昌乐园南边村、范镇石壁徐等村庄的汉剧戏班到过很多地方演出,特别是《借东风》《辕门斩子》等剧目有一定的名气。

采茶戏　瑞昌采茶戏是以瑞昌洪下源的方言为主,吸收部分湖广音演唱方式的地方戏剧。据明隆庆四年（1570年）《瑞昌县志》记载,瑞昌南源一带流行"茶箩灯"小调,至清乾隆年间汲取了湖北黄梅逃水荒灾民带来的黄梅采茶戏"三脚班"剧种的特色,后逐渐发展成"七子班",至十八世纪末,约有230多年的历史。从十九世纪二十年代后发展

第三编
第十章 民间艺术

成行当较齐全的"十子班",以此成立了瑞昌采茶戏第一个民间班社"瓜山班",至今有近200年的历史。

瑞昌采茶剧团演出的《十八相送》剧照

黄梅戏　黄梅戏是我国五大剧种京、越、评、豫、黄之一,起源于瑞昌近邻湖北黄梅,由山歌、秧歌、茶歌、采茶灯、花鼓调组成,先在农村,后到城市。它吸收了众多剧种因素,逐渐形成了自己的艺术特点,深得广大人民群众的喜爱。自电影《天仙配》《女驸马》等优秀剧目上映后,一时间很多地方都成立了业余的黄梅戏小剧团,很多优美的唱段至今响彻瑞昌的田头地边和公园广场。

踩台

祖祠进门的第一重一般上面都设有戏台,以备举行唱戏等各项活动。祖祠的戏台建好后,还要请当地的文人或族长举行踩台仪式。新戏台不经踩台是不能唱戏的。民间踩台仪式有很多形式。

例一:

1.准备

(1)三牲祭礼,猪首、雄鸡、鲤鱼、仿尚方宝剑一把。

(2)水酒三杯，白色香三根，烛一对，黄表纸三叠，胶水。

(3)红银硃毛笔，每个红丁一支，每支笔蘸银硃一点。做法是踩台后把笔丢地下由观众捡去。主持所用的笔放在祖堂作为供笔。

(4)写着"姜太公之位"的牌位。

(5)办五谷一盘。

(6)主持人身穿丑角衣，手持云帚一把。

2.作法

(1)鸣炮奏乐，请出"姜太公之位"贴上位。

(2)主持人背上宝剑，点香，烧纸，作蘸。

(3)主持人到祖堂前敬香，烧纸，作揖。

(4)主持人重回台上，用笔蘸银硃写四方的字，顺序是后左：一元复始；后右：二惠竞爽或二龙戏珠；前左：三阳开泰；前右：四季平安，接着后右：五谷丰登；后左：六六大顺；前左：七子登科；前右：八面来财。

(5)主持人跪台口念"九九归一，十全十美"后烧黄表纸，开始撒帐（撒五谷），主持人把剑卸下，放在香案桌上。撒帐文：

伏以：天地开张，日吉时良，男欢女笑，喜气洋洋。撒帐东，代代儿孙在朝中。撒帐西，代代姑娘做皇妃。撒帐南，家家户户都发财。撒帐北，老人寿龄都超百。撒去五谷迎丰岁，十赐保佑泽黎民。

一保老者多福寿，二保男丁身康健。三保学生连科中，四保姑娘会花纹。五保五谷仓仓满，六保六畜养成群。七保七子团圆念，八保八秩享遐龄。九保满门多吉庆，十保富贵万年春。

恭喜，恭喜。

第三编
第十章　民间艺术

例二：

燃放鞭炮后，首先，由戏班中的一位师傅扮成鲁班，头上扎着红布，上身穿小丑的水衣，下身围红色的裙子。接着用毛笔（称为银硃笔）在黄表纸上画五方符，再在所有参与踩台人员的额上，用银硃笔点上一个点。然后，披发祖师、金童玉女、吉帝神、文官丞相等角色开始化妆，准备就绪后就上台。

第一次上台不得从楼梯上去，而是从台口上去，每人手上拿三块新土瓦，上台后全部用力摔破。台上要事先摆两张八仙桌，一张摆祭品"三牲"，即雄鸡、鲤鱼、整个未劈开的猪头。点上香烛，三茶两酒，一个鸡血酒碗，一个净水碗。另一张八仙桌是披发祖师就座用的。扮鲁班者先用中指蘸上净水，一边画着八卦，一边洒在所有需要使用的道具上，再拿木匠用的量具"五尺"将戏台分出中线，用劈斧作势劈开。其他人开始在台面上张贴五方符，用两块瓦，底下的一块仰着，上面的一块盖着，中间放一张黄表纸、一个小鞭炮、一支点着的香，这样摆五个方位。完毕后，"鲁班"就站在戏台中央，背对着台口，从台顶把刚用的那只银硃笔抛向台下。此时，台下须清走所有的人员，以免被"鲁班"抛下的银硃笔砸到，说是人被砸到会大不吉利。之后，"鲁班"就开始将那只活雄鸡的头拧下。拧鸡头时，必须锣鼓齐鸣，击打的声响越有气势越好，一般打的都是"乱棰"。"鲁班"将鸡血滴在桌上的酒碗里，再将鸡血蘸在已张贴好的五方符上。此前，戏台后面的墙上，要贴一张写有"姜太公在此，诸邪回避"字样的黄表纸，此后，就开始像唱戏一样，先走出金童玉女，分站两边，祖师出，吊引，转身登上另一张八仙桌，念四句赋，同戏中状元登场一样，金童玉女也跟着登上椅子，站立上面。祖师的意思就是命令吉帝神去打破花坛。接着就是出吉帝神，领命后，金童玉女收取五方，完成后，即回去复祖师的令。至此时，台已踩好，"鲁班"就用一把新扫帚从台口往里扫三帚。接着就出一个丞相，唱一段《打十保》：紫竹林中节节高，狂风吹动紫罗袍，凤凰落在金沙地，何愁百鸟不来朝。保佑府上家富裕，保佑府上人丁旺……

唱戏

农村戏班子安排唱戏，不仅在祠堂里的戏台上，更多的时候是在室外空场处。戏台一般搭在村庄的打麦场上，大家一起动手搬来一些木头和家中的门板，时间不长，有模有样的戏台便搭好了。听说有戏看，附近十里八乡的人纷纷聚集过来。一时间，打麦场上挤满了人，孩子们争着爬上草垛，附近小生意人也纷纷来到戏台下，卖花生瓜子的、卖饼子棒棒糖的、卖油条麻花的、卖油豆腐的，叫卖声此起彼落，馋得孩子们直流口水。

阵阵催台的锣鼓响过之后，演员们依戏情先后出场，有男扮女装、涂脂抹粉、拖着长辫子的角儿们，有撒着娇的丫鬟小姐们，还有花脸、相公和小丑，那一个个人物形象格外生动。常言道，"唱戏的疯子，看戏的傻子"。当台上出现悲剧情节时，台下也有不少人陪着流眼泪；当台上出现冤情的时候，台下也有不少人跟着打抱不平。最精彩的是那些花脸武士出场时，一阵刀枪棍棒乱戳，打得分外精彩。

在二十世纪五六十年代，乡村的文化娱乐生活相当匮乏，人们唯一的娱乐方式就是玩玩灯、唱唱戏，凑个热闹。那时候看戏是不花钱的，村庄上有现成的业余戏班子。倘若谁家遇上欢乐喜庆的事，请村上的戏班子唱台戏，只要管顿饭就行了。每唱一台戏，某个时间总会安排一个扮演乞讨的角色，跪在台前一角苦苦乞讨（叫"打彩"），台下也总会有人向"乞讨"人的破竹篮里扔些零钱，这样，戏班演员所用的胭脂水粉钱也就解决了。要是安排在晚上唱戏，的确让人犯难，那时候农村没有通电，人们只好找来一种叫"满堂红"的灯照明。这种灯名字好听，但实际上照明效果却很差。有一种"汽灯"照明效果很好，要时不时给灯打气，而且中途经常有故障导致熄灯，但大家也很少抱怨，总会有人把灯修好，让大家继续看戏。

第三节　瑞昌采茶剧团

瑞昌采茶剧团是瑞昌市有史以来第一个以演戏为专业的国营文艺团体，演出剧种瑞昌采茶戏是我国348个地方戏曲剧种之一。剧团自成立以来，在城乡演出了大量为观众所喜闻乐见的瑞昌采茶戏，极大地丰富了人民群众的文化生活，并系统抢救、搜集、整理了源于民间的采茶戏剧目曲谱，为瑞昌民间戏曲的发展做出了不可磨灭的贡献。

1956年2月，瑞昌成立了以洪下"瓜山班"和大桥公社（现武蛟乡）业余剧团骨干为基础的半农半艺瑞昌采茶剧团。为了适应社会发展的需求，同年7月，经瑞昌县人民委员会批准正式成立了国营瑞昌采茶剧团。

1956年至1965年，是瑞昌采茶剧团发展和兴盛的十年，平均年演出250场，最多的一年演出达321场。剧团在杨开仟、杨能美等的悉心教导下，培养了邓小玲、柯亨耐、曹树霞、董洪高、陈战珠五位挂牌主演。1958年至1963年，瑞昌采茶剧团六进武汉演出，其中五次驻唱武汉"民众乐园"，使"糯米采茶"（唱腔抒情娓婉、流畅柔和，就像糯米那样有黏性，因而得名）在赣、鄂、皖三省邻近市县声名鹊起。1959年8月，由刘振隆原创，闻先明改编，张德林、王茂炎、端子龙记谱的民间歌舞《大桥姑娘喜事多》，以及彭庚麟演唱的渔鼓《赞武山》，选调上庐山为中国共产党八届八次全会演出，获得了很高的荣誉。

"文革"期间，剧团受到冲击。1976年至1985年，剧团得以恢复和振兴，十年间平均年演出180场，最多的一年演出达到389场。1990年至今的三十多年来，剧团演出以黄梅戏为主，单位由全额拨款改为差额拨款。为了传承瑞昌采茶戏，2004年，由彭庚麟、王茂忠编剧，范荣芳编曲的《春锣》，获中国滨洲·博兴国际小戏艺术节剧目银奖、编剧奖，演员张牧乡、朱品清获优秀演员奖。2008年，瑞昌采茶戏这一剧种被列入江西省级非物质文化遗产名录。2012年，瑞昌采茶剧团改名为"瑞昌采茶戏传习所"和"瑞昌采茶戏保护中心"，使这个民间的地方戏曲得以进一步传承。

瑞昌采茶戏的传统剧目号称"三十六大本，七十二插围"，但原"瓜山班"仅有部分手抄本，大部分传统剧目只能由老艺人口传身授。1960年，瑞昌成立了传统剧目整理小组，对瑞昌采茶戏的部分传统剧目进行了记录、整理，于1963年完成了《瑞昌采茶戏传统剧目汇编》的编辑工作，部分剧本收藏于瑞昌档案馆。1987年，瑞昌县文化局成立了"瑞昌戏剧创作研究室"，历时两年多，将瑞昌采茶戏的大小传统剧目全部整理成册，并全部收藏于瑞昌档案馆。

瑞昌采茶戏传统的主要腔调俗称"八板十三腔"，但从未有人详述过，更没有曲谱为证，都是口头传授。杂腔小调号称近百首，也同样没有文字依据。1956年3月，剧团演员、演奏员王茂炎请老艺人边唱自己边记谱，首次将瑞昌采茶戏的主要唱腔平板、花腔等记录成谱，刻印并装订成册，并将记谱整理的唱腔套用于演出剧目中，由单一的武场伴奏增加了文场伴奏。同年张绪纲又在此基础上进行了整理和改编。2006年7月，范荣芳将采茶戏老艺人演唱的正本唱腔和65首小调记谱整理成集，出版了《瑞昌采茶戏唱腔选编》一书。2021年，贺亚军对瑞昌采茶

第三编
第十章 民间艺术

戏进行了系统性、规范性地选编，对传统锣鼓、曲牌进行了整理，最后形成了内容较全面的《瑞昌采茶戏音乐》一书。

附：瑞昌采茶戏例谱

女 平 板

根据传统唱腔《女平板》整理改编

男 平 板

根据传统唱腔《男平板》整理改编

(乐谱略)

歌词：
今乃是五月五（匡匡）荷花（叻）开放（唉），众兄长一个个玩耍端阳。我渔网行至在中途路上，中途路得风寒才转当房。昔日里有一个修仙韩相，他比我小渔网（匡匡）强中（呃）更强（唉）。

第四节　民间歌谣

《拥护苏维埃》

自从组织苏维埃，千年压迫全推翻。

无饭吃，无衣穿，政府有安排。

地主恶霸打倒了，土地回家来。

男女婚姻讲自由,终身大事由着俺。

苏维埃政府,为我们解痛苦。

大家团结起,拥护苏维埃。

(注:这首歌是土地革命战争时期,洪一苏区群众所作。)

《想起长工好一难》

日头落山快落山,我打长工好一难。

一日三餐冷茶饭,清水煮菜还不咸,

想起长工好一难。日头落山往下飘,

想起长工好心焦。一天到晚不歇气,

丢落犁耙拿锄头,不如老黄牛一条。

日头落山往下阴,想起长工好伤心。

做牛做马无日夜,累死长工养不活人。

《穷人伢儿好伤心》

穷人伢儿好伤心,七岁放牛到如今。

冷饭冷菜是我吃,露水地里是我行。

还说放牛不坚心,丢落饭碗东家叫。

打水劈柴把粪挑,栗子敲头包摞包。

《大桥姑娘喜事多》

跃进年头喜事多,双喜临门笑呵呵。

大桥棉花似银海,单身汉子讨老婆,

日子越过越快乐。

（注：1959年7月，中共八届八中全会在庐山召开，瑞昌农民艺术团向大会献演了自己创作的歌舞《大桥姑娘喜事多》，这首民歌是其中一首。）

《笑在脸上喜在心》

山山岭岭传歌声，今年又是好收成。

都是党的政策好，风调雨顺人攒劲，

笑在脸上喜在心。

（注：1980年5月，北京人民大会堂举行全国部分省市农民艺术调演，瑞昌山歌《笑在脸上喜在心》获得调演，由瑞昌著名民歌手朱娥荣演唱，受到好评。同年9月，这首民歌又由朱娥荣在北京向中央领导汇报演唱。）

《插秧歌》

日头出山一点红，男女老少齐出工。

妇女们扯秧骑秧马，男汉得挑秧打秧把。

老人家煮吃又送茶，伢崽得田埂上搭泥巴。

上下齐心把田插，六月初六有新谷恰（吃）。

《采茶歌》

千里春风万里花，满山茶树吐新芽。

亲手绣得绿茵毯，采茶姑娘来采茶。

处处茶林朵朵花。

姑娘采茶真快乐，唱声山歌摘一箩。

南山摘了千百担，又到北山采万箩。

采得茶多歌也多。

第三编
第十章 民间艺术

《幸福生活甜如蜜》

对对秧鸡叫昂昂，郎插田来妹抛秧，

插秧人儿快如梭，没有哪个赛过哥，

看在眼里喜心窝。

棵棵秧苗嫩又壮，喜盼丰收多打粮，

碧绿秧苗似彩笔，画得山乡格外美，

幸福生活甜如蜜。

《叫我么样不唱歌》

山茶花开朵连朵，四化年头新事多。

梯田架起喷灌机，不怕旱魔再作恶。

春雨随心满山落，荒山变成金银窝。

山里变化这样大，叫我么样不唱歌。

《竹编姑娘》

翠竹青青河水长，俺南义办了竹编厂。

姑娘们心灵手又巧呀，巧手编出金凤凰。

南义小小竹编厂，产品捧回了金马奖。

年年产值超百万呀，小村飞出金凤凰。

山村姑娘情意长，双双小手织鸳鸯。

编只花篮送情哥呀，爱情花儿香又香。

《从来不唱打挈歌》

打掌得，打掌多，风吹石磙过江河。

高山头上鱼生子,激水滩头鸟做窠。
黄牛下出水牛婆。女儿大娘十八岁,
外孙大似老家婆。大人莫奈小人何。
从来不唱打挈歌,在家不怕我老婆。
她说公鸡能下蛋,我说我也看到过,
要比鸭蛋大得多。

《接龙歌》

黄龙来了游一游,低低茅屋接龙头。
保佑今年年岁好,新做瓦屋九重楼。
左边造起金银库,右边造起积谷仓。
金银库里装财宝,积谷仓囤万年粮。

《新婚铺床歌》

太阳出来喜洋洋,主家叫我来铺床。
一步走进新人房,新人房里亮堂堂。
上有吉星高照,下有八角四方。
天长地久,地久天长。
荣华富贵,儿孙满堂。
先生贵子,后生姑娘。
一铺一叠成对,二铺二叠成双。
三铺恩爱情长,四铺戏水鸳鸯。
五铺五子登科,六铺个个状元郎。
七铺夫妻白头偕老,八铺全家和睦安康。

九铺久吃久有，十铺家业兴旺。

今日铺好象牙床，快叫主家摆喜糖。

《哥妹相爱一条心》

面面铜锣一个音，

朵朵鲜花一色新。

句句山歌一个调，

根根毛竹一样青，

哥妹相爱一条心。

蜜蜂爱春一片情，

杨柳爱春一片荫。

千爱万爱比不过我，

我爱妹妹一片心。

《十爱姐》

一爱姐是好容颜，好似仙女下凡来。

姐呀络耶，十人看见九人爱。

二爱姐是好头发，梳子梳来篦子刮。

姐呀络耶，盘龙梳起金花插。

三爱姐是好眉毛，眉毛弯弯似柳叶。

姐呀络耶，眉毛弯弯分两边。

四爱姐是好白脸，胭脂擦来水粉点。

姐呀络耶，胭脂水粉点唇边。

五爱姐是好白手，十个指头似笋尖。

姐呀络耶，金镯戴在手腕边。
六爱姐是盘云髻，盘云边上吊金钗。
姐呀络耶，好似月牙垂脸腮。
七爱姐是好衣裳，衣裳四下吊麝香。
姐呀络耶，欠坏多少少年郎。
八爱姐是好罗裙，罗裙四角吊铜铃。
姐呀络耶，走起路来真好听。
九爱姐是好小脚，红绸袜子白布裹。
姐呀络耶，走起路来软索索。
十爱姐是爱不全，郎要走来姐要玩。
姐呀络耶，人过三十无少年。

《挑郎》

日头起山一点红，思思想想想裁缝。
嫁个裁缝有三宗好，一有丝线二有针，
还有布角斗（凑）围裙。
日头落山一点黄，思思想想想木匠。
嫁个木匠有三宗好，一有橱柜二有箱，
还有火笼烘衣裳。
思思想想都不好，还是嫁个庄稼佬。
庄稼汉子是宗宗好，男耕女织同到老，
挑水砍柴不辞劳。

第三编
第十章 民间艺术

《五月端阳稻花香》

五月端阳稻花香，黄花闺女娶新郎。

打破千年旧习惯，男嫁女娶新风尚。

唱支山歌进洞房。

《姐不风流郎不来》

日头升起照山崖，山崖度里（里面）牡丹开。

风不起来花不谢，雨不落来花不开，

姐不风流郎不来。

《撒帐歌》

新人挪步到高堂，神女仙郎入洞房。

花红利市多多赏，五方撒帐盛阴阳。

撒帐东，帘幕深帏烛影红。

新郎新娘来相伴，画堂日日舞春风。

撒帐西，锦带流苏八幅齐。

揭开便见婵娟面，洞房一对好夫妻。

撒帐南，织女牛郎配凤鸾。

良辰吉日鹊桥会，一胎生下两儿男。

撒帐北，嫣然一笑眉间色。

芙蓉帐里度春宵，嫦娥喜遇蟾宫客。

撒帐中，鸳鸯交颈戏芙蓉。

从今百年歌好合，红罗帐里乐融融。

撒帐上，一对月中玉芙蓉。

恍若今宵遇神女，红云簇拥下巫峰。
撒帐下，见说黄金光照射。
今宵吉梦便相随，来岁生男定升价。
撒帐前，沉沉非雾亦非烟。
香里金虬相隐映，文箫今遇彩鸾仙。
撒帐后，夫妇和谐长相守。
从今夫妇两平权，莫作河东狮子吼。

《后生伢儿要学乖》
月儿团团像米筛，后生伢儿要学乖。
站着莫和姐说话，坐着莫跟姐儿挨，
莫等旁人看出来。

《时时刻刻望郎回》
姐的门前一棵梨，掇把椅子望郎回。
人家问我望么事，我望树上几多梨。
时时刻刻望郎回。

《角子树儿垴前白》
么事树儿垴前白，么事穿青又穿白，
么事穿的灰色袄，么事穿的红绿色，
么事头上一点血？角子树儿垴前白，
乌鸦穿青又穿白，斑鸠穿的灰色袄，
野鸡穿的红绿色，凤凰头上一点血。

第三编
第十章 民间艺术

《欠得妹儿颈直独》

哥买粉，叔买花，买给妹儿到婆家。

妹儿妹儿你莫哭，过个岭儿是你屋。

锅里大米饭，罐里猪头肉，

欠（羡）得妹儿颈直独（颈一伸一缩的样子）。

《抬筲箕姑歌》

正月正，麦草青，麦草开花两边分。

一姑娘，坐一下，二姑娘，坐二下，

三姑娘，生得乖，指望仙姑早早来。

你要来，早些来，莫等深更半夜来。

三更半夜桥难过，五更半夜锁难开。

《懒汉歌》

日头照到屁股了，我爷叫我去锄草。

早晨醒好困，留到上昼加把劲。

上昼又好热，留到下昼摸点黑。

天黑蚊虫咬，留到明朝起个早。

《贪心歌》

终日奔波只为饥，才得一饱便思衣。

衣食两般皆已足，又想娇容美貌妻。

娶得美人生贵子，叹无田地少根基。

买了田地多又多，出入无船少马骑。

槽头买了骡与马,叹无官职被人欺。
知府县令还嫌小,又想朝中挂紫衣。
若得此人心意足,除非南柯一梦西。

《有女莫嫁蚌壳地》

娘呃娘,姨(娘)也姨(yì),
莫把我,嫁到蚌壳地。
来又不得来,企又不得企(去),
扯把苋菜擦眼泪。

《猪衔柴,狗烧火》

烟哪烟,莫烟我,烟到隔壁亲家母。
猪衔柴,狗烧火,猫儿吃饭泡了脚。
鸡公洗碗跶了钵,老鼠关门夹了脚。

《三岁伢儿会唱歌》

秧鸡叫,尾巴拖,三岁伢儿会唱歌。
不是爷娘告诉我,是我自己学来咯。
手挥鞭子笑呵呵。
骑牛背,上草坡,头戴斗笠身穿蓑。
放牛伢儿就是我,手挥鞭子笑呵呵。

《看"高公"》

洋鸡公,尾巴舂。舂箩米,看高公(外公)。

高公问我么事饭，豆饭。

么事豆，青皮豆。么事青，竹叶青。

么事竹，罗汉竹。么事罗，鸡蛋箩。

么事鸡，刬鸡。么事刬，葫芦扯欠。

《牧童对歌》

么事头上两个眼？么事头上四颗钉？

么事穿破四条筋？

石碌头上两个眼，扁担头上四颗钉，

草鞋穿破四条筋。

么事开花头向下？么事开花一口钟？

么事开花雾蒙蒙？

茄子开花头向下，石榴开花一口钟，

枣树开花雾蒙蒙。

河流淌过那山坡，你歌没有我歌多，

我歌多得用车驮。

从你屋子头上过，摔落几十箩，

打破你家锅。

栀子开花满山香，你歌没有我歌长。

我歌唱得风打转，我歌唱得尺难量。

十年唱得轮子转，百年唱得稻谷香，

千秋万载唱不光。

《盘泥巴》

莫笑我，盘泥巴，我盘泥巴也不差。

青砖瓦屋泥巴造，地生五谷靠泥巴。

藕是泥里长，树是泥里插。

碗是泥巴烧，缸是泥巴搭。

金银虽贵不如泥，从小我爱盘泥巴。

《摇篮曲》

金竹节，银竹节，老娘叫我下武穴。

武穴冇柴蔸，老娘叫我挈圆篼。

圆篼冇得米，老娘叫我脱鸡腿。

鸡腿冇得肉，老娘叫我劈水竹。

水竹冇得桠，老娘叫我赶老鸦。

老鸦冇得蛋，老娘叫我炒现饭。

现饭冇炒热，老娘叫我找老伯。

老伯冇叫应，兜头三百棍。

《花扣子，花观音》

天上满天星，地下花手巾。

花扣子，花观音。

男人起来骑匹马，女人起来插红花。

你花没得我花红，我花能插九条龙。

你龙没得我龙高，我龙能插九把刀。

你刀没得我刀快，我刀拿去割韭菜。

韭菜心，赔口针。针没杪，赔只狗。

狗没头，赔只猴。猴没眼，赔把伞。

伞没柄，赔管秤。秤没砣，赔只箩。

箩没弦（沿），赔只船。船没底，淹煞花子笑煞鬼。

《大月亮，细月亮》

大月亮，细月亮，哥哥房里做木匠。

嫂嫂房里舂糯米，婆婆房里补衣裳。

反一补，顺一补，补个花老虎。

大月亮，细月亮，哥哥房里做木匠。

嫂嫂房里舂糯米，妹妹房里纳鞋底。

反一纳，顺一纳，纳个花菩萨。

《后娘打我苦竹条》

王八鸟，黑肚肠，有钱莫要后来娘。

前娘打我麻筒管，后娘打我苦竹条。

苦竹条有十二节，打得出脓又出血。

前娘做衣扫地拖，后娘做衣齐塞砣（膝盖）。

前娘做鞋层层新，后娘做鞋破布筋。

前娘煮鸭留鸭腿，后娘煮鸭留鸭嘴。

前娘盛饭满咚咚，后娘盛饭蓬蓬松。

前娘筛酒满盅盅，后娘筛酒半酒盅。

人若有了后来娘，一生一世受苦穷。

第十一章　民间工艺

第一节　剪纸

剪纸是瑞昌古老的传统民间艺术。瑞昌素有"剪纸之乡"的美誉。2008年,瑞昌剪纸被列入第二批国家级非物质文化遗产名录。

几千年来,瑞昌剪纸通过口授手传,代代相承。作品广泛应用于宗教、祭祀、婚丧、制衣、节庆等领域。如今,瑞昌剪纸在反映现代生活题材及工艺上采用新手法、新技术、新材料等方面,既继承了传统,又进行了创新。

瑞昌剪纸起源　1972年11月,在瑞昌发掘的西晋古墓墓砖的纹饰中,考古学家们发现了早期的剪纸图案。同时,从古墓砖及陪葬陶器上的许多饰纹图案上看,其构图和雕刻手法与今天的民间剪纸常用的花纹十分相似,堪称范本。据此,可以说明在西晋之前,瑞昌的剪纸艺术就已有雏形了。另外,1987年10月发现了3 300年前世界最早有木支护、规模最大的瑞昌青铜采矿冶炼遗址,出土了诸多古青铜器皿,其纹饰图案和镂空技艺就是现代瑞昌剪纸的雏形。这一发现进一步证实了剪纸工艺的起源和形成与古人剪刻树叶、竹片、皮革、铜器、绢帛、金银箔等有密切的关联。据专家推测,瑞昌剪纸是随着自汉代造纸业的发展而逐步盛行和流传起来的。也就是说,瑞昌剪纸已经历了几千年的历史发展或

第三编
第十一章 民间工艺

续传过程。

瑞昌剪纸艺术的特点 瑞昌剪纸在漫长的历史沿革中，题材日益广泛，山川树木、花鸟虫鱼、劳动生活场景应有尽有，神话故事、戏曲人物也是常见的题材。剪纸的主要用途有：生活习俗中的衣饰、鞋帽、枕头和被面上的绣花底样，民俗礼仪中的喜花、礼花、福寿字，祭祀习俗中的纸幡和纸扎，节日民俗活动中的窗花、对联、门神、灶神、灯彩、纸扎或彩扎道具等，以及应用于铜器、陶瓷、蓝印花布的花样模板等。剪纸的艺术形式是从古代的巫术、宗教、祭祀等器具的花样模板，以及民风、民俗活动的实用性需要而逐步形成的。在长期的传承和发展中，剪纸艺人相互影响，相互沟通，相互吸取精华，使剪纸技艺日趋成熟。

由于传统民俗文化和实用消费的紧密结合，给剪纸艺术注入了充沛的生命力。概言之，瑞昌剪纸艺术具有简练优美、构图匀称、造型生动、剪法明快的特点，既有南方工艺的精巧秀美，又具北方工艺的古朴豪放。

瑞昌剪纸以剪刀为主要工具，阴、阳剪法俱用。剪纸艺人在脑中快速地构思，在手上灵巧地剪切，制作各种艺术品给人以美的享受，为广大人民群众所喜爱。剪纸同时也是一项普及面广的文化活动。据史料记载，自明清时期瑞昌就出现了"无户不剪纸，无女不绣花"的民俗。

荣誉之乡 在二十世纪八十年代初，瑞昌文化馆对全市的剪纸艺人进行过普查登记，统计到的剪纸艺人2 027名，其中男性152名，女性1 875名，各乡镇场剪纸艺人的数量分布比较均衡。1992年，瑞昌市被江西省文化厅命名为"剪纸之乡"，1993年，瑞昌市被国家文化部命名为"中国民间艺术之乡"，2011年，瑞昌市再次被文化部命名为"中国民间文化艺术之乡"。2006年，瑞昌剪纸被列入江西省级非物质文化遗产名录。2008年，瑞昌剪纸被列入国家级非物质文化遗产名录。

从二十世纪七十年代起，瑞昌文化馆的美术工作者吴志纯为瑞昌剪纸的普查、传承和发展做了大量的工作，其本人亦把瑞昌剪纸作为毕生的艺术追求，并第一次把勾图和雕刻技术应用于剪纸创作，手法和题材均有创新。他的作品多次刊登于《农民日报》《江西日报》，把剪纸艺术从瑞昌乡间推向了全国。

《五谷丰登》朱朴光

《浔阳楼》张友清

《抹胸》陈仙花

《帽花》陈仙花

第三编
第十一章 民间工艺

2004年，汪先禹创办了集创作、剪刻、装裱经营为一体的田园文化公司，把这一民间艺术推向市场。公司组织瑞昌的剪纸人才先后创作了作品478件，二度创作作品937件，在中国（深圳）国际文化博览会、中国义乌国际小商品博览会、"文化国门"北京首都国际机场站、鄱阳湖国际生态艺术节、日本东京国际礼品展等重大活动上介绍瑞昌剪纸。其作品多次获省级、国家级大奖，其中《八十七神仙》《全国"双百"英模人物》七十米剪纸长卷，分别在首届和第二届中国剪纸艺术节获大奖。

瑞昌剪纸传承人 刘诗英，女，生于1936年11月，横港镇先锋村人。她自幼酷爱剪纸艺术，于2009年被列为国家级非物质文化遗产瑞昌剪纸代表性传承人。其剪纸工艺品的代表作为《农闲时节》等。

刘诗英教学生剪纸

刘诗英剪纸作品

朱朴光，男，生于1956年12月，夏畈镇城门村上朱人。他于2003年获助理工艺美术师职称，于2007年经江西省人民政府批准，被授予江西省民间文化艺术家的荣誉称号，于2008年被九江学院聘为客座教授。其作品多次参加全国、省、市级展览并获奖，《人民日报》《农民日报》《江西日报》《中国文化报》《九江日报》等媒体先后发表他的作品或对

317

剪纸创作中的朱朴光

朱朴光的剪纸作品

其进行专题报道,江西省市电视台对他进行过多次采访报道。其剪纸工艺品的代表作有《水浒108将》《红楼梦》《仕女图》《玉兔迎春》《好日子》《水岸新庄》等。

第二节 竹编

竹编技艺也是一种文化载体,充分反映了当地人民的生活变迁,展现了人们的创造力和审美情趣。竹编工艺与人们的生活息息相关,主要制品有床、桌、椅、凳、橱柜、簸箕、米筛、篦、凉席等。随着时代的

第三编
第十一章 民间工艺

进步、经济的发展和人民生活水平的日益提高，人们开始用竹编工艺品来装饰自己的生活。瑞昌竹编是传统民间手工技艺，大多数农民都有做斗笠、筼箕、竹篮等自用的习俗。瑞昌竹编工艺历史久远，在铜岭发掘的距今3 300多年的商周古铜矿遗址中，出土了完好的、用来运送矿石的竹筐、竹篓。千百年来，瑞昌的竹编工艺经过无数代艺人的传承、发展和变革，形成了独特的风格。

二十世纪七十年代，瑞昌竹编工艺在继承传统的基础上创新发展，产品远销日本、韩国和东南亚国家，南义竹编工艺厂曾荣获江西省"对外贸易出口产品供货先进单位"称号。2001年10月，瑞昌竹编工艺品参加在四

瑞昌竹编"国家级非物质文化遗产"牌匾

川宜宾举行的第三届中国竹文化节暨中国竹业博览会，荣获金奖。2008年，瑞昌竹编被正式列入第二批国家级非物质文化遗产名录。2009年，瑞昌竹编参加了在北京举办的中国非物质文化遗产传统技艺大展，这也是江西省唯一的参展品。

瑞昌篾器三宝 瑞昌盛产山竹，丰富的竹资源给了竹编艺人无限的创作空间。自五代瑞昌建县以来，先民居住日益集中，人口日益增长，竹编技艺代代相传，成为山民致富的捷径。丝箩、斗笠选材考究，做工精细；筼箕、米筛式样规范，锁口紧密；提篮、竹栲小巧玲珑，精致耐用。其中以斗笠、丝箩、米筛名气最大，被誉为"瑞昌篾器三宝"。

竹编主要工序 瑞昌竹编主要工序有去箨、去梢、破竹、劈条、取层、刮篾、煮篾、编织、漂白、染色、烘干、喷漆等。竹器编织的花样

虽然千姿百态，但其基本构造都是由底、腰、筒身、缘口、提手等几个部分组成。编织用的竹篾有经纬之分，被挑压的称为"经"，被编入的称为"纬"。整个编织过程是一个不可分割的有机整体，主要由开头、立腰、编器身等环节组成。

开头的方法很多，常见的有织编、方孔编、六角孔编等。立腰，即编织时把平面底编的水平立篾向上弯曲，继续编织横回篾数周，其中包括湿水、弯曲、立竹片等工序。湿水，就是在立腰之前，应将水平立篾湿水，以增加其柔韧性，便于弯曲。编器身的方法与底编基本相同。有些工艺美术品的横回竹篾可以使用宽篾和窄篾混合编织，以形成各种花纹图案。在工艺品编织过程中，对篾丝或篾片还需要进行漂白和染色。最后进行烘干、喷漆，这时竹器工艺品才算完成。

南义竹编工艺厂 南义竹编工艺厂地处瑞昌市南义镇王家铺，创建于1981年，是一家镇办集体企业，厂长周宇定。工艺厂有员工300多人，产品出口法国、英国、日本、匈牙利等国。1992年获江西省外经贸供货先进单位金马奖。

二十世纪九十年代，受国内外诸多因素的影响，工艺厂经营困难。2000年田先敏自筹资金重建该厂，并担任厂长。该厂现属私营企业，现有员工40余人，技师3人。工艺厂主要生产竹工艺品、竹木园艺制品，如花钵、花篮，鸡、鸭、鱼形水果篮，竹篱笆、竹火炬、竹屏风、竹亭等。产品做工精细、造型

竹编工艺品

第三编
第十一章 民间工艺

美观，既有实用性又有装饰性，别具风格，远销意大利、美国、法国、西班牙、英国、马来西亚等国家，深受国内外客商青睐。长期以来，南义竹编工艺厂培育了一大批瑞昌竹编艺人，先后多次参加国家级非物质文化遗产传统技艺展示展演活动。

2008年，瑞昌竹编工艺被列入国家级非物质文化遗产传承项目和生产基地、江西省非物质文化遗产生产性保护示范基地、九江市非遗生产性保护示范基地、瑞昌竹编传承保护生产基地、瑞昌市青少年教育基地、九江学院非物质文化遗产实践教学基地。

瑞昌竹编"非遗"传承人

田先敏，1966年，年仅15岁的他拜师学艺。学艺过程中，田先敏结识了许多能工巧匠，师傅悉心传授，自己刻苦钻研。学成之后，他以编藤椅、制箩筐为业。1983年，他从外地毅然返乡，进入南义镇竹编工艺厂工作，工厂主要产品以动物造型工艺品为主，有鸡篮、鸭篮、鹅篮、孔雀盘、凤凰盘等20余种。其产品精密细致，果盒坚固耐用，动物生动形象、造型优美，产品款式独特，编织技术精湛，深受市场欢迎。田先敏被认定为国家非物质文化遗产瑞昌竹编传承人，并荣获江西省工艺美术家称号。

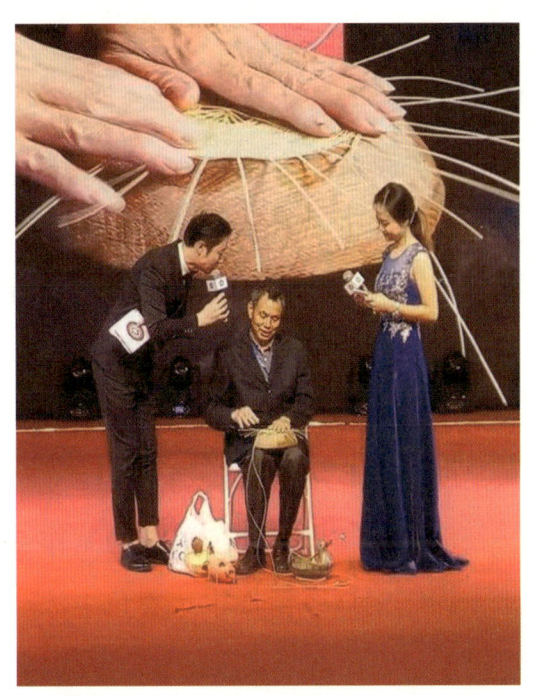

瑞昌竹编"非遗"传承人田先敏（中）接受采访

造型别致的竹工艺品

第三节　根雕

根雕是我国传统雕刻艺术之一,是以树根、树身、树瘤、竹根等自生形态作为艺术创作的对象,通过构思立意、艺术加工及工艺处理,创作出形似人物、动物、器物等的艺术作品。因此,根雕又被称为根的艺术或根艺。瑞昌多山,根雕资源丰富,爱好根艺的历来不乏其人。随着社会的进步和人们对文化艺术审美的不断提高,根雕艺术在瑞昌得到了长足的发展。

根雕的制作工序　根雕的制作一般可分脱脂处理、去皮清洗、脱水干燥、定型、精加工、着色上漆、命名等步骤。选材是根雕制作的基础,根雕用材必须选择材质坚硬、木质细腻、木性稳定、不易龟裂变形、不蛀不朽能长久保存的树种,如黄杨、檀木、榉木等都是根艺造型的上好材质品种。被淤泥淹没或深埋土中的死根,经数百年炭化形成的古老根木,其坚硬度接近化石,更是根艺的佳材。造型上的选择标准则可概括为稀、奇、古、怪四种。一般生长在平原的树根,因养分充足,生长快,木质纤维也较松,难以形成奇特的形态。只有生长在恶劣环境

第三编
第十一章 民间工艺

中的根材,如背阳生长或悬崖峭壁石缝中生长,或经雷劈、火烧、蚁蚀、石压、人踩、刀砍而顽强生存下来的树根,由于光照不足,缺土少水乏养分,久长不大,渐渐变形,年越久、质越坚,其造型也越奇崛遒劲,是根艺的理想用材。

根艺传承人物 黄财群,瑞昌退休干部。他多年酷爱根雕,潜心钻研根雕艺术,其精心制作的作品多次参加国家级根雕展览。1996年,他首次将根艺作品《张衡观天象》《金凤还巢》《二龙戏珠》

黄财群部分根雕作品

送北戴河中国万博文化城参展,获得刘开渠根艺优秀作品奖;1997年7月,他的根艺作品《一鸣惊天》在北京中国美术馆举办的中国第六届根艺展中获银奖;同年9月,在江苏常州举办的全国根雕艺术博览会上,其作品《神州一扇》获金奖,《百年期盼》《香港回归吉祥物》获银奖;2002年10月,在江西省首届花博会上,其作品《神州一扇》获特别贡献奖,《五环遐想》《中国第一颗原子弹爆炸》获金奖;2006年10月,其作品《未来不是梦》《百鸟朝凤》《龙传人》《天道酬勤》《井冈红旗飘万代》《神耕》《风雪夜归人》《长鼓咚咚舞起来》《一饮而尽》等作品在江西省第二届花博会分获金、银、铜和优秀奖;2012年10月,其作品《锄禾日当午》《千载难孵》《三羊开泰》《秋实》《春华》参展江西省第三届花博会,分获银、铜奖。2005年10月,瑞昌市举办根艺、石艺、花卉、盆景展览会,黄财群的所有艺术作品共计近300件陈列于广场供人欣赏，经组委会评审，其根艺作品获特别奖，石艺《象不象》获金奖。黄财群因其独特的艺术成就被编入《中国根艺美术家辞典》《世界华人英才录》。2014年8月，他被中国文化艺术人才协会授予国家一级艺术家称号，同时增补为中国艺协第三届副主席。2015年4月，他被授予"江西省根石艺美术大师"称号。

田青，生于1945年，南义镇星明村人。他酷爱盆景和根雕艺术，加之心灵手巧，在当地小有名气。1985年，在瑞昌文化馆的精心指导下，田青倾其所有创办了瑞昌市第一家"工艺美术服务部"，成为全江西省乃至全国最早把民间工艺美术推向市场的人之一。南义镇政府慧眼识珠，破例拨出专款支持田青外出考察学习，开阔眼界。田青亲手制作的根雕、盆景、书画等工艺作品，由于构思奇巧、制作精良，一推向市场便供不应求。甚至有不少外地客人慕名远道而来求购，他也由此声名鹊起。

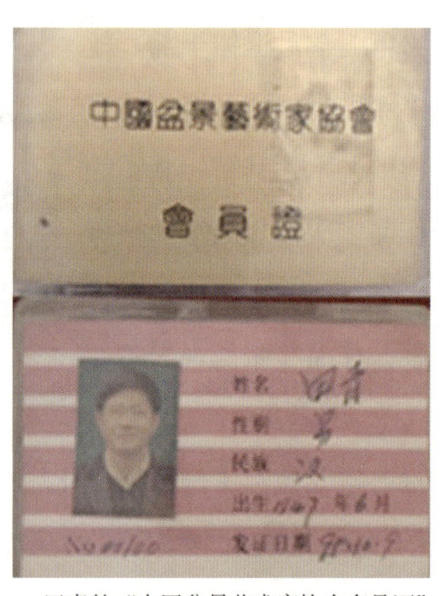

田青的"中国盆景艺术家协会会员证"

1987年，田青作为唯一的农民工艺美术家，代表九江市参加江西省第一届根雕盆景研究会，被破格授予"中国盆景艺术家协会"会员资格，他带去的工艺品获得根雕盆景艺术二等奖。此后，田青的作品在相关展览、评

田青盆景作品的照片被《盆景》杂志作为封面

比中屡屡获奖，其作品数次被九江市浔阳楼、九江日报社等单位收藏、展出。1990年，由江西省盆景艺术研究会郑重推荐，田青的80件工艺品远赴日本等地参展，收获了如潮好评。

田青和他的传奇故事也屡次出现在江西省、九江市的相关新闻报道中，《九江日报》头版头条刊发过《田野中有这样一株青苗》的长篇通讯，江西电视台专门拍摄播出过他的专题片。

瑞昌根雕盆景展

第四节　纸扎

纸扎工艺是一项集木工、篾工、剪纸、绘画、装裱等为一体的工艺艺术，在瑞昌一带流传甚广，纸扎工艺品有民间闹新春用的采莲船、马灯、龙灯、蚌壳灯，老人去世时放在棺材上的白鹤，小儿过春送"春娘娘"时扎的狮、马、鹿、象、船轿、各种菩萨以及历史人物等。

随着时代的发展，纸扎工艺的表现形式越来越多，应用范围也越来越广，如庆典所用的彩门、灯笼、产品展示等，还可以根据需要扎出各式各样的形模，应用于各个领域。

纸扎工艺常用的材料有木料、毛竹、桂竹、彩纸、颜料、苎麻、透明胶、糨糊等。

纸扎工艺的制作流程如下：

首先，是制作框架。如制作龙、马、凤、彩船、蚌壳、白鹤、灵屋、宫灯等形象，需要视所仿物种的不同，按照其体积大小裁好所需的木料、竹子，备好篾，并按造型要求做好骨架。

其次，选择需要的彩纸进行描绘，剪刻花样，按统一的风格用金色或银色的纸制作花纹、图案。之后，将雕刻的花折叠成立体或镂空的样子，用颜料进行点缀、描绘。

再次，进行裱底，即将白纸或相应的色纸糊在骨架上作为底层。

最后，在底层上粘贴处理好的花样，并将连续花纹的贴线按要求细心地对齐。

第十二章　民间办学

第一节　私塾

新中国成立之前，小孩上学大多是由邻近几个村庄能让孩子读得起书的户主，联合起来凑份子，请一个塾师来坐馆授课，这便是私塾。

私塾分为两种类型：蒙学和经馆，基本相当于现在的小学和中学。但由于过去读书的人少，请不起单独的经学先生，因此多是蒙学和经学混在一起授课。开学前，学生家长要帮先生挑来书箱担子，并办好酒席迎候先生。

初入蒙学

旧时，一个人上学破蒙是人生的一件大喜事。这一天，蒙童穿戴得干干净净、整整齐齐，有饭有肉吃，但没有蛋，怕的是日后考试得"零蛋"。蒙童由家长带着拜见先生，在先生的引导下，蒙童向供着孔子的牌位打躬作揖。然后，先生在一张红纸上，用银硃笔（红笔）写"某某某入学大吉"字样，由先生引领，蒙童跟着念三遍，算是入学仪式告成。

规模

一个学堂通常有十多人到二十多人不等。人数不够时，有的人家家境好的，就让五六岁的孩子也来"棚学"，因为人少办不了一堂学。学生人数达到了二十多人，便称为一堂"浓学"。学生之间年龄差距很大。

先生的座案是一张八仙桌，配一把老式的靠背椅。桌子上放着一个大石砚用来磨银硃（一种红石头，蘸水磨出红汁，当红墨水用），一个大笔筒，装几支长短不一的毛笔，旁边放几本半新不旧的古书，仅此而已。

肇陈镇大禾塘村二十世纪六十年代的私塾校舍

先生很受人敬重，学生家中做什么喜事或请客，家长都要请先生去，而且坐上位。每逢过节或年中间，家长还要专门宴请先生。那时的人们对学堂十分敬畏，如穿草鞋的人，要脱掉草鞋才能进学堂。老话常说"小小学堂如知府"，是轻亵不得的。

教学模式

先生一般不讲课，拿着红笔在书上哪里画一个圈，学生就背到哪里。大小弟子整天就是读读读、背背背。读背是很苦的差事，十来岁的孩子读背这些课文，纯凭死记是很难记下来的，因此免不了要挨打。所以有"读熟《大学》打断脚，读熟《离娄》打破头，读熟《孟子》打出屎，读熟《上论》打煞人"的话。若学生被老师打了，家长还要送礼物给先生，为孩子的淘气或不长进惹先生额外操心致歉，感谢先生对子弟的严格要求。

第三编
第十二章 民间办学

教学内容

蒙学以识字为主，读的书多是《三字经》《四言杂字》《六字句》《千字文》等。如"正月寅，便立春。三阳泰，万象新。忙整冠，早开门。拜年客，乱纷纷。揖而进，待之诚。泡海参，煮金针……"通过读写这些，强化学生识字认字。

大一点的学生，或经馆里的学生，教材自是不同，多以《四书》为主，还有《鉴略》《纲鉴》《古文观止》《东莱博议》等。有的还会选《三国演义》中的精彩片断来读，如《隆中对》《祢衡击鼓骂曹》等。可以说，有什么书就读什么书，五花八门。老师一般不讲，学生只管读背。那时的学馆，早晚都是读书声一片。

先生很少教数学。蒙童只识数，识数的基础工具便是十个手指头或自备几根小木棍。最复杂的算术就是一百以内的加减法及个十百千万的基本概念，如十个一等于十、十个十等于一百、十个一百等于一千等。大点的学生会学打算盘，算小九归、三十六盘圆、斤求两等。

学生学写字是从写红模开始的，又叫"描红"。初入学，先生先用红笔在纸上写出红字，蒙童再拿黑笔在红字上重复描一遍。第二年，则将"红模"或"黑模"放在有点透明的白纸下，蒙童照着影子写，到了再大点，就要脱手自己写了。

散学

私塾每年二月间开学，十月底放年假，称之为"散学"。从开学到散学期间，没有星期六、星期天，更没有暑假。散学，就成了师生大喜之日。散学时，学生要每家凑些菜蔬，办散学酒，老师、家长和学生都

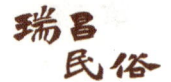

参加。各家凑的菜蔬，无非是薯粉、油面、豆折、干笋子等农家菜，当然，酒、肉是不可少的。吃罢，家长奉上学俸，派人挑着书箱担子，送先生回家度假、过年。

第二节　经学

　　经学，在瑞昌有的地方又称经馆，是一种较蒙学更高一级的私学，也是地方名宿聚徒讲学的地方。在瑞昌，经学与书院的名称并存。有的地方只称带有官方性质的高一级学府为书院。

　　经学的教学内容与蒙学有很大区别。蒙学以识字辨物为主，读的书多为杂字类、《三字经》等通俗读物。而经学的教学内容则是四书五经或诸子百家类的文章。老师要传道、授业、解惑。除了讲解经文外，还要求学生对对子、写命题作文。

　　一般农村的经学多的三十来人，少的十几个人的也有。多采取个别教学的方式，老师对学生要耳提面命，对口传授。

　　瑞昌有据可查的经学或书院不少，充分体现了瑞昌人民重教重学的优良传统。现在能查阅到资料的瑞昌蒙学、经学或书院如下表所示。

第十二章　民间办学

私塾 （蒙学和经学）	次山学院	南阳乡排沙村
	明远学堂	乐园乡塘头庄
	卓岭下桂花学堂	南阳乡罗城村卓岭下
	景城学社	南阳乡护岭村
	界首大学堂	黄金乡界首村后山
	六凤坳学堂	桂林街道办大塘岸西南边六凤坳
	下湾后背学堂	黄金乡下湾村四房桥屋后东北处
	大岩泉学堂	黄金乡大岩泉西头
	北山学堂	黄金乡北山村甑背崖村
	福仙山经馆	花园乡茅竹村
	竹溪轩私塾学堂	横立山乡下曹
	刘家山私塾	武蛟乡刘家山
	瞿家井私塾	肇陈镇瞿家井村
	沙湾学堂	肇陈镇冲内
名书院	蔡氏义学	武蛟乡
	联奎文会宾兴馆	肇陈镇华坊
	罗湖洲社学	县城护城河南
	琢玉堂义学	肇陈镇万泉村玉液泉侧
	于冈草堂	县市场西街李家湾
	洗心处	溢城洗心泉畔
	瀼安学院	衙西学巷偏西
	八都大学堂	范镇八都上屋李
	西边学	范镇八都
	文兴馆	洪下乡
	瀼溪学院	城南门外瀼溪边
	东皋学院	城东平正坊
	紫峰书院	城东书院，县城东关外，今二中步月桥东
	草堂书院	洪一乡吴家现希望小学校址处

331

第十三章　族氏文化

第一节　修谱

水有源，木有本，疏导清源，理枝培本，其意使水流不断，枝叶繁茂。"祖武长绳，如若瓜瓞。记先祖于弗忘，序宗派而不紊。"所以瑞昌各姓宗族都有修谱的习俗。通过宗谱记述，后人才能知道本族的历史过往。一般每隔二三十年，由宗族内德高望重之人提议，组成筹备小组，制定细则，确定谱局人选，然后由谱局向全体族人发出修谱号召。

因修谱工程浩繁，要耗费大量人力物力，谱局须向全体族人告之集资事项，并告之收集资料的截止日期，由族下各村将本族人丁、大事小情收集归档，统一交宗族谱局编辑。

过去的谱师一般都自备有活字印版，当族下庄门的资料收上来后，便开始编辑。由于活字排版拣字麻烦，须多人协作，他们边编辑、边排版、边印刷。排好一版后，当即印出初样，经校对后，便可印刷。

专用宗谱管理软件自动校对截图

第三编
第十三章 族氏文化

到了现代,瑞昌各宗族修谱都是用电脑排版。专用软件的使用,较之过去的活字排版及非专用软件呈现出其强大的优势。老式修谱在上下传承的问题上因不具有内部逻辑性,一加一既可等于二,也可等于三或其他,且又因排一版,印一版,导致内容经常出现前后矛盾、子比父长等错误,也有纪年方式不直观、内容前后不连贯等问题。而专用软件能自动校检出不合理的错误,因此子比父长、母逝后出等错误就不会再出现了。谱编辑完成后,交由印刷厂印制,印好后派庄门发放。如若有私人买谱,则按统计数在印刷厂多印数份即可。

谱的内容多而繁,从类别上来分,有谱首和支谱。

谱首,主要包括圣谕、诰命、族训、源流、序、传赞、簪缨录、青衿录以及一些祖宗的坟墓山图等。其内容是整个宗族共有的。

圣谕　即皇帝训诫臣下的诏令或语言。例如:

>敦孝悌以重人伦,笃宗族以昭雍睦。
>和乡党以息争讼,重农桑以足衣食。
>尚节俭以惜财用,隆学校以端士习。
>黜异端以崇正学,讲法律以儆愚顽。
>明礼义以厚风俗,务本业以定民志。
>训子弟以禁非为,息诬告以全善良。
>戒匿逃以免株连,完钱粮以省催科。
>联保甲以弭盗贼,解仇忿以重身命。

诰命　又称诰书,是皇帝任命当朝官员时,授赠给官员家属的荣誉证书。所谓"诰"是以上告下的意思,古代以大义谕众叫诰。

族训　即氏族祖先的遗训或家规。如田氏家规十条:

念祖德、笃宗亲、敦孝悌、杜邪淫、警怠荒、崇俭朴、平忿争、急公上、教读书、务本业。

这其中每一条都有详尽的解释。这些条款不外乎对族人的教化、规范，用现在的话来说，就是教导族人要遵纪守法、孝宗亲友、务本勤读、尽责奉献。

源流 包括本氏族的来源、分迁。

序 记录了历届修谱的历史背景、纂修经过及重大事件。

传赞 收录了本族的历代名人及值得发扬光大的事迹、思想。

簪缨录 簪缨本指古代达官贵人的冠饰，后遂代指高官显宦。而簪缨录即对氏族内高官显宦的收录。

青衿录 青衿即学有所成但未得其位的文士。

谱首还有坟山图、山场界址、重要的买卖契约等内容，不一而足。

支谱通常包括速查表、世系图、世表。世表所包含的内容有名、字、号、生庚、配氏、生子（女）、殁庚、葬地等。过去的谱没有速查表，速查表是近年才出现的。

谱按格式分又有苏式、欧式，按版式分，有竖版、横版。

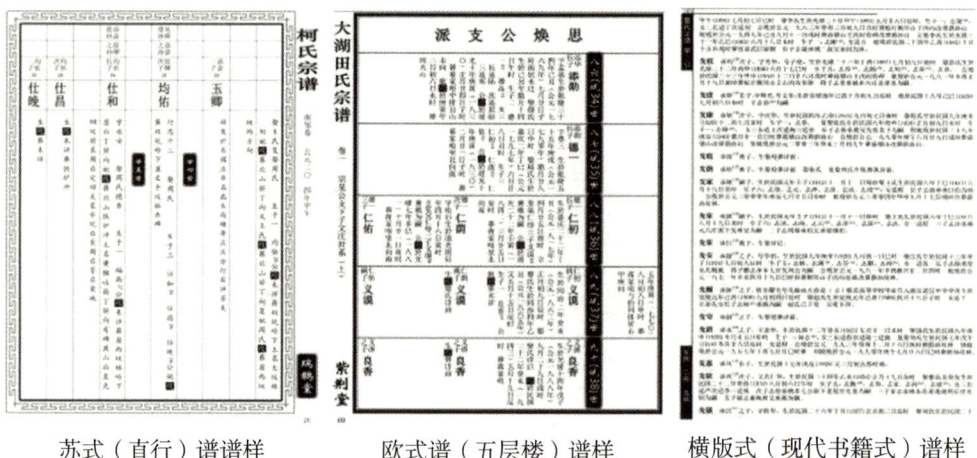

苏式（直行）谱谱样　　欧式谱（五层楼）谱样　　横版式（现代书籍式）谱样

苏式谱，也叫直行谱，由苏洵所创。其辈分按世数分开后，所有同辈的人一律顶格，体现了一种毋分贵贱、位位当敬的理念。

欧式谱，俗称五层楼，由欧阳修所创，后来又衍生出虚五层和实五层。虚五层的底层作为转接下一轮的顶层，详细内容在下一轮的顶层叙述，此底层只有名字，没有谱文，实际上只有四层实。而实五层则每一层都具有谱文，而下一轮则直接从前轮底层的子辈开始。这种谱例还有一种好处，就是从上至下按高、曾、祖、考、己身的顺序排列，自高祖开始分支均在一处，体现尊卑有序，且关系紧凑。

横版式又称现代书籍式，则是从现代人的阅读习惯出发，其实有点偏离了苏、欧二位先贤设定谱例的初衷了。因它既不能上顶格以体现人人不分贵贱，又不能体现分支和尊卑。

总之，宗谱是一种历史的记载，是一种族风的传承，更是一种宗亲间的亲情纽带。有了宗谱，不管你走到哪里，都有着族人的牵挂。无论是过去，还是今天，族规都规范着族人的行为，维持着宗亲间的关系，在一定程度上也维持了社会的稳定和谐。

第二节　建祠堂

建族祠，立宗堂

祠堂也叫祖祠，是立祖宗牌位、供奉祖宗的地方，也是宗族聚会、议事、决事的地方。在封建宗法社会，宗族宗法具有很大的势力，祠堂则是封建道德、宗法制度的典型象征，也是宗族势力的形象符号。在这里可以惩治法律惩治不了的恶行，对严重破坏族规宗法的行为进行处罚，可以当着列祖列宗的面鞭笞不忠不孝的逆子，旧时甚至有将越轨行为的女性关猪笼、沉池塘的陋习。旧时祠堂的主要职能有：

(1) 供奉宗谱，生记生辰，死注殁庚。

(2) 将不肖子孙从族谱中逐出。

(3) 族中有犯族规家法、作奸犯科者，由族长召聚族人，宣布其恶行，予以惩处，是执行族规家法的地方。

(4) 遵守封建道德的贞妇烈女，族长在祠堂中对其加以褒奖。

(5) 召集族人开展宗族助学活动。

(6) 处理本族大小事务。人们常说"到祠堂去说"，因为祠堂是摆公理说公道的地方。

(7) 是寻根问祖，接待来访，联络宗亲的地方。

瑞昌域内的祠堂一般为一姓所有，规模较大。祖堂则不同，几乎每一个自然村都有。随着时代的变迁，以自然村为单位，有单姓或几个姓共建一个祖堂的，名叫礼堂或队屋。也有一个自然村建几个祖堂的，在作用上已没有过去宗法社会的职能了，而仅成为缅怀先祖、供奉先人及族人举行集会、联谊、娱乐、社交的活动场所。如春节、清明、七月半等节日，宗祠成了追思祖德、敬宗爱宗，加强宗族团结、协调社会关系、促进社会和谐的祥和之地。

"文化大革命"前，瑞昌烟户（人户）集中的姓氏几乎都有专门的宗祠，祠堂上位正中设有神龛，摆放本族已故先祖的灵牌。神龛上方写有"天地君亲师位"字样，两边贴上"晨昏三叩首，早晚一炉香"等对联，香炉、油灯、磬、鼓备全。各户轮流"管月"，保持常年香火不熄。没有族祠的小村庄，族人一般都在自己家厅堂的正上方建一神龛，格式跟族祠布置相同，同样能起到缅怀先人、慎终追远的作用。

第三编
第十三章 族氏文化

二十世纪六十年代中期的"破四旧",致使本地大多数祠堂被毁。"文革"之后,各地又相继建成祖堂,或集祖堂、文化娱乐为一体的活动中心。每年除夕人们都到宗祠或祖堂"还年福",供奉祖先。大年初一还要到祖堂先给祖宗拜年,然后给本堡土地拜年,祈求新的一年平安顺利、财源广进。这是瑞昌相当普遍的民间习俗。

附:瑞昌堂号文化

每一姓氏的堂号,不仅是一个有意义的名号,还都有典故、有来历。如王氏宗祠的堂号是"三槐堂",杨姓是"四知堂",罗姓是"豫章堂",徐姓是"东海郡"等。堂号的含义举例:王姓"三槐堂"出自"王祐植三槐",自知子必贵,宋人王祐手植三棵槐树于庭门前说:"吾之后世,必有为三公者,此其所以志也。"三公为古代地位最尊显的三个官职的合称。后来,王祐的次子王旦果真做了宋朝的宰相,世因以"三槐"为王姓代称。杨姓"四知堂",出自"杨震举王密,不受四知金"之典。杨震,东汉人,字伯起,历任荆州刺史、汤郡太守、司徒、太尉等职。有王密者,受震器重,推荐他当上了昌邑令。一日夜,王密怀揣金十斤谒见杨震,欲以报答。杨震不受,王密说:"怕什么,又没人知道。"震曰:"天知、神知、我知、子知,何谓无知?"密愧而出,故"四知"便成了杨姓堂号。柯姓"瑞鹊堂",相传柯述离任,"鹊亦随其轿飞翔,喧噪彷徨,不忍离去",以此得名。赵姓"半部堂",出自宋朝开国宰相赵普"半部《论语》治天下"的典故。刘姓"明德堂",乃刘邦明德治天下之史传。

姓氏堂号亦叫家号,是氏族门户的代称。它既是区别姓氏的徽记,也是我国古代文化的一种特殊现象。堂号被制成匾额悬于厅堂之中或镌刻在祖祠正大门的石额上,功能在于引导族人传承良好家风、发扬传统美德。

瑞昌目前共有姓氏460余个，几乎每个姓氏都有郡望名称。郡望是指一个地域或范围内的名门望族。一般越是大姓，郡望和堂号就越多，如刘姓郡望多达25个。

瑞昌部分姓氏郡望、堂号集锦表如下（一个姓氏只录一个郡望名称和堂号，取前面100名，按2011年统计的瑞昌各姓氏人口数量排序）：

序号	姓氏	郡望	堂号	序号	姓氏	郡望	堂号
1	柯	济阳	瑞鹊	2	陈	颍川	义门
3	周	汝南	文肃	4	王	太原	瑾文
5	张	清河	百忍	6	徐	东海	和谐
7	李	陇西	郁林	8	何	庐江	益善
9	刘	彭城	继述	10	吴	延陵	至德
11	朱	沛国	仁孝	12	黄	江夏	双井
13	曹	彭城	文昭	14	余	新安	谏草
15	胡	淮阳	华林	16	范	高平	崇义
17	田	北平	紫荆	18	谈		敷溪
19	蔡	汝南	追远	20	雷	冯翊	剑气
21	邓	南阳	谦恕	22	邹	范阳	讽谏
23	杨	天水	四知	24	冯	始平	三无
25	熊	江陵	射石	26	温	太原	忠武
27	董	醇儒	继帷	28	梁		
29	曾	天水	三省	30	汪	平阳	忠勤
31	罗	长沙	豫章	32	程	广平	立雪

第三编
第十三章 族氏文化

续表

序号	姓氏	郡望	堂号	序号	姓氏	郡望	堂号
33	郭	太原	汾阳	34	叶	南阳	继述
35	彭	宜春	敦本	36	夏	会稽	秘书
37	文	雁门	正气	38	易	太原	纯孝
39	万	扶风	敦本	40	宋	江夏	并第
41	杜	京兆	诗圣	42	詹	河间	忠廉
43	丁		梦松	44	章		武都
45	袁	汝南	卧雪	46	肖	兰陵	八叶
47	江	济阳	忠孝	48	严	天水	富春
49	高	渤海	金镜	50	聂	新安	悯农
51	沈	吴兴	梦溪	52	孙	陈留	映雪
53	桂	天水	民祀	54	戴	谯国	注礼
55	姜	天水	稼穑	56	傅	清河	忠孝
57	方	河南	天桂	58	魏		九合
59	金	丹阳	丽泽	60	潘	荥阳	忠武
61	钟	颍川	四德	62	封		存耕
63	卢		敦睦	64	幸	南昌	化石
65	郑	陇西	通德	66	苏	扶风	眉山
67	黎	京兆	敦本	68	许	高阳	洗耳
69	丰	松阳	尚义	70	华	沛国	青紫
71	段	京兆	敦本	72	陶	丹阳	五柳
73	但	南阳	广德	74	费	江夏	参义

续表

序号	姓氏	郡望	堂号	序号	姓氏	郡望	堂号
75	薄	东莱	安乐	76	漆	青州	北海
77	赵	天水	琴鹤	78	谢	会稽	威怀
79	邱	扶风	文庄	80	龚	武陵	中隐
81	阮	陈留	竹林	82	艾	天水	天水
83	欧阳	渤海	六一	84	倪	千乘	怡德
85	尹	天水	大星	86	任	乐安	水薤
87	舒	巨鹿	阆风	88	涂	豫章	世义
89	梅	汝南	汉中	90	廖	汝南	威武
91	向	山阳	淑均	92	饶	平阳	敦睦
93	吕	河东	渭滨	94	马	扶风	铜柱
95	林	南安	济南	96	甘	丹阳	王城
97	贺	会稽	广平	98	虞	陈留	五绝
99	鲁	扶风	三异	100	郝	太原	太原
99	鲁	扶风	三异	100	郝	太原	太原

崇孝道

孝的本义是尊祖与敬神，事亲与敬老是孝的本义的延伸。原始社会将祖宗神化，举行祭祖仪式，维护氏族内部团结，这便是孝的起源。

瑞昌民风淳朴，瑞昌人历来以孝道传家，涌现出许多忠孝佳话。单说现在，就有高丰镇周军平"二老每年寿诞日，吃穿戴用足欢欣"，吴正风"夏铺凉席冬铺被，日喂三餐夜送茶"，乐园柯亭钦背继父游庐山，肇

第三编
第十三章 族氏文化

陈枫树山柯玉竹、赛湖一大队陈娟为失明公公擦背抹身，柯志萍侍奉瘫痪母亲十多年不辞劳苦等事迹。

瑞昌孝道文化氛围很浓，市关心下一代工作委员会多次下乡宣传孝道文化，2021年，邀请了"感动中国"的十大孝子之一王凯来瑞昌宣传孝道精神，传承孝道文化，为培养感恩的一代，为社会和谐做了有益的工作。

慎终追远，修祖坟立墓碑，是瑞昌普遍的习俗。各姓氏各家族一般都为自己的祖先立了石碑，镌刻了铭文，让子孙后代都能看到宗亲的历史。每逢除夕、元宵、清明、中元节等都有后人上坟。即使在外地工作或迁居城镇的族人，至少也会在清明时节回家乡祭祀。

惩奸邪

历朝历代都有一些不守规矩的人，瑞昌祠堂文化中便有了对不守规矩的人予以惩罚的习俗，称为"动家法"。

滚狗刺 新中国成立之前，一般对有恶德的不贤不孝、指天骂地的泼妇，挑拨离间、常闹得家里鸡犬不宁的恶妇，处以滚狗刺（山上一种叶子带刺的灌木）的惩罚。即将狗刺铺在地上，由族长在祠堂当着众多族人的面，责令其从狗刺上滚过去，以此警示行为不端之人。

摸中梁 这是旧时对殴打父母的不肖子常采用的一种吊打的酷刑。当有人击响祖堂的大鼓叫屈时，由族长召集，将不肖子的双手从背后绑住，吊上祠堂的中梁，并施以鞭笞，以惩戒虐待父母的人。

破头楔（抱桩） 将有偷窃恶习的人或偷窃嫌疑人的两个大拇指绑在劈破的木桩上，然后将木楔从破缝处楔入，使绑绳越勒越紧。嫌疑人如若很快认罪，并保证不再重犯，往往就到此为止。认罪慢的，木楔继续楔入，就会废了两个拇指。这种刑罚，因没有确凿的证据往往被误用，甚至被别有用心的人利用。被绑之人也有因难忍剧痛而屈打成招的。

浸猪笼 浸猪笼是一种极为严酷的刑罚，它直接剥夺人的生命。主要用于严重损害公众利益、妨害公共安全的人。其具体做法就是将此人双手反绑关在猪笼里，使其无法挣扎，然后将其沉入水中溺毙。

新中国成立后，这些惩罚习俗随着法制的逐步健全，早已不复存在。

第三编
第十四章 民间信仰

第十四章 民间信仰

第一节 宗教信仰

宗教信仰是特定人群对其神圣偶像,包括特定的教理、教义等,由崇拜认同而产生的信念及皈依,把这种理念贯穿于特定的宗教仪式,由此来规范自己在世俗社会中的行为。它属于一种特殊的意识形态和文化现象。中华人民共和国宪法规定:公民享有宗教信仰的自由。作为一种体系,由"信仰的自由、宗教活动的自由、宗教仪式的自由"构成。

瑞昌教派

瑞昌的教派大致有三类,即佛教、道教、基督教,以信佛教的人居多。虽说有三大教派,但各个教派的教义、宗旨都有共同之处,而且各教派之间的界限不清,绝大多数都是拜菩萨。信教的人中女性的比例偏高,全市信教者约2.5万人。

寺庙、道观、教堂

瑞昌城乡共有寺庙、道观、教堂92处,其中寺庙56处、道观33处、教堂3处。影响力较大的宗教场所有:城郊的龙泉寺、城区的城隍庙、洪一的何老殿、白杨的龙山宫、码头的常乐古寺、南义的上泉寺、范镇的许仙庙和青山的太清宫等。

信仰特点

某些场所或信众佛、道教不分　瑞昌信教的群众不少，大多数属于多神信仰、泛神信仰，不严格区分佛教、道教、基督教。经常是张天师、太上李老君、释迦牟尼同坐一殿，菩萨神仙一起来，道释杂处，仙佛同堂。不少人见庙宇就烧香，见道坛就下跪，见菩萨就磕头。

功利性强　瑞昌有些信徒信教的实用主义色彩浓厚，他们求子求福求平安，求功求利求发财。

有苦有难时才信神　部分信众抱着"宁可信其有，不可信其无"的心态去信教。"闲时不烧香，急时抱佛脚"是这类信徒的真实写照。

道士与道教脱离　在瑞昌一带，有些道士也兼职做道场、打安山、拜家书、超度、做七等，这些与他们清净无为的教义关系不大。

第二节　宗教活动

新中国成立前，农村的宗教活动有吃长斋、吃花斋、做会、打安山、做道场、超度、做七、拜家书、给菩萨开光、做生日等。

做会

观世音菩萨在民间是神的化身。相传每年的农历二月十九日是观世音菩萨的生日，农历六月十九日是观世音出家之日，农历九月十九日则是观世音成佛之日。至今每逢农历九月十九，码头镇团结村各个村庄的主妇们都会组织起来办会。她们轮流做东，两个或三个一组，牵头操办做会事宜，收钱、买爆竹、买菜、做饭等。一般流程是：到了农历九月，她们就会在一起商量好今年是谁做"头"。确定好人员后，"头"就邀请入会人员，到十八日，按人头收钱，且确定好第二天的路线，几点出发、在什么地方集合。十九日一大早她们先到祠堂敬香，有些人甚至在这一天包车或者自驾去九江的东林寺、西林寺或武汉的归元寺等地祈福。做会传统上是女人们的节日，近年来有些男士也参与其中。做会这一传统的拜佛形式演变成了人们旅游、休闲、放松心情、联谊交际的重要节日。

洪一万寿公的"十七会"，又称"春公会"。农历八月十七日，是何氏太祖何子通（号万春）的寿诞日。清乾隆八年（1743年），何氏一州三县（兴国州、瑞昌县、九江县、大冶县）七十二庄万春公的子孙捐资、捐物、置田、置地、置山场，重建何老殿，成立"春公会"。此后每年八月十七日，何老殿开坛论道，大做法事，弘扬道义。

敬神

过去许多家庭敬奉土地、天神、财神、佛祖、大仙、二仙等神，逢年过节全家人烧香磕头，意在保佑平安、招财进宝。瑞昌有的家庭还会设神坛，用几块青砖塔上红布，前放香炉，就算是坛位，逢初一、十五都拜。

问答

瑞昌民间过去流行问答习俗。在乡间缺医少药的年代，人们有什么头痛脑热、心疲体软的小病都只好去问答。问答就是到坛神庙宇前打筶，卜凶吉、问妙方。一个竹蔸劈开两半叫作筶，这种筶抛到地下，两片皆仰为"阳筶",两片皆俯为"阴筶",一俯一仰为"圣筶"。如神祝(祷告之人)念念有词道:"此病为东方某处小鬼所害,请复圣筶。"随即将筶抛下,若是"圣筶",则去东方某处赏鬼。其实许多人并不真心相信,只是求一个心理安慰。

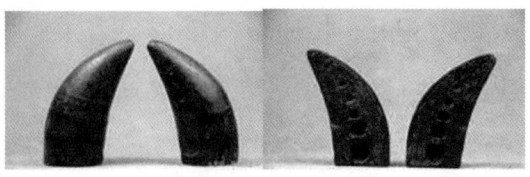

筶的正面反面

敬拜菩萨

瑞昌不少村庄每年正月都会接菩萨出方,或同姓氏轮流过案,声势颇为浩大。近年乡间陆续建起了土地堡点,每个社堡都是砖瓦搭建,有神龛,有塑像,摆有香炉、油灯。每逢初一、十五都有村民前来祭拜,过年过节香火更旺。此外,如有人去世之家,为亡人放完路烛后,家人都会到此处点火烛、焚香、烧纸钱、放爆竹祭拜。

村民们如果遇到不顺的事,也经常到附近的社堡上求菩萨保佑。如久病求愈、无偶求婚、无嗣求子、出门求财等,其实不少人也是求一种心理上的安慰。

吃斋

佛教徒中有部分人常年吃素,叫吃长斋。有的人则是初一、十五不吃荤腥食物,其余时间和常人无异,叫吃花斋。吃斋信众多皈依寺观。瑞昌现今较大的寺庙有灵隐观,拥有皈依弟子50余人,信教弟子400余人。

第三节　测事

瑞昌有些带有迷信色彩的活动，如占卦、敬神、求雨等，作为一种民俗在新中国成立前普遍存在，如今当然极为罕见，求雨之类的活动更是完全没有了。

看日子　瑞昌民间有专门看日子的人，称"年月师"或"年月先生"。凡动土开工、婚丧嫁娶、迁徙乔居、出门探亲、小儿断奶、新商店营业等，大都会请"年月师"选择良辰吉日。

测字　测字即当事者请测字先生测算一下命运走向及家事荣枯、喜忧祸福等。当事者想到任意什么字，就写什么字，然后测字先生便根据这个字的形体结构进行分解阐述，牵强附会自不待言，如三点水旁，便交代水边小心；火字旁，便交代小心火烛等。

占卦　旧时常用占卦的方式来预测未来。所谓占卦，就是利用周易八卦的阴阳学说，用三枚铜钱抛下或用其他方式，根据其一定的规则，得出六十四卦中的什么卦，再加上分析推测做出判断。占卦分铜钱卦、抽签卦、测字卦、纸牌卦等类，通常为占卜未知事项。如"今年出行，何方大吉大利？""做何事可行好运？""遗失某种物件，何方寻找？"

掐时　旧俗钥匙丢了或钱包丢了，或走失了小孩，或丢了贵重物品，就请人掐时。掐时人先听失主陈述，然后掐着指头的关节，口里念着谁也听不懂的话。只见他嘴唇微动，眼珠直翻，一番猜测判断，然后告知失主东西丢失的大致方位。比如，某人将钱放在南窗边的桌子上，钱没了，桌对面是一张床，掐时人就叫人到床底下找，果然找到了。实际上，当时正是五月起南风时节，掐时人推测钱可能被风吹到床下，碰巧蒙对了。事后一传十，十传百，越传越神。有时猜不对，掐时人便说你运脚不好，须破财消灾。

看风水 瑞昌过去有儒学先生学习玄学，以看阳宅、阴宅风水谋生，被称为风水先生。每逢丧事，主家请其看坟择地。如怀疑祖坟葬得不大吉利，也请风水先生重择坟地，起葬重埋。有人家去世的男女未合葬，亦请风水先生择地合葬。在新建房屋时，也会请风水先生选择宅基，安排主房、配房和厨房、厕所的建筑方位。

风水又称堪舆术，从地理学和环境科学的角度看，有一定的合理性。瑞昌地区看风水的需求主要集中在葬坟和建房两个方面。

葬坟一般须注意的是"葬高则受风而蚁生，葬卑则受湿而水至"。为防止水、蚁侵蚀尸骨，不仅"择葬宜慎"，还间有检视改葬的情况，新中国成立前甚至有"择地无吉"，多年停柩不葬的现象。现在实行火化公葬，专业看风水的人也逐渐消失了。

算命 以前，在农村常有盲人背着胡琴，拄着拐杖，游走在各个村庄，人称算命先生。算命先生在一处坐定后，先把二胡拉起，吸引男女老少围观，然后摆起算命的架势。若有人算命，算命先生先要求算命人将年庚八字（即出生的年月日时）报来，然后嘴念口诀，将其命运算出。如哪一年行时得运，哪一年有灾厄须小心。能否考上学校，官运是否亨通，男女婚姻是否相配、顺利，都可以算出来。其实他们的大多数结论似是而非，左听有理，右听也有理，更可以用汉字的多义性做模棱两可的解释。

第十五章　民间禁忌

瑞昌流传的民间禁忌很多，有语言避讳，有行为禁忌，也有的禁忌随着时代的进步而产生了变化。

第一节　语言避讳

给客人添饭时，忌问：还要饭吗？

过时过节出远门，特别忌说不吉利的话。

探望长者或病人时忌大声讲话。

忌直呼长者的名字，忌直呼他人父母或祖辈的名字。

忌用手指着别人讲话。

忌吃饭、睡觉时讲话，有"吃不言、睡不语"的说法。特别忌吃饭时讲屎、粪之类的脏话，倒人胃口；忌大声讲话，将唾沫喷到菜里。

老人去世后，吊丧忌说"死"字，要以"去了""老了""走了"而言之。

办丧事吃酒忌猜拳行令，忌说谢谢。

过年过节时，忌说"死""完""光""净"等语，不言鬼怪。完了要说成"多了"。

喜庆时喝药忌说"喝药"，要说"喝黑茶"。

忌不吉利的谐音，分发香烟时，不能客气地说"自家人不发烟"。

修桥、作堰、煞龙口时忌说"帮你看桥看堰"。

从商老板姓舒的，忌叫舒老板，"舒"音同"输"。船老板姓陈的，忌称陈老板，"陈"音同"沉"。

做喜事忌说不吉利的话。如犯了禁忌，就要利用谐音消犯禁忌。如：某木匠钉门钉误伤手指，恼道："这是钉棺材钉。"主人利用谐音，放鞭炮谢曰："谢吉言，我官也有了，财也有了，丁也有了。"因为"棺材钉"与"官财丁"三字谐音。

忌嘲笑别人的短处，忌取笑别人的外貌。

忌夸口说自己"好久没生病了"。

晚上忌说鬼怪故事。

称赞婴儿，忌说"肥""重"。

在生地方，晚上忌直呼小孩的名字；夜晚忌吹口哨。

庄严的喜庆活动，忌小孩参加，怕他们说话不吉利。

第二节　行为禁忌

行为

忌不分尊卑，随意乱坐或客占主位。

忌随意在长者面前走来走去。

拜寿忌双膝跪，只能单膝跪。

忌左手给人倒茶，忌倒茶太满。

坐时忌抖腿，忌斜眼看人。

孕妇忌参加红白喜事，因人多，怕被冲撞。

第十五章 民间禁忌

孕妇忌串门，怕动"胎气"，感染病菌。

忌客人未走时扫地。

忌将帽子、枕头、上衣坐在屁股下。

忌在铁匠铺乱摸，在药铺乱尝。恐利器误伤手，毒药误入口。

忌用尺子打小孩。

商家忌顾客早上退货，担心坏了一天生意的彩头。

送礼物忌单数，更忌送"二百五"。

忌单手接受财物。

忌拍长辈的肩膀。

忌脚踩字纸，忌用字纸擦屁股，有辱斯文。

出远门、做生意、相亲、开车、办大事，出门前忌吃长面条（勾筋）。出门后，忌转身回家。这样来来回回，办事不顺利。

节日忌责骂小孩。

吃饭时忌责骂小孩，有"雷公不打吃饭时"的说法。

丧事、娶亲、嫁女忌补礼。

忌下午拜年或探访病人。

忌在长辈前跷二郎腿、随意插话。

忌托着碗底吃饭，忌用筷子、汤匙敲打空碗。

忌碗放桌上、人趴在桌上吃饭，会被认为没教养。

小孩忌捅燕子窝。

忌用手指菩萨或小孩模仿神汉跳神。

忌从晒晾的裤子底下钻过去，小孩不能钻大人裤裆，认为会长不高，忌从别人的头顶跨过去。

忌穿皮革制品的人进入产妇的卧室。

在别人家借来的拐杖、摇篮，或煎药的药罐，忌借家主动送还，要待主人家自己来拿。

过年前要剃过年头，正月忌剃头。

上半年忌摸别人的头。有"上半年的头，下半年的脚，只准看，不准摸"的说法。

正月路上的钱不能捡，怕是捡到一张"背时票"，一年不顺利。

忌模仿哑巴做手势，忌模仿拐脚、瞎眼人的动作。老话说"为人活到八十八，莫笑别人拐脚瞎"。

忌用白纸、白带包扎礼品。

忌用白纸写喜联、喜帖。

如果家里有新出生的婴儿，家里的人尤其是男人忌晚归。如果晚归最好在门口待一会儿，怕病菌灰尘感染孩子。

正月内忌外人进入产妇的产房，怕带来血光、秽气、不清洁。产妇月子内忌冷水洗涤，否则会患月内风痛。

不管在哪里忌抢马桶方便。

宴饮

忌碗底留饭不吃完。

办席出菜忌单数，忌出四六盘，否则不恭敬。四盘为轿夫菜，六盘为死囚辞世饭的菜盘数。

旧时婚宴忌出面条，丧事忌出甜汤和饮酒。

忌将筷子插在饭碗上，叫"当面上香"。

忌单筷子搅菜，称为"迷筷刨坟"。

忌吃菜时先抄碗底的菜，筷子伸到别人碗前夹菜，或翻来搅去地乱拣菜，夹了又放，放了又夹，会被认为没家教。

忌客人没到齐就先吃，主客没吃好就先离席。

忌把空碗反扣在桌上。

夏天忌吃过夜的鸡肉，怕蜈蚣爬过剩肉有毒，有"夏日不食鸡"的说法。

年饭忌将鱼吃光，寓"年年有余"。

桌上忌放三双筷、三只碗、三道菜，且不能摆成一排，更不能将筷子插在碗中，或平放碗口上，似敬神鬼。

早晨不能说"血""肉"等字眼，买肉只能说买"菜"。

开始盛饭时要从锅或罐的一边盛，忌从中间先盛。只有老人去世，开甑时，孝媳才从中间盛饭给"八仙"用。

吃饭时筷子每人一双，忌抽单数，否则视为不吉利。多抽筷子不要紧，预示人丁兴旺，少抽不行，有缺丁少口之嫌。

夹菜时，忌将筷子在盘子、钵里先擦一下。

忌用筷子、扫把指人或打人。

摆筷子忌三长两短，或一前一后，视为不吉利。

忌执筷巡城，忌满桌比划。

忌将别人的筷子弄掉到地上，称"落地惊神"，应道歉。

忌用筷子敲盅击盏。

忌嗦吮筷子头。

居室

房屋坐向忌朝北朝西，宜坐北朝南，忌直吹正厅的破堂风，忌前高后低。台阶数目忌双数，因"双"与"丧"同音。

做屋大门忌对别人家的墙角、窗户或祖堂，否则大不利。

忌在厕所、坟墩、坟坪上做屋。

门前忌栽桑树，"桑"与"丧"谐音。

置床忌与大门同向，只有摊尸才这样朝向。

相邻房屋忌右高左低，有"左青龙，右白虎，只准青龙高万丈，不准白虎抬头望"的俗语。

祭祀

忌用吃过的东西当供品。

忌用牛肉、狗肉祭祀。

路过自家先人的坟墓忌不去祭奠，认为不祭是不孝。

祭祀时忌打闹嬉笑、大声喧哗。

忌祭器和祭礼不洁净。

服饰

忌反穿衣服，忌过节穿白衣服。

忌破衣烂衫或衣冠不整地出席别人家的宴请，视为对人家不尊重。

忌在大庭广众下穿内衣内裤或打赤膊。

喜庆忌穿白色衣服，白喜事忌大红大紫、艳丽穿戴。

婚庆喜事，新娘可穿红戴绿，男性忌穿绿衣服、戴绿帽子。

双胞胎的婴儿忌穿颜色或式样不一致的衣服。

丧葬

"只能坟前做新房，不准屋后葬新坟"。瑞昌农村葬坟有民俗，若发生争议，则按规矩办，即间距"前三后四，左五右六"（单位：尺）。

死者忌脸面曝光，要用衣布盖着。

居丧期间孝子忌到他人家拜客。

"七七"期内孝子忌理发。

办丧事切忌高声谈笑。

孝子孝媳在"七七"之内不得走亲访友、参与娱乐活动。

"三朝"年（正月初一到初三）有老人去世，忌哭，忌报丧。

小孩忌去丧葬的地方，特别是死人入殓、起棺、下葬时，小孩、孕妇应忌避。

戴孝者忌外出拜年。

丧服不能穿进别人家门，祭祀用的器具忌带入他人家。

喜庆

大年初一忌起早。有说是起早了一年倒霉事多，当遇到麻烦事时，瑞昌人总是说"大年初一起早了"。

忌一年内连办两件婚庆喜事，但可先嫁女后娶媳。

挖屋基时忌小孩去，怕小孩说不吉利的话。

婚期忌单月单日，特别忌七月结婚。

忌迎娶车轿不期而遇，遇必互换礼物以祈吉祥。

拜年时不能进入人家卧室，更不能对睡在床上的人拱手拜年。

喜庆时忌饮酒无节制或行为无度，恐乐极生悲。

第三节　其他

忌以生病为借口推脱别人的约会、请假或者逃课等。

忌用红笔写人名、写书信，因为古时处决犯人是用红笔勾名字。

除夕忌拿针线，大年初一忌拿刀剪。

递给人刀剪类器具时，忌刀尖、刀口对人，恐误伤人。

节日忌摔碎碗，倒彩头。

忌看到蛇或人交媾。

看家狗不能杀。

入学拜师，忌逢"三、六、九"日，因为传统中"三、六、九"日是驯牛日。

婴儿忌入宫、庙。

药渣不留屋内，得倒在大路上。

女子来月经忌烧香还愿。

探望病人送水果，不能送梨，因与"离"谐音。

忌将小孩儿抱放在餐桌上。

第四编

本编内容为瑞昌方言俗语。瑞昌方言，分赣语、北方江淮官话两大区域。其中西部的花园、肇陈、洪一、乐园和西南部的南义，这5个乡镇都属于赣语方言区；中部、东部以及东北、东南部地区，即湓城、高丰、范镇、码头、黄金、洪下等16个乡、镇、场、街道，都属于北方江淮官话区。

湓城街道是瑞昌市的政治、经济、文化中心，湓城话是瑞昌代表性方言。湓城话共有5个声调，即平声、上声、阴去、阳去、入声。湓城以外的地区，其方言有6个声调，即阴平、阳平、上声、阴去、阳去、入声。湓城话共有24个声母，49个韵母，其声调、声韵多于普通话，显示了瑞昌方言语音的丰富性和多样性。

瑞昌方言的语音有五个主要特点：

（1）保留了入声。

（2）有卷舌音，特别是在东北部乡镇更明显。

（3）前后鼻音不分，如陈、程不分。

（4）分尖团音，如尖、兼两个字的读音不同，而普通话里两个字的读音是相同的。

（5）大量的字文白异读，即书面语和口头语读音不同，如解、写、蛇、火等。

各方言区的语音也有不同的特点。比如，在湓城街道，平声不分阴阳，如烟、盐不分；在肇陈、花园、洪一、乐园等乡镇，zhi、zi不分，即知、资不分；对同一对象，也会因形状大小而读音不同，如杯子，方言中大的读tóng，小的读dùn。南义镇的人往往把eng、ing读成ang或iang，如声（shēng）音读成声（xiāng）音，听（tīng）话读成听（tiàng）话；码头镇的人往往把an读成uan，如赶（gǎn）读成赶（guǎn）。

词汇是语言的建筑材料。瑞昌方言词汇的主要特点，一是丰富，不仅词汇总量多，而且表现形式多样。如锄头，就有六七种不同的类型，分别对应不同的名称。形容一个人不讲道理、胡搅蛮缠，可用横绊、瞎绊、哑绊、扯筋、横捩等词语，而在普通话里，是难以找到这么多相应词的。二是准确，无论状物、叙事、抒情，瑞昌方言词汇可谓精细入微。比如，普通话中的育谷种、种花生、摘猪菜、扎柴把，就远不如瑞昌话中的抱谷子、挏花生、讨猪菜、揪把儿来得恰当、精准。三是生动、传神，比如瑞昌话"盘人"这个词，有盘算、玩弄、整人多种意思，比普通话中"骗人"一词生动得多、形象得多。瑞昌话的名词动用，耐人寻味，引人入胜。如"花人""烟人"，直接用物象来表述行为和感受，比"哄人""熏人"效果直观得多。瑞昌方言里有大量的叠音词，如胖堀堀、矮笃笃、辣呵呵、壮拗拗，还有实词与助词、语气词的组合，如憋哭的、啰叫的、薄梆了、灰捧了、假眽啰、傲酸啰……可谓绘声绘色、惟妙惟肖。

气象、农事谚语，是瑞昌人在长期的生产实践中，尤其是在科技水平比较低下的年代，通过观察自然现象、探索农事规律，总结出来的知识和经验，具有一定的科学道理，至今仍有参考价值。生活谚语，则是瑞昌人对社会生活的体验和总结，往往以浅显的事例，说明深刻的道理。歇后语近似生活谚语，但艺术性更强一些，更为生动和幽默。谜语寓艺术性、知识性、趣味性于一体，能启迪人的智慧。总之，这些在瑞昌流传多年的谚语、歇后语和谜语，是人们世代相传的集体创作的成果、集体智慧的结晶。其中许多语句非常精辟、精彩，值得品味、鉴赏。

（说明：文字注音加括号【】的，是国际音标对该字方言的拼音。）

第十六章　方言词汇

称谓

一、亲属

太、阿太——曾祖父，曾祖母

太公——曾祖父

太婆——曾祖母

太家（gā）——曾外祖父，曾外祖母

公、阿公、庚、爹（diā）——祖父

婆、阿婆——祖母

爷（yé）(yá)、阿爷（yé）、大——父亲

姨（yì）、姐、亚、姆妈——母亲

亲爹——干爹

亲娘——干妈

外父、丈老——岳父

外母、丈母娘、丈婆——岳母

大（dài）爷——伯父

大（dài）姨（yì）——伯母

细爷——叔父

细姨（yì）、细姆妈——叔母

第十六章　方言词汇

家公、高公——外公

家婆、高婆——外婆

母舅、舅爷——舅舅

舅母娘、舅娘——舅妈

葛、阿葛——哥

佬、阿丁、弟儿——弟弟

妹儿、阿蜜——妹妹

老妹郎——妹夫

男客、男人、老板、老几——丈夫

女客、堂客、里头人、里陈、马马、屋里——妻子

姨姐——妻子姐姐

姨妹——妻子妹妹

崽、伢儿、嫡——儿子

囡、妹得——女儿

曼崽、断肠儿、落头儿——最小的儿子

二、其他对象

佢【κ^{h42}】——他

么人——谁

朗嘎、朗家——老人

嫡——晚辈

妈儿、婆儿——老年妇女

伢儿、伢儿崽得——小孩

奶伢儿——婴儿

妹得、女的家——姑娘

大（dài）氏——大家

贴肉褂儿——知心、贴心的人

老华——同姓的人

老庚——同年

庚嫂——同年嫂

亮子先生——算命的人

机司——司机

剐（gài）匠——锯木板的工匠

窑匠——烧制砖瓦的工匠

机匠——织布匠

封匠、砌匠——用砖瓦做房子的工匠

弹匠——弹制棉絮的工匠

捡家婆、洗娘——接生员

剃头佬——理发员

割猪佬——阉割猪的人

骟牛佬——阉割牛的人

剐（xiàn）鸡佬——阉割鸡的人

戗牛佬——牛的交易经纪人

地理先生——看风水的人

年月师——看日子的人

好佬——有本事的人

半桶油——说话没有高低、办事没有分寸感的人

叛佬——说话办事乱来的人

第十六章 方言词汇

山姜辣——尖刻、刻薄的人

辣椒粉——易发怒、难说话的人

憨巴——憨厚老实、不灵活的人

苔、虎犊子、妥子、哈子、侗（tōng）杏——傻子

呆（ái）人——呆板、笨拙的人

老实坨儿——老实巴交的人

糯米坨儿——性格懦弱、没有主见的人

牛板筋——不讲道理、很难缠的人

叫鸡公——话多、喜欢逞能的人

假佬——装模作样、喜欢表现自己的人

鬼儿——家伙

鬼头——名堂多、滑头的人

调皮钻儿——特别调皮的人

大炮子——不踏实、吹牛的人

黄鸭头——饶舌的人

墨老儿——迂腐、木头木脑的人

妞妮婆、摇摄婆——爱打扮、爱出风头、忸怩作态的女人

瘟猪头——不吭声、不理人、性格特别内向的人

五爪猪——没用、惹祸的人

六指丫——不会做事、没有本事的人

绿眼狗——六亲不认、不知好歹的人

叉鸡贼——成天东游西荡、不干正事的人

扒儿手——小偷

家伙三——谑称，这个家伙

贼儿——谑称，坏蛋

一部冷坛——害人的人

吃空饭——不做事的人

赤膊蛇——泼皮、无赖

戳白【pʰɛ³³】子——说白话、空话、鬼话的人。

狗屎鳅——小气的人

瞎眼光棍——指农村那种没有文化、却出面管事的人

捋脚骨毛——取好卖乖的人

骚鸡公——特别好色的男人

捞骚狗——到处乱跑、玩弄女性或做坏事的人

金刚钻——刁钻、难以对付的人

死丧（sāng）——詈语，该死的人，有时也表示亲近、溺爱

三、身体部位

运动头——头发短而整齐

和尚头——光头

崖头、啄脑壳——前额突出

头毛——头发

鬏（jiù）儿毛——头发卷曲

鬏巴儿——头上盘成各种式样的发髻

气颈——脖子增粗、甲状腺增生

犟（jiāng）颈儿——歪脖子

拐子——跛脚

结子——结巴

第四编
第十六章　方言词汇

后颈窝——脖子后面凹下去的部位

酒凼儿——酒窝

脸庞儿——脸庞

下（hà）巴蒂儿——下巴

板牙——大门牙

牙礓——齿龈

缺牙绊——牙齿缺落

眼子儿——眼珠

堕眼泡——眼皮下垂、浮肿

射（shà）眼儿——眼睛斜视

一眼铳、铳眼儿——独眼

眨巴眼——眼液缺乏，老是眨眼睛

耳鼓——耳朵

鼻子眼儿——鼻孔

齈（nòng）鼻子——鼻音重，说话嘟嘟囔囔

膀子——臂膀

胁下（hà）——腋下至腰部

胁下凼儿——肢窝

背脊骨——脊椎

大棚骨、度膀骨——肋骨

小肚儿——小腹

肚子眼儿——肚脐

心根下——心脏附近

心下凼儿——心窝

龟尾——脊椎骨末梢

螺丝骨——踝骨

反手——左手

顺手——右手

手管儿——胳膊

手腕儿——手掌与手臂交接处

手夹砣——胳膊肘弯曲处

察膊——赤膊

倒手拄儿——胳膊与前肘结合处的关节

指丫、指丫头儿——手指头

指丫叉——指间缝

指丫蓬儿——指甲盖

脚管筒儿——小腿

脚管肚儿——小腿后面肌肉处

脚砣腕、脚子弯——大小腿连接处的后面

脚指丫——脚趾

脚板心——脚掌中心

大（dài）胯——大腿

大胯旮【ŋɑ⁴²】儿——大腿内侧

脚砣、客膝坡勒——膝盖

劳动、生活

一、劳动

穑【sɛ²⁴】地、省地——耕地

第四编
第十六章　方言词汇

做生活——干农活

兴（xīng）菜——种菜

抱谷子——育谷种，即将谷子浸泡、保温、催芽

抱薯种——育薯种，即将红薯保温、催芽

挜【ŋa³³】麦——种小麦

挜花生——种花生

踏萝卜——种萝卜

踏油菜——种油菜

搴（qiàn）草——铲草、锄草

烧火（hǔ）粪——把干牛粪、草皮和土巴堆在一起焖烧，作基肥

踩草——将红花草等绿肥撒到水田里，用脚踩入泥中

滴粪——把粪滴在农作物根部

捞湖草——用剪竹把湖草捞起来，用船运到岸上，挑到地里作肥料

车水——通过手摇或脚踏的方式，用水车提水

打二溜子——把部分农作物中徒长侧枝和赘芽剪除、摘掉

搭谷——往谷盆内侧摔打稻谷秸秆，脱下谷粒

打连杖、打连掌——手挥连枷，拍打麦、豆秸秆，使麦、豆等作物颗粒脱落

机米——用榨米机将稻谷脱壳，碾成米

筛糠——用筛子将米中糠皮去掉

簸米——用簸箕簸去米中的糠皮和其他杂物

扇米——利用扇鼓制造风力，扇去米中的糠屑和灰尘

讨猪菜——采摘猪吃的野菜

讨猪食——喂猪

367

揪（jiū）把儿——把秸秆、柴草卷折成一小把，以便送入土灶中

看【kʰõ⁴²】猪——养猪

看【kʰõ⁴²】鸡——养鸡

搭虾（hā）——用虾搭（一种渔具）捞鱼虾

剚（chí）鱼——用刀把鱼剖开

褪毛——将宰杀的猪、鸡用开水烫后脱毛

剶（xiàn）鸡——阉割公鸡

骟牛——阉割公牛

戗牛——换牛

打野（yǎ）物——打猎

趟船——划船

趟渡——摆渡

起首——做屋时，选择吉日动工

行墙——做屋时，开始砌砖做墙

上梁——把梁木系上红绳、红布，安装到梁位

封顶——杠桁条、钉桷子、盖瓦，现指浇注好最后一层混凝土

捡漏——屋顶漏水，把松动的瓦片重新整理，换破瓦，盖新瓦

掌铲——掌厨

掌秤——负责称东西

线缝——把苎麻丝、石膏浸桐油捣成半干固体，再用锉子锉进木船或其他木器的缝隙，使之不漏水

揈（dòu）斧头——把木柄嵌进斧头槽里

揈榫儿——制作木器时，把榫头打进榫眼

破磨子——将磨齿凿刻锋利

錾（zàn）磨子——用钢钎凿深磨槽

攮（zài）扣子——用针线钉扣子

二、生活

滗（bi入声）——把水或汤滤出来，如滗米汤

炆肉——炖肉

豆折、豆粑——把大米、荞麦、玉米混合后磨成浆，烫成薄饼，再切成丝

过麻花——炸麻花

过油条——炸油条

捡桌子——收拾饭桌

掸扬尘——掸去房屋墙壁上的灰尘

浇齷齪——用插箕、铲子把垃圾收拾起来倒掉

恰饭——吃饭

打平伙（hǔ）——凑份子聚餐

倒头——詈语，吃了去死

喝茶、过早——吃早饭，西片乡镇称吃早饭为喝茶

过中、吃中时、喝茶——吃中饭，北片有的地方称吃中饭为喝茶

过夜（yà）——吃晚饭

淘汤——用菜汤泡饭吃

倒酒——筛酒

上酒——给客人斟酒

牵席——按身份安排座位，恭请客人入席

困醒——睡觉

摊尸搭簟——詈语，睡觉

栽瞌困——打瞌睡

发梦癫——梦魇

赖床——睡懒觉，不肯起床

靸着鞋——拖着鞋

抹澡——用毛巾擦拭身体，有别于洗澡

赖尿——尿床

蹉被窝——踢被子

说人家——未婚女子找婆家

揸（dòu）嘴儿——亲嘴

接马马、办伴——娶老婆

接新嫂——接新娘

圆房、同房——结婚

回门——男女结婚后第三天，去女方家看望父母

害肚（dù）——妊娠反应

髋（kuān）肚——怀孕

出怀——孕妇腹部隆起

落月——孕妇临产

落身——流产

开崽、看【kʰõ⁴²】崽——生孩子

送祝米、送鸡米——婴儿出生一个月内，亲戚送米面、鸡蛋等礼物，表示祝贺

做三朝——婴儿出生后第三天，接生的人为婴儿沐浴，亲戚前来看望，送礼

第十六章 方言词汇

把奶、送奶——喂奶

隔奶——断奶

斗船——划船比赛

走棋——下棋

戏得、舞疯儿——玩耍

打谜儿——出谜语

猜谜得——猜谜语

放抱胡儿——摔跤

打水漂、绰水片——把小石片按水平方向，朝水面飘掷，飘得远的为赢

攓（qiān）房子——儿童游戏，在地上画出方格表示房间，比赛单脚跳

挺棍——两人面对面，用手顶一根木棍，前进者为赢

顶棍——两人面对面，用腹部顶一根木棍，前进者为赢

斗鸡——两人都用左手抱着右脚，左脚点地，互相碰撞，松手或倒地者为输

网沙蝇——用一根长竹竿，顶端绑上竹片圆圈，圆圈里缠满蜘蛛网，利用其黏性捕捉蜻蜓

还年福——农历大年三十，端上贴着红纸的整条鲤鱼和猪肉等食品，到祖堂屋敬香祭祖

福（入声）猪——杀猪

福鸡——杀鸡

坐上八位——坐首席

出天方——大年初一，村庄村民集体祭天、祭祖

接灯——元宵节时，玩龙灯的队伍到了家门口，主人出来放炮迎接，赠送钱物

太公游春——农历正月，把太公菩萨请出来游春赏景

掐时——掐指测算走失的人、遗失的钱物所在方位和地点

抬筲箕姑——民间的请仙姑活动，在筲箕边上系一根筷子，两人抬着筲箕，让筷子在沙盘上画出字句作为神示

杠马脚、出神——迷信称鬼神附体的人为马脚，马脚自称能预知祸福，通过舞蹈表演为人驱灾除病

老了人——老年人逝世

过身——中老年人逝世

走了——成年人逝世

丢了——小孩子死亡

做七——人去世后，请道士做道场、念经，每七天一次，共七次

送亮——农历正月十五，到祖坟、祖堂屋点亮蜡烛

上香——祭奠逝者时敬香

坐夜——夜晚守护逝者的遗体或灵柩

供（jiòng）饭——向祖先和鬼神敬饭

赏老儿——向鬼神供饭、烧香，以求消灾除病

不好过——生病

作暖——发烧

挈冷——发冷

猪婆疯——癫痫，也称爱使性子的人为发猪婆疯

水牯病——血吸虫病

喝风、绰风——吃饭时冷风通过口腔进入腹内，引起消化不良反应

屙肚子——腹泻

膪人——因胃里的食物翻动而感到难受

灌重耳——中耳炎

发脐风——婴儿出生后，因割脐带引起破伤风，导致夭折

起鸡皮纵儿——起鸡皮疙瘩

蛤蟆气——腮腺炎、边腮

吊茄子、吊葫芦——子宫脱垂

生热答——生痱子

腋（yà）鼠臊、下水臊——狐臭

生背花——背上生痈疽

锉牙、呃牙齿——小孩子睡觉时磨牙

搐筋——筋肉痉挛

发齁（hōu）——气喘

生疖儿——生疮疖

欠眼粒、生欠眼儿——眼皮上出现疤痕，眼部毛囊炎引起

生翳儿——眼睛角膜上出现白斑

动作、语言

一、动作

企（jì）——站

企到——站着

跍（kū）——蹲

骨倒、跍到——蹲着

间（gǎn）——跨

间过去——跨过去

攓（qiān）——单脚跳

纵——向前跨跃

跶高——跌倒

荡路——散步

荡街——逛街

慢慢踏——慢慢走

过开些——走开

死远些——滚开

揪（jiū）——聚集收拢

扢（hù）——用力拂去

扢开——推开

捻——拿

捻到——拿着、握着

捩（liè）——拧、绞

捩干——拧干

佗——拿

佗走了——拿走了

挈（入声）——提

挈到——提着

扯（chǎ）布——买布

打油——买油

打托——酒席上端菜

374

第十六章　方言词汇

掇（duo入声）——搬

掇凳子——搬凳子

跶碗——摔碗

縻（mì）——系

縻牛——用绳索把牛系住

扯直、牵直——拉直

搡、扠（sǒng或cǒng）——推

搡开、扠开——推开

拉拉扠扠、拉拉搡搡——推推拉拉

撮——用手指抓

撮拢——把东西聚拢抓好

射（shà）——倒、泼

射掉——倒掉

摝（lu入声）——把东西从水里或汤里捞起来

洗嘴——刷牙

把尿——抱着让婴儿撒尿

头沁到——头低着

睩（lù）——眼珠转动

眼睛直睩——眼睛直转，东张西望

眼搵（wèn）到——眼睛瞪着，生气的样子

嘴哕（yuě）到——老张着嘴

嗍（suō）——吮吸

嗍奶——小孩子吃奶

嘴哈到——张着嘴

啷（lǎng）口——漱口

吞灒（cán）——咽下口水

嗝气——打呃

挨【ŋai42】——接触

剋（kēi）——碰、擦

搒（pǎng）——撞、绊

搒倒——撞倒

绑丧（sāng）——詈语，绑死人

抻（chēn）——伸

抻腰——把腰伸直

莫佅（lǎi）、莫扬（chǐ）——莫乱动

咪（mèi）——动手

咪好——弄好

疾谜拱、钻谜头、疾闷头——潜水

收到——藏起来

落了——遗失了

㧟——棍子或扁担的一头系着东西，另一头用手按住，把东西提起来或放在肩上；也指利用杠杆原理撬重物

车（chā）转身——转过身来

打马肩——小孩子骑在大人肩膀上

二、语言

相偏——吃饭时对旁人说的客气话，意思是"对不起，没请你和我一起吃饭"

第十六章　方言词汇

醉叫的——大声嚷着

打雀嘴——逗人乐的俏皮话

白【pʰε³³】话——假话

村话——脏话

卖白【pʰε³³】——说假话骗人，许愿时虚情假意

白搭——说话喜欢吹牛

凑嘴拨火——搬弄是非

断人——骂人

扯筋——无休止地争吵、纠缠

犟嘴——强辩、顶嘴

横挘（liè）——故意往歪理上扯

瞎绊——乱说

打潲（xiǎ）——贫嘴、说话不正经

声气——声音、口音

饯人——用语言顶撞人

哨人——声音嘈杂、吵人

押卵腮——胡说八道

哑绊——固执地争辩

葛嗫（入声）——小孩子吵架

驳嘴、搞嘴——吵嘴

突是嘴——话特别多

瀺直喷（fèn）——口水四溅

嗝馊气——胃里的馊味从口中冒出来，借指说话时发泄不满情绪；骂人瞎说

不做闹——不作声

拜仗、绊仗——吵架

驮断——被人骂

嚼卵筋——胡说八道

左编右话——说话两边讨好

唝（kuǎ）白、侃（kuān）白——聊天

唝国子——讲故事

侃天话——说大话、空话

侃洋话——说不切实际的话

弹牙【ŋa⁴²】告——吹牛

挫牙、勒牙、撇牙告——瞎争、强词夺理

戳（cuó）骂人——挖苦、讽刺人

敲边搕舷——用旁敲侧击的话指责人

挖骨生蛆——过分计较，找碴儿

挈（入声）泡、打挈（入声）、揎白【pʰɛ³³】——撒谎

打直眼——说话不客气，说到别人实处

打畽（tǔn）——说话不流利，时有中断

吃（qia入声）粑——唱戏时，突然忘了台词；回答问题时，突然不知所措、语句中断

寡嘴壳儿——贫嘴

乱嚼、烂嚼、乱雀、乱唝——乱说

劝细姑——苦口婆心地劝说

嚼蛆——说没有根据、没有意思的话

漏嘴——失言，无意中说了不该说的话

第十六章　方言词汇

不津迹、密迹——不吱声

呕屎、强奸百说——胡说八道

啰连——说话啰啰唆唆

流流涎涎——一句话说了又说，没完没了

戳拐——背后说人坏话，挑剔毛病，妨碍别人做事

呕啾——表示对别人言语、行为的鄙视和不满

嗨咦——表示惊讶

哦嚄（发声前短后长）——表示无奈和失望

嗯呐——应答声，表示同意

喔哉——何必那样呢

瞎了——糟了

崽也——表示吃惊

为自——所谓，以为是

确（kè）一、确已——一定

是么了、是么解（gǎi）——怎么办呢？

行为、状态

雀拨、雀泼（入声）——俏皮，恶作剧

挨挨蹭蹭——冷性，做事慢吞吞的；不愿做这件事，想拖延时间

挨砣——冷性，做事磨磨蹭蹭

眼浅——羡慕，忌妒

差劲——没有用，没有名堂

加劲——对人讲礼，热情

作俏——有意显示自己，抬高身价；有时还指顽皮，搞恶作剧

捞【lau³⁵】人——看望人

企回——回家

不来待——彼此不交往

找络索——找借口生事

舍（shǎ）己——为人大方，舍得出钱出力帮助别人

舍高——放下身段，恭维别人的话

好哇事——好打交道

通皮——懂事，知趣，善解人意

通方——通晓人情世故，会做人

横糊——蛮横，不讲理

默到——想到，以为，认为

撞到——遇到，碰到

歇下（ha轻声）——休息一会儿

讲几——讲究，怎么样

脱壳——脱干系

亚怪、惹怪、计人嫌——惹人怪，没事找事，自找麻烦

假马——虚伪，显摆，逞能

打秋风——趁机捞好处

打混——混吃混喝，不务正业

作古怪——生事，造事

取逼好——讨好，讨女人喜欢

冇得谱——没有规矩，没有约束

冇得改、冇得拣（gǎn）——无法可想，无法无天

作邪——开玩笑，不正经

第十六章 方言词汇

提（dia入声）篆——主事

圝【lõ⁴²】总——汇总，牵头办事

淘人——费神，费力

讲经——古板，不知道变通

欠——挂念

拼帐——攀比

压——节省

压得——省得，免得

起火（hǔ）——发脾气

取好——讨好，设法取得别人好感

桩村——遭到别人奚落，自讨没趣

欠食、欠恰——小孩子嘴馋

拣（gǎn）嘴——挑食

刺毛——惹人生气，讨人嫌；看着不舒服

滞脸——嬉皮笑脸

翻毛、拜毛——闹翻

挈（入声）络儿——以对方言行不当之处为把柄，进行指责

折（shé）——损失

折面子——丢了面子

吃酱——因言行不当，被人奚落

挈鬼打炮——招摇撞骗

放泼——撒泼，放赖

赌狠——争强斗狠

玩澥（xiǎ）——耍赖，用软的手段纠缠

悄步——没有声响，突然袭击

逆骨相——小气，搁不得人

不服招、不服周（zōu）——不服气，原指春秋战国时，各诸侯国不服从周朝天子的号令

演人——出丑，丢人

绰钱——赢钱

盘人——骗人

花人——哄人

否（pī）人、鄙人——贬斥，鄙视人

瘪人——讽刺、讥笑、挖苦别人

吃黑——借别人的钱有意不还，或用不正当手段获取别人的钱财

搅屎棍、拨火棍——挑拨离间者

捞事——爱打听事，多事

找角（gě）头——找岔子，惹是生非

钻疾【tsei^{213}】、钻迹——机灵，反应快；善于钻营

图撒脱——怕麻烦，图省事

架锅雀——把事情视同儿戏，态度很不认真

拜名堂——搞小动作

打野（yǎ）眼——疏忽，不看正路

受刮——挨批评

吃猪头肉——挨骂受批

找皮绊——制造麻烦，挑起事端

惹发——招惹人

缉唣——捣蛋，闹事

第十六章　方言词汇

托卵袋——谄媚，巴结人，讨好人

呵行儿——儿戏，开玩笑

吃冤枉——占人便宜，得了不该得的东西

阿弥陀佛——老实，懦弱，受人欺负

作古正经——一本正经，正儿八经

灯笼心——聪明

一根筋——认死理，一条路走到黑，形容一个人的性格执拗

牛弹蹄——詈语，像牛一样用脚踢人

做骡（lí）狗——比喻甘心吃苦受累，做下人

做盒子——几人暗中设局，诱使对方上当

搓反索——对着干

打流——不务正业，游游荡荡

打眼、打人眼——显眼，惹人注意

仙健——形容老年人身体健康

灵醒——聪明，通脱

刁灵——聪明伶俐

尖——聪明能干

设鬼——机灵，主意多

懂经——明白事理

懂味——懂得人情世故

塌（入声）手——失误，把事情办糟了

痞手——手气不好

踩屎——倒霉

窜魂——到处乱窜，讨人嫌

打个捞——打个转

打总嘴——劝人这样做，促成这件事

打破嘴——劝人不要这样，把事搞黄

打伙活、扎簸箕——非婚姻关系男女同居

发性——生气，发脾气

坚心——用心，聚精会神

精（jāng）麂——形容人机灵、聪明

矮笃笃——个子矮，身体结实

壮拗（niù）拗——健壮、结实

胖堀（kū）堀——矮胖、结实

瘦筋筋——精瘦

疤疤欠欠——疤痕多

客气——漂亮

刺煞——肮脏，难看，差劲

杀枪、杀青、杀料——形容人说话、做事能抓住关键、厉害

阴兔——形容人性格阴沉、狡猾

权渣——吝啬，小气；难说话

权渣起痞——特别吝啬小气

镂挖——形容人狠毒，暗地里害人

好佮（gé）火——好打交道

难佮火——难打交道

呵泡、呵泄——有一点小事就大呼小叫，也指夸大事实，装模作样

舞疯扬邪——胡闹、装疯卖傻

轻神、轻身道——轻浮的样子

第四编
第十六章　方言词汇

装秧儿——装作可怜的样子

赖毸（sài）——不干净

赖毸得死——很脏

赫死巴人——好吓人

跫（qióng）人——可怕

估势得——估计，猜测

气得直哼——非常气人

洋死了——心情行为很放纵，也指很洋气

舍勒佢【ㄎʰ42】弃——放任不管，由他去

按心——受伤害

不跟你搭——不跟你玩

揪筋、鬏筋——小气

黑口——倒霉

能得——要得

做估得——装作

翻犟——小孩跟大人对着来

火只翻、火只冒——非常恼火

猪油蒙心——不明事理

祸根牙——祸患的发端和根源

发犟——脾气暴躁，发怒

翻毛——翻脸

翻生、翻兜——小孩子任性，一不高兴就哭哭闹闹

翘菟（zōu）——完蛋

打野（yǎ）——玩心大，精神不集中

作兴——喜欢

折毛、折磨——可怜

竟似、竟自——故意

得似——幸亏

颇自——索性

信实了——信以为真

慌了经——一时慌乱，不知所措

冰人——身体接触物体，感觉冰凉

泡人——烫人

辟人——气味难闻，呛人

挖（wā）人——尖锐的东西刺痛皮肉

硌人——身体接触到尖锐的东西，感觉有点疼痛

哽人——噎人

割人——声音太大，吵人

咬蛮——不怕疼痛，坚持忍耐

沤人——心里窝着火

怕疯了——非常害怕

咏味——品尝、体味

疾心——刺心的痛

阴心——表面和善，内心阴险

钩儿心——心术不正

过二——为人刻薄，做事过分；小气

逗人恼、得人恼——使人讨厌

逗人痛、得人痛——讨人喜欢

第四编
第十六章　方言词汇

细毛——舍不得花钱

好鸡——很吝啬

绝菟（zōu）、绝八代——詈语，断子绝孙

割绝人毛——同任何人都搞不好关系

亘（gěn）不懂事——完全不懂事

辣刮——霸道

抓心——心里十分焦躁、难受

赫戳（二字皆入声）——受到惊吓

糊射（shà）、糊洒——马虎，邋遢

挖隘——刁钻古怪

悄掐——阴心，害人

捞虎——吃相难看

睺（hóu）心——贪心

老卵——刁钻，凶狠，傲慢

绿毛——横蛮，不讲道理

泡气——心浮气躁，不踏实

鸡婆翘儿——突然无端地发小脾气

作死巴烧——呆板，搂着粑吃粑，不知变通

挨麻通——不灵活

发朱沙——突然犯傻，发脾气

突是狠——一味讲狠

突是劲——一身是劲

不晓得九几——不知道天高地厚，以为自己很了不起

憋哭的——止不住地哭

387

哕（yuě）叫的——大声叫喊

气呼哕——火气很大

蔫栽哕——无精打采的样子

摇扮哕——打扮得花枝招展

洋泛哕——很洋气的样子

傲酸哕——傲气十足的样子

假碌哕——逞能的样子

忙碌哕——忙得不可开交的样子

乖碌哕——老实听话的样子

能巴哕——聪明伶俐的样子

俏扮哕——漂亮

衣物、食品

一、衣物

大（dài）布——粗纱布，自纺的布

洋布——细纱布

市布——平纹布

褂儿——上衣

罩褂儿——套在棉袄上的外衣

紧身袄儿——长袖、低领的紧身棉衣

卫生袄——里面带绒、厚实的针织保暖上衣

卫生裤——里面带绒、厚实的针织保暖裤

背褡——不带袖子的上衣

第四编
第十六章　方言词汇

短裤头儿——短裤

满裆裤、裈（kūn）裆裤——有裆的裤子

破裆裤、开衩裤——开裆裤

抱裙——围住小儿屁股的裙子

兜肚——系在小儿肚子上御寒的布片

兜裆——短裆，把胯下勒得很紧

吊裆——长裤裆

缏（biǎn）——把衣服的边缘往里折，再用线缝成夹层

荷包——口袋

褡肉褂——冬衬衣

迁领（liāng）——围巾

澰兜、澰压【ŋa²¹³】儿——挂在小孩子胸前的一块布，防止小孩子流口水和吃饭时弄脏衣服

尿片——尿布

鼓脚——绑腿

暖鞋——棉鞋

单鞋——没有绒的普通布鞋

鞋帮——鞋底以外的部分

鞋拔儿——鞋拔子

浅口靴——套靴，靴口在踝骨以下

马靴——长筒靴子

短筒靴——鞋筒短的靴子

戳儿帽、雀儿帽——鸭舌帽

笠帽——草帽

389

手捏——手绢

手抹儿——手套

手箍儿——手镯

蚂蟥带——松紧带

麻索儿——麻绳

洗脸帕儿、洗脸袱儿——毛巾

枕头袱儿——枕巾

褙壳儿、粉帕、片帕——用旧布加衬纸裱成厚片，用来制作布鞋帮

鞋帕、药壳儿——把毛竹壳晒干，剪成鞋样

捺扣——按扣

二、食品

烟煪（qiū）腊肉——用烟火熏干的腊肉

边油——猪板油

猪内杂、猪下水儿——猪内脏

猪首、猪神府——猪头

猪顺风——猪耳朵

猪利市——猪舌头

鸡硬格儿——鸡肫

鸡胯儿——鸡腿

鱼冻儿——冻成固态的鱼汤汁

溏心蛋——煮得半熟的鸡蛋，蛋黄没有完全凝结

鱼蒸面——去掉鱼刺，砍掉鱼头、鱼尾，把鱼肉和面一起蒸熟制成的食物

第十六章　方言词汇

澥（xia入声，南义一带读xià）饭、烂搭饭——水分多、比较黏稠的米饭

薯茶——红薯稀饭

泡米儿——糯米煮熟后，晒干再炒制成的食物

发粑——馒头

印儿粑——印有文字或图案的米粑

油糍儿——把面粉调水做成粑，放在油锅里炸熟

麻糍粑——糍粑

发面——用酵母使面粉发酵

芝麻盐——拌了盐的芝麻面

荞麦砣——荞麦羹

油子——熬过油的猪油渣

冲菜——把芥菜或雪里蕻封闭在容器里，加上油盐、佐料腌制而成，有冲鼻气味

豆干儿——酱干

薯果儿——红薯蒸熟后切成片，再晾干油炸而成的食品

油炸条、撒支、撒子——麻花

兔儿屎——酥豆

寡茶——茶水

自然、物态

一、自然

日头——太阳

凉月——月亮

变天——天要下雨

落雨——下雨

过龙、旋头风——龙卷风

风暴雨——暴风雨

乌风黑暴——满天黑云翻滚，暴雨即将来临

干风暴——刮风打雷未下雨

哼雷——打雷

雷直哼——雷声不断

住点——雨停了

连雨寋——连续下雨

漂风雨——随风斜落下来的雨

麻喷（fèn）雨——毛毛雨

掣霍——闪电

落雪——下雪

龙凌子、龙雹子儿——冰雹

凌冰——冰

凌冰钻儿、凌冰吊儿、凌麻钻儿——冰柱

彻凌、杠凌——结冰

醒凌——化冰

雪球儿——雪花

雪子儿——雪粒，冰霰儿

田缺——田埂上放水的口子

田塴——水田周边的高塴

第十六章 方言词汇

田塄——水田周边的岸

地塝——地边或路边的高塝

生地——没有种过庄稼的土地

熟地——种过庄稼的土地

烂泥田——终年积水的泥田

泡土——疏松的土壤

犟土——板结、坚硬的土壤

山垴——山头，山尖

沙石磊、沙磊——石头

石头壳儿——石块

石头子儿——小石头

马郎鼓儿、麻石鼓、麻石卵——鹅卵石

二、物态

一丁点、一丝儿——一点儿

大莫略儿——大概

么势儿——事情到了什么程度

亘（gěn）的——整个的，完整的

裈（kún）的——整体的

起是——都是

纳大底——小

薄枵（xiāo）了——很薄

圆滚了——像球一样圆

圆溜了——圆溜溜的

直苗了——笔直的

扯（chǎ）潮——回潮，受潮

上蒙（mèng）——发霉

漆紫的——紫得发黑

旷亮的——空旷明亮

煊（xuē）红的——红得发亮

绿肮了——颜色发绿，脏兮兮的

青滴了——青翠欲滴

黄埲（bēng）了——颜色泛黄

灰埲了——到处是灰，颜色灰暗

刷光的、倏光的——光亮，光滑

黑麻溜秋、漆麻烂黑——一团漆黑

闹热——热闹

嗵响的、堀（kū）响的——响声大

驰——滑

判——浮

阵——沉

发泽（cè）——发裂

轻榜（bāng）榜——很轻

油瀹【sei⁴²】瀹——油光水滑

空捞捞——里面没有什么东西

蹦结的——很结实

蹦干的——非常干燥

蹦硬的——非常坚硬

第四编
第十六章　方言词汇

并光的——一无所有

软扭了——非常柔软

湿漉（lù）了——水淋淋的

潽（pú）——液体溢出来了，如米汤潽了

嫩秧了——像秧苗一样嫩

齐睩（lù）了——很整齐

破框框——破烂不堪

淡瘪（biè）瘪——味道很淡

鲜滴滴——味道鲜极了

辣呵呵——把人辣得嘴直呵

时间、方位

一、时间

线前年——大前年

旧年——去年

真年——今年

大后年、外后年——后年的后一年

线前日——大前天

戳日——昨天

真昼——今天

明昼——明天

后日——后天

外后日——后天的后一天

亘天——整天

亘夜——整夜

日里——白天

夜分、夜混——夜晚

赶早——清晨

黑早——一大早

上昼——上午

茶门阵儿、中时——中午

下（hà）昼——下午

下昼边儿——天快黑了

下昼黑——傍晚

前不多时——前不久

一眨儿——一瞬间

一下眼——一会儿

立马、立眼、掐（kā）眼——刚才

很【hẽ35】得——现在

么阵儿、么载儿——什么时候

晏【ŋan35】——迟

先前——原来

细阵得——小时候

头到——头一回

头一乍儿——开始那会儿

间（gǎn）几天——过几天

间些时——过一段时间

第十六章 方言词汇

等二回——等下回

缓下儿——稍过一会儿

架（gà）式——开始

半式儿——时间大约过了一半，事情正在进行中

二、方位

下底——下头

上厝——上面

下厝——下面

顶头——上边

高头——上头，上方

独底——底层

独下——底下

前厝——前面

后厝——后面

边舷（xián）——边沿

侧边——旁边

眼门前——面前

摌转、团近——周围，附近

处子——地方

么处子、拉撒儿——什么地方

搭里、这丝得——这里

隈（wèi）的、兀（wù）里、兀丝得——那里

隈边——那边

一坨儿——一块儿

动物、植物

一、动物

牛公——公牛

牛婆——母牛

黄牯——公黄牛

水牯——公水牛

水牸——母水牛

黄牛爬——小黄牛

水牛爬——小水牛

驴（lí）狗儿——驴

猪婆——母猪

伢猪——公猪

草猪——母猪

猪崽儿——小猪

肉猪——阉割后的猪

脚猪、郎猪——配种的公猪

鸡公——公鸡

鸡婆——母鸡

鸡崽儿——小鸡

刐（xiàn）鸡——阉割的鸡

牛走栏——牛发情

第十六章 方言词汇

猪走窠——猪发情

鸡赶样——鸡交配

鸡渗蛋——鸡下蛋

野（yǎ）物——野兽

豺狗——狼

白面——脸上长白毛的獾

刺猪儿——刺猬

黄鼠溜儿——黄鼠狼

檐老鼠、盐老鼠——蝙蝠

猪婆蛇——蜥蜴

壁角蛇——壁虎

青竹飚——竹叶青蛇

过山风、扁头风——眼镜蛇

老哇、老哇鸟儿——乌鸦

猫咕头——猫头鹰

丫雀——喜鹊

白花儿、扬叶、扬萨白——蝴蝶

沙蝇——蜻蜓

麻蝇——苍蝇

屎缸蝇、屎麻蝇、大头苍蝇——一种体形较大的苍蝇，肚大，青绿色

义伢儿——蝉

夜火虫——萤火虫

绩蛛儿——蜘蛛

跳马掌儿——蚂蚱

蟓儿、蟓子——一种小飞虫，傍晚成群出现

蚊虫——蚊子

窝虫、乌虫——藏在棉絮、被窝里的小虫

扁佬——臭虫

虱虮儿——虱子的卵

草鞋虫、草鞋板儿——一种多脚虫，灰黄色

牛屎夹、推车佬——屎壳郎

蚁子——蚂蚁

老虎钳（gān）——螳螂

高蟆、蛤蟆——青蛙

咯鸡——石蛙

癞遢牯、癞夹补、癞火宝、癞蛤蟆——蟾蜍

蛤蟆啼、蛤蟆提儿——蝌蚪

触审儿、河行、河蚓——蚯蚓

夜夜螺、洋叶螺——鼻涕虫，身体柔软，有黏液，像无壳的蜗牛

天螟、天燕——蚜虫

蟕虫——蛔虫

鲫板——鲫鱼

锯鱼、花姐儿——鳜鱼，颜色好看

混子——青鱼、草鱼的统称

青混——青鱼

草混——草鱼

胖（pāng）头——鳙鱼

鲢子壳——鲢鱼

400

黄鸭头——黄颡鱼

翘嘴白——一种长条形、翘嘴、白色的小鱼

呵血泡、司马卵——沙塘鲤，体形小，前部较粗壮，黑色

胖鲷——银鲷，体形小，长条形，下颌呈铲状，银灰色

油餐——一种长条形、白色的小鱼

油鱼——一种鳞极细、体表油滑的小鱼

红鸡公、红鳍公——一种宽鳍躐、侧扁、色彩斑斓的小鱼

麻朗——棒花鱼，棒形，棕黄色

魔鳅——泥鳅

脚鱼——鳖，甲鱼

老海、罗罕——螃蟹

江铳儿、江猪——江豚，大型哺乳动物，银灰色

饭石壳——河蚬，小型软体动物

二、植物

玉芦——玉米

芦黍、榴粟——高粱

洋芋——马铃薯

芋头爷（yá）——母芋

芋头禾——芋的茎叶

黄玫结——扁豆

六月爆——农历六月成熟的小粒黄豆

八月爆——农历八月成熟的大粒黄豆

过冬白——一种冬季栽种、春季收获的白菜

扯根菜——菠菜的一种

辣茄——辣椒

萝白——萝卜

鼉菜——空心菜

洋茄——西红柿

变瓜、扁瓜、并瓜、冰瓜——南瓜

丝瓜络——丝瓜

莴麻、莴米菜、莴梅菜——莴苣的一个品种，略有苦味

洋生姜、洋姜——地下根茎呈块状，形似生姜

胡蒜——野生蒜，蒜苗较小

金针——黄花，一种花蕾可食用的蔬菜，花蕾呈黄色

枸杞杪、枸杞苗——野生枸杞，枝叶可作蔬菜食用

茅丝夹——马齿苋

枞树——松树

枞毛——松针

枞树球儿——松球，松果

桑子儿、桑枣儿——桑椹

蚊虫槎（zā）儿——一种灌木，也叫荆条，中药名常山

槎柴——带叶、带枝丫的灌木柴

硬柴——树干或粗树枝砍断的柴

片柴、把柴——劈开的硬柴

菟（zōu）巴儿——树菟

桠儿——树枝

苗竹——毛竹

第十六章　方言词汇

竹桠儿——竹子枝条

刺巴弄、刺巴洞——荆棘丛生之处

猫牯刺、猫儿粘——枸骨叶

栏辣篱、烂辣篱——木槿

鹅儿肠——六月雪，六月凌

茶子泡儿——油茶树上的白色圆形空心果子，可食用

狗耳朵——油茶树上的白色透明嫩叶，形似狗耳朵，可食用

耘田泡（pāo）——野草莓

饭巴子、算盘子——野莓

乌泡——黑色的野生刺莓

蛇泡——一种野生莓，颜色鲜红，有毒

麦李儿——一种小麦收割季节成熟的李子

鸡屁股、糖罐儿——金樱子

斑楂——羊奶子

猴子、猴楂、麻楂——野山楂

菱角荸儿——菱角

豆腐札——一种野生植物，叶子可用来做凉豆腐

芦杜——一种野生水果，耳坠形，果实较小，味酸

秤砣——一种野生水果，果实比芦杜大一点

梅雀、梅荠儿——荸荠

芝麻梨、洋桃——猕猴桃

王瓜萝——曼陀罗

蛤蟆衣儿、蛤蟆叶——车前子

猪婆藤、猪婆菜——一种藤本植物，嫩叶可作蔬菜，藤和叶可作猪

饲料

　　斗笠菜——蒲公英

　　霸根草——根系多、扎根深、到处生长、生命力极强的一种小草

　　老虎花——闹洋花

　　辣椒蒿——红蓼草

　　茗草——兰花草，茎细长，羽状复叶，花紫色，可作绿肥用

房屋、器具

一、房屋、材料

　　屋场——村庄

　　街上——城里，集镇

　　屋上、屋下、屋墩——村庄

　　弄儿——胡同，巷

　　硬三间、面三间——中间堂屋，两边卧室

　　四面青——所有外墙用青砖砌成的房屋

　　陶屋、堂屋——客厅，正屋

　　边舍（sǎ）、撒儿——靠正屋墙外搭建的小屋

　　柴房——堆放柴草的房子

　　灶下——厨房

　　东司、茅司——厕所

　　碾屋——有碾米设备的房子

　　碓屋——有碓、可舂谷物的房子

　　厢楼下——大八间前后两房中间的地方

第四编
第十六章　方言词汇

槽门下——大门两边外墙之内的地方

耳门——房屋侧边开的小门，有的地方指堂屋后面开的小门

门嘎——门槛

礓踩等、礓踏——台阶

牛栏——牛舍

牛栏望、牛栏桄（huàng）——牛栏门上的横木

猪窠、猪椆——猪舍

鸡巢、鸡椆——鸡窠

罗墙——房屋前后的墙

垛子——房屋两边高起的墙，也叫马头墙

清水墙——用泥沙、石灰刮缝的墙

斗砖墙——两边侧砌留有中空的墙

眠砖墙——平放实砌不留空的砖墙

火砖——用泥土制坯，再用土窑烧制的砖

土砖——将田里的泥土碾压后切块而成的砖

盘枋——楼板下面的长形圆木或枋片

照枋——堂屋后面上方的宽桁木，用于挂匾

坎子、榻眼、榻子——窗户

摇头——两层的窗户，上面一层可以翻动，旧式房门横木上安装玻璃的部分

亘板——整块的木板

亮瓦——可以透光的玻璃制的瓦

土瓦——土窑烧制的瓦

洋瓦——机器压型烧制的瓦

二、器具

电杠——日光灯

洋钉儿——铁钉

罩子灯——有玻璃罩的煤油灯

扒锄、扒梳——有四根铁齿的锄头，用于扒土、扒草、出牛栏粪等

草锄、搴（qiān）锄——一种比挖锄稍宽、稍薄的锄头，用于挖比较疏松的土壤和锄草

板儿锄——一种比搴锄较宽、较薄的锄头，主要用于锄草

大锄——较厚的铁板锄，主要用于挖树根

洋啄儿——有两个长尖齿的铁镐，用于挖坚硬的土壤，也叫十字镐

硬柴刀——砍粗木柴用的柴刀

茅林刀、茅柴刀——割茅草和小麦、油菜等作物的刀，又叫软柴刀

麻刀——一种褪麻壳的刀具，薄铁皮制作，有指套，戴在手上削苎麻的皮壳

草鞋扒——打草鞋的工具

二指杈、扬杈——有两根较长的铁齿，木柄较长，用于叉起作物秸秆和柴草

嚼口、牛嘴笼、笼口——竹篾制作，耕地时戴在牛嘴上，防止牛吃庄稼

水插——一种木铲，主要用于给船舱浇水

簸子——砻子，一种将稻谷去壳成米的工具

晒筐（qiāng）——一种篾制圆筐

晒簟——一种竹篾编制的长形软簟，可以收拢和展开

㧎（píng）——一种长竹垫，主要用于晒棉花

406

第四编
第十六章　方言词汇

揽扒——竹制品，一端扎成齿状，翻晒谷物用

剪竹——两根长约两丈的竹竿绑在一起，形似剪刀，用于打捞湖草

簝——一种细篾丝制成的圆形鱼篓，肚大口小体长，用于捕鱼

秧马——木制品，底板较宽，弧形，人坐在上面扯秧移动比较方便

牵蒲——装有较宽的木板和长柄，把农作物颗粒铲起来又高高抛起，利用风力，扬弃灰尘和杂物

连杖、连掌——连枷，打麦脱粒的工具

桵担、枪担——尖头担，与扁担相对，用于穿插柴草捆，比一般扁担粗，用于挑楂柴、稻捆、麦捆

桨桩——船上安桨的木桩

桨扣——固定桨桩和桨的用具，牛皮制作，8字形

络儿——用竹篾制作的网状盛器

箩筛——筛面粉的筛子

篾丝箩——用篾丝编成的箩筐

簸米栲儿——篾编的圆形簸米用具

捞篱、捞儿——用于从水中或汤里捞东西的网状用具，柄较长

浇筒——一种竹制的舀水用具

绰儿瓢——一种平口短柄的木瓢，用于舀水或铲颗粒物

绰箕、插箕——铲颗粒物、铲垃圾用的篾制工具

挈箩儿——用竹篾编织的有提手的小竹篮

槎帚——竹制的大扫地帚

老竹咵（kuǎ）儿——把一根竹子的一头劈成许多长条细片，手握另一头敲打地面发出响声，用来驱赶鸡鸭

家业——家具

条桌、条台——堂屋上方靠墙置放的长方形高桌

抠头桌——一种上方横排两个抽屉、右侧竖排三个抽屉的长桌

靠椅——有靠背的椅子

椅鼓头——无靠背的低凳子

绷子床——棕绳制作的床具

踏板——床前踏脚板

轿儿——幼儿坐的木制车

摇篮栲儿——幼儿睡觉的竹制床

摇窠——一种有木架的婴儿睡床，可以摇动

围桶——用于大小便的有盖的桶

榛巴——容器的塞子

屉儿——抽屉

亮纸儿——透明的塑料薄膜

针夹、针钳——纳鞋底助抽针用的小钳子

鐾（bì）刀布——擦拭、摩擦剃刀用的布条

绷子——竹圈，一种夹住布面绣花的工具

火笼、火坛（tuó）儿——烤火取暖的小坛，上面有提手

炉罐、罗罐——煮饭烧水用的饮具，有铜罐、铁罐等

吊锅——耳锅

鼎罐——尖底铁锅

坛儿——口小腹大的陶器

瓷坛——腹大口小的瓷器

品碗——盛菜或汤的碗，碗口大

榵儿——竹子筒做的小碗，小孩子吃饭用

第四编
第十六章　方言词汇

酒泡儿——小酒杯

烟筒炮儿——旱烟袋，用竹蔸制作

粑折儿——蒸粑用的篾垫子

钢丝车儿、溜子车、脚踏车——自行车

磙子——轮子

拄手棍——拐杖

筲箕——用于盛米、淘米的竹筐

筷子笼儿——装筷子的筒儿或篓儿

煝子——将火纸搓成细长条，用于引火

附一：瑞昌溢城方言语音

声母（24个）：

p	波拨	p'	婆泼	m	磨木	f	俘佛
t	都毒	t'	图突	n	南纳	l	蓝落
ts	庄接	ts'	粗七	s	写息	tʂ	猪局
tʂ'	吹出	ʂ	诗术	ȵ	软阮	tɕ	家甲
tɕ'	奇吃	ɕ	希吸	n̪	泥捏	k	瓜刮
k'	跨掐	x	花滑	ŋ	鹅恶	ø	衣一

韵母（49个）：

ɿ	资知	i	基级	u	布谷	ʮ	书术
ɑ	巴八	iɑ	邪甲	uɑ	瓜挖	ʮɑ	惹口ß
o	哥各	io	学脚	ou	锅醒	ʮo	若弱
ɛ	锯格	iɛ	铁血	uɛ	或国	ʮɛ	月说
ai	挨海			uai	乖怪		

ɑu	桃袄						
ou	周六	iou	油柳			ɥou	柔肉
eu	谋漏	ieu	条鸟			ɥeu	饶绕
ei	梅美			uei	维桂		
an	兰蛋			uan	关弯		
ən	深审	in	心兵	uən	温滚	ɥn	云君
ɑŋ	当党	iɑŋ	央想	uɑŋ	光王	ɥɑŋ	瓢让
oŋ	东宋	ioŋ	荣勇			ɥoŋ	绒
ẽ	盘般	uẽ	官宽			ɥẽ	元转
õ	短酸						
ĩ	烟天						
ɚ	耳日	m̩	姆	ŋ̍	你		

附二：瑞昌西片部分方言词汇注音（国际音标）

茶杯　大的叫茶杯，小的叫茶【den²⁵】

猪　　大的叫猪，小的叫【dzyen²⁵】

女儿　大的叫女，小的叫【ŋyen²⁵】

板凳　长的叫板凳【dẽ³⁴】，小的叫【dẽ²⁵】

鱼　　大的叫鱼，小的叫【ŋyen²⁵】

鸡　　大的叫鸡，小的叫【dzyen²⁵】

盆　　大的叫盆，小的叫【ben²⁵】

酒盅　大的叫酒盅，小的叫酒【fen²⁵】

毛巾　大的叫毛巾，小的叫毛【fen²⁵】

碗　　大的叫碗，小的叫【uõ²¹³】

树　　大的叫树，小的叫【ɕyen²⁵】

第十六章　方言词汇

缸　　大的叫缸，小的叫【ueŋ²⁵】

橱　　大的叫橱，小的叫【dzyen²⁵】

垅　　大的叫垅，小的叫【len²⁵】

棍　　大的叫棍，小的叫【kuen²⁵】

箩　　大的叫箩，小的叫【lə²⁵】

水塘　大的叫水塘，小的叫水【də²⁵】

刀　　大的叫刀，小的叫【tə²⁵】

第十七章　谚语、歇后语、谜语

谚语

一、气象、农事谚语

东杠（虹）日头西杠雨，南边出杠发大水。

东一霍，西一霍，有雨都不落。

春雾晴，夏雾雨，秋雾热，冬雾雪。

蜢虫扑脸，离雨不远。

日落云里走，夜雨落到晓。

急雷快晴，闷雷多阴。

鱼塘水鼓泡，有雨快来到。

清明要晴，谷雨要淋。

立夏不下，无水洗耙。

小满不满，无水洗碗。

蚂蚁搬家，大雨哗哗。

凉月长毛，平地起篆。

立夏起东风，田禾收成丰。

星照泥，鸡皱眉，有雨不等到鸡啼。

鲤鱼跳出水，必有大风起。

月怕初四雨。

第四编

第十七章　谚语、歇后语、谜语

小暑南风十八天。

龟背潮，雨濛濛。

秋起东风寒将至，冬起东风雪边（接近）天。

过年三天黑，作田不用缺（田缺）。

春东夏西，打马送蓑衣。

晚上西北暗，有雨有雷闪。

正月二十晴，二月雨淋淋。

正月二十落，二月干壳壳。

三月三，九月九，无事莫在江边走。

月亮驼枷，晒死干虾。

日头落山一点红，深更半夜搭雨棚。

五月不热，五谷不结。

六月打连阴，遍地是黄金。

六月凉，谷筑墙。

分龙过后雨来稀。

夏至四面风，种田一场空。

六月初一落一点，十皮（片）荷叶九皮卷。

立冬晴，一冬晴。

立冬落，一冬落，皮匠铺里好吃喝（指天能冷死牛）。

燕子低飞，雨水凄凄。

雨夹雪，半个月。

头九落，二九晴，三九四九冷死人。

苎麻红，困到眼滴脓；苎麻黑，困到眼滴血。

有钱难买四月天，芒槌落地也生根。

413

小暑一滴雨，遍地是黄金。

小雪雪满天，来岁必丰年。

小雪不见雪，大雪满天飞。

云在东，雨不凶；云在南，河水满。

虹穿裙子山戴帽，大雨转眼就来到。

早上火烧云，晚上雨倾盆。

五月南风下大雨，六月南风井底干。

雨中闻蝉叫，预告晴天到。

东风急，雨打壁。

春寒连夜雨，夏寒断滴流。

冬至多风，天冷年丰。

天上棉絮云，地上雨淋淋。

小暑风不动，霜冻来得迟。

六月下雨隔田塍。

六月下雨隔牛背，一去五里不同天。

过了七月半，一日短一线；过了八月中，只有梳头吃饭工。

一九二九，伸不出手。三九四九，尖刀不入土。五九六九，沿河看柳。七九六十三，行人路上脱衣衫。八九七十二，相逢树下坐。九九八十一，穷人莫着急，破棉袄儿挂上壁。

白露早，寒露迟，秋分种麦正当时。

正月东踔（chuó）西踔，二月放藤扭索。三月秧苗下种，四月有收有割。五月勤锄花草，六月青烟打脚。七月大收登场，八月芝麻脱壳。九月收捡棉花，十月小麦要播。冬月捡柴过冬，腊月早办年货。

立夏到小满，种啥也不晚。

第四编
第十七章 谚语、歇后语、谜语

晚若西北明，来日天气晴。

夏至刮东风，半月水冲冲。

立秋不插稻，插稻一把草。

十月好种麦，麦苗等下雪。

夜里不给草，啥牛养不好。

母羊好一窝，公羊好一坡。

矮脚鸡，蛋起堆。

鸡肥不生蛋，生蛋鸡不肥。

早禾泥上飘（浅），晚禾插齐腰。

冬至天晴明，来年歌太平。

耘禾要精，兜下没有蛤蟆墩。

五月种芝麻，不消问得爷（yá）。

蚕做茧，快插秧。

燕子来，种苋菜。

麦怕清明连夜雨，稻怕寒露一朝霜。

麦见阎王（深）粟见天（浅），油菜豆子掩半边。

青蛙呱呱叫，正好种早稻。

冬至雨，除夕晴；冬至晴，除夕地泥泞。

雷打惊蛰后，地里好种豆。

青蛙打鼓，豆子入土。

麦逢小满谷逢秋，再不收割就要丢。

霜打两个桠，到老都不发（油菜）。

灰里（干燥）荞麦泥里豆。

芒种不种，过后落空。

立夏东风到，麦子水里涝。

蛤蟆叫咚咚，家家浸谷种。

寒露一到百草枯，薯类收藏莫迟误。

腊雪是宝，春雪是草。

麦前一个缺，麦后一个坑（指夏荒大于春荒）。

东一刹（一棵稻穗），西一刹，二十八天有谷恰。

荞麦三棱草，三天两个澡（喜雨）。

绿豆跑马（稀），黄豆沤渣（密）。

穷人莫信富人哄，桐子开花就浸种。

锄头口上出黄金。

养猪没巧，栏干食饱。

深水养鱼，浅水养虾。

鱼种放养莫过春，过春放养慢三分。

插田要好秧，生儿要好娘。

秋耕深一寸，当得滴回粪。

好种出好苗，好葫芦出好瓢。

二、生活谚语

墙上挂筲箕，各人显高低。

有女莫嫁高丰畈，稻草当栗炭（指此地以前缺柴火）。

心不正，伴壁听。

一叹三年穷。

硬处驮锹过，软处杀一锹。

有吃你羹坨，怎奈我其何。

第四编
第十七章 谚语、歇后语、谜语

你在河里捞，我在箩里捞。

牛胯扯到马胯里。

讨米子佮（gé）不得叫花子。

踮起脚来做长（cháng）子。

冇得那个指丫，别剥那个鸡蛋。

冇得金刚钻，莫揽瓷器活。

要想老婆来，跑破几双鞋。

马马（老婆）接进房，媒人揎（xuān，扔的意思）过墙。

一床被窝不盖两样人。

就汤下面。

山倒了，芭茅管撑不住。

看菜吃饭，看山取柴。

行时不用神灵保，神灵不保背时人。

船头不撞，船尾相撞。

一个粑印儿磕出来的。

这山望着那山高，到头不知哪山好。

三担桐油冇开篓。

骨头打得鼓响（指人老，活不了多久了）。

天上雷公大，地上母舅大。

恰饭还有粒把沙。

牛脚凼儿淹死人。

泼了桐油问地主（主人）。

抓把瘪谷给猫吃。

手长袖子短。

米汤糊茄子，牛屎搅马粪。

搂屁眼，嗦指丫。

天变一时间，人变眼一翻。

一个困筐（qiāng），一个困箳，高也只多皮把篾。

赤脚拼不过马蹄靴。

麻雀跟着鹞鹰飞。

雷打扒灰佬，各人心里明。

大人望插田，伢儿望过年。

兔儿冇看见，弃（丢）了一支箭。

好拼好，丑拼丑，扬权拼札帚。

黑黑粑儿甜，黑黑姐儿能。

外表溜溜光，里面一包糠。

木匠家里无板凳。

高山打猎，见者有份。

说好不算好，做出龙显爪。

一母生十崽，性子各不同。

好崽不卖爷田地，好女不穿娘家衣。

远走不如近爬。

一个窑烧出来的货。

想一锄头挖口井。

大字脚趴趴，它认识我，我不认识它。

吃薯晓得灭蒂。

向（看）着油盐吃淡饭，咸吃萝卜淡操心。

人前说人话，鬼前说鬼话。

418

第十七章　谚语、歇后语、谜语

见到先生就说书，见到屠夫就说猪。

人怕糊涂鬼怕蛮。

黄鸭嘴多，鳑鲏屎多。

鳇鱼吃自来食。

公不离婆，秤不离砣，扁担不离篾丝箩。

情愿隔壁养黄牯，不愿隔壁出知府。

斗米换口针，试试你的心。

鸡荒狗熟，猫儿叫吃粥。

吃得三年粥，能做一重屋。

心好不用斋。

秤凭星（心），斗凭量（良）。

货是草，客是宝。

坐过摇篮转过胎。

道路不平旁人铲。

长病无孝子，久哭无眼泪。

公婆只疼头生子，爷（yá）娘只疼断肠儿。

婆疼长孙，娘疼晚崽。

有钱莫买年下货，一个弃（去）两个。

勤烧香，不如多积福。

人老无人爱，牛老一碗菜。

除了栎炭没好火，过了郎舅没好亲。

井里蛤蟆井里好。

千棵棕，万棵桐，世世代代不受穷。

宁死做官的爷，莫死讨米的娘。

家婆屋的大路是捵不断的麻糍。

豆腐扯出血。

嘴说出血，当不到苋菜水。

不看粑面看粉面。

骂人莫骂实（失）处，打人莫打痛处。

不怕有心骂，只怕无心话。

大锅里冇滚，细锅里冒泡。

一房灯火照一房人。

娘只顾得娘，爷（yá）只顾得爷。

破破窑儿出好瓦。

六月莫占上风头，腊月莫占火炉头。

细细麻雀，做细细窠。

外面摆朗子（阔气），屋内挂帐子。

有力用在先，有花插向前。

黄鳝大，窟窿大。

叫叫鸟儿不着肉。

人有三尺硬地，鼠有三年陈粮。

三十夜的火，月半夜的灯。

做官莫走家门过，三岁伢儿叫奶名。

崽大爷（yá）难做。

人行时（运气好），鬼挑担。

人背时（倒霉），盐罐儿生蛆。

疼外甥，疼脚蹭（跟）；疼女婿，疼脚背。

羊肉冇吃到，惹得一身膻。

第十七章 谚语、歇后语、谜语

自家屁股屙脓血，还跟别人诊痔疮。

鲶鱼头，鲤鱼尾，又好吃，又作礼。

懒人自有懒人福，懒人田里出糯谷。

日里添客不穷，夜里做贼不富。

请人哭娘没眼泪。

头都想成苋菜籽。

箩里拣粑，越拣越差。

千个师傅千个法。

上街头不要，下街头喜得直跳。

董永马马侃天话。

恶人自有恶人磨。

不晓得家婆姓么事。

做错了庄稼一季穷，接错了婆娘一世穷。

长子好看戏，矮子好插田。

拐子好舂碓，驼子好拜年。

老鼠尾巴上一芒槌。

满堂儿女，赶不上半路夫妻。

有戏吃戏饭，无戏吃气饭。

好鞋踩臭屎。

过路不长草。

老鸦莫笑猪嘴黑。

黄牛十八，水牛十八。

讨米讨得久，总会碰到餐把肘子酒。

抻起脚来困醒。

长短是个棍,多少是个礼。

诊得好你的病,救不了你的命。

戴斗笠亲嘴,隔得远。

一扒梳泥作两个缺。

上口塘吃水,下口塘也是吃水。

进门看三色。

口里不出声,屁股屙铁钉。

说一不二,说红不绿。

端着灵牌跟鬼说话。

无牛捉到马耕田。

饭不熟,气不匀。

猪不恰,狗不尝。

不要瀻打湿嘴。

生肉不搭熟骨头。

嫁猪随猪,嫁狗随狗,嫁给芒槌抱着走。

假得屁眼出线粉。

好狗不挡路。

捉到一个贼,冇得棍打。

屁股不正赖茅司板。

企(站)客难留。

吃不穷,喝不穷,算计不到一世穷。

接得媳妇嫁不得女。

草堆下饿不死牛。

人牵着不走,鬼牵着飞跑。

第四编

第十七章　谚语、歇后语、谜语

一条（头）牛是放，两条牛也是放。

三个鲢子一塘，三个女人一房。

牛栏里牵出黄鼠溜。

狗窠里留不得粑。

犁上犁不到，耙上耙一耙。

棚上失了瓜，就是隔壁那几家。

捏个圆咯是个圆咯，捏个扁咯是个扁咯。

打开眼睛赖尿。

砌匠进门三日挑，木匠进门三日烧。

屎不臭，挑起来臭。

晓得赖尿不困醒，晓得天光不赖尿。

天亮不起，困也不多时。

各人门口，三尺硬地。

有理三扁担，无理扁担三。

见到封皮就是信，听到风声就是雨。

木匠锯板，直缝直线。

高山阳雀叫，啼破就是春。

歇后语

驼子作揖——就地一弯

大年初一拜年——来了都一样

见人先作揖——礼多人不怪

火烧屁股——坐不住

为了个虱子烧皮袄——划不来

懒婆娘接生——慢慢来

扑（翻转）罗罐打磬——无米下锅

麻蝇儿企（站）在秤钩上——不知几斤几两

狗哐扒灰佬——枉费得罪人

三十夜里吃粥——不像过年样子

门角落的扁担——窄看了

绣花枕头——一包糠

老和尚比头——一样光

棉花槌敲破鼓——穷、穷、穷

芒槌打鼓——响声在外。

头上发痒抓大胯——不是地方

高山打磬——名声好听

屁股挂钥匙——你锁（算）哪一门

拉耳鼓就嘴——够不着

麻布袋的菱角——个个想出头

牛轭打吹火筒——一窍不通

矮子打拳——跳也不高

茅司上安绣球——大可不必

骡狗儿落到粪窖里——乱弹

菜篮里的泥鳅——个个想溜

两个鲤鱼还年福——多一鲤（礼）

玻璃对眼镜——亮对亮

黄瓜打锣——弃（去）了一厝

黑地里作揖——各凭良心

第四编
第十七章　谚语、歇后语、谜语

鸡笼上贴对联——门头不高

六月吃猪油——难开口

老鼠亲猫——玩命

老鼠钻牛角——越钻越缩

新摘的板栗——刺多

蚊子打呵欠——口气不小

一篮鸡蛋滚下桌——没一个好的

乌龟过门槛——顶命一搭

鼻涕往嘴里流——顺势

鲶鱼的胡子——没几根

灯草打人——不痛不痒

瞎子戴眼镜——装样

鸭背上泼冷水——不停滑（不听话）

牵牛咬屋脊——够不着

牵牛上皂角树——好难

泥巴田里扳石磙——越扳越深

马背上捉虱子——强如闲坐

放屁嗝气——两头折（shé，亏本的意思）

铁匠马马嫁石匠——硬靠硬

亲家母比大胯——差上不差下

牵着不走骑着走——生得贱

屙屎掐胡蒜——顺便捞一把

穿钉鞋，拄拐棍——稳上加稳

三十夜架碓——不舂（中）

竹子开花——要败了

两个哑巴吵嘴——不知谁有理

郎中开棺材铺——死活要钱

狗咬雷公——惹天祸

苦瓜煮黄连——苦上加苦

癫子吃疮壳——自吃自

三个砖头扛个灶——穷家当

头戴碓臼玩狮子——着累（受累）不好看

瘦田里的芋头——个个是爷（yá）

黄牛角，水牛角——各顾各

黄牛锯角——假马

三十日打兔子——有也过年，冇也过年

大门头上挂粪桶——臭名在外

九月落把老蒲扇——不是个事

戏台上打架——不知真假

棉条敲木鱼——响声不大

蚂蚁戴栎壳——充好汉

看见萝卜是青菜——没出息

猫儿坐圆椅——假充大头鬼

搽粉进棺材——死要脸

亲家母的花鞋——借来的

第十七章 谚语、歇后语、谜语

谜语

一、人

红窗门，白粉墙，里面关着个恶人王。（舌头）

一个葫芦七个眼，么人猜得到，算你好大胆。（头）

手拄拐棍杨令婆，手提花篮蓝采和。挨门化斋韩湘子，口口声声念弥陀。（乞丐）

兄弟三十多，先生老弟后生哥。接人待客是老弟，好吃懒做是大哥。（牙齿）

红檐子，白帐子，里面睡个肉胖子。（唇、齿、舌）

十个老儿盘上顶，横着闩个闩，摇下稳不稳。（盘发髻）

壁上两个竹筒，打它时出血，不打它时出脓。（鼻子）

壁上一枚钱，要你猜一年。（肚脐）

十条路，八条沟，条条路上瓦盖头。（十指）

兄弟二人隔条埂，一生一世不能见。（耳朵）

稀奇真稀奇，鼻子当马骑。（戴眼镜）

东西隔一岭，两个姐儿齐吊颈。（戴耳环）

一脚一个洞，两脚齐腰深。（穿裤）

脚往后退，一进一退，不进不退。（插田、磨磨子、舂碓）

越短越粗越好过，越长越细越难过。白天难过还好过，夜晚难过真难过。（过独木桥）

一人提起，多人想我。我不是官家小姐，也不是月里嫦娥，你何必想我。（猜谜语）

兄弟七八百，出门学打铁。熬过锅中火，背上发条泽（裂）。

427

（炒蚕豆）

一个老儿一根毛，十个老儿穿红袍。一时眼一笑，一时眼一跳。（放鞭炮）

二、动物、植物

铜锣罐，铁罐盖，摇摇晃晃树上摆。（柿子）

手举千支剑，身穿百节衣。不怕风和雨，只怕来剥皮。（棕树）

格子里，格子外，又好吃，又好卖。（石榴）

肚子空，叶儿长，老来头发白苍苍，光长穗子不打粮。（芦苇）

红梗子，绿叶子，开白花，结黑子。（荞麦）

身形似小船，硬壳刺尖尖。头尾两头翘，嫩肉藏里边。（菱角）

一厝白，一厝青，一厝实，一厝空，一厝露地上，一厝埋土中。（葱）

小刺猬，硬外套，脱掉外套露红袍。里面再加毛绒袄，袄里睡个白宝宝。（栗子）

青竹棍，顶簸箕，爷爷崽崽在一堆。（芋头）

远看一林竹，近看齐笃笃。先剥皮，后抽骨。（苎麻）

小时红棍脚，大了满头花。出生七十日，老了便归家。（荞麦）

树木林中我为高，大风难动半分毫。打霜起冻不落叶，根下无土万年牢。（月中桂树影）

四把铜锤两把剑，一把扫帚两把扇。（牛）

四根柱子抬个鼓，前面一扬叉，后面一扎帚。（牛）

尖厾（dū）罐，圆顶盖，一个坛里两样菜。（鸡蛋）

金水桶，银水桶，打得开，收不拢。（鸡蛋）

像狗一样坐，身子两寸高，既无耳朵又无毛。（青蛙）

打谜猜，打谜猜，房前屋后架箩筛。（蜘蛛网）

一根萝卜两头翘，只屙屎，不屙尿。（鸡）

选时择日造高楼，用尽四方杂木头。请来鲁班难斗榫，神仙难找哪一头。（喜鹊窝）

青砖瓦屋，卷儿门楼，小姐出来，扇子遮头。（螺蛳）

水里一条龙，胡子硬似棕。活着不见血，死了一身红。（虾）

歇脚沼泽泥田里，身随季节南北飞。列队能排两种字，一声鸣叫暖处归。（大雁）

黑鸡婆，路上仆，见人来，不让路。（牛屎）

三、物品、自然现象

一条黄龙两头空，曹操点兵下江东。庞统巧用连环计，孔明搭台拜东风。（农用水车）

石山对石山，树木在中间。一阵雷声响，大雪落下来。（石磨）

远看像个象，近看又不像。吃又吃得多，拉就拉三样。（风车）

长颈鹅，吃食多，不生蛋，两个窠。（碓臼）

生在青山埂上，死在凡间凳上。只怪我的命苦，牙齿长在背上。（草鞋扒）

水里捞捞，岸上虬虬。兄弟四个，共条裤脚。（扒梳）

黄土筑黄墙，里面闹洋洋。跑得赢就跑，跑不赢剥衣裳。（篦子）

有箭有弓，有鼻不通风。有底无盖，有辕（园）兴（种）不得菜。（犁）

远看像个庙，近看像个轿。轿里一只狗，脚只爬，手只搂。（织机）

锅里一锅柴，灶里一灶水。锅里点着火，灶里滚起来。（水烟筒）

一粒谷，胀满屋。（油灯）

一对黑雀，东踔（chuō）西踔。白天圆鼓鼓，晚上空壳壳。（鞋）

有脚无手，有面无肚。做得文章，比不得武。（桌子）

两个姐儿一样长，白天烧火，夜晚乘凉。（火钳）

一对黑羊，跟我进房。不吃五谷，只吃衣裳。（剪刀）

冬瓜冬瓜，两头开花。（旧式绣花枕头）

六脚六手六龙头，六龙头上水滔滔。文武百官来作揖，皇帝老儿也低头。（旧式洗脸盆架）

一只鸟儿飞上桌，你捉它的尾，它啄你的嘴。（调羹）

有嘴不说话，无嘴连哇哇。有脚不能走，无脚上汉口。（菩萨，锣鼓，板凳，船）

一件棉袄十只角，只能看，不能着。（棺材）

四四方方一块砖，砖上芝麻万万千。粒粒从我嘴里过，我还没吃一小边。（书）

不是钢打的，不是铜铸的，是铁（贴）包的。（膏药）

竹排擤竹排，层层擤起来。外面乌云起，里面白花开。（蒸粑笼）

生在深山叶飘飘，死在凡间用水浇，得了农夫一把米，一根绳子捆住腰。（粽子）

远望一座城，近看顶披鳞。白天张开口，夜晚裈（kūn）吞人。（瓦房）

破瓦罐，水里判（浮），捞起来，两斤半。（浇筒）

兄弟一满门，各进各的门。要是走错了，真是笑死人。（扣子）

黑鸡婆，灶里煨，挈起来，尿只濉（suī）。（瓦罐茶壶）

第十七章 谚语、歇后语、谜语

说是钟不响,说是罄不仰。么人扳得仰,赏银一万两。(水泡)

铜灯盏,锡灯笼,高挂起,照南京。(月亮)

天打鼓,地生包,水长骨头,地长毛。(雷声,坟墓,冰,霜)

天上挂着两个饼,一个热,一个冷。(太阳,月亮)

红丝带,绿丝弦,打个谜儿猜一年。(彩虹)

老虎头,牛尾巴,二十四根肚膀骨,四粒大板牙。(一年四季)

四、字

田字生得恶,头上长了角。拦腰一扁担,打得日头落。(鲁)

王字头上两只角,拦腰一扁担,打得左脚架右脚。(姜)

三口挨一挨,莫把品字猜。(目)

小月走如梭,金字动戈戈。小子系冠带,十八子登科。(赵,钱,孙,李)

一犬四张嘴,一公长两翅。八王生一女,七人钻草里。(器,翁,姜,花)

头顶二十万雄兵,脚踏四员大将。我在中间喊一声,打开北京城门。(燕)

两鸟一齐飞,一只高来一只低。一年来一次,一月来三回。(八)

一点一横长,一撇到南阳。甘字少一笔,打把金钩挂衣裳。(席)

十嫂生个崽,八嫂又来抢。(李)

第五编

本编分"一方山水""人物传奇""民间故事"三个章节。

寓意瑞祥昌盛的瑞昌，有着悠久而辉煌的历史。早在新石器时代，我们的祖先就在这块土地上繁衍生息。唐建中四年（783年）始设赤乌场，五代南唐升元三年（939年）升场为县，定名瑞昌。1989年12月经国务院批准，瑞昌撤县建市。

瑞昌山川秀美，地灵物博。以赤湖的湖泊风光、横港的溶洞奇观等为代表的自然景观和瑞昌八景为代表的人文景观，展现了瑞昌绚丽多姿的山水文化。

瑞昌人才辈出，特别是明清以来，涌现出了许多杰出的人物。例如历史上的封疆大吏陈本炽、文风柱，现代我国著名科学家潘际銮等。他们对我市的文明发展起到了积极作用。

瑞昌的民间故事、神话传说，像一颗颗明珠，在瑞昌的山水中熠熠生辉。在武山的故事里，秦始皇移山填海，把这里的许多奇峰峻岭移往庐山，才形成了赤湖。此类传说为瑞昌的山水增添了不少神秘色彩。以横港、青山为中心的大小溶洞，形成了一个地下溶洞群，洞洞相通，奇水异石，美不胜收。身临其境，就好像置身于另外一个世界，让人不得不赞叹大自然的鬼斧神工。

自古以来，瑞昌民风淳朴，重视孝文化。"龙切崖""暑阁嘴"等传说充分反映了瑞昌人民仁义道德、与人为善的良好风尚，弘扬了传统美德，传播了正能量。

瑞昌的民间故事朴实、明快、幽默、风趣，所包含的内容十分广泛。充分表现了瑞昌人民的机智和乐观主义精神，是瑞昌劳动人民的真实思想情感的写照。

第十八章　一方山水

瑞昌八景

在瑞昌境内的诸多名胜古迹中，有几处泼先贤之文墨、遗志士之踪迹的人文景观和自然景观。这些景观有的是能工巧匠的杰作，有的记载着一段历史名人的故事，其间也穿插了一些神话传说，这就是瑞昌八景。瑞昌八景有着诗一般儒雅的美名，分别是：苍城古墩、仙桥晚照、丫髻盘云、楦龙戏水、凫洞遗踪、苏亭墨竹、龙泉飞雾、吕井联珠。随着社会的发展，时代的变迁，这些景观有的已难寻踪迹，留下的只是一些美丽的传说。

苍城古墩　苍城古墩别名东坡墩，墩上建有三贤祠，位于瑞昌市区南500米处的渡口河（昔瀼溪）南岸。三贤，即唐代诗人元结和宋代诗人苏轼、王十朋。元结，字次山，号曼叟，原籍河南，天宝十二年（753年）举进士授礼部侍郎。乾元元年（758年），安禄山叛变，元结避乱江州，因慕瑞昌瀼溪，将全家迁此定居，自号"瀼溪浪士"。苏轼，字子瞻，号东坡居士，唐宋八大家之一。他被贬黄州时途经瑞昌，到了苍城墩。邑人慕其贤，把他与元结并列，建祠纪念，当时叫"二贤祠"。明嘉靖四十二年（1563年），知县骆秉韶阅县志，见有记载王十朋（字梅溪，宋代状元）也到过瀼溪，并赋诗《中秋宿瀼溪驿》[中秋思乡用瀼溪韵]，建议把王十朋也列入祠宇，"二贤祠"遂改为"三贤祠"。

浪士何年隐，高情寄此墩。榜山青到眼，瀼水碧环门。

竹媚坡千顷，舟回月一村。东流溢浦近，好为朔渊源。（清·程鹏里）

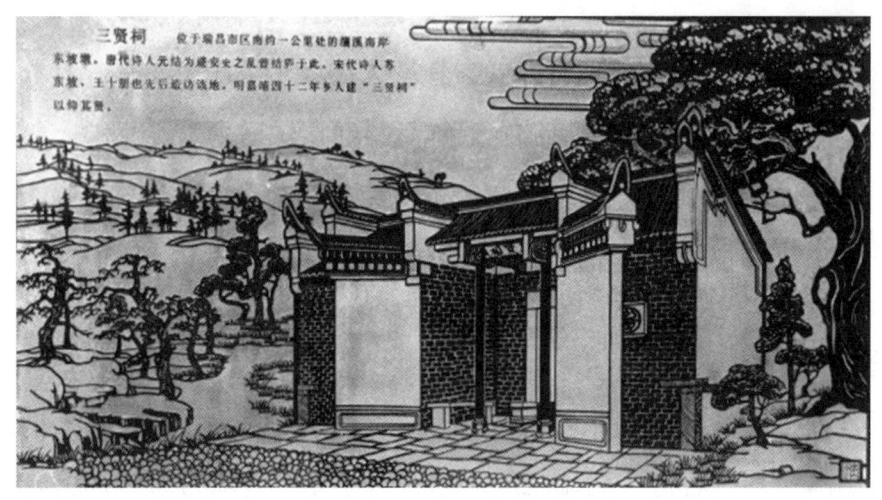

三贤祠

仙桥晚照 仙桥又称"望仙桥"或"候仙桥"，位于瑞昌市区老街东面。明隆庆《瑞昌县志》载："望仙桥在县东门外，以砖石跨小港，路通金城乡（今码头镇）及本府德化县（今柴桑区）。"

望仙桥有两个版本的历史传说。

一说：相传早年间，瑞昌县城东门下有人唱戏，台下有一老汉卖桃。上午散场时，很多人前来买桃，说要带回去给孩子，老汉都一一拒绝。后来有一人来买桃子，说是给老子吃，老汉很热情地卖给了他。这人拿着桃子，指着身边的小孩说，是给这个"小老子"吃的，老汉立即将手一摆，一阵风过后，桃子不见了，老汉也不见了。众人瞩目四望，只见老汉站立云端，冉冉而去。众人当即决议集资建桥，架于河上，起名曰望仙桥。

又说：很早以前，八仙过海时途经这里，何仙姑未能跟上伙伴，吕洞宾立此桥等候多时，故又名"候仙桥"。

仙已乘云去，空余旧石桥。望空肩欲拍，高处手难招。

别鹤翔千仞，长虹卧一条。大罗同咏日，可许听咸韶。（清·程鹏里）

望仙桥

丫髻盘云　丫髻指丫髻山，位于瑞昌白杨镇，距市区约8千米。两峰竞秀，远眺如髻。清同治《瑞昌县志》载："苏轼游此岩，书四字：'丫髻盘云'。"此山面积2平方千米，海拔243米。遥望丫髻山，只见草木茂盛，两峰拥翠，犹如小丫头的两个盘绕的发髻。每到春暖花开的季节，丫髻山漫山遍岭万紫千红、枝青叶绿，着实让人流连忘返。面对此情此景，昔日的诗人墨客也感慨万千。

邑贡曹文彬写道：独立云间披翠裳，翩翩双髻压新妆。菱花不改烟鬟色，青黛年年傲雪霜。

章俊国也吟道：丫髻高悬势俨然，谁家姊妹立岩巅。倘教刘阮重来访，不是天台也遇仙。

丫髻山

楹龙戏水　楹龙戏水所在地叫升龙观，位于瑞昌市区南500米处。楹龙是道观前两根楹柱上雕刻的龙。传说一日两龙腾飞，倏忽不见，恰逢其时，杨林湖上出现二龙戏水的场面。次日，二龙又各自环绕楹柱，窥其麟角，只见上面还沾带着些许水草，世人皆奇，升龙观因此而得名。湘阴刘颉曾作文记述其事："刻画灵物，蟠于其楹，若腾若跃，作雨作云。一朝未睹，戏水杨林，瞻彼头角，犹带漂萍。此升龙之观也。"清同治《九江府志》载："升龙观，县南半里，相传楹龙飞戏湖水，还带水草，此升龙所由名也。"

明末升龙观被毁。清初，邑令刘景皋将其重建，延僧本祥住持，奉礼真武，仍以观称。道光年间升龙观被大水冲毁，同治三年（1864年）募捐复修，今已毁。

龙睛谁点就，楹上认依稀。不为抛梭化，终当破壁飞。

影随朝雾失，身带晚烟归。霖雨才堪用，膏流自满圻。（清·程鹏里）

第五编
第十八章 一方山水

升龙观

凫洞遗踪 凫洞俗称王乔洞，亦称王子乔洞，位于瑞昌高丰镇乌石街南面斗笠顶东北山腰上，距市区8千米，系石灰岩洞。洞口高和宽各3米，平进直下约10米处，豁然开朗，内洞高和宽各35米，西南洞尾又转为平进延伸500米。洞口有两块石头，形状如石狮。东侧洞顶布满石乳、天窝，滴泉"叮咚"有声，不绝于耳。洞内有悬石无数，有的像鼓，有的像钟，并有自然形成的石佛一尊，昂首向上，被称为观音大士。洞内西面有一高台，台上石钟乳形成的襞褶有如帘幕，庄严肃穆。台上还有形似石凳、石椅、棋盘、酒具之类的东西，都系钟乳石形成。传说此洞为东汉方士王乔修炼之所在。

王乔何许人也？不知其详，但《后汉书·方术列传上》有《王乔传》，《搜神记》也载有相似的神话故事。瑞昌民间传说与历史上的知名神话故事有相同之处。隆庆《瑞昌县志》收有宋代刘辰翁所作的《请修王乔山疏》，文中有"晋尚方一双舄凫石犹存"的记载。由此可见，这一传说早在千年以前就在瑞昌流传了。

民间相传，王乔爱好游历。他远离家乡，南游楚国。一天，他路过瑞昌高丰镇斗笠山脚下的乌石河，看见河边有头小白鹿在饮水，不等王乔走近，小鹿就四蹄一蹬，逃进山腰的一个洞里去了。洞口很大，王乔走进去几步，见洞向下延伸，很陡很直。他想抓住小鹿，于是探索着往下攀坠，约有三丈多深，洞底陡然开阔，只见一座地下宫殿。两个银须老人正在下棋，白鹿正伏在一位老人的脚边。

老人问王乔来做什么，王乔据实告诉老人。老人说："小鹿是我驯养的，通达人性，你们交个朋友吧。"老人说完，小鹿就跳起来走到王乔身边，十分亲热。王乔连忙把戴在颈上的项圈取下来，送给小鹿。小鹿飞快地从台边向后洞跑去，出来后嘴里衔着一株青草，王乔收下，告别了老人和小鹿，循原路爬出洞。

他走到河边，突然一只老鹰猛地向他手上扑过来，幸亏河边有个老者，挥舞手杖把老鹰赶走。老人对王乔说，这草叫鹿衔草，吃下去可以延年益寿、踏空行走，千里之遥立时可到。王乔谢过老人，将信将疑地把草吞下，顿觉一身轻快，精神百倍。他试着踏空而行，果然不落地上，就向千里之遥的家乡奔去，不一会儿，就到自己家了。

从此，王乔既不用车马，也不乘船，来去如飞。据说王乔后来做了大官，还去过瑞昌斗笠山，可是小白鹿和老人已离去，只有棋盘桌凳留在台上。王乔失望离去，将一双鞋子忘在洞口，这双鞋后来化为洞口的一对石狮子。

王乔曾令叶，仙术旧时留。一鹤冲霄上，双凫举网收。

鸟飞山月冷，云越海风秋。寂寂岩边洞，书堂感昔游。（清·程鹏里）

第五编
第十八章 一方山水

王乔洞

苏亭墨竹　苏亭是后人为纪念苏东坡（苏轼）而建的亭子，位于瑞昌市区西北6千米的亭子山。此山东西走向，海拔183米，植被以灌木为主，有少量山竹。明《隆庆瑞昌县志》载："亭子山在安泰乡，去县西一十里，脉自乌石山来。"宋元丰年间（1078—1085年），苏东坡谪黄州取道经此，览其峰峦耸秀，怪石嶙峋，泉声潺潺自两崖泻出，留恋不忍离去，题诗于石，以墨洒竹。至今竹叶有墨点，世名为东坡墨竹，见者识为千古之奇。后人因作亭以记其事，名苏亭，合名"苏亭墨竹"。明进士史珍《咏苏亭墨竹》诗："亭子东坡迹，至今仰令名。壁间诗已毁，竹上墨犹馨。登览一时事，山川千古荣。不知风月夜，门户有谁扃。"临川进士章武题诗："亭子山头竹满坡，斑斑叶上墨痕多，分明内翰文章笔，化作淋漓永不磨。"苏轼在此处石上所题之诗因年久书迹剥落莫辨，唯有"元丰甲子又（闰）四月二十三日眉山苏轼过此"十七字于壁间。后因修筑公路，扩宽路基，导致亭毁迹灭，可叹可惜。

苏亭墨竹

龙泉飞雾　龙泉飞雾在瑞昌市区北面一个叫龙口源的地方，距市中心两千米左右。龙口源四面环山，中有一湖，湖水碧绿，清亮如镜，宛如镶嵌在群山环抱中的一颗明珠，相传为藏龙宝地。这里集龙湖、龙山、龙泉（白龙泉）和龙洞等自然景观于一体。南边的青龙山和北边的白龙山，形似两条巨龙隔水相望，龙头一起朝向东方的龙珠山，恰似二龙戏珠。在白龙山南麓，有一个神奇的白龙洞，高2米，宽1.5米。洞中云雾缭绕，怪石嶙峋。洞内有一股清泉流出，四季不断。民间传闻，该泉有驱邪治病之功效，人若有三病两痛，在此讨得泉水，饮后病痛消除，安然无恙。

白龙，即白龙泉（洞）。清同治《瑞昌县志》载："白龙山（泉）城北八里，白龙泉之水绕此山麓，因之得名。泉出洞中，有潮汛之异。"白龙泉四季薄雾缭绕，泉水终年不涸，有如潮汛涌起，每日如此。邑举人邓文纲诗曰："巉屼悬断崖，崖下有石隙。灵物宅其中，白昼飞霹雳。三潮信四时，一泓映千尺。自是玉渊水，胜彼瑶池液。"据传，汉槐里侯万修曾隐遁于此。南宋抗金民族英雄岳飞任江州宣抚使时，也曾在此处部署作战。

第五编
第十八章 一方山水

大旱资时雨,清泉起卧龙。露深黄稻积,山古白云封。

崧岳占神降,茅檐被泽浓。更闻飞雾处,一瞬靖宵烽。(清·程鹏里)

白龙泉

吕井联珠 吕井,即吕公井。旧志记载:"吕公井在县治西南百步。"相传吕洞宾乞化,有妇人掷一银与之,洞宾不受,践踏于地,飞升而去。人知为仙,取钱上泥土治病即愈。由此渐掘地成井。井水上浮,结一"吕"字,划开复聚,今已湮没。明史珍有诗云:

吕公井

吕公施术处，掘土便成泉，湛湛香堪吸，涓涓味更鲜。神功从昔著，仙迹至今传。几度春风里，纵横砌草芊。

铜岭古铜矿遗址

铜岭古铜矿遗址位于瑞昌夏畈镇，是我国迄今为止发现年代最早、保存最完整、内涵最丰富的一处大型采铜炼铜遗址。1988年3月，夏畈镇铜岭村村民在修筑公路的过程中，发现了大量的古代矿井木支护，同时还出土有古代采矿用的青铜生产工具。1988—1993年，江西省、地、市三级文物部门组成了联合考古发掘队，对遗址的部分地区进行了五期考古发掘。根据考古资料推算，遗址始采于距今3 300余年的商代前期，发展于西周，盛采于春秋，延于战国，前后连续开采达一千多年，与我国青铜文明同步起源、同步衰落。遗址分采矿区、选矿区、冶炼区、生活区，总面积约3.5平方千米。古采矿区集中分布范围约7万平方米，在已发掘的1 800平方米的范围内，发现古竖井103口，巷道19条，露采坑7处，工棚6处，选矿场1处，马头门、斫木场、围棚等若干。出土石、木、铜、陶等生产、生活用具468件。选矿区发掘面积约100平方米，清理出木溜槽、尾砂池、滤水台等西周时期选矿遗存。冶炼区散布面积18万平方米，主要分布在矿山脚下的邹家铜石坡、戴家铜石坡、下戴铜石坡、禁地铜石坡

"铜岭铜矿遗址"全国重点文物保护牌

第五编
第十八章 一方山水

等处，发现炼炉6座及大量的炼渣。从冶炼区的分布面积及炼渣的堆积厚度估算，古代铜炼渣合计约六七十万吨。生活区位于万家、檀树咀、铜岭下，面积合计约3 000平方米。发现灰坑、房基、灰沟、木骨泥墙的压棍、印痕、烧土等遗迹，出土有商代中期至战国时期的典型陶器等生产、生活用具。该遗址是目前我国发现最早的大型铜矿遗址，是内涵丰富的文物瑰宝，是我国青铜文化自成体系的历史见证，是中华文明多源性的珍贵史料。该遗址的发现，对探索我国高度发达的青铜铸造业原料来源的问题，具有极其重要的价值，被誉为中国青铜文化之源。

1991年，铜岭铜矿遗址被评为全国十大考古新发现。2001年，遗址被国务院批准为第五批全国重点文物保护单位；2006年，被国家文物局列入《中国世界文化遗产预备名单》；2011年，入选国家《大遗址保护"十二五"专项规划》；2016年，入选国家《大遗址保护"十三五"专项规划》；2021年，入选第四批国家工业遗产名单。铜岭铜矿遗址先后被授予江西省社会科学知识普及宣传基地、爱国主义教育基地、瑞昌市青少年优秀传统文化教育基地等称号。

考古现场

青山景观概览

青山是闻名遐迩的古老名山,民间又称秦山。相传秦始皇吞并六国、一统天下后,游历华夏名山大川,寻找长生不老的灵丹妙药。一天他来到青山,徒步登上山顶,眺长江,瞰江南,龙心大悦,即封此山以王姓之名秦山。后因本地谐音演变为青山。

宇宙峰 宇宙峰是青山主峰,坐落在青山森林公园境内,海拔921.3米,为瑞昌市海拔高度之最,自古以来素有瑞昌屋脊和小庐山之称。登上主峰的秦峰亭,大好河山尽收眼底。北瞻长江,万里波涛

宇宙峰

飘玉带;东仰匡庐,总把云藏一半明;南瞰西海,千山晕碧秋烟色;西俯幕阜,不尽峰峦奔涌来。雨后云雾从山谷升起,弥漫在崇山峻岭,云海翻沸,峰顶如大海上的仙山琼阁。

宇宙峰不仅是赏云海的佳处,也是观日出的好地方。每当朝霞染红天穹,一轮红日喷薄而出,群山雄伟沉静的轮廓便披上了彩色霞光,景色瞬变,令人赞叹。民间传说女娲补天之时落下的一块石头变成了山峰,此峰高入云端,上接天宇,因此人们称其为宇宙峰。

响鼓墩 紧临青山主峰北侧有一平缓坡地,方圆数丈,即为响鼓墩。人们用足轻踹,地下会发出"咚咚"回声,如远方传来的战鼓之声,让人止步,浮想联翩。相传秦始皇当年在此登高远望,大好河山尽

第五编
第十八章 一方山水

收眼底，顿觉心潮澎湃，思绪万千。他多年南征北战，历尽艰难，灭六国，平天下，江山一统。现在战争结束，须止戈散马、与民生息。想到这里，他命将士把随征战鼓抬到身边，凿山洞，移土筑墩，把战鼓深深

响鼓墩

地埋在地下，以示从今往后要偃武修文，发展生产，励精图治。鼓虽不见，但足踏此地，感觉鼓声依旧，响鼓墩之名由此得来。

鹿神宫 鹿神宫又称老庙场，位于青山主峰宇宙峰西北侧三百米处。相传西汉时期，修道士康道成骑鹿、费文祎乘鹤来此结庐，开山悟道，自耕自食，结庐修炼。其间，一只梅花鹿常来地里吃庄稼，驱之复至，天天如此。一日，二人穷追不舍，追至武宁鲁溪洞，鹿进洞后不见了踪影，只见一根粗大的檀香木横在洞口，"叱之为龙，即乘之仙去"。故此处被称为鹿神宫，民间也有"青山得道，鲁溪洞成仙"的传说。

飞鹤嘴 飞鹤嘴坐落在青山主峰宇宙峰北侧，山势陡峭，山形奇特，酷似飞鹤在广袤的天空里展翅飞翔。传说，蜀汉名臣费文祎从黄鹤楼驾鹤仙游到青山，巧遇康道成，二位志趣相投，一见如故，便在静雅脱俗的青山修炼，千年以来从未离开。从此，"青

飞鹤嘴

447

山有了飞鹤嘴,武昌空余黄鹤楼。"

跑马埂 跑马埂又名放马坦,从宇宙峰沿山脊线西行,不远处山丘上一排长长的崖墙突兀而出,似天然形成的防御城堡。山脊缓和平坦,可飞驰骏马,相传是古代农民起义军和三国时期东吴大将军程普屯兵桂林桥时牧马练兵之处,因此而得名。

伴刀剑 这是响鼓墩与跑马埂之间的一道岔口,地势险要,一夫当关,万夫莫开。相传是古代反抗官府的起义军挂靠兵器之处。这里上仰主峰,下俯深壑,石巨林密,为一险峻地段。

风车口 风车口位于伴刀剑和跑马埂的岔口之间,相传是历代兵家屯粮积草的地方。由于山形地势的原因,这里常年山风不息,凉爽宜人。据传,风车口也有一天没有风,那是在三国时期,诸葛亮借东风火烧赤壁时,这里的风也被借走了。

七子坟 七子坟坐落在青山林场力士沟村民小组南面的山坳上。关于七子坟的故事有三种不同的传说。

第一种传说是,明朝末年有户姓侯人家,一母生七子,弟兄六人外出谋生,远走他乡,唯第七子尽守孝道,伴随老母艰难度日。母病故后,"七子"悲痛欲绝,跪守坟前。在一个风雨交加的夜晚,这位孝子被饿虎所伤,死于虎口。村人感其孝道可嘉,怜其死得甚惨,在侯母坟旁筑"七子"坟,愿其母子永远相依为伴。

第二种传说是,力士沟有一位姓熊名力士的武教头,家境殷实,颇有名气。一日,七个鼠眉贼眼的歹徒扬言要与熊教头比武。熊教头深知来者不善,这些人必是以比武为名,行劫财之实。他劝歹徒不要无事生非、无理取闹,歹徒自恃人多,哪里肯听,将熊教头围住就打。熊教头一气之下,奋力将七个歹徒打死,不仅保住了自家性命财产,也为地方除去一害。埋葬七个歹徒的地方被后人称为七子（贼）坟。

第三种传说是，青山有七姊妹，生得眉清目秀，就像七朵鲜花。一日，七姊妹上山采茶，歌声笑声动听，似仙女下凡，不想惊动了藏在密林中的强盗，把她们抓到山寨，逼七姊妹做压寨夫人。七姊妹誓死不从，惨遭杀害，后人为她们筑了一座高大的七子（姊）坟，至今坟丘仍清晰可见。

武烈将军墓 武烈将军墓位于青山林场青峰片区石桥塘村民小组境内，与寿龄2 400年的[前文3 000年]细叶楮近在咫尺。据传，南宋民族英雄岳飞屯兵大冶时，到江西与湖北交界的九宫山招编杨再兴义军一部，途经青山，其部将刘泗（又名刘希春）途中染疾，不幸病故，葬于此地。刘泗病故后，朝廷封其为武烈将军。

蜡竹尖、香炉包 传说当年秦始皇领兵万人，南巡荆楚，夜经青山，为了队伍首尾相应，不迷失方向，前军走过之处，沿途燃香点烛，为后军引路。其中一处香炉未撤、蜡烛未尽，遗留此地，天长日久形成香炉状山包和蜡烛尖状的山峰，两山因其形而得名。

潜龙潭 潜龙潭坐落在青山林场风光片区西南侧，为一奇特的天然石灰岩洞穴。水潭方圆数丈，潭水清澈，深不可测。据传，当地人用四两绣花线连接，系一块小石头徐徐放下仍不见其底。又传，五百年前青山大旱，万木枯萎，百姓苦不堪言。一日，潭中浪花翻涌，一条蛟龙腾空而上，排云布雨，普救众生。此后，每

潜龙潭

逢大旱，常有人拜潭求雨，渐成乡俗，后人称此潭为潜龙潭。至宋代，苏轼游秦山、过潜龙潭，一路风光令其赞不绝口，留下脍炙人口的诗句："吴楚插高峰，羊肠曲径通。风光收半壁，无水不潜龙。"潜龙潭由此名声远播。

青山道观 青山是赣北著名的道教圣地。相传西汉时期，康道成、费文炜先后来此结庐修炼。至宋代，驾前都护景崇厌世弃官，隐居青山修道。由于青山的山川之胜和道风之盛为人所共仰，住山道徒越来越多，因而先后建起上清宫、太清宫、玉清宫三大宫殿。至清朝道光年间，有赣鄂道教徒在此联宗序谱的盛举。现湖北通山县部分道观仍保存有此次所修的道教家乘。

太清宫

上清宫

第五编

第十八章　一方山水

笔架山古道

笔架山古道是唐宋以来瑞昌通往武汉的主要通道。它蜿蜒悠长，承载着厚重的古代商贾文明，也记录了令人扼腕的烽火岁月。

石壁口　石壁口在笔架山古道东端入口处。这里坐落着只有几户人家的张姓小村庄，长期以来，这里的人口不超过18人，俗称十八口。此处山高谷低，古木参天，地势险要，是一夫当关、万夫莫开的隘口。

1938年秋，日寇占领九江，倚仗空军优势溯江而上，企图攻占武汉。为阻止日军，武汉保卫战瑞昌石壁口阻击战役打响，担此战役的是国民政府军92师下属的突击连。前沿战壕从余家嘴开挖到亮月山脚下，全长数千米。日军动用了飞机大炮，多次冲击阵地。国民党军队顽强阻击两个昼夜，因伤亡过半，退至第二道防线村后石磨盘，凭借石磨、石桥的天然屏障，又坚持了两天两夜。在这场惨烈的战役中，炮火烧焦了山口，鲜血染红了大地。

横溪谷地　横溪谷地是笔架山古道西段与官田湖（古称乾天湖）西南岸接壤的走廊。南宋时，乾天湖是赤湖西片水域，直通长江。谷地三面环山，一面临水，是古代兵家必争之地。

1274年，元朝20万大军自汉江入长江，沿江南下。1276年，转战江州的南宋皇家军将领赵孟荧，打算率军夺取武昌（今鄂城），收复中原。这一消息被元军所获，并在乾天湖设伏，当赵家军过横溪入谷地时被围困。宋军将士在内无粮草、外无援兵、众寡悬殊的情况下，杀马充饥，与元兵血战三昼夜，赵孟荧回撤横溪时，马失前蹄身陷淤泥，被元兵杀害，其子赵世显也死于拼杀中。赵家军没有一个降者，个个拼杀致死，谷地尸横遍野、血流成河，场面十分悲壮。

古道幽幽，芳草萋萋。笔架山古道虽然千年不语，但片片阶石却印记着过往风云！瑞昌人将赵家军杀马充饥的地方，称为杀马坑，并有周姓后人在这里繁衍生息，形成村落，被称为杀马坑周家。

大德山

大德山，地处瑞昌中西部，隆庆《瑞昌县志》载："大德山在洪阳下乡"，上下跨度约7.5千米。主山脉东西走向，最高峰大德垴海拔830.6米。大德山西毗花园乡，东邻横立山乡、洪下乡，北与湖北阳新县枫林镇的大德山山脉相依。

大德山原名大力山，相传大德山先民是为了躲避战祸才到此繁衍生息的。这本是个苦寒之地，"山上不长树，地上不长草，雨来随地流，雨停把雨求"。山民们只能靠种旱粮充饥，常祈求苍天降雨让百姓活命。也许是山民的苦难和虔诚感动了上天，相传玉皇大帝决定派大力神赶穷山、填东海、造良田。可是大力神面对如此大山竟连抽三鞭而不动，只好作罢。此后，此山便叫大力山。

新中国成立后，当地人民自力更生，艰苦奋斗，通过开荒造地、植树造林、兴修水塘等长效建设，从根本上改变了以前穷山恶水的面貌，解决了温饱问题。当地人民为了感谢党和国家，1958年建林场时就把大力山改名为大德山。

乌龟崖

在大德山林场的南山上，有一座山峰，俗称乌龟崖。传说峰顶有雌雄两只神龟，守望着这里的山川土地，护佑着一方百姓平安。这两只神龟是从何而来的呢？

据说乌龟崖崖壁上的石洞里，藏着一只千年猿猴。这只老猴成妖作孽，经常出来劫抢民女、捕吃六畜、毁坏庄稼、祸乱于民，百姓深受其害，民不聊生。

附近百姓无奈，只得求山神相助。由于山神的法力不是妖猴的对手，于是百姓便改求东海龙王降妖。妖猴不是龙王的对手，慌忙逃入崖洞深处。龙王下令：封住洞中所有上下出口，扫平崖顶，派两只仙龟一雌一雄在此镇守。从此以后，妖猴被永远困在崖洞内，再也不能出来作孽了。

如今，乌龟崖成为大德山美丽的风景点，走过大德山乡村森林公园，向南山建有登山步道，每年都有不少慕名而来的旅客登顶观光。站在崖顶，一览众山，花园、洪下、高丰近百里山水田园尽收眼底。车行立肇公路，过了花园乡，就能远远望见两只栩栩如生的巨龟状岩石立于崖顶之上，堪称瑞昌一景。

天耙山

瑞南公路17千米处，有一座平地而起、光滑裸露的丹霞山，此山便是天耙山。

天耙山犹如一头昂首俯腰、蓄势出击的雄狮，气象森然。整个山体自上至下布满耙痕状沟纹，平坦的山顶上，有一个个圆圆的浅穴，宛如牛的蹄印。这些奇特的自然现象，似乎印证着流传于民间的关于天耙山的神秘传说。

相传，在那混沌初开的远古，有柴、桑二位山神，声言要各助一山长高到灵霄宝殿。其中一神助力今天的庐山快速长到玉皇大帝灵霄殿的南大门。玉帝震怒，派天神下凡将其削低，并派黎山老母镇守。所以，民间也把庐山称为黎山。不想事出有二，就在玉帝以为事情已解决，端坐灵霄殿理政时，发现案前有一根绿色的丝茅在晃动，他仔细一看，一只蚂蚁正沿着丝茅爬上爬下。玉帝疑惑，急令太上老君查报。太上老君报说，凡间又有一座山长到了灵霄殿前，丝茅上的蚂蚁，就是从那座山爬上来的。玉帝更加怒不可遏："这还了得！速派犀牛将此山耙平，叫它永远不得长高一寸！"太上老君不敢怠慢，急遣犀牛连夜耙山。就这样，那快长到灵霄殿的高山，被天耙耙落在石壁背后的不远处，形成了一座叫"后水壁"的山冈，山上布满了耙痕状沟纹和牛脚印状的浅穴。

甪里山

甪（lù）里山，原名乌黑岭，位于瑞昌市横港镇东南清溢村境内的陈家垅村，距集镇约4千米，海拔200米。山中风景秀丽，流水潺潺，苍松翠竹，郁郁葱葱。山腰处有一神仙洞，宽敞明亮，洞中岩石形似床铺、餐桌、餐具、椅凳，样样俱全。洞口东西两侧悬有石磬、石鼓，敲击可发声，甚是神奇。

秦末汉初有名士周术，字道元，人称甪里先生，因不满秦始皇焚书坑儒的暴行，与夏黄公、东园公、绮里季志同道合，共隐商山，人称"商山四皓"。传说甪里先生晚年策杖东游，经鄂渚、走江州、登匡庐、入乌瑞、攀仙女池、陟狮子山之巅、抵清溢西乌黑岭。但见峰峦叠翠，怪石嶙峋，竹木葱茏，心想果然是理想的清修终老场所。于是他在此结草为庐，耕爨自食，吟风咏月，笑傲烟霞。甪里先生秉性仁慈，广施善果，深受远近民众的爱戴，甪里山由此得名。

苗母山

关于苗母山的第一个传说是"贪利僧弄巧成拙"。在码头镇西约四千

第五编
第十八章 一方山水

米处有座山，据传有苗氏夫人在此修炼成仙，遂名苗母山。不知何年何月，有一僧人游方到此，见山川奇秀，可为名刹梵区，于是化募钱帛，建一苗母神庙于山顶峰。庙中天生一石臼，每天流出大米油盐，数量虽少，但可供数名僧人一日食用。之后庙中僧人渐多，而石臼所出油盐米仍可以供一日食用，但无剩余。老和尚圆寂后，寺僧人等贪利图多，雇请石匠将石臼凿大，结果事与愿违，大米油盐再也不见。

关于苗母山的第二个传说是"苗母救排脱险"。传说明万历年间，一串木排在码头渡口下首搁浅，排夫费尽九牛二虎之力，还是撑不动。一晃十多天过去了，排主王某眼看江水渐退，盘缠将尽，不知如何是好，整天愁眉不展。

有一天，一个老乞婆提篮拄杖，上排要饭，王排主唉声叹气道："老人家，我也是泥菩萨过河自身难保，哪有饭给你啊。"乞婆道："贩排客是大商，却说没饭吃，我不信。"王排主又说："唉，你老有所不知，我的木排搁在此处已经有十多天了，带的费用所剩无几，我正自发愁呢。"老乞婆听罢，微微一笑道："原来如此，我帮你脱险就是了。"说完就用讨米棍在木排四周敲敲点点。说也奇怪，木排竟渐渐活动了。王排主惊喜万分，千恩万谢，并请留下姓名，容后报答。乞婆答曰"姓苗无名"，转眼不见人影。王排主方知是神人相助，慌忙望空拜谢，随即打点开航。

排到下江，不日货物销售一空，获利颇丰。返家途中，王排主特地在码头上岸寻访苗姓老妪。询问多人，皆众口一词："我们这里没有苗姓人氏，只在苗母山的神庙里供有苗母娘娘。"王排主频频点头道："我正是要访娘娘下落，烦请贵族派人引我到庙中叩谢。"

后来，由王排主捐资，封、胡二姓出力，在原庙址下首新修寺宇，重塑金身，建成至今名震一方的名寺。

武山

在瑞昌赤湖之滨,有一山叫武山,即今武山铜矿所在地。相传在很久很久以前,这里没有湖,只有直插云霄的武山。当时的武山海拔两千多米,方圆近百平方千米,与匡庐对峙,遥相媲美。

武山自恃秀丽多姿、蕴藏丰富而傲视天下,武山神扬言"天下山姿我独占尽"。庐山神听到后不服气,一状告到秦始皇那里。秦始皇听后龙颜大怒,亲自带着神鞭来到武山问罪。一到武山,秦始皇举目观看,也暗自叫绝。秦始皇派人叫来武山神,武山神昂首傲视,不屑一顾。秦始皇大怒,挥动神鞭,对着武山一口气抽了九十六鞭。武山坍塌了,雄伟的武山奇峰峻岭爆裂四散,盆地变成了平湖,即今日的赤湖。秦始皇还不解恨,对准三个风景点又恨恨地猛抽三鞭,峰尖坠向湖中,成了今天的大、中、小三山。

天嗣山

在瑞昌市区城东有一座小山,叫天嗣山,又叫天子山。山上有座古寺,叫万寿古寺。据本地的文史记载和民间传说,天嗣山是朱元璋和陈友谅激战之地。

明洪武六年(1373年),明朝开国皇帝朱元璋西行私访,凭吊大战鄱阳湖的旧战场,回忆自己当年驻守瑞昌天嗣山难忘的一幕。当时二十万水陆兵驻赛湖、赤湖、天嗣山、跑马山一带,与陈友谅进行拉锯式战争。陈友谅的汉军凭着善于水战,又熟悉地理环境的优势,对朱元璋率领的明军造成了严重威胁。正当明军探明汉军设防疏忽、准备调集精锐进行痛击之际,天气突变,连夜狂风暴雨不止。朱元璋十分烦躁,彻夜

第五编
第十八章 一方山水

难眠。据民间传说，黎明时分，朱元璋朦胧中忽得一梦，梦见观音娘娘对他说："圣主勿忧，明日辰时天即放晴，我还指示你一条捷径，可直捣武昌汉军老巢。"朱元璋醒后走出军营，只见日出东方，天际

天嗣山

一片祥云，立即下拜，大喊三声："天助我也！"尔后向刘伯温道出观音菩萨托梦之事。此后战局转变，朱元璋变被动为主动，终于结束鄱阳湖大战，直捣武昌，活捉陈友谅的儿子陈理。

后来朱元璋为还愿，下令立庙纪念观音娘娘，知县刘仁钦奉旨监建。庙成之日，朱元璋带领朝臣朝拜娘娘庙，各赋诗文不尽烦述，钦赐寺名"万寿古刹"。1983年重建寺庙时，山主认为万寿古刹的"刹"字阴气太重，遂改为万寿古寺。

望夫山

相传很久以前，有个叫张三喜的后生，人长得虽然黑瘦，但心地善良，并且学有一手木匠的好手艺。他的媳妇李四妹长得漂亮水灵，算得上十里八乡有名的美人。

关于张三喜和李四妹的婚事，还得从两年前说起。一天晚上，三喜帮人家做木工活回家，走到一个山坳，瞅见一位老大娘坐在地上痛苦呻吟。走近一看，原来老大娘被一条毒蛇咬伤，动弹不得。三喜见状，急忙帮大娘挤出毒液，四下寻些草药敷在伤口上，把老人背回了家。回

家后，大娘唯一未出嫁的女儿李四妹见这位木匠大哥救了她母亲的命，千恩万谢，感激不尽。接连数日，三喜天天为大娘送药，四妹很受感动。这样一来二往，接触日密，二人慢慢产生了爱慕之情。也许这就是缘分，大娘也非常赞成这门婚事，她相信有这样的女婿，女儿一生会幸福。第二年春天，四妹就嫁给了三喜，婚后三喜视四妹为掌上明珠，四妹待三喜也是体贴入微，小两口恩恩爱爱，日子过得甜甜蜜蜜。

可是天有不测风云，就在小两口成亲的第二年，位于瑞昌铜岭的大铜矿上，架设矿井支护急需会木工活的人，三喜被派了劳工。这座大矿属皇家御用矿场，皇命难违，三喜和其他劳工一道被囚在矿井里做苦力。

丈夫走后，四妹茶不思、饭不想，两眼哭得又红又肿，夜夜做噩梦。她梦见三喜在矿井里做牛做马，累得死去活来，哭着向四妹求救："四妹救救我吧，我要回家。"可是四妹去拉他的手时，却总是够不着。她又梦见三喜变成一只小蜜蜂飞来看她，飞到脸上吻她，她感觉痒痒的，伸手又抓不着。四妹再也坐不住了，打点行装，辞别娘亲，前往矿上探望丈夫。她来到铜岭矿上，但见戒备森严，两个守卫挡住了去路，外人一律不能进去。后经四妹苦苦哀求，打发些银两后，那个头目才答应让她和丈夫见上一面。小两口见面后，相对泣不成声，说不尽思念之苦。分手时，三喜望着憔悴的四妹说："妹呀，哥这辈子怕是很难逃出这地狱了，你还是另找个依靠吧。"四妹泪如雨下："三喜哥，妹愿与你同生死，共患难，陪你到白头！"

四妹小时候能歌善舞，并学得一手纺纱织布的手艺。从此以后，她便在当地给人打短工。每当夜深人静的时候，她就站在夏畈禁地外的山坳上弹琴。她要让琴声继续传递他们之间的爱情，让琴声告诉三喜，她四妹永远等着他。一日，矿场突然传来一声闷响，矿井塌方了，可怜的

第五编
第十八章 一方山水

三喜再也听不到他心爱的琴声了！

不知过了多少时日，四妹由青丝少女变成了白发苍苍的老太婆。在一个风雨交加的夜晚，这位老人倒在她站了大半辈子的山坳上。这座山坳渐渐长高，变成了一座大山。后来人们为了纪念这位贤惠的女人，就将这座大山命名为望夫山。历经千年沧桑，望夫山面朝那座古老的铜矿遗址，似乎仍在诉说着三喜和四妹凄美的爱情故事。

石人岭

在肇陈镇与洪一乡交界处有座山岭，叫石人岭。相传秦始皇时期，石人岭不叫石人岭，而叫老伴山。老伴山的山岭上有一座用石头砌成的小庙，庙内住着一名老和尚。山脚下有一栋用石头砌成的小屋，屋里住着一对年轻的夫妇，男的叫石仁，女的叫黄氏。黄氏生得如花似玉，性情温顺又贤惠。这对年轻夫妇互敬互爱，勤俭持家，小日子还过得去。

那时，秦始皇修筑长城，广征天下民夫，这石仁也被秦兵逼去充徭役。临别，黄氏拉着石仁依依不舍，千叮咛万嘱咐，一边流着泪一边走，一直送到山岭。天气寒冷，石仁劝妻子早些转回，才慢慢远去。黄氏站在山岭上，望着丈夫远去的身影，久久不愿转身。民夫从她的身边过去了一批又一批，黄氏一次又一次托人带信给石仁，叫他记得早些回家。日复一日，年复一年，黄氏在家等啊，盼

石人岭

459

啊，总是不见丈夫回来。于是她日日去山岭的庙里祷告，祈求老和尚施展法术，救她丈夫回来。老和尚一来是被她纠缠不过，二来是被她的钟情所感动，只得天天领着她登上山顶，眺望北方。

秋去冬来，北风呼呼地吹。黄氏在家里冻得直打哆嗦，想起丈夫在北方更冷，于是连夜赶制了一件新棉袄，决定亲自给丈夫送去。第二天一早，她来到小庙，将送棉袄的事诉说给老和尚听。老和尚摇摇头说："路途如此之远，你一个弱女子怎么去得了呢？"黄氏伤心地哭了，跪下恳求老和尚："老师父，你送送我吧，我们一路上有个照应。"老和尚无奈，只得点头同意，决定三天后动身。

好不容易熬过了三天。这几天大雪纷飞，天寒地冻，但动摇不了黄氏寻夫送衣的决心。第四天一早，黄氏收拾好东西，便请老和尚一同启程。两个人登上山岭，雪至膝盖，树上、石头上都结了冰。老和尚气喘吁吁，实在走不动了。黄氏寻夫心切，要背老和尚翻过山岭，老和尚勉强答应。

黄氏背着老和尚，老和尚一手拿着黄氏的包袱，一只手搭在黄氏的肩上，黄氏艰难地爬行。不一会儿，她也走不动了，站在那里，慢慢地变成了雪人，雪人变成了冰人，最后变成了石头人。

后来，当地人把这对石人取名"村姑驮和尚"。两千多年过去了，这对石人仍然矗立在山岭上。

打那以后，老伴山的名字就改成了石人岭。

狮子山

码头镇江边有一座山，其形酷似一只狮子蹲伏江边，故名狮子山。

传说，从前每逢春暖花开的时节，此山就幻化为一头幼狮，在晨

第五编
第十八章 一方山水

光熹微之时，跃过长江，到湖北武穴的沙地啃食麦苗。有一天，看管麦苗的禁长发现麦地一片狼藉，又见脚印不像一般野兽，心中惊疑，便暗自提防。

狮子山

这天凌晨，禁长正潜伏在麦地窥察，忽听前面麦苗"唰唰"作响。他悄悄近前一看，只见一头幼狮正在贪婪地啃食麦苗，就急冲上前，抡起檀树棍，向幼狮的腰部猛力一击，只听一声吼叫，那狮子就地一滚，便没了踪影。

从此，沙地上再未发生狮子啃麦苗之事，而狮子山腰的那条登山小道，相传就是当年被打的伤痕。

自从狮子吃麦苗遭打后，人们都知道狮子山乃是一头灵狮幻化，狮子口就是一块风水宝地。方圆几十里的一些大户人家，都想谋取这块宝地作为茔葬之所，无奈此山是封姓祖业，横竖不肯出卖。据说湖北广济县有个村庄的人，深知此事急不得，为达此目的，只能慢慢图之。

一年冬天，码头来了一个老乞丐，体形消瘦衣衫褴褛，日间沿街行乞，夜晚则龟缩于狮子口内。时值数九严寒，滴水成冰，老乞丐不能外出，饥寒交加，不几天便死在洞中。事后，其家人寻来，就将其葬于洞中，并立碑纪念。原来，这乞丐正是广济某村人，为谋风水出此下策，可谓用心良苦。

自从老乞丐葬于洞内后，那狮子口就逐年缩小，大有合拢趋势。封姓人感觉诧异，派人到洞中察看，方知被人暗算，遂推倒石碑夷平坟墓。没过两天，广济某村便遭火灾。广济人后来打听到封姓毁碑夷坟，急忙派人在江北岸边隔江致祭，并深夜过江潜入洞内，重新筑坟竖碑，但尔后此坟屡筑屡毁。

龟山

肇陈四面环山，中间是一个大盆地。在盆地中央有两座孤立的小山，形状似龟，当地人称龟山。还有说这两只龟是一公一母，则分别叫公龟山、母龟山。公龟山居东，母龟山居西，首尾相连，恰似公龟追母龟。

相传古时候，有一对龟精同在黎山修炼，天长日久，就产生了非分之想。但慑于天规戒律，双方均不敢越雷池半步。眼看八百年修炼即将期满，这对龟精就悄悄地勾搭在一起了。

俗话说，要想人不知，除非己莫为。这事儿很快就被黎山圣母娘娘发现。圣母娘娘勃然大怒，于是更换了它们的仙骨，发配五台（今肇陈），并将它们化成两座小山，永远卧伏在凡间。

后来，在母龟山下名叫张家湾的村庄里有个柯氏财主，请来地仙为其看风水。这位地仙周游数日选中了母龟精颈部的一穴仙地，对财主说，此地乃一母龟精的颈，原来它在八百年修炼时触犯了天规，被换了仙骨，但是颈部仍留有仙气，葬此地可保佑你的子孙有享不完的福，受不尽的禄。财主听了很高兴，吩咐家人给其十锭白银酬谢。

果然，这家到第三代，兄弟八人和两个女婿个个仕途通达。翌年，八兄弟和两女婿约定中秋团圆，届时十子送来不少金银财帛。柯氏财主便拆除了原屋，重建华堂。这新屋进门八重，朱轩紫阁，筑构轩昂，画栋雕梁。

此事传至皇上耳中，皇上大惊，预感这是不祥之兆，如不铲除祸根，自己宝座不稳。于是一道圣旨下来，县官便组织千人在母龟精的颈

第五编
第十八章 一方山水

部挖土挑塘，切断了仙脉。不料第二天一早去看，塘又被填满了。第二天照样挖，第三天一早去看，塘还是被填满了。人们觉得很惊奇。一路过的道士说："别瞎忙了，你们白天一千人挖开，晚上就有一万鬼来填。这叫'白天千人担，晚上万鬼淹（方言，意思是回填）'。"

此后不久，也许是挖土挑塘切断了墓穴的仙气，这家的八兄弟和两女婿先后死于外地，该家族也日渐衰败。没过几十年光景，富丽堂皇的八重华庭也被拆除，变卖抵债了。

到二十世纪八十年代，这屋基上尚存有两人合抱大的石礅、石柱等。可见当时建筑之雄伟。

山屋林

青山林场田坡畈西部过去有一老屋场，是一洪姓村庄。庄后山脉环村似象鼻卷草，形成一大环弯。山脉终端有一泉眼，汩汩清泉绕村南走形成河流，终年不断，洪姓村庄就在弯内。村中有一大富户，子孙有在京城做高官的，有经商的，但寿皆不过古稀。可谓"福禄寿喜财，五福差一福"。洪姓老爷总嫌老天不公，不让他们寿比天齐，常为此难以释怀。这家洪姓仗着在京城有大官，家财殷实，平日里在当地做了不少为富不仁、豪横乡里、欺凌外庄之事。

一日，一地仙路过此庄，看到此庄地势，惊叹此乃仙居宝地，不乏大富大贵之人。但细细看来此地风水是有，不过涵养不足，必出恶霸凶徒。

为证实自己测算灵验，第二天临近中午时，地仙变化成乞丐，来到洪姓大户门前乞讨。看门恶犬见到他狂吠不止，这家主妇出门察看，见一乞丐左手拿破碗，右手持打狗棒在门前乞讨，便满脸嫌恶，怒其惊了家犬。地仙满脸赔笑说："几天过去，未见粒米，实在是太饿了。见此高门大户便来乞讨，望贵妇人心怀慈悲，略施一粥救命，后必报答。"

妇人答："午饭已过晚饭未到，哪有什么施舍于你，要有也只有狗吃剩下的粥。"地仙说："只要能充饥去饿，狗吃的粥也可以。"

妇人只好转身进屋端来一碗泔水米粥给了地仙。地仙吃完说未饱，问妇人是否还有，妇人说没有了。地仙说："虽说未饱，有你这碗粥，也可挨过一天半日。我实乃地仙，为报答你一粥之恩，不知你家有什么有求于我？"

妇人心想，你一乞丐差点就饿死路边，还自称地仙？她并不相信，转身就走。地仙急忙拦住问道："贵庄地处风水宝地，你家又处宝地正中，必定大富大贵。福、禄、喜、财不缺，五福缺一'寿'是否？"妇人一听，正中实情，才信其是仙，忙恭敬地说道："仙人稍等，我去报与我家老爷知晓，请内堂相见。"妇人入内不多时，一健硕花甲老人走出，对其抱拳作揖，相请至堂前坐定，并奉上香茶，问其五福缺一是否可解。地仙哈哈大笑说："贵庄地形叫象鼻卷草之地，贵庄地处象腹，象鼻正对庄前，有天地相济之大象护佑，哪能不出富贵？但也有美中不足，贵庄东北有一泉眼，实是象鼻眼。鼻眼乃生物呼吸之器，少量出水实属正常，水量过大五福之中必有一福随流而去，贵府缺寿实是此因，今有一法可解。"老爷忙请教何法，说事后定当重谢。地仙说："你今晚用糯米饭加桐油加石灰碾成油膏，把象鼻眼用石块加油膏浆砌起来，不让泉水流出就好了。"说完便飘然而去。

当晚，洪老爷叫来佣工，亲自监督，按地仙所说把象鼻眼泉水堵死。第二天天一亮，便见村庄周围九处山头下陷成凼，传说是因象鼻眼被堵死，九龙飞天而去。

此后不到三年，洪姓大户在京做官的族人因官司被贬，经商的因

第五编
第十八章 一方山水

经营不善血本无归，致使家道中落一贫如洗。后举族迁往他乡，不知所终。

当然，这一切都只是传说，但此地至今还依稀可见村庄遗迹，故后人称此地为山屋林。

横港溶洞群

横港地区包括青山林场一带群山逶迤，泉瀑飞流，溶洞遍布。这些溶洞或大或小，或奇或幽。有些已被人们初步揭开神秘的面纱，有些仍然"养在深闺人未识"。

万佛洞　万佛洞坐落在横港镇的西南处，洞口面对横港水库，距瑞昌市区30千米。

1987年春，南京地质学院的三位教授和九江旅游局的两位专家，在万佛洞的入口，即清华大队南山万村东侧的消水窟，倒入30千克无毒染料，经过两天两夜后，被染成菜绿色的水才从万佛洞口流出。由此可见，洞内是多么的深邃和迂曲，里面的世界至今无人知晓。

万佛洞还有一个入口，称蛇丝洞，此洞在南山万村东南侧的半山腰，西侧和南侧为一大片山坡，东侧为一道山梁和两条斜形山谷，而北侧乃是一百多米高的绝壁，绝壁底部就是洞口。四面山中之水均汇合流入此洞，洞内阴森恐怖，至今无人敢入内。

万佛洞

老社洞 老社洞的洞口在峨光新屋下村东侧的半山腰，坐北朝南。与万佛洞相比较，此洞更平坦一些。洞内有四个大厅，阳光从洞口照射在第一大厅的洞壁上，形成姿态万千的图案。第二大厅边上有一个小洞穴，裂缝中有水流渗出，水洁流莹，沉积出明光铮亮的钟乳石，附着于色彩斑斓的洞壁上，滴水声犹如洪钟响起，人称"峨嵋晚钟"。再往前走，就是"孩童乐园"，又名"狮驼海豹"，由酷似海豹的两块石头叠在一起，令人兴致盎然。第三大厅有两个分洞，呈三角形，其内滴水叮咚，在上部形成圆盾状钟乳石。边缘有锥状乳石下垂，沉积起一座莲台。莲台上有两根石笋，如同两个圣僧面壁静思，人们称之为"莲台圣僧"。老社洞的洞壁岩石中，因含有大量硅元素，电筒一照，银光四射，色彩迷幻。

老社洞

洞上洞 洞上洞在峨光洞上村的北部，距莫家街8千米左右。此洞呈弧形，洞口宽约30米，高约10米，纵深约20米。洞顶钟乳遍布，大小高矮不一，有的粗大如柱，有的细小似笔，有的长达两米多，有的

洞上洞

第五编
第十八章 一方山水

只有数寸,有的直如竹笋,有的弯似牛角,形象各异。洞底左侧还有一暗洞,高1米多,入洞10米,还有一大洞,高数米,可容纳数百人。据称是当年村民躲避战祸的地方。此洞可与下畈洞相通。

下畈洞 下畈洞位于洞上村东北面,与洞上洞地面距离约1千米,位居峨嵋雷庄源的尽头处。进洞不远,里面就显得很空旷,洞顶最高处十余米,同样是钟乳遍布,形色大小各异。地面最宽处有十几米,深潭比比皆是。潭水呈蓝绿色,夏天涉足,冰冷刺骨。洞内凉风飕飕,很是阴森恐怖,令人望而止步。此洞与洞下村的卧虎洞相通,且直线距离不足一千米,但至今无人敢穿越。

下畈洞

卧虎洞 卧虎洞位于洞下村西侧的一道悬崖下,距莫家街7千米。洞口宽约6米,高约5米。该洞共有三层,沿洞东南侧峭壁边上一条宽约30厘米、长约15米的险峻的小径斜行,便到达中洞。中洞宽窄不一,最宽处约5米,最窄处不足2米,洞长近30米,洞顶钟乳倒挂,地面石笋林立。有一具石笋高约40厘米,直径约50厘米,就像一根锯断的树桩,上面年轮清晰可见,令人惊奇。洞内还有一根石柱直径约50厘米,高约5米,与洞顶相连,当地人称为"定海神针"。中洞的北侧有一道裂谷,深约6米,

卧虎洞

宽约1米，泉水自西向东奔泻20余米后又隐没在石洞中。此洞的顶部还有一洞，据当地村民说，上面的洞好似一座宫殿，地面较平坦，有几百平方米。抗日战争时村民架上20多步的梯子，待人都上来后，再将梯子拉上去，从而躲过了日本兵的搜捕。

水帘洞 在卧虎洞下首不远处便是水帘洞，因洞口有一瀑布而得名。洞口在一堵约60米高的悬崖腰部。进洞约3米，洞便向左上延伸，内洞高两米多，宽近3米，上行20余米便到了卧虎洞。因此洞坡度较大，洞内之水从内洞奔腾直下，至洞口突然右折。流水撞击洞壁发出"隆隆"的雷鸣声，故此洞又称为雷

水帘洞

鸣洞。水流出洞口经20多米的悬崖冲入深潭中，形成一帘宽约3米的瀑布，丰水时显得非常壮观。潭中之水再经小河流出村外，夏天经常有人在河里游泳。

蛇丝洞 蛇丝洞在红光村南山万自然村南侧约500米处的一堵高崖下。崖高约80米，中间高，两侧稍低，宽约百余米，呈弧形。就像张开两臂的巨人，迎接人们的到来。高崖上部向外突出，崖脚内收，形成吊脚崖。山洞就在悬崖底下，洞门呈拱门状，中部高，两侧低，形状非常别致。洞门顶部高约25米，宽约两米，进洞门后洞顶高约30米。入洞约30米后，内空骤然缩小，左侧一洞高约6米，宽约5米，至内部约50米，洞的内径则更小，只有人把高，约两米宽，一条与洞底同宽的小河向深

第五编
第十八章 一方山水

处延伸，流进深处的石洞后便不见踪影。整个洞的顶部悬吊着很多钟乳石，颜色有浅黄、雪白、淡绿、银灰。在洞顶和洞壁，有多处泉水下泻，大的形成瀑布，小的似瓦沟滴水，大大小小有近百处之多。水泻声犹似乐队合奏，非常美妙动听。两侧洞壁上因常年淌水，大量的钙质沉积在岩石表面，形成粗糙不平的钙瀑布。在洞口处右侧和洞内约8米处的河床边上，各有一尊石柱。两柱高度基本相同，均在1.7米左右，呈圆柱形，顶部浑圆，只是上粗下小，上部直径约1米，底部直径约50厘米，表面有数十道深、宽约1厘米的纵向凹槽，石柱的表面呈浅绿色，形似两盏荷灯。这两尊石柱底部均为坚硬的岩石，石柱既像直接从岩石上长出来的，又似人工雕琢的，可谓是巧夺天工。

滴水岩观音洞 该洞坐落在远景村聂家山老屋场西北侧的半

蛇丝洞

滴水岩观音洞

469

山中，距莫家街约4千米。这里怪石嶙峋，树木茂密，洞口隐蔽在石缝中，如不注意很难发现。因洞口不到一个平方米，且为斜形，入洞时须双手撑在洞口两边，待双脚着地后再躬身进入。入洞约3米，内洞骤然变大，宽约3米，高约6米。纵深约70米处又有一洞横穿，与该洞成T形。横洞高约3米，宽约两米，两端

大泉洞

都无法走到尽头。洞底流水清澈明亮，冰冷刺骨，右侧下游据说与范镇八都芦泉水库的泉水眼相通。以前曾有人做过试验，将数箩秕谷从此处倒入水中，数天后发现秕谷从芦泉水库的泉眼中流出。

进洞约15米的右侧，距地面约2.5米处又有一洞，高约2.5米，宽约两米，纵深约30米，也呈斜形，坡度约15度。因此洞较主洞高一些，所以也干爽些。据聂家山老人介绍，这是当年百姓躲避战乱的地方。

大泉洞 大泉洞位于横港水库尾洞下高村，距横港街约5千米处。听当地老人说，此洞与村对面的观音洞相通，人要过13道门才能到达。村上也曾有人穿过第三道门，只因里面深潭密布、地形太复杂而不敢再往前走。洞内有大量蝙蝠，稍受惊扰便四处乱飞。洞内泉水长年不断，每逢山洪暴发，内洞便涌出大量鱼类，平时也常见小鱼群漫游在水底。夏天路过洞口，即感凉气扑面，周身清爽，冬天这里也是避雨雪、取暖、歇脚的好地方。

横港地区的溶洞群是洞连洞、水连洞、山连洞，景色各异，形态不

一，有的似天宫水府，有的似鬼牢炼狱，或飘逸或悚然，既各具特色，又浑然一体，给人以变幻莫测、幽暗迷离的感觉，是九江地区风景优美的溶洞群之一。

飞凤洞

在肇陈镇八门村的后山上，距山脚不远处有一溶洞名叫飞凤洞。洞有两重，洞口约丈余高，进得洞去便是第一重，洞高十几米，面积约100平方米；第二重洞顶稍低，里面更加宽敞，面积约200平方米。再往内走便是巷洞，至今也没有人走到尽头。洞内怪石奇特，一步三景，滴水流成石墩、蘑菇云、皇冠、伞等形状，天然逼真。特别是第一重洞顶上的那个至今清晰可见的凤翅膀印，更是吸引着古今游客来此探奇。

这个溶洞又是"两头蛇洞"，直通相距约40千米的洪下瓜坑崖洞。据传早些年，有人将几箩谷糠倒进洞中，几天后谷糠才从瓜坑崖洞淌出。所以当地民间有"抬头吃八门，屙屎肥瓜坑"的说法。

这个洞为何叫飞凤洞呢？传说明代时，本地陈家山下有一大户人家，财主上年纪后，请来了一位当地有名的地仙给自己选择坟地。这位地仙在陈家山下，方圆三四里的紫溪畈转来转去，几天过去了，好不容易在"古墩寺"西侧选中了一穴风水宝地，叫凤凰地，他反复叮嘱财主说："老爷百年之后，一定要安葬在这里，挖墓穴时，如果见到石板就不要再挖了，千万不要撬开石板，否则就坏了。"

财主死后，他的儿孙们遵嘱在凤凰地埋葬修墓。安葬那天，当墓穴挖下去四尺余深时，只见穴底果真露出一块三尺见方的石板。这下可轰动了前来送葬的几百号人，有的惊讶，有的赞叹，一时议论纷纷。这时，那几个诧异的"八仙"想看看石板下面到底有什么东西，他们不完全相信地仙的说法，于是有两个鲁莽的后生，不顾主家的再三嘱咐，用铁杠撬石板，刚刚把石板撬开一条缝时，一只色彩斑斓的凤便从石缝中腾空而飞。人们惊呼着，其中一些青年人撒腿就追，尾随在飞凤后面，想看看这只凤鸟飞到哪里落脚。不一会儿，他们就看到这凤飞进了距坟穴一千米的八门村后山的大石洞里。

后来，豫章名人孙维龙周游到此，听当地人说起此事，便进洞察看了一番，见洞顶留有栩栩如生的凤翅膀印，十分惊奇。出得洞口，他即吩咐随从拿来笔墨，在洞口石壁上书写"飞凤洞"三字，落款"大明梵国王孙维龙题"，并请石匠镌刻好。从此，这洞便叫飞凤洞了。

万泉洞

在肇陈镇有一个叫万泉的村庄，庄前有一片近两百亩的垄田。垄田里泉眼遍布，满畈"汩汩"流淌。当地村民说那片垄田里有一万多个泉眼，所以，当地人就把自己的村庄叫作万泉村。

传说在远古时期，这个村庄的所在地是一片汪洋，水下居住着一条小龙。若干年以后，由于地壳变动，地势慢慢升高变成陆地，当地人在此开垦了一片垄田。这小龙不务正业，成天作恶乡里，一不高兴就飞上天空喷水，造成水灾，可怜老百姓辛辛苦苦种的粮食是十年九不收。百姓们对小龙恨之入骨，但又奈何不了它。

一天，村民们正在田畈耘禾，忽然一阵邪风刮起，一个张牙舞爪的怪物卷地而来，人们见势不妙，赶忙丢下耘耙，没命地跑回家里关起门躲了起来。这时，田畈中有一姑娘来不及跑了，她名叫莲子，早听父母说过这条小龙作恶危害乡民的事。莲子姑娘憎恨它，并曾立志要杀死它，为民除害。如今初见这一怪物，她便猜到是那条小龙来了，她用仇

第五编
第十八章 一方山水

恨的目光望着小龙，突然心生一计。于是，莲子姑娘打开圆润的嗓门，高声唱起歌来：

> 高山顶上望郎哥咿，
> 郎哥回头把妹看，
> 身长双翅随哥走呀，
> 哥与妹，配情侣，
> 盼哥早点来接妹呀，
> 与哥儿结呀结良缘。

这歌声清脆悦耳，小龙听得如痴如醉，良久才醒过神来，边称赞莲子姑娘唱得好，边摇头晃脑地走近莲子姑娘，直勾勾地紧盯着她看。只见莲子姑娘黛眉如柳叶，灵眸送秋波，鼻儿小巧，嘴似樱桃，把个小龙看得神魂颠倒，久久回不过神来。等小龙回过神来，示意手下一个小头目。那小头目走过来挟着莲子姑娘，身一摇，便一阵旋风似的回到了它们的宫廷。莲子姑娘为了帮乡民除害，忍辱与这小龙成婚了。

几天后，小龙要去父亲东海龙王那里办事，说是要一个月才能回来。一天，莲子姑娘从一名宫女口中得知，要杀小龙，只有用八仙中吕洞宾的那把红霞剑才行。于是莲子姑娘历尽千辛万苦，找到吕洞宾，说明原委，恳求借剑。吕洞宾被莲子姑娘的献

万泉洞

身精神所感动，把红霞剑借给了她。莲子姑娘来回二十余天回到龙宫，藏好剑，只等小龙回来。

一个月期满，小龙醉眼蒙眬地回来了，莲子姑娘表面上装出一副十分亲昵的样子，把小龙扶到床上睡好，关上门，暗中抽出红霞剑，口中念念有词，只见一道霞光随她玉指一点，立时小龙就被杀死在床上。

莲子姑娘除了害，雪了恨，忙身藏宝剑，顺利地回到自己的家。莲子姑娘来到家门口，伸手推开大门走了进去，只见衰老的父亲躺在床上，奄奄一息，白发母亲则泪人一般坐在床边。她的出现着实让母亲吃了一惊，以为是女儿的灵魂再现。莲子姑娘道出了自己的经历，连忙问父亲为何病成这样，母亲痛苦地告诉了她事情的原委。

原来，莲子姑娘只离开了一个月零几天，世上却过了几十年。父亲以为女儿死了，成天思念，悲痛忧伤，导致痨病复发，一病几年，已是无救了。莲子姑娘一听，悲痛欲绝。她忽然想起还魂草能治百病，于是毅然背上红霞剑，上天山寻找还魂草为父亲治病。大约半个月左右，莲子姑娘采得还魂草归来，满心高兴，心想父亲有救了。

突然，一条龙挡住了去路，她想定是小龙的父亲东海龙王。那老龙张开血盆大口向她俯冲扑来。莲子姑娘抽出宝剑，手一指，顿时白光千道，直射老龙。老龙一颤，身一摇，变成一老翁，左手托着一个形似磨盘的东西，口中念念有词，立时，那形似磨盘的东西越变越大，大如小山丘。老翁手向莲子姑娘一指，这形似磨盘的小山丘便向她飞来。只听"扑通"一声，小山丘被刺通了一个大窟窿。但红霞剑终是顶不住磨盘似的小山丘，莲子姑娘被压在山丘下，动弹不得。她想到父亲无依，母亲无靠，所以整天泪流满面。泪水被磨盘一压，四处外溢，便形成了许许多多的泉眼。而被红霞剑刺通的那个洞，正对着莲子姑娘的左眼，泪水从洞内涌出，就形成了一个很大的泉洞。泉洞眼旁边的绿苔，据说是莲子姑娘采来的还魂草所变，人们如果有刀伤或跌伤，只要把绿苔扯上一些，捣成泥敷伤口，伤口很快就会愈合。

莲子姑娘想念父母，泪流不断，千年万载，形成了数不清的泉眼洞，所以人们就把这里叫作"万泉洞"。

仙姑洞

南阳乡宝山村对面有座山叫宝山。传说很早以前有一对夫妇带一幼女隐居山中。平时这对夫妇开荒种地，种粮种药，自给自足，偶尔出游，也是为人治病，日子过得平和快活。话说女儿渐渐长大成人，大山的寂寞，锁不住少女的芳心，她经常偷偷一人外出游玩。一天，她在南阳河畔洗脚，与艾府一位俊美青年不期而遇，两人一见钟情。从此，女孩经常借故出来与艾郎相会。时间一久，双方情感越来越深。夫妇俩十分疼爱自己的女儿，得知实情后，不恼不怒，急寻个媒婆说合。艾府也十分中意这门婚事。

正在双方准备为儿女完婚之际，被天庭发觉。一日忽然狂风大作，天空中发出怒吼，要这对夫妇返回天庭，否则统统处死。原来，这对夫妇是天上的药农，厌倦了天上的生活，偷偷下凡。夫妇俩顿知大事不好，又不愿拆散自己女儿的婚姻，便叫女儿女婿赶紧逃走。这更激怒了天神，丈夫被天兵所擒，被装进棺材中，丢在南阳河边，随即化作棺材山。女婿被抓后当场处死在禁地村，其尸体化成一座山，名叫夫山。妇人见丈夫、女婿惨死，悲痛不已，一头撞死在宝山的后背山，后背山即化作人形，后人把这座山叫仙姑台。少女躲在其母亲尸体下逃过一劫，所藏之处化作一洞，后人称仙姑洞。少女见父母和未婚夫皆亡，万念俱

灰，隐藏洞中千年不出，化成一尊石像。洞内石壁上的水滴流经石像脸面，酷似仙女整天流泪，从不枯竭，让人伤感不已。

盐山洞

在肇陈与洋港交界的地方，有一座狮子山。狮子山下有一溶洞，名曰盐山洞。洞内平坦宽敞，可容纳四百余人，洞顶高约丈余，洞中有奇岩怪石，一步三景。正厅顶有一天门，阳光从天门照入洞内。洞内还有一眼泉水潺潺流出，透彻清凉。洞内温度适宜，历来是当地人纳凉的好地方。

这里早先不叫盐山洞，而叫油盐洞。提起油盐洞，当地曾流传着一个神奇的故事。相传明朝万历年间，五台（今肇陈）有一庄稼人忠诚老实，心地善良。某年冬天的一个早晨，这位庄稼人下地干活，在自己的地头边发现一个破衣烂衫的老头倒在地下，气息全无。这庄稼人觉得老人讨饭冻死在野外，很是可怜，便赶紧回家，找出几块长木板，钉成木匣，叫家人帮忙，将老人的尸体装进木匣，安葬在自己的地边。

当天晚上，这庄稼人梦见一白发老人指点，说狮子山下有一洞，一边流油，一边出盐，只可食用不可卖，反复告诫他千万谨记。

第二天，庄稼人将梦中之事告诉全家人。一家人认为这是神仙的恩典，不可违抗，决定举家搬迁。

过了几日，这家人在狮子山下安了家。这里果真是良田沃地，柴方水便。洞内还飘出浓郁的油香，雪白的食盐也在闪闪发光。全家人非常高兴，随即摆好香案对天遥拜，感谢神仙点化。

从此，这家人在这里安居乐业，勤劳耕作，日子越过越红火。过了好些年，庄稼人在临终前把儿孙们叫到床前，慎重嘱托，千万不要违背神仙的旨意，要一代一代往下传，洞内流出的油盐只允许自己食用，决不允许贩卖。这样父传子，子传孙，这家人由几口人增加到几十口人，从狮子山下的单家独户发展成了一个小村庄。

不知过了多少代人，族中出了一个逆子，他好吃懒做，不务正业，好端端的一个家庭被他搞得一贫如洗。一日，这个逆子又打起油盐洞的主意，瞒着众人，夜晚挑了一担油盐出去贩卖。第二天一早，村民去洞里取油盐时，发现一点油盐都没有了。

后来，村民们查出是这个逆子偷卖油盐造成的，大家都非常气愤，要捉拿逆子问罪。逆子慑于神灵和族规，吓得往山上逃跑。此时，突然乌云密布，雷电交加。"轰"的一声雷响，把这个逆子劈下了半山，山顶也被劈了个大窟窿，成了这个洞的天门。逆子被惩治了，但洞中再也不出油盐了。

观音洞

相传当年吕洞宾骑着白马云游四方，一日来到瑞昌王仙乡（今南义境内）的华山脚下。华山位于潘垅庄的后山上，林深树密，百鸟争鸣。一眼望去，隐于林中的山崖云雾缭绕，时隐时现，好一个人间仙境。吕洞宾见状暗喜，心道此处真是个修炼的好地方，即策马前行，意欲探个究竟。

吕洞宾牵着马行至半山，突然天空乌云密布，大雨倾盆而下，随着"轰"的一声巨响，密林中的山崖出现一个大洞，洞深数丈，分内外两重。外室有天然形成的石桌、石凳，桌上摆有石碗石筷。内厅分上下两层，上层有观世音娘娘，面目慈祥，面向西南端坐。下层有香炉和果盘供品，这些全部是天然形成。吕洞宾见状，非常高兴，便在洞外修建了一座庙宇，安心在此修炼。清乾隆年间，这里香客不断，特别是求子者甚多，洞中的观世音娘娘据说特别灵验。传说湖北阳新有一柯姓的富家员外，妻妾多人却未能生育。他来此求过观世音娘娘后，连生二子，此后观音洞盛名远扬。只可惜修建的庙宇后来毁于日寇侵略的战火。

飞龙洞

清朝初年，清王朝派兵镇压起义军，每到起义军活动过的地方，不分青红皂白，见人就杀。一次，追赶起义军的清军路过乐园羊肠山下南边村时，村里的一百六十多户，八百多人，全躲在西山南麓的一个大洞内。当清军已过洞口，快到山顶时，洞内一人伸出头来探望，以为清军走远，便鸣锣解警。清军迅速返回，循声来到洞口。原来清军用的是疑兵之计，一部分人沿羊肠山路而上，造成已走远的假象，留下一部分人埋伏在附近，观察动静。这时清军发现洞内有人，便在洞外烧起一堆大火，加入大量的干辣椒粉，用风车将浓烟扇入洞内。避难的男女老幼八百多人全部窒息而死。至乾隆年间，有人在洞口旁立石碑，碑上刻"八百有零男女孤魂"，左刻"清乾隆甲子年孝堂侄柯必乾立"。

若干年后的一年端午节，风云突变，天空黑云密布，地上飞沙走石。一会儿雷声隆隆，大雨倾盆。忽然，一股浓烟从这座山洞中喷吐而出，黑烟在空中渐渐凝聚成形，恍若青龙腾飞而去。此时，山崩地裂，泥石流吞没了洞外的石碑，淹没了山洼的梯田。至今，山下的那块地方仍然留有泥石流的痕迹。

传说黑烟和青龙乃洞内死去村民的冤魂和怨气所化，人们遂将此洞称为飞龙洞。

第五编
第十八章 一方山水

麻狗泉

相传很早以前，有一年大旱，夏畈河流池塘都干涸了，大屋陈整个村庄的人到处寻找水源。在大家寻找水源无果时，有村民发现一个奇怪的现象，山上有一群麻狗经常下山来找水喝。于是人们就紧跟其后，一路走来，发现麻狗在一处大石块

麻狗泉

下面轮流喝水。第二天天一亮，人们就来到昨晚麻狗喝水的大石头下面找水源，果然发现有水珠顺着石头往下滴。大家七嘴八舌地议论起来，说天旱得这么厉害，这个石头还有水珠往下滴，下面肯定有水源。于是大家一起动手将大石块移开并进行挖掘，没挖多久，就有一股水流溢出。大家喜出望外，奔走相告，此处水源故而取名"麻狗泉"。

龙门泉

在码头镇西南方约一千米左右的猴山南麓和排山中间，有一口泉眼叫"龙门泉"。泉水清澈透明，冬暖夏凉，甘甜可口，养育着附近一代代黎民百姓，浇灌着龙泉畈和码头畈的千亩良田。

相传很早以前，码头排山曾有一座寺庙，在寺庙对面的猴山有一私塾。某日，私塾的学生到寺庙游玩，有几个顽皮的学生发现庙内有一棵大竹笋，就找来一把锄头，想把这竹笋挖回去。哪知一锄头挖下去，顿

时一股鲜血冒出，原来那竹笋是蛟龙的龙角所化。就在同一时刻，天地间变得一片昏暗，紧接着整个大地都在摇晃，伴随着一声巨响，一条蛟龙从地下冲出腾空而起，两山间裂开成一条大沟，寺庙和私塾顿时消失了，一股清泉涌出，顺沟而下。

因此，人们便把此沟叫作龙醒沟，而那股山泉就叫龙门泉。龙门泉的泉水至今还在不断地汩汩流淌，从不枯竭。后来人们把龙门泉灌溉的田畈叫作龙泉畈，新中国成立后这里的行政村也取名为龙泉村。

米筛泉

相传很久以前，有一位姓澜的老道人沿着夏畈罗汉山脚下看地访友。当他行至石溪冲时，感到口渴，就向当地一老妇人讨水喝。老妇人看到是一个自己不认识的陌生人，再加上正忙着做午饭，就口气不太好地说："要喝水，前面路边有口泉水井，你自己去喝。"老道人来到泉水井旁，思忖片刻，没有喝水，而是用随身携带的水壶灌了一壶水，然后搬起一块青石板将水井盖上，踩上一脚，然后继续赶路。不多时，老道人来到了铜溪冲，又看到一位老妇人坐在门口，就上前说道："老人家，我是一个过路人，想讨口水喝可否？"老妇人听后热情地说："来的都是客，客人要喝水，还用得着讨吗？不过我这个地方水质不好，好浑，因此家家都是烧茶喝，我这就去给你倒茶。"老道人喝过茶道谢后，对老妇人说："老人家，你陪我走走，看我能否帮你在这条垅里找到好水。"当他走到现在王姓与李姓交界的三岔路口时，放下包袱，拿着雨伞，用伞尖在地上画了一个圆圈，并在圆圈内点了些小洞，将随身带的那壶泉水倒在小洞里。老道人对老妇人说："这就是个米筛泉，你们这里以后世世代代都有泉水用。"说完，他背起包袱，手拿雨伞，大步前行，身影渐渐消失在老妇人的视线中。此后，果然如道人所说，铜溪冲米筛泉的水清澈明亮，味道甘甜。可是石溪冲的泉水后来却干涸了。

根据传说，铜溪冲百姓为了感念这位道人的恩情，于近些年由村民捐资建起了新庙堂，取名为澜天寺。

龙山宫

龙山宫位于白杨镇白杨村与郭桥村接壤处，因天地自然造化形似九龙聚首而得名。

相传南宋初年，一李姓道人云游至此，见一龙挡，两边是悬崖陡壁，无法通过，遂口念"南无天元太保阿弥陀佛"，龙挡让开，出现一条小道。后来此山就叫阿弥陀佛山。李道人顺路走到山顶，见群山聚秀，气势恢宏，口占一绝："一进龙山坡，九龙浪里梭。谁人登宝地，道法自然多。"遂在此结庐，与当地一王姓道人同心共建庙堂。至元初，有张、吕二位道人住庙修炼，改名九龙殿。明仁宗年间，吴、陈二位道人住庙，更名为观音庙，清雍正年间庙堂遭毁。道光二年（1822年），当地文人徐庭华重修庙宇，更名为节孝祠。民国三十六年（1947年），湖北省全真龙门派二十一代传人陈至定大师率其弟子到此地修行，弘扬道教，普度众生，易名为龙山坡庙。1993年，瑞昌统战部通过实地考察，批准重建该庙，并改名龙山宫。现已建成无极殿、三官殿、福主殿、灵官殿、日月殿、斋堂、大山门和停车场等场所，成为当地一处颇有名气的道教文化圣地。

暑阁嘴

相传清朝嘉庆年间，夏畈有一户姓夏的人家，由于吃苦耐劳，持家有道，所以日子过得殷实，渐成当地有名的大户。

一天，夏家大当家的正坐堂上，将自己的晚辈叫到跟前，郑重地宣布说："你们兄弟众多，现在都已经长大成人，有出息的人不能固守一地，必须分头寻找自己的立足之地，分头发展去吧。"父命难违，就这样夏氏兄弟有的远走他乡，有的留驻故地，其中一位却看中了离家一里开外的一片地。这片开阔地地处南阳河畔，土地肥沃，便于浇

暑阁嘴

灌，而且交通方便，很好耕种。没过多久，他便携带自己的家小，来到自己理想中的地盘安了家。这位夏氏后裔每天起早贪黑，垦荒造田。功夫不负有心人，几年下来，他们便盖了新房，鸡鸭成群，猪羊满圈。他们辛勤劳作，男耕女织，日子过得一天比一天好。到清朝末年，这里发展成为一个人丁兴旺的大村庄，取村名"细屋夏"。

这里地处南阳河畔，自古便是江西瑞昌至湖北阳新的必经之路，过往的行人络绎不绝。每天那些肩挑背扛的生意人、走亲访友的男男女女都从庄前的那条道上经过，因此给这里带来了热闹和人气。

有一年的盛夏，一位乞讨的老奶奶从庄前路过。此时正值中午时分，太阳火辣辣的，天气特别闷热，老奶奶又饥又渴，突然一阵头晕，身子一歪，倒在路边不省人事。村上人闻讯赶来，立即将老人抬到屋里，给她喂些汤药。在大家的精心照料下，老人终于转危为安。当村庄上的当家人得知老人无依无靠，便决定将老人留居庄上，管吃管穿，让

她安享晚年。由老人路边晕倒一事的启发，于是村上在村西大路边一处小山嘴旁建造了一座阁楼式的凉亭，并且每天指派专人在凉亭烧茶送水，从不间断。过往的行人客商从这里路过，都会停下脚步坐在凉亭歇脚，喝一碗清爽的凉茶解乏。要是遇上灾荒年岁，庄上的当家人还会吩咐在凉亭煮上大锅的稀粥，以缓解路人的饥饿。因此，方圆百里的人们都纷纷传颂这凉亭的好处，称赞细屋夏村人的仁义。

一天，有位先生从凉亭路过，两杯凉茶下肚后，他将了捋胡须，在亭子边转了一圈，说这么好的地方、这么好的亭子应该有个名字啊。说完，展开文房四宝，挥笔为此凉亭题写了"暑阁嘴"三个大字。从此，暑阁嘴之名广为流传。时间一长，暑阁嘴就取代了细屋夏，成为流传至今的村名。

药王庙

夏畈境内名山仙姑台上有座药王庙。药王即孙思邈，初唐杰出的医药学家、道学家，陕西耀县（今铜川市耀州区）人，生于公元581年，卒于公元682年，享年101岁。他著有医方专著《千金方》等著作，被唐高宗封为药王。相传初唐年间他在江州一带活动，因仙姑台有百药，引来药王采药，由此留下圣迹，后人为感谢药王采药治病之恩，在此地结庐塑像供奉药王。

又传清代有一吴姓村民，在仙姑台山中砍柴，因口渴在山泉边饮水，突然晕倒。迷糊之中他看见一位白须白发老人，手提药篮来到身旁，将草药塞入他的口中，用山泉灌服，少时村民苏醒后，白须白发老人不见了。吴姓村民回家后，念念不忘，逢人就讲。为感药王救命之恩，他带头重修药王庙。从此，仙姑台药王庙名传四方，信徒无数。

药王庙

清光绪十四年（1888年），九江能仁寺识初和尚慕名游访，至仙姑台宝山吴后背山，无意发现明代明渊道人留下的石碑，碑上有述供奉太上老君和药王孙思邈的字迹。于是识初和尚在此重建药王庙，由道教归宗佛教。药王庙自识初和尚始，历任住持有沙弥尼素梅、沙弥尼帷廉、释天峰等。上溯至明渊道人，至今有五百余年。现因白云石矿开发，药王庙迁至距原址约五百米处的望母山下罗汉坡旁。

何老殿

洪一乡朱湾村与长坑村交界处，有一座常年瑞霭缭绕的大山崖。山坡上绿荫覆盖，古木参天。因为连片的峭壁呈现白色，当地人称之为白石崖。

据记载，早在北宋时期，白石崖的山脚就建有寺庙，最早取名白崖庵，又叫飞云寺。不知从什么时候起，当地人又习惯称之为何老殿。

第五编

第十八章 一方山水

何老殿

何老即何子通，字一明，号万春，北宋末年人，居清潭大店（今瑞昌市花园乡大店村）。他修身求道，学法于庐山，炼丹于"九天使者之殿"（位于庐山北麓的太平宫）。得道后，回本籍隐遁于白石崖，后坐化。

据传元朝至大四年（1311年），湖北鄂州发生火灾，火势凶猛，无法扑灭。百姓无奈，只得祈求于神灵。大家摆香案，鸣锣鼓，跪地拜天。突然黑云密布，瞬间大雨滂沱，火势全灭。火灭后，空中出现一面大旗，旗上显现"反风灭火何子通"七个大字。当地官员表奏朝廷，武宗即敕封何子通为"扑旗王"，并立庙于鄂城（今鄂州的鄂城区），名曰扑旗庙。千百年来，扑旗庙也是香火不绝。

又传明朝时，湖北兴国州有一名士叫陈任远，因遭奸人迫害，四处躲避逃难。一日，他逃到白石崖一带，忽遇官兵追查，他进退无措，不禁绝望跪地仰天大哭。就在这时，天空突然仙雾缭绕，出现一位道人，即何子通，将陈任远引入一岩洞，且施法将洞口布上了厚厚的蜘蛛网。官兵搜查无果，只得悻悻而去，陈任远因此躲过一劫。后来，陈任远感

485

泣何子通恩德，奉何子通为恩祖，念念不忘。

何子通生有三子，分别叫天宝、天玉、天金，个个博学多才。长子天宝由贡生出任修职郎；次子天玉、三子天金精通理学，同科中举，且与著名理学家朱熹交情笃深，曾讲学于白鹿书院。这些都在《九江府志》中有记载。

茅堂寺

茅堂寺位于肇陈镇徐家村黄龙山狮子峰下，距镇区约1.5千米。相传茅堂寺初建于唐朝，原名茅堂庵，俗称麻雀寺，后改名茅堂寺，为当地佛教信徒潜修场所。

相传早在公元900年前后，唐末诗人郑谷到此云游潜修，后任此庙住持。

郑谷（851—910年），唐朝末期著名诗人，字守愚，江西宜春市袁州区人，为僖宗时进士，曾任都官郎中，人称郑都官。他又以《鹧鸪诗》得名，时人又称郑鹧鸪。曾与许裳、张乔等唱和往还，号"芳林十哲"。郑谷七岁能诗，"自骑竹之年则有赋咏"，当时著名诗人、诗论家司空图"见而奇之"，抚其背曰："当为一代风骚主。"

郑谷真人来到茅堂庵后，弘扬佛法，显正破邪，了解时情，为民解忧。传说民国末年，当地世书老人之子名里仁疾病缠身，多处求医无效，正奄奄一息、生命垂危之时，里仁的母亲来到茅堂寺郑谷真人堂前许愿，告知儿子病情。当晚，里仁朦胧中梦见一老人用一碗清水喂服自己，早上醒来病愈。又传新中国成立初期，山主徐元凤患病多时，跪求郑谷真人，后由茅堂弟子施法，治好了他的病。到2011年茅堂寺重建，徐元凤的儿子为母亲还愿，捐资一万元。

又传清初某年，当地蝗虫遍野，庄稼无收，百姓无奈，施主庭顺情急，用绑带背起郑谷塑像，左手端一盆清水，右手拿一把刷帚，一路走下山去收蝗虫。他走到哪儿天空中的鸦雀就跟到哪儿，不到半天工夫，遍野的蝗虫就被吃光了。郑谷真人显灵的传说还有很多，当地百姓为感恩郑谷真人，光大佛门，为寺庙捐田捐地，再建庙堂，重塑圣像，并改名为茅堂寺。

茅堂寺

近代以来，茅堂寺规模从小到大，不断修复重建，扩大了寺庙范围，提升了寺庙人气，为弘扬中华传统文化，美化寺庙环境，提升寺庙品味。2011年，茅堂寺又将石头砖木结构的三重大殿，改为钢筋混凝土结构、顶盖琉璃瓦的三重殿宇。改造后的茅堂寺青石墙，红漆柱，中层南北通透，宽敞明亮，前重一字牌楼高耸，雄伟醒目，庄严大方。现成为肇陈旅游的重要景点。

王尖寺

在肇陈镇大禾塘枫树山自然村有一山，名叫王尖山。山的南面有一山洼，平地面积约五亩，中间有一亩左右的聚水塘。该塘一年四季不干，大旱之年也碧波粼粼。

传说早年有一猎人路过王尖山大块地时，见水塘里的鱼儿成群结队，遂心生一念，放弃狩猎，准备捕鱼。第二天一早，猎人背着渔网直奔该水塘，只见鱼儿仍在游个不停。于是他向鱼儿密集的水域撒下一网。不料鱼没网着，却网起一尊花身菩萨。菩萨是文官装扮，手执一简，上写有"风调雨顺"字样。猎人心想，这是天上管雨簿的神仙下凡无疑，遂将菩萨背至家中供奉，并为菩萨度了一个神汉。在神祝师叩请下，神汉判道：父亲埋在京师内，母亲墓在大禾坑，兄弟九人坐八尖，蔡一得道在王尖（据传蔡一乃北宋宰相蔡京之子）。众人听了以为是神仙降临，为了求得神仙护佑，冲内村和枫树山两村的村民在王尖山顶建造寺庙，取名王尖寺，山洼的鱼塘取名蔡一塘。至今王尖寺香火不息。

金城

瑞昌码头镇古称金城。据传，这里早先是长江边一个"凹"字形的河湾，后来由于江河改道，地理位置的变化，使此处变成一块平地，逐步成为一个小镇。

这里有一个传说：说是很久以前，有很多渔民在这个河湾里打鱼。有一次，一个渔翁划船从这里经过，忽见半空中金光一闪，一块耀眼夺目的金子眨眼间坠入河湾中心。渔翁一见喜上眉梢，连忙撑着船儿四处撒网，累得满身大汗，手也磨破了皮，还是没能捞起金子。直到天完全黑下来，渔翁才收网作罢。第二天，渔翁划着船想继续打捞。当来到昨日之处时，他呆住了，昨日的河湾不见了，眼前出现的是一块平地。后来迁居此地的人们就把此处正式定名为金城。

赛湖

据传早年间，柴桑郡所辖的瑞昌、德化两县的县令，一日来到瑞昌境内的八里铺两县界址的湖边上，双方为湖的权属争执不下，都欲据为己辖，为湖定名。县令的随行谋士提议，两县令在堤岸上举行棋赛，胜者得湖，负者豁让。于是两县令在湖堤上对弈，时值盛夏，烈日炙得二人口干舌燥，瑞昌县令有酒翁把盏解暑，德化县令有谋士撑伞遮阴。棋局下到白热化，德化县令渐感不支，败北在即。其谋士急中生智，将油纸伞用水烟筒灼了个小手指般大小的小孔，烈日透过小孔直射在棋子上。那谋士棋艺颇高，五县二郡无敌手。就在德化县令差迟难决时，那伞孔里一线强光在河界的小卒上时隐时现。德化县令心领神会，举卒径直过河。"卒儿过河不可挡"，德化县令首局得胜。二局开盘，赤乌斟酒的范翁可不是等闲之辈，他姓范字儒九，他酿的酒曾送瑞昌的"歇马池"为李自成乏兵解困，李自成非常感激。此后各州郡都来瑞昌找范翁沽酒。范翁因烧酒被蒸气熏伤了一只眼，但他机敏过人，很快就发现了"伞孔照子"的鬼把戏。范翁便将浓密的树枝拉低将伞面遮住，使阳光无法透过伞孔，德化谋士的歪招就不管用了。三局两胜，瑞昌县令胜出。自此此湖定名赛湖，至今未变。

寸草坪与歇马泉

话说李自成的大顺军遭清军围追堵截，在瑞昌附近一战败于富池口、再战败于桑家口。为扭转战局，李自成下令折入瑞昌罗城山，兵马转途湖北。接着，李自成会合富池口、桑家口散落的残部，攻克瑞昌县城，活捉了贪官署县事（代县长）郭之麟并斩首示众。此后，大顺军低落的士气又有所振作。但在罗城山与清军展开的你死我活的殊死血战中，李自成部军马辎重丢弃遍山，妇女遗散数千。在迷路瑞昌燕山坳时，面临悬崖峭壁，恶水深潭，李自成帐前的妇孺老小因迷路落水溺死者近千人。

李自成有一女名李月娘，自幼随父征战。在李自成风云际会大功告成自称大顺皇帝之时，月娘自然也变成了新晋公主，嫁给了一个叫更楚的如意郎君。更楚恐其父一意孤行，延祸于己，就带着月娘隐姓埋名。李自成兵败退出北京后，月娘知道再也不能跟丈夫过平静的日子了，于是重整戎装复出，一路跟随父亲征战厮杀。这次由九江转战瑞昌罗城山，她横戈跃马，代父指挥，直打得清军丢盔弃甲，鬼哭狼嚎。一日，忽报德化（今九江柴桑区）起义者著名干将李含初被叛徒毙于狼山。失去耳目，李月娘好不怨恨。谁知，李含初手下的王拐子再次叛变，投奔清军九江守将余世忠。王拐子引狼入室，引着清军和瑞昌聂家民团，紧紧地把李月娘所率娘子军围困在寸草坪，即今横立山光辉村与洪下迪畲村交界之山头。当年娘子军与清军短兵相接、殊死肉搏的坪地至今草木稀疏，故名寸草坪。此战娘子军终因寡不敌众，死伤无数。李月娘中箭，被随护抢回大营。月娘在弥留之际，口吟一阕勉父。词曰："夜阑风起，荡春衫香霭遥飞，金鞭欲下马频嘶。归去也，月西移。听云嗷噫噫，朱云里。"李自成悲痛不已，泪如雨下，连声哀叹。李自成一面迎战清军，一面殓埋爱女于罗城山南山垴，在坟前立碑铭刻"李闯王之女李月娘之墓"十个醒目大字，并御制香炉一尊。月娘墓当地俗称"女儿坟"，坟址至今尚在。

歇马泉

李自成忍着丧女的极大悲伤，旋即率部从罗城畈登临南山巅（今

第五编
第十八章　一方山水

汪家垱）察看地形。环视左右后，见一处山凹三面环峰，一路连接罗城畈，大有进可攻退可守之势。李自成想此乃兵家军事要冲，尤其是山腰那十三坪地，正好安排十三个主营。于是，李自成下令众将士垒战壕，修工事，在此处安营扎寨。

传说一日李自成骑马外出巡视，不知不觉临近晌午，在一山坳处，渐感人困马乏，饥渴难熬，于是下令众部下巡山找水解渴。诸将士满山跑遍，未找到一滴水源。李自成见此情形，不禁仰天长叹："难道老天要渴死我也！"俄顷，他面朝东南，虔诚地对天祷告："吾军若合天意民心，天赐水来，若不合民心天意，宁愿渴死。"祷毕，李自成随手牵起蜷卧在地上的战马欲将离去。忽然，战马卧处的石缝里"涓涓"地流出一股清澈晶莹的甘泉。霎时，众将士欢呼。李自成手捧甘泉，揖跪苍天，颤声谢道："谢天恩，谢地情，赐我泉水保我军。"李自成临行时，命理财官在泉眼对面的龙山垴埋下两窖金银财物以谢上苍，并赐名该泉为"歇马泉"。

双港桥

洪一乡双港村双港河上的双港桥，建于明穆宗隆庆元年（1567年）。这座有着450余年历史的石拱桥，是一名叫真能无为的和尚断臂化缘所建。2017年，当地民众特地在桥头西边勒铭塑像，来纪念真能无为和尚。

说起双港桥，还得从双港河说起。该河实际是南河与北河的交汇。但双港桥并不是在南北两河的交汇处，而是在交汇处上游约500米的地方，属于南港的下游。自古以来，以双港河为界，把整个洪一乡分为东西两个部分。由于二河绕村，阻绝东西，当地百姓出行不便。为了方便东、西两地百姓的生产生活，当地民众就在河上架起了一座独木桥。

然而洪一是山区，每年夏秋季节山洪频发，独木桥容易被洪水冲走，虽然屡毁屡建，仍无法满足东西两地百姓的交通需要。这事被出家在北港大钟寺的真能无为和尚看在眼里，他暗自立下心愿，要在河上建一座石桥。为感化他人，他自断左臂，毅然迈向化缘之路。真能无为和尚北涉大江，南越南岭，风雨兼程，锱铢累积，用一年多的时间，化缘筹措到了建桥经费，请来工匠用了两年时间终于把桥建成。

真能无为和尚的雕像

这座石拱桥为单孔拱桥，桥长20米，宽6.3米，高11米，横跨15米，桥面厚0.6米，总面积126平方米，由相同规格的石灰石以三道拱圈并列砌成，用糯米和石灰调成的石灰泥勾缝。在这座桥的西北端，本来刻有建桥《碑记》，可惜后来遗失了。

双港桥是瑞昌目前所有石拱桥中保存最好、跨度最大、弧度最高的，至今仍是主干道上的交通枢纽，具有较高的历史、科学、文物和使用价值。1985年12月，双港桥被当地政府定为县级文物保护单位。

建桥450多年来，由于这是洪一乡东西百姓往来的必经之路，加上通往湖北的两条路已经贯通，每天经过双港桥的车流和人流非常大，甚至还有许多载重达数十吨的大型货车也从此桥经过，但双港桥仍然坚固如昔、岿然不动。

第五编
第十八章　一方山水

太平头村

太平头村位于瑞昌城西20千米的高丰镇青丰村，坐落在幕阜山余脉山顶，海拔400余米。

相传1645年，闯王李自成与吴三桂交战失利，由西安出蓝田、走武关，由广济入瑞昌。吴军穷追不舍，闯王兵马数月未能安歇。当吴军追至瑞昌南阳乡罗城畈时，突然大雨滂沱，雾气茫茫。追兵见一扛犁农夫，忙向他打听是否遇见兵马路过？农夫回答："早跑远了，前面是七十里的罗城八十里的畈，还有九十里的狗脚湾。"吴军闻听此言，恐遭埋伏，不敢追击，于是屯兵罗城畈。

其实，闯王兵马就在离追兵仅几里地的小山庄，该庄百姓送吃送喝，帮助他们在豹儿洞和深山密林中安营扎寨。传说闯王昏睡之中忽得一梦，他梦见一个白发仙翁时而变成农夫，时而变成大雾，醒来顿悟，原来自己得以在逃亡路上第一次睡上安稳觉，兵马得以休整，皆因该庄堡司土地护佑。

闯王对该庄百姓的热情好客十分称赞，对该庄土地神的护佑倍加感激。次日，他聚拢百姓设祭于堡坛，并承诺来日必厚报此庄，并说："天下总要太平的，让我们从头开始。"虽然闯王最终未能安定天下，却给该庄留下了一个响亮的名字"太平头"。

朱湖

相传明永乐年间，在今码头新风村朱家，有一人叫朱仲钗，靠打猎为生。一个夏天的早上，朱仲钗来到毕家咀的树林里打猎，将饭袋挂在一棵大树上。中午时分，朱仲钗转回寻找饭袋，怎么也找不到。也不知过了多少日子，朱仲釸又到此地打猎，无意中发现了上次遗落的饭袋，朱仲釸双手捧起饭袋一闻，饭还是香喷喷、热乎乎的，尝了一口，只觉得新鲜有味，他不禁自言自语道："真是神地方啊。"因此，朱仲釸便携妻刘氏，在毕家咀挂饭袋的树下搭建了两间茅屋安居乐业。后来他们生了五个儿子，个个身强力壮，特别是大儿子朱瑚，练得一身好功夫，水性也特别好，平时还爱打抱不平。

却说毕家咀西南岸有个村庄，村里有个员外，家里有个大少爷人称"小庄王"，长着一对三角眼，尖嘴鹰鼻，是当地一个吃喝嫖赌五毒俱全的恶霸。

一天，小庄王带着几个家丁，划着一只鸦尾船在赤湖上游玩。凑巧遇上朱瑚和两个弟弟在湖边摘菱角。小庄王老远就大声地喊道："大胆的小贼，敢来偷我家的菱角！"朱瑚答道："你这人怎么这么不讲理，出口伤人呢？""哟！你还嘴硬，不要命了？"说着一个打手就向朱瑚扑来。朱瑚一闪身，搭住小庄王的船尾，脚尖轻轻一点跳到了他们的船上。小庄王扯着嘶哑的喉咙叫道："给我捉住他。"家丁们一拥而上，朱瑚用篙一扫，两个家丁"扑通"落水。小庄王见此情景，吓得龟缩成一团。朱瑚一手抓住小庄王的前胸，一手指着他的鼻子喝道："你这湖霸，平日欺压百姓，为非作歹，今天……"话未说完，小庄王"扑通"一声跪倒在地，一个劲儿地叩头，连声叫道："少爷饶命，少爷饶命。""从今以后，不许你再在赤湖上称霸。""是，是。我再也不敢了！""去吧！"朱瑚一甩手，小庄王带着家丁，灰溜溜地划着鸦尾船走了。

从那以后，毕家咀一带的人再也不受小庄王的欺负了。人们为了纪念朱瑚，后来就把毕家咀改名为朱瑚。因朱瑚在赤湖边，久而久之，就演变成了现在的朱湖。

第五编
第十八章 一方山水

辂北

"辂北"原名"露白",俗称路北,现属南义镇新福村。此地为什么叫辂北?这与一位历史人物有关。

据传,唐高宗时期武后专权时,镇南武节大将军周佽(字仕清,号彦博),因不满朝政,弃官引退,率家人由润州(今镇江)丹阳远徙他乡,誓寻一世外桃源隐居。临行他默祈于天:"命由天定,他日我的车(辂)在哪里倾覆,且车头向北,我就在那个地方定居。"周佽带着家人,久经跋涉,千里漫游,一日来到江州王仙乡地界,路过一个叫"乌芭塅"的地方时,车子忽然滚下荒坪翻倒,财物散露,而且车头正向北方。周佽遂下车仔细观察四周,但见此地势如伏虎,群山环抱,九丘拱向,果然是一处钟灵毓秀之地。周佽很是兴奋,感谢天示,于是举家在此筑室而居,并定村名为"辂北"。

辂北自周佽定居,子孙繁衍,人丁兴旺,世代昌隆,名人辈出。周佽七世孙周勃,在唐末中和元年累官御史中丞加兵部尚书;二十六世孙周流芳,明代进士,官拜淮南监察御史。千百年来,辂北周氏迁居全国各地和海外者众多。每年清明节,各地来辂北寻根祭祖者车水马龙,络绎不绝,辂北祖堂、佽公亭、勃公墓则是鞭炮喧天,香烟缭绕,蔚为大观。长久以来,世有"无有辂北不成周"之说。

石洋泉

很久以前,洪下石洋庄附近有一股清泉。泉水清亮,冬暖夏凉,为庄上百姓的生活提供了很大的方便。关于这股泉水有两种传说。

一说是有一个妇女不小心,把女人不干净的内衣也拿去那里洗了,因此激怒了泉神，突然雷电交加，一声巨响，将洞口炸开了五十米，就成了现在的洞门，那洗衣服的妇女也不知去向。其儿子就在洞口哭找亲娘，时人就把这泉叫作失娘泉。后来因"失娘泉"这名字听来有些伤心和不吉利，就把"失娘泉"改为石洋泉，石洋庄庄名也由此演化而来。

还有一个说法，传说石洋泉的泉神是一头水牛精。有一次这头水牛精在石洋垅口的祠堂畈吃草时，被瓜山罗家法师罗士吴看到了。罗士吴不知就里，用丝茅法将水牛精系在柳树上晒了一下午。水牛精挣脱后，到罗家找罗士吴报仇。

罗士吴后来得知被自己控制的水牛不是一头凡牛，才晓得自己闯了祸，为了自保，遂在家里设置了几道法术。水牛精来到瓜山上空，整个瓜山大雾弥漫，什么也看不见，无法找到罗家。这时水牛精看见张湾垴有一个放牛娃在放牛，水牛精变成人形，降落尘埃，送给放牛娃很多东西吃，又叫他去看罗法师家有什么东西。那小孩去看了回来说，罗家堂屋中间有一碗水，水牛精叫他去把水倒掉。小孩去倒掉一半，即时大雾散去一半，但仍只能看到屋顶。水牛精又叫他把水全部倒掉，雾才全部散去。当水牛精冲到罗士吴家上空准备进门时，只见一对大蟒蛇直冲他而来，水牛精急忙退到山上，又叫小孩去看罗法师门口挂了什么。小孩去看了来说，大门两边各挂了一杆大秤。水牛精叫他去把秤取下来，又准备进门时，门两边一对老虎猛扑而来。水牛精只好又退到山上，叫小孩去看门角两边放了什么东西。小孩去看后说是两把扫帚。水牛精对小孩说："你再去把扫帚拿掉，我再给你糖吃。"此后再无阻碍了。水牛精径直来到罗士吴卧房，见罗士吴侧身而卧，就在他背上拍了一下，厉声叫道："罗法师还不起来！"罗法师猛然一惊，魂魄就被水牛精捉到石洋泉了。水牛精对罗士吴说："我不为难你，但你不能离开此门，只能与我做伴，头道门交给你看守。"从此罗士吴成了水牛精的守门人。

箬坑泉

　　花园乡红花山箬坑垅北面的险峻山腰里有一溶洞，从洞中飞溅出一道四季潺潺不息的清澈泉水。一千多年来，此处泉水滋润着一方百姓，繁衍生息于山泉下的一川生灵，无不感谢舍身取水的周仙道人。

　　过去其下游的新田畈，十年九旱，无水灌溉。有童谣："有女不嫁新田畈，日夜不能高合眼（方言休息），洗澡洗衣一盆水，深夜不困还算懒。"

　　传说大明永乐年间逢大旱，40天不见滴雨，遍野如火烧，庄稼全枯萎。有一位云游道人见众人汗流浃背忙于抗旱，笑言："天不厌高人有多孬，不敬神灵自讨烦恼。一炷清香上通神灵，神灵显圣大雨滔滔。"大家见是位出家之人，忙上去热情招呼。道人见问，自我介绍说："我是湖北坳头周家人，名叫周仙，茅山学法回程路过于此。"他见百姓遭大旱，有意出手相助，便用手指向北方对众人言道："北山岩内乃有百里之湖，湖中有真龙，若寻得一处泉眼取得圣水化作甘霖可救众生。"众人将信将疑，见道人一本正经，不像戏言，遂请求他帮忙。周仙说："选定壮丁十八人，准备香案祭品和一尺八的草鞋一双。"众人说这个简单，即刻可办。当夜子时，他们跟随周道人来到岩头，找到一处泉眼，摆好香案，只见道人口中念念有词，突然大喝一声"开"，只见原来一线水流处，裂开一条大缝，刚好容一人进入。道人对十八"阳兵"言道："我此刻进去夺取圣水，与孽龙会有一番争斗，需要阳威助我，你们看到香案前这双草鞋一只起一只落，如在加速奔走时，你们得齐声呐喊助威，切记切记！"众人应承。

周道人进得洞去半个时辰没有动静，众人正在生疑，忽然见得案前草鞋如人在跑，一起一落且越起越快，众人见此奇观只顾发笑。原来周仙进洞取水与龙侯洞主斗法，本需要阳气助威，不想十八壮汉"阳兵"忘记所嘱。周仙于洞中被困十道石门，无奈之际，他施尽浑身解数，咬破中指连破九道石门，最后竭尽全力才将第十道石门打了一个窟窿，于是被困在洞中。其母得信，于坳头周家前来哭拜，一日三餐从窟窿中给周仙送饭。在第七天送饭时，周仙含泪对母亲说："孩儿不孝，看来我已出不去了，从今后您再也不必给我送饭了。"从窟窿里伸出的双手已生鳞片。他又对母亲说："我今后永远要服侍龙侯洞主，成为镇守龙泉的仙界法官。不过今后家乡有逢旱灾之年，可以凭今日这只送饭竹筒来此泉洞焚香祷告，装满圣水回去可化甘霖，搭救众生。"言毕，突然狂风大作，电闪雷鸣，滂沱大雨中，周仙化作乌龙，在洞口一现即逝。从此，这个山头常见云雾缭绕，凡逢久旱必有周氏族人前来取水化雨。

明朝天顺年间，有徐功稠、徐功稳兄弟由新田畈上港北迁来圣泉垅建庄，因泉边箬竹茂盛，遂取名叫箬坑。后至清康熙年间，箬坑人为纪念这位舍身救难的周仙便在岩下泉洞边为其立庙，庙名叫"箬坑泉"。庙堂之上供奉这位周仙道人，数百年来香火不断，每年都有赣鄂两省族人前来拜谒。

城门村

相传三国时期，夏畈罗汉山有一伙强人来此构筑营寨，占山为王，对外号称吴国寨。人说兔子不吃窝边草，可这伙强人却弄得周边百姓苦不堪言，纷纷背井离乡，四处逃难。一日从村外来了一个游客，人们劝其赶紧离开，说此地不可久留。客人问明缘由后，摇扇一笑："乡亲们，

第五编
第十八章 一方山水

不要怕,让我略施小计,定能赶走强人。"众人将信将疑,游客随即与众人耳语几句,便吩咐大家照此办理。

在一个月色朦胧的夜晚,大家准备了些木材等建筑材料。只见游客双手合十,口中念动咒语,然后蒲扇一挥,一座假城拔地而起,顿时城上帅旗飘飘,城内摇旗呐喊,战鼓喧天。却说吴国寨寨主见不远处有这么大的动静,急忙吩咐几个小喽啰下山探听消息。小喽啰走到半路上,迎面碰到手拿蒲扇的游客,小喽啰忙向游客打听:"山下为何如此喧哗?"游客忙回答道:"可了不得,今日开来一支人马,在一里地外安营扎寨,他们声称要立马拿下吴国寨。"小喽啰听后,吓得屁滚尿流,逃回山寨向寨主禀报。寨主一听,长叹一声:"唉,此地不能留,赶紧逃命去。"于是急忙带领大小喽啰,收拾金银细软逃走了。

当地百姓闻讯后,纷纷赶回家园,人们欢欣鼓舞,大赞游客高招。当人们去感谢他时,他却不见了踪影。为了纪念这位游客,人们便把此地改叫"城门",现在的夏畈城门村即由此得名。

磨山

高丰村的北面与桂林洪源村交界处有一座大山叫磨山。传说当年秦始皇统一中国后,得到一根神鞭,此鞭威力无比,可移山填海。于是,秦始皇便带着随从周游全国,用神鞭四处移山填海。

一日,秦始皇一行来到江州赤乌,移了几座大山后,就到了磨山跟前。秦始皇想把此山移走,于是便挥起长鞭,连抽数下,大喝一声:"走!"然而眼前的磨山并没有移走,只是在原地打转,像农家的磨子一样不停地转。秦始皇的鞭子抽得快山就转得快,抽得慢山就转得慢,就是移不动。秦始皇一时性起,挥鞭往山的东侧一抽,没想到抽出个低矮

499

的山嘴，像是磨盘的手。无奈，秦始皇用鞭往山顶上一点，山顶上顿时塌了个凹口，就像是磨盘上下料的"磨眼"。此时，整座山的形状酷似一个磨盘，加之鞭抽即转，秦始皇无奈，对这座山说："罢罢罢，这山就叫磨山吧。"

　　磨山在瑞昌境内很是有名，抗日战争时期，为阻击日寇北上武汉，在这里发生了惨烈的战斗，国民革命军一个团的士兵全部殉国，牺牲士兵都被安葬在山顶。新中国成立后，瑞昌市政府在士兵的墓前建起了烈士纪念碑，磨山也被列入了抗日战争纪念地。

第五编
第十九章　人物传奇

第十九章　人物传奇

瑞昌北临长江、东邻匡庐、南含鄱湖、西接幕阜，自古地灵人杰。尤其自明清以来，崇学重教之风代代相传，近代尤盛。故杰出人物如雨后春笋般不断涌现，各领风骚。本书虽欲荟萃精英，奈资料不全，难免挂一漏万。

天之骄子潘际銮

世界著名科学家、中国科学院院士潘际銮是瑞昌市溢城街道荆林街人，生于1927年12月24日，1948年毕业于清华大学，获工学学士，留校任教。1950年被特派往哈尔滨工业大学学习，研究生毕业。潘际銮系中共党员、中国科学院学部委员、国务院学位委员会委员、清华大学学术委员会主任、教授。他是我国焊接专业的开拓者和奠基人，是国

潘际銮院士

际著名的焊接专家，核反应堆氩弧和电子束焊机的总设计师。他先后在我国首次试验成功大型轧钢机机架和板极电渣焊、大型锻模堆焊，研究成功的新型MIG焊接电弧控制法（QH-ARC）获国家发明奖一等奖，并分别在中国和美国获得专利。潘际銮先后任美国俄亥俄州立大学、德国亚琛大学、汉诺威大学客座教授，美国纽约州立大学尤蒂卡分校名誉

教授。他出版学术专著和教材12部，有专利21项，截至2012年，在国内外发表论文126篇。在第35届国际焊接学会上潘际銮被推为该学会副主席。他的卓越成就对我国工业、国防和科技领域有着巨大贡献。他是北京市特等劳动模范，是中国共产党两届全国代表大会党代表，是中华总工会"全国优秀科技工作者"和"全国五一劳动奖章"获得者。1992年应江西省省长吴官正之聘，潘际銮出任新成立的南昌大学校长之职，为江西省高等教育事业做出了重要贡献。2014年他在家乡江联造船公司设立了院士工作站，耄耋之年仍然奋斗在教学、科研的第一线。他率领研究团队进行无轨道全位置爬行焊接机器人、高速铁路钢轨焊接和核电站焊接等项目的研究，获得我国专利和重大创新成果，被人们誉为"学界泰斗"和"中国焊接技术之父"。

一、以全省第一的成绩考入西南联大

潘际銮院士兄弟姊妹5个，依靠父亲在南浔铁路当职员的微薄收入生活，家境十分贫寒。但其自幼酷爱读书，小学一年级结束后，他用一个暑假就学完了二年级的课程，先后在南浔铁路小学、滨兴州小学两次跳级读完小学。

1937年，日寇侵入。1938年6月，潘际銮一家离开老家，成了流亡难民。在逃难途中，潘际銮不幸感染伤寒，在生死的边缘徘徊。在持续的高烧与昏迷中，他是趴在父亲背上抵达广西的。经过数月颠簸，一家人最后在昆明落脚，但仍然居无定所，一般是父亲在哪里工作，家就搬到哪里。他们在昆明周边的禄丰、安宁、弥渡都生活过。在考进西南联大之前，潘际銮念过6所中学。

由于家计十分艰难，潘际銮有时进学校读书，有时又不得不辍学做

第五编
第十九章 人物传奇

些零工帮补生计。在极其不稳定的生活状态中，1944年，不满17岁的潘际銮参加云南省会考，以全省第一名的成绩被西南联大录取。受父亲工业救国思想的影响，潘际銮选择了工学院机械工程系。

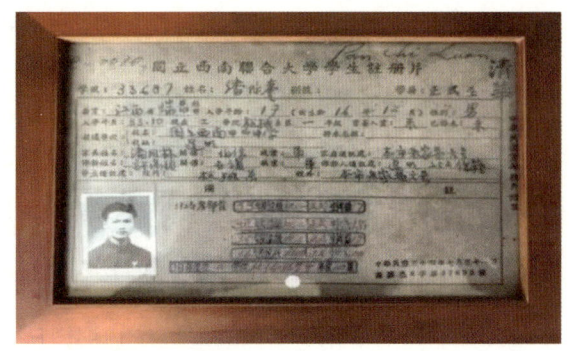

潘际銮在西南联合大学的学生注册片

在西南联大，机械系的老师很多是从国外回来的，有留美的、留英的、留德的。因为有留学背景的老师多，许多课程是全英文授课。工学院使用的教材也大都是外文的，数学最好理解，物理就比较难，大段的文字说明，看不懂就理解不了内容。为了过语言关，潘际銮字典不离手，背生词、查资料，下了真功夫。潘际銮在学习上注重触类旁通，他不再满足于课堂上的讲授或者教材上的分析，而要尽可能搜集相关资料，把问题彻底弄懂，融会贯通。在此后的科研工作中，他一直保持着这样的良好习惯。

潘际銮后来说起这一段经历："我们没有名利的想法。国家都快亡了，哪里想到去当个什么长、弄点什么钱。当时只有一个想法，国家兴旺，我们也许有出路；国家不兴旺，也就谈不上前途。那时的勤奋，都是超越功利的，个人的欲望很少。"从中学到大学，潘际銮学习的动力由纯粹的兴趣转向了"担负起天下兴亡"的责任感。

二、国家至上，与焊接结缘

抗日战争结束后，潘际銮随清华大学迁回北平，毕业后留校任教。1950年，他受国家派遣到哈尔滨工业大学进修俄语，师从苏联焊接专家普罗霍洛夫教授，从此与焊接结缘，终于成为中国焊接专业的开拓者和奠基人。

1955年8月，潘际銮正式返回清华大学工作，与同人共同创建清华大学焊接教研组，并担任教研组主任。从1959年开始，潘际銮领导下的焊接教研组多次被评为清华大学校级红旗先进集体和五好教研组，并派代表参加了北京市"群英会"。1956年上半年，焊接教研组开出了第一门专业课——焊接冶金原理，下半年又开出了六门专业课。在抓教研组教学工作的同时，潘际銮鼓励教师积极开展科学研究，希望通过承接科研项目和让学生参与科研，使他们从科研中感受到国家工业发展对焊接专业需求的紧迫性。那段时间，他们研制成功了重型轧钢机架的电渣焊技术、大型锤锻模堆焊技术、我国第一台真空电子束焊机，完成了2 500吨水压机全套高压蓄势器的研究及生产任务、清华大学核反应堆焊接工程的研究及生产任务、我国第一个汽轮机大型拼焊转子工程等。这些项目都是在西方国家对我国进行封锁和禁运、苏联对我国中断援助、科研资料极其匮乏、科研条件极其艰苦的情况下完成的。

1964年，潘际銮研制成功的国内第一台真空电子束焊机通过国家鉴定，随后于1964年5月获得国家科学技术委员会、国家计划委员会、国家经济委员会联合颁发的"工业新产品奖二等奖"证书。1978年9月，潘际銮晋升为教授。1980年11月，潘际銮当选为中国科学院学部委员（院士）。1981年，潘际銮当选为中国焊接学会第二届理事会理事长，在南斯拉夫举行的第35届国际焊接学会年会上，潘际銮当选国际焊接学会副主席。

1984年6月，经国家科学技术委员会发明评选委员会审查批准，由潘际銮等人研究成功的新型MIG焊接电弧控制法（QH—ARC）荣获国家发明奖一等奖。

为了表彰潘际銮的卓越成就和巨大贡献，1985年，中华全国总工会授于他"全国优秀科技工作者"称号和"全国五一劳动奖章"，北京市政府也授予他"北京市特等劳动模范"称号。1985年12月24日，他被中共北京市委授予"优秀共产党员"称号。

三、核电管道的"密不透风"

1987—1991年，潘际銮受国务院委托和核工业部聘请，担任秦山核电站工程的焊接技术顾问，为秦山核电站的安全运营做出了重要贡献。

为保证秦山核电工程的质量，潘际銮深入工地，对重

潘际銮院士（右三）在秦山核电站考察

要结构的焊接情况进行了深入了解和研究，与电站施工单位共同制定了焊接结构、焊接性能及焊接工艺试验方案。对安全壳钢内衬20米以下约5 000米焊缝全部进行了外观检查、修补、打磨，并进行了100%的真空探漏，所有焊件均要"密不透风"。从1991年底秦山核电站并网发电，运转至今，主要焊接结构未发生任何问题。

四、主政南昌大学，结束"三无"历史

1991年春，潘际銮和妻子李世豫、儿子潘磊回到久别的故乡瑞昌，浓浓的乡情乡音使他们流连多日。1993年，江西省政府与清华大学商定，邀请他返回江西，主政南昌大学。同年3月，经江西省委、省政府研究，国家教委批复同意将原江西大学和江西工业大学合并组建南昌大

1993年携妻将子抵达南昌就任南昌大学校长

潘际銮院士骑车接送夫人上下班

学。1993年4月，出于对故土的热爱，66岁的潘际銮院士做出了人生的重大抉择，带着清华大学的厚望和江西人民的期望，告别了工作、生活40多年的清华园，回到家乡，来到南昌，效力桑梓。上任伊始，潘际銮根据世界科学技术发展的趋势，围绕国家特别是江西省经济和社会发展对人才的需求，提出了办学指导思想：面向二十一世纪，以改革总揽全局，定位于江西，服务于江西，紧密围绕江西经济社会发展，构建"文理工渗透、学研产结合"的新型办学模式，建设有自身特色的南昌大学。

在潘际銮的带领下，南昌大学不断深化教育改革，优化配置教育资源，产生了"1+1＞2"的办学效应，并于当年成为博士学位授予单位。1996年，南昌大学作为全国地方院校首个通过"211工程"部门预审，1997年被正式确定为国家"211工程"重点建设大学，结束了江西省无重点建设大学、无博士点、无院士的"三无"历史。

在潘际銮主政南昌大学期间，南昌大学共承担国家和省部级科研项目766项，其中国家"863"项目5项，国家自然科学基金项目47项；获（省）部级以上科技进步奖36项，人文社科奖128项，其中国家科技进步奖二等奖2项，第12届中国图书奖2项；有200项科研成果向社会转化。

1997年3月上旬，潘际銮患腰椎间盘突出，两腿瘫痪，不能行动，在家卧床牵引治疗。卧床期间，潘际銮除坚持办公外，还开始写专著《现代弧焊控制》。潘际銮在床上架了一个支架，在一块写字板上费力地写作，床边垒着一天天增厚的手稿。7月，潘际銮的腰椎间盘突出基本治愈，其专著《现代弧焊控制》初稿也基本完成。2001年6月，《现代弧焊控制》被新闻出版总署授予"第十届全国优秀科技图书奖一等奖"。

五、历经30年，成果上千亿

2021年6月16日，在上海举办的北京·埃森焊接与切割展览会上，一台在大口径筒体上进行模拟焊接的无轨导全位置爬行焊接机器人亮相。活动现场，已是鲐背之年的中国科学院院士潘际銮亲临观摩指导，向大家讲解焊接机器人。

潘际銮院士在瑞昌江联造船公司试用焊接机器人

作为中国焊接领域的开拓者，94岁高龄的潘际銮长期工作在教学、科研一线，创造了丰硕的科研成果，解决了我国多项重大工程问题，让高铁轨道"天衣无缝"，让核电站"密不透风"。过去国内外对中、小型工件的自动焊接方式很多，但对巨型工件，如10万吨级储油罐、大型球罐、几十万吨级油船等庞然大物，则无法翻动构件进行自动焊接，必须在工地的安装位置就地焊接，而且各部位的焊缝方向是全方位的。因此大量的工地焊接仍须依靠手工焊接，工作环境恶劣，劳动强度大。

潘际銮早在20多年前就开始着手寻找研究的方向。清华大学阎炳义及夫人卢勤英邀请潘际銮和高力生去看他们设计的无轨导电磁爬行机，虽然当时还只是个雏形，但潘际銮敏锐地感觉到，可以以此为基础研究爬行式焊接机器人，解决大型结构焊接的自动化问题。

潘际銮多次率课题组成员赴三峡考察大型发电进水管焊接情况，还曾到广东茂名乙烯工程、江南造船厂等重点工程的户外作业地进行调研。

无轨导全位置爬行焊接机器人涉及数学、光学、力学、焊接、机械、控制、软件、电气等专业，是一个多学科交叉融合的系统工程产品。潘际銮用20多年时间，突破了三大难题，一是让机器人爬上去并且在不掉下来的前提下能运动，二是研发了控制系统，三是焊缝识别以及确保焊接质量。

这项研究工作持续了将近30年，耗费了潘际銮的大量心血和精力。2006年5月16日，这台机器出现在第十一届北京·埃森焊接与切割展览会暨第十一届国际焊接与切割展览会上，受到了许多参观者的青睐和好评。同行专家评价无轨导爬行式弧焊机器人填补了国内外均无类似技术的空白，是国际焊接领域中的首创，属于国际领先、原始创新的科研成果。

无轨导全位置爬行式弧焊机器人获得国家发明专利一项，国家实用新型专利一项，国际PCT专利一项、美国专利一项。

六、高铁路轨的"天衣无缝"

高速铁路的关键技术之一是以焊接方法制造无缝线路，而焊接质量又是安全行车和高速行车的关键。2007年6月，潘际銮被铁道部聘为京津城际高铁专线项目的研究总指挥。

从2007年7月起，年事已高的潘际銮冒严寒，顶酷暑，一次次亲赴施工现场调查研究，完成了多工艺的研究工作，先后提交了《钢轨固定式闪光对焊焊接工艺分析》等六份报告。

2008年8月1日,我国第一条高等级城际高速铁路——京津高速铁路开通运行。经过焊接的钢轨没有任何连接缝隙,真正达到"天衣无缝",保证了线路的高平顺性,提高了旅

2007年潘际銮院士与铁道部有关领导研究高速铁路钢轨焊接问题

客乘坐的舒适度,减少了钢轨与列车车轮的磨耗,为保证京津铁路的安全运行做出了贡献。之后,潘际銮对无缝钢轨焊接做了进一步研究。2009年,课题组完成了《全自动钢轨窄间隙电弧焊性工艺与装备》《钢轨窄间隙电弧焊自动控制系统》《窄间隙电弧焊接60 g/m钢轨接头热处理工艺研究》《全自动窄间隙钢轨电弧焊性能研究与检验》四份研究报告。经铁道部组织评审,同意将成果在铁路线路上进行试铺。试铺成功后,经过鉴定即可推广代替现有钢轨现场焊接使用的铝热焊,成为我国一项自主创新成果。

七、瑞昌之子的乡情乡音

潘际銮院士功勋卓著,在世界享有盛誉,却始终不忘故土,情系桑梓。无论何时何地,他一见到家乡人,就是一口道地的瑞昌话,乡音从来不变。他先后为瑞昌一中、瑞昌二中、瑞昌职业中专、南阳中学题写校名,并在位于瑞昌的江联造船公司建立了"院士工作站"。

2021年冬,瑞昌市委市政府根据市老科协的建议,为了教育下一

代，决定建设"潘际銮院士科技教育基地",潘际銮非常支持,不但认真考虑布展方案,关注基地的建设情况,还主动捐赠了大量有价值的书籍、资料。

2021年5月3日潘际銮院士在听取科技教育基地建设方案汇报

2021年5月3日,潘际銮院士在参加南昌大学百年校庆后偕夫人、孙子及众多亲友,兴致勃勃地返回故乡瑞昌,并亲临正在建设中的"潘际銮院士科技教育基地"。但瑞昌人怎么也没想到,这是潘际銮作为瑞昌之子最后一次回到家乡。2022年4月19日,96岁的潘际銮院士因病在北京逝世,给家乡人民留下了永远的思念。

全国植棉模范胡华先

胡华先(1908—1984年),瑞昌武蛟乡大桥下村人。新中国成立前,他一直当长工度日,共和国成立后,胡华先积极参加土改反霸斗争,1952年光荣加入中国共产党。

此后,胡华先带头成立了瑞昌第一个农业生产互助组并担任组长;1953年,他担任大桥农业生产合作社社长;1955年冬,成立大桥高级农业社时,胡华先当选为管委会主任;人民公社成立后,他长期担任大桥大队党支部书记兼大队长,并先后兼任大桥公社党委副书记、中共大桥区委委员、革命委员会副主任、江西省九江地区革命委员会委员。

第五编
第十九章 人物传奇

1966年10月17日,省市领导接见赴京观礼代表合影,胡华先前排(左起十二)就座

新中国成立初期,胡华先所在的大桥村四周尽是荒湖、荒山,每年春夏之交,长江、赤湖顶托南阳河,致使大桥村十年九涝。地势高处的旱地又全是贫瘠的红壤,农作物产量极低。加上全村耕地面积总共不到500亩,大多数村民缺吃少穿。1953年,刚当选大桥村党支部书记的胡华先就带领全体社员,冒着严寒到杨泗岭开荒40天,开垦出40亩荒地。1954—1955年,大桥人在胡华先的带领下,再接再厉,披荆斩棘,先后在丁家山、大石岭、南山脚等16个红壤山冈开垦荒地300余亩,在裤脚湖、东马湖等17个湖汊开垦出荒地200亩,使全村耕地面积翻了一番多,突破1 000亩。1955—1960年,胡华先带领大桥人又到上游的官田湖垦荒600余亩。到1963年,大桥人硬是凭着一把锄头战天斗地,将耕地面积扩大到1 700余亩,基本改变了人多地少的状况。

胡华先带领大桥人解决缺地少田的困境后,又开始思考如何提高产量。大桥的耕地九成以上是红壤类型的红黄泥土和黄沙土,土层瘦薄,即使赶上风调雨顺的年景,棉花皮

胡华先带领村民改良红壤

511

棉亩产也不过40斤，要想改变不是易事。大桥濒临赤湖，冬季湖滩上有挑不完的湖泥，夏季湖里有捞不完的湖草，这些都是上好的有机肥料。从1954年起，胡华先带领社员开展大规模的挑湖泥、捞湖草活动，以改良红壤，提高土地肥力。这一年，大桥皮棉单产一下子提高到84斤，大灾之年的产量竟然大大超过往年，翻了一番多。在接下来的十余年里，大桥人一直坚持冬天挑湖泥，夏季捞湖草。他们把20多万担湖泥、30多万担湖草靠一副铁肩膀，挑上了红壤山冈，全乡三分之二的棉地有机质含量达到了中上水平。大桥由一个地瘠人穷的苦地方变成了年年丰收的粮棉兼作区，胡华先也成了"铁肩膀大桥"的领头人。

为了农业有更大的发展，胡华先一直坚持探索科学种田技术，在农技干部的帮助下，他多次试行棉、麦等行点播套种，虽然实验结果不尽如人意，但他始终不放弃。经过多年持续的探索，他终于摸索出将小麦等行点播改为宽窄行条播的方式，大大提高了小麦产量。同时，他还创造出麦林"四边"（边锄草、边施肥、边间苗、边防虫）和麦熟"六抢"（抢割麦、抢锄草、抢定苗、抢追肥、抢防虫、抢犁麦蔸）的田间管理经验，有效解决了长期以来的棉麦争时间、争劳力、争阳光、争肥料的矛盾，保证了棉、麦两熟高产稳产。1963年大桥大队全面推广这一经验后，当年实现皮棉亩产118斤，创历史最高纪录。小麦亩产也得到了大幅提高。

胡华先带领大桥人民战天斗地，彻底改变贫穷落后面貌的奋斗实践，得到了中央和各级领导的充分肯定。1951—1953年，胡华先先后被评为全县乙等、甲等、特等劳动模范，并出席江西省劳模大会，被评为全省劳动模范。1957年，胡华先首次赴京出席全国劳模大会，荣获全国植棉模范的称号，受到了党和国家主要领导人毛泽东、周恩来的接见并合影。1963年，中共中央华东局书记魏文伯、中共江西省委书记刘俊秀专程赴大桥调研，肯定了胡华先和大桥人的成绩和经验。《解放日报》《江西日报》《九江日报》先后在头版头条以"铁肩膀大桥"为题，介绍了他们的成就。同年，胡华先出席了华东局劳模大会。1963年，胡华先第二次进京受奖。1965年，胡华先第三次出席全国劳模大会。大桥大队被评为全国51个农业红旗单位之一。北京农业展览馆展出了大桥人改造红壤，夺取棉、麦两作高产的事迹。同年，全国妇联主席康克清来大桥视察。英国两位农业专家到大桥参观，赞扬大桥人在落后的生产条件下创业，创造出了农业生产奇迹。江西省文化单位还将大桥棉、麦高产的经验搬上银幕，用以指导全省。1966年国庆，胡华先作为特邀代表参加国庆观礼，并在国庆招待会上被安排和周恩来总理同桌进餐。1976年9月，毛泽东主席逝世，胡华先作为人民代表，上北京瞻仰毛主席遗容，向毛主席遗体告别。

胡华先的一生，是奋斗的一生，也是光荣的一生，是值得瑞昌人记住的一生。

元结在瑞昌

元结（719—772年），字次山，号曼叟，河南鲁山县人。天宝十二年（753年）进士，曾隐居商余山。唐代文学家、军事家、政治家。

唐肃宗乾元元年（758年），元结移家避安史之乱，寓居瑞昌县城附近的苍城墩，自号"瀼溪浪士"。上元二年（761年）他率师守九江，回瀼溪探望时，触景生情，写下了《与瀼溪邻里》，这首诗反映了他与瀼溪人民的深情厚谊。宝应元年（762年），他解甲归田，寄居樊口（今鄂城），还经常回瀼溪探望，尽力解除当地百姓的疾苦。

后来，元结带着夫人竺氏和两个儿子，隐居在南阳排沙村设帐授徒，并为贫困家庭排忧解难。排沙村人在其教过书的地方修建了一处古朴典雅的"次山书院"以示纪念。当时，他不仅教书，还免费行医。他医术高明，医德高尚，南阳人称赞他："元结夫子，治病神仙，奇难杂症，药到除根，华佗扁鹊，不及先生。"为了纪念元结，当地"三十二夜锣"（即三十二个不同的村庄和姓氏）把他作为民间俗神予以祭祀和崇拜，并于每年春节期间由各庄接案游春，尊称其为"元福主菩萨"。

附：元结《与瀼溪邻里》

> 昔年苦逆乱，举族来南奔。
> 日行几十里，爱君此山村。
> 峰谷呀回映，谁家无泉源。
> 修竹多夹路，扁舟皆到门。
> 瀼溪中曲滨，其阳有闲园。
> 邻里昔赠我，许之及子孙。
> 我尝有匮乏，邻里能相分。
> 我尝有不安，邻里能相存。
> 斯人转贫弱，力役非无冤。
> 终以瀼滨讼，无令天下论。

柯昶

柯昶，字汝明，谥"忠烈"，今乐园乡石磊头村人，为乐园柯姓四世祖（柯成公四世孙），今石磊头村的祠堂门头上就写着"昶公故居"。五代吴顺义三年（923年）进士。初事南唐中主李璟，授殿中侍御史兼

第五编
第十九章 人物传奇

都押衙指挥使，封银青光禄大夫。后事李煜，敕牒补左军招讨使，与指挥使胡则守江州（今九江）。宋开宝八年（975年）冬，李煜降，次年3月，宋将曹翰率兵围江州。胡则对昶曰："宋兵将至，江州孤危，势必不敌，我坚守于内，你速去募兵为外援，事或有济。"柯昶允诺归里，招得兵勇五千余人，星驰救江州。兵未至而城已陷。昶励众人曰："我与胡指挥使受命同守江州，今城破人亡，如停不进，有负胡指挥，若临城一战，纵不胜，死而无憾。"遂率众而前。曹翰闻昶援兵至，统精兵万余阻击，昶因寡不敌众，败奔。翰驱铁骑追赶，至羊肠山（乐园南边村后山），柯昶见追兵近，乃拔剑自刎。死后尸身不倒，仍随马前奔，途中一孕妇遇之惊呼："此人无头！"公遂落马。故羊肠山有"落马坳""马伏丘"之地名。宋太祖闻其事，感其英烈，敕赐金头、朝服，追赐金紫光禄大夫，尚书使、上柱国，立庙享祀。命大学士窦仪作《旌忠词》，庐陵人欧阳修有《二忠传》，高度褒奖了柯昶仗节死义、不事二君的可贵精神。柯昶墓葬金竹湾九龙窝，位于今乐园乡桥棚村东南方向八百米左右。据传，有盗墓贼数次盗墓欲获金头，然而每次将得手时便阴云密布，雷鸣电闪，贼人惊惧逃走。

陈纲纪

陈纲纪，字文绂，敕赐宣义郎，高丰老屋陈村人。明成化二十二年丙午（1486年），时逢大灾，路旁遍见饿殍者。陈纲纪打开自家粮仓，将粮食悉数救济饥民，并从外地购粟一千余担，广施逃荒者，救活灾民不计其数。饥民为感谢纲纪恩德，画出他的肖像，敬若神明，早晚瞻拜。

九江府获知陈纲纪事迹，即呈报朝廷。朝廷派兵部侍郎韩容以按察使身份微服私访，来到瑞昌察访纲纪义举，查实无误，再次奏明皇上。皇上闻奏十分赞赏，并着吏部晋升陈纲纪为宣义郎，以彰其义，以赞其德。

后来，纲纪带儿子陈璟及孙陈嘉、陈诰从乌石街迁黄桥（今白杨镇）陈家畈定居。陈纲纪赈灾距今已五百余年，但其善行义举仍为后人传颂。

文风柱

文柱，又名文风柱，号东川，瑞昌范镇上源村牮楼下村人，宋末重臣文天祥十九世孙。他曾在德化邑凤凰山深造三年，以邑优廪生，由江西学台报送进京赴考。据传他考中嘉庆十六年（1811年）辛未科进士，但是，"报子"上门报喜讨赏钱时，风柱却因家中一贫如洗分文未给。报子缺德，将喜报及印信随手卷走，另找其他举子兜售牟利。文家原以为飞黄腾达指日可待，没料到因贫穷被几文钱压得翻不了身。

遇到这种事，文家如遭冷水浇头，风柱父母因伤感太深，忧闷成疾，先后离世。家中还有年幼弟妹，为了养家糊口，风柱无奈，只得随人到省城做短工。

两年后的一天，风柱同一班工匠来到金状元府修建花园亭榭，那天正好金家老夫人和儿子进花园游玩，顺便视察工程施工情况。金家老夫人见风柱温文尔雅，一表人才，便近身动问："你是哪里人，叫什么名字？"风柱忙停下手中的活，向老夫人躬身施礼，一一作答。金公子惊问："你叫文东川？"东川答："正是在下。"公子说："两年前你不是中进士上任去了吗？却为何在此？"风柱未开口泪先流，便将此事从头至尾诉与老夫人和公子听。老夫人问："你姓文什么字辈？"风柱恭敬地回答后，老夫人"啊"了一声，"原来是同宗，是我族侄啊。"风柱忙跪拜姑姑，并与金公子以姑表相称。金表兄忙双手将风柱牵起，并贴近风柱耳边低语一阵。

第二天来到工地，风柱把昨天金表兄耳语之事告诉了工匠师傅们，说是嘉庆皇上正在江西平乱，御驾亲征打了大胜仗，世袭为官的金表兄要以私交恭请皇上，宴席就设在花园里，安排我们如此这般……晌午，嘉庆皇帝轻车简从来到金家花园，宴饮之际，南面工地上的师傅故意高声喊道："文东川呀文东川，叫我说你什么好，你前年考取进士，家里穷得连个报子赏钱都拿不出，结果报子把喜报与印信一同卖给他人了，而今你不过是个干活的，还偷懒磨蹭。"皇上问是谁在外喧哗，在座有人听到了，连忙禀报此事。嘉庆皇帝问金公子："前年中进士的文东川不是去山东上任了吗？怎么在你府内干活？"金公子故作不知。此时皇上打胜仗之后正准备回京，龙颜甚悦，叫文东川近前回话。文东川来到皇上面前，皇上问："你是哪里人，为何到此？"风柱从容不迫，把自己的身世遭遇一一回奏皇上。嘉庆皇上叹曰："父皇临终交代当朝三件大事：吏治、水患、鸦片都是重中之重啊！连报子都如此胆大妄为，那还了得！尔随朕回京，开科在即，若中取应为朝廷效力。"

文风柱得姑姑资助，随銮驾来到京城，与天下举子重聚，互道寒窗辛酸，五味杂陈。考试放榜风柱幸喜录取嘉庆癸酉科"拔贡"，朝考一等，授七品小京官，累升员外郎（从五品），奉办回疆军务机宜，从此开始了他的仕途生涯。

风柱行走兵部十余年后，在仕途上一帆风顺，历任衢州知府、杭州知府、江苏按察使、布政使、直隶按察使、云南按察使，直至位列资政大夫，官衔至正二品。

陈本炽

陈本炽（1819—1879年），号称昌，义门陈氏后裔，今乐园乡冯家巷村人。据传，陈本炽出身寒门，上山砍柴从不穿鞋袜，捕猎时常将猎物活捉，从而练就了一双铁脚板和飞毛腿，为其后来在军旅生涯中建功升职打下了良好的基础。

咸丰七年（1857年）陈本炽投南昌刘坤一部，助刘镇压太平军。第二年转战江西，陈本炽守临江、建昌、抚州等城，赏补为把总，赏戴蓝翎。咸丰九年，他解刘坤一之围于湖南，升任千总加守备，上换花翎。十年，他赴广西作战，先后占领桂林全境，最后破天平寨（一说平天寨），又由游击补参将用，留守粤西。同治四年（1865年）陈本炽升为总兵加提督，封振威将军，官从一品。据传其自题诗曰：

二十年前挑石灰，二十年后锦衣归。

若是男儿当立志，英雄何恨出身低。

曾方学

曾方学，又名兴学，字效先，范镇东山村七房山老屋曾人。方学幼时父母双亡，家徒四壁，孤苦伶仃，以乞讨为生。

曾方学长大后靠卖工度日。跟别人不同的是，他特别羡慕读书识字的人，而且坚持挤出时间发奋学习。由于他生性聪明，又能吃苦，勤学好问，时间一长，积累的学识已非一般酸腐文人可比。

有一天，曾方学听到许多人说，最近有朝廷的大官南巡，途中必经此地。他多方打听，得知此位大官非同小可，乃是当朝东宫太子。为了抓住这个千载难遇的机会，他想出一个妙招，在村外大路口摆起接驾香案，供礼更是别出心裁：两份大枣，一盏明灯，一只雄鸡，一只大木桶放在案前。看到旌旗彩仗的队伍过来了，曾方学低头长跪在案前。骑着高头大马的长官问他，香案供礼为何如此摆设？方学高声回答："回禀大王，小民祝大王早早登基，一统天下！"马上之人听后大喜，见他仪表不俗，应对得体，心里颇有好感，即答道："托你吉言，事成必谢。"

次年，乾隆禅位，新主登基。而这位新主，就是方学曾接驾的嘉庆皇帝颙琰。曾方学时来运转，春风得意，不久后，走马上任德安县令。他在任期间，克己奉公，勤政爱民，为家乡贡献良多，故此数百年来一直为族人铭记传颂。

文凤堂

文凤堂，祖籍九源大屋文庄。其父文治光以附贡历任山东德平、长山和阳谷知县，于长山任上生下文凤堂。

凤堂自幼聪颖，读书触类旁通，过目不忘。二十多岁时已经是经纶满腹，笔走龙蛇。适逢大比之年，文凤堂被荐于乡试，考场上他胸有成竹，从容不迫，文章一气呵成，书法一丝不苟，卷面一尘不染，仅用一半考时，就交卷出考场。主考官一见，甚是愕然，心想此考生定然胸无点墨，弃考了。然走近考位，翻开试卷一看，不禁大吃一惊，真乃锦绣文章，字字珠玑，更兼书法有神，足见其临帖功夫之精妙，不禁赞不绝口。主考官忙不迭把试卷荐给省学台蔡大人视阅。蔡学台打开试卷一看，亦频频点头，夸赞不已。看毕，蔡学台低头长叹。主考官不知何故，轻声问道："学生一时疏忽，此卷有瑕疵么？请学台大人明示。"蔡学台摇头不语。良久，言道："老夫观此生有超人之才，但须得良师相授耳。我还有一心腹事告知与你，请勿外泄。"主考官连声应诺："这个自然，请示喻。"蔡学台言道："我年近六旬，蒙圣恩从任三十余年，膝下无儿，只生一女，年方二九，略通文墨，也可算知书识礼，奈婚姻大事，要自择良缘，我也只能听之任之。不知此生相貌如何，肯纳吾女否？"主考官应道："此人仪表堂堂，堪称今科最美生员。"蔡学台说："既如此，托你去打探一下文凤堂之意。我暂借此卷给小女一观，如若彼此有意，我将荐文凤堂到白鹿洞书院吾友处进修深造，待来年参加会试，助他造化个前程。"主考官欣然领诺而去。

　　主考官来到文凤堂下榻客栈，相见礼毕，开言说道："恭喜你了，学台大人阅完你的试卷，颇为赞赏，直言你有超人之才，你功名有望了。但学台托我有一事相问，他膝下有一女，年方二九，品貌端庄，知书识礼，因坚持自择良缘，尚未及聘，今见你人才出众，意欲联姻，不知肯相纳否？"文凤堂闻言，大吃一惊，连忙起身作揖道："考官大人，此事万万不可，吾遵父母之命已婚两年，并生有二子。家有妻儿，何容再娶，有拂雅意，恕罪、恕罪。"主考官听罢，只得扫兴而去。

　　再说蔡小姐接到父亲转来的文凤堂试卷，打开一看，眼前豁然一亮，顿生好感。细读文章，气若长虹，精妙绝伦，不禁肃然起敬、爱不释手，不觉心旌摇动，即差侍女送一帖给父亲大人。学台一见写有"可着一见"四字，心下已然明白了，即请主考官入内，询问凤堂有何反应。主考官只得如实奉告，学台听罢眉头紧锁，召见不妥，不召见又拂了爱女之意，不觉颇费踌躇。主考官见状忙说："学台大人，还是先把文凤堂召来一见再说吧，如小姐不中意，岂不少了烦恼。"旋即来客栈，将文凤堂带到学台府内。其时，蔡小姐已然隔帘看到文凤堂一表人才，喜不自胜，自思今得良人矣。主考官见状，已猜到小姐之意了，凑到学台耳边轻声询问：不知小姐肯作妾否？学台一时语塞，借故入后堂问小姐去了。谁知小姐见问，说："我择的是夫婿，何曾是择主次和大小呀。此人不娶我，我就入庵为尼！"随后来到前堂，与主考官、文凤堂一一施礼相见。其礼仪娴淑，举止端庄，天生丽质，令文凤堂顿生怜爱。主考

第五编
第十九章 人物传奇

官似体察到文凤堂此时心绪，凑近凤堂耳畔轻声问道："小姐如肯作妾，你肯纳否？"凤堂闻言大惊，俯身跪地，连呼"罪过、罪过"。主考官问道："你何罪之有？"文凤堂回道："第一，小姐乃千金之体，岂可与人作妾？第二，儿女婚事由父母做主，今我父母均在任所，岂敢越矩。"蔡学台闻言道："贤契请起，你真不愧为官宦子弟，说话处事入情入理。此事由主考大人慢慢图之可也。"主考官差人至阳谷县文治光任所报告事由，文治光思虑再三，动身来到省城，托主考官从中说合，终于大事笃定，并商定翌年二月十二花朝为二人举行完婚仪式。蔡学台亦决定年底辞官卸任，赴原郡扬州变卖家产，待翌年二月初送女于归。文凤堂也经蔡学台推荐，来到白鹿洞书院进修深造，以备翌年春帏殿试。

冬去春来，二月将至，文凤堂一面积极备考，一面备办迎娶蔡小姐所需。待到花朝日期已过，还未见蔡学台一家到来，而且没得到任何音信。无奈，只得在学友们的劝说催促下，结伴赴京应试去了。

经过在白鹿洞书院的潜心研修，加之名师的悉心教诲，文凤堂学识大增，文章大进。在乾隆戊子科会试中一路领先，经殿试名登进士榜首。由于其才学渊博，乾隆帝意欲钦点为状元。召见入殿时，文凤堂忽然一阵恍惚，仿佛看到蔡学台的身影忽隐忽现，历历往事涌上心头，在跨过殿门处打了个绊脚，竟一下蹲到大殿之中，险些摔倒在地。顿时猛醒，灵机一动，就地拂袖高呼："吾皇万岁、万万岁！"一连串的动作，乾隆皇帝都看在眼里，悦在心头，看中了他临机处事敏捷，足堪大用。心想真乃状元之才也！于是命其抬起头来，欲观其风采。文凤堂缓缓将头昂起，乾隆帝见文凤堂印堂暗淡，气色不足，暗暗叹息不已。良久方说道："朕授你新科进士，例封文林郎，暂在京城供职听用，待明春随朕赴江南巡游。"文凤堂谢恩出殿而去。

阳春三月,文凤堂受命随驾南巡。行不几日,御驾扬州行辕,文凤堂得暇找到蔡学台扬州旧府,准备登门叩问,但物是人非。据邻居介绍,蔡学台于去年将房产、土地一应变卖,置办全套嫁妆,举家乘船送女儿赴江西瑞昌女婿处完婚。但天有不测风云,蔡学台所乘之船行至安徽安庆华阳江面上,突遇龙卷风,船体倾翻,蔡学台一家都溺沉江底,无一幸免。只有一名船工凭着过硬的水性,从船底拼命钻出,才捡条性命。文凤堂听罢有如五雷击顶,昏厥于地,经邻居救治多时,方才清醒。几个邻居将他送至行辕,并奏明事发因由。乾隆帝得知真相,着官员对文凤堂劝慰。文凤堂向众官哭诉说:"蔡公待我情真义笃,甘愿倾尽家资,亲送掌上明珠屈嫁我这山野村夫,其倚托之重,难以言喻。蔡小姐有才有貌乃大家闺秀,以千金之体屈嫁有妇之夫,甘心做妾。全家千里送女相投,而义无反顾,奈我命薄,祸其全家葬身江底,我虽死亦难报其父女的大恩大德,日后在九泉之下我有何面目见其父女啊。"言罢又哭,众官见实在无法劝慰,只得离去。

众官去后,文凤堂独卧床榻,越想越悲伤,又连日水米未进,因悲伤过度,死于行辕住所。

乾隆帝闻讯后,感叹文凤堂真性情中人。即令御制灵牌一块,着扬州知府操办入殓,并着山东阳谷知县文治光回乡处置后事。堪叹文凤堂一代英才,人中龙凤,想不到运遭阳九,真是"此恨绵绵无绝期"。

邓步升

邓步升(1839—1901年),字仁发,号韧程,前清同治庚午科举人,今武蛟乡大桥邓家村人。邓步升生于农民家庭,四兄弟中排行第三。其父邓风华见幼年的步升性沉、敦实,就有培养他成才成器的愿望。步升

第五编
第十九章　人物传奇

十岁入黉宫习经书，后又拜师习武。到了青年时期，邓步升身材魁梧，膀阔腰圆，膂力过人。技艺也日见长进，弓刀马矢俱精，侪辈之中，无与匹者。步升并不满足，越加勤学苦练，积日累月，技艺益进。清同治丁卯（1867年），乡试宾兴大比之年，邓步升赴省城应试，在考场上拈弓搭箭，因用力过猛，将弓拉折，遂失之交臂。其时主考大人中丞刘岘庄乃将帅之才，善知人，虽憾步升之失，实奇赏之。庚午年（1870年）步升再试，刘仍在位主考，见之曰：若非昔者过吾堂而不中之邓某乎。慎哉！当勉为全。步升艺固娴熟，中丞喜，荐于明年赴兵部试。第二年，步升赴兵部遇德邑周君，二人一见如旧，乃与定交，谓当并驾齐驱，无奈步升临试染病，后谓周君曰：文章憎命，武亦有然哉。之后步升既以勇闻，而在乡间梓里，宅心处事，亦人所不及。一年，有曹姓争胡姓棚基，曹姓倚仗人势，胡姓有乾隆年间契约。邓步升为之不平，怒斥曹姓无理争夺，胡姓才得以守住棚基。在乡间族里，步升处事公正，依理平息纷争，锄强扶弱，济困解难，声望日著。

邓步升始终以耕种为业，勤劳朴实的作风在乡梓传为佳话。有一次，步升正在地里为庄稼施粪，这时有一位异乡人，自称是湖广人氏来访举人，但他不知步升举人村庄何处，便上前问询于正在挑粪的步升，身着农活衣服的步升对来者说："客人，绕过这坡，前面高树一对旗杆的村庄便是，你可去那问。"随即，步升放下粪桶，快步抄近路回家。换了一身干净的衣服，堂中正坐候客。来客问询到了门口，朝屋里一望，见堂中正坐的正是刚才在地头施粪的人。举人邀客对坐堂中叙事。客人因举人勤劳朴实、平易近人而敬慕不已。邓步升既乐于农耕，又善于调解乡族之间民事纷争，深得乡民拥戴。但他对武功的习练从未间断，常把一个三百六十斤重的大石蹾子，端放在大腿上练弓马步，足见其功力不凡。该石蹾至今还在。有一次，一位自称是"山东第一棍""挺遍天下无敌手"的大汉，身背紫色茶木棍，经湖广而路过此地，在本庄歇脚。要与邓步升切磋棍艺。邓举人时年已过半百，但他功力还好，遂答应与来客一试。山东大汉见他白发白髯，自认必胜。谁知一连挺三棍，都输掉了。这位扬言"挺遍天下无敌手"的山东大汉始觉羞惭，经打听方知邓步升来历，连声说："输在举人手下值得、值得。"

第二十章 民间故事

程普墓

程普，字德谋，三国时东吴名将。赤壁大战时，他与周瑜分任左右都督，驻守赤乌场（今瑞昌桂林桥）。建安二十年（215年），程普死于瘟疫，葬于瑞昌桂林岗。然而，据瑞昌民间传说，程普并不是病逝，而是战死。相传程普与张飞大战瑞昌桂林河畔，张飞自知战不过程普，就设计约程普到河边决斗。战斗正酣时，张飞猛喝一声："你为何不守信用，带了兵来？"程普不知是计，回头看时，被张飞刺于马下，张飞将其头颅割走邀功。

程普死后，关于他的葬处有两说：一说程普葬湖州。这种说法最早出现在唐代的《石柱记》中。南宋史学编修谈钥编撰的《吴兴志》中记载，程普的墓葬在"湖州府城东南十九里"。湖州在三国后期由吴末帝孙皓设为吴兴郡，至清代改为湖州府。以常理判断，程普葬湖州之说不太合理，当时江南瘟疫泛滥，把一位因瘟疫而死的河北籍将

程普墓

领运往千里之外的湖州安葬，这完全不合情理。另外，作为一代名将，尽管时代久远，湖州也应该有程普墓葬留存，但是到目前为止，当地没有发现任何相关遗迹。而程普葬瑞昌桂林岗，则是有据可考的。据清代《江西通志》和《程氏宗谱》记载，程普于建安二十年病逝后，葬瑞昌桂林岗，《程氏宗谱》还绘有墓地方位图（墓地位于瑞昌桂林桥东南200米处）。明万历四十五年（1617年）和清咸丰五年（1855年），程普后裔曾两次在此处立碑，碑上刻有"大汉副都督亭侯程普公之墓"，但因年代久远及人为因素，原碑石已散失。

瑞昌桂林桥地处柴桑西隅。赤壁之战时，程普屯兵该地。传说某天一群红嘴乌鸦出现在程普兵营上空，旋即获赤壁战场捷报，程普大喜，因名此地为赤乌，这也是"赤乌"地名的由来。赤乌场，自然成了程普的福地。程普死后葬在福地，也是古人归宿的一种选择。

1986年，瑞昌县修复程普墓地，发现此处是一座空穴，这又给程普葬瑞昌说罩上了一层迷雾。不过，一座有近2 000年历史的古墓，因盗墓和自然因素的影响成为空穴，也是正常的事情。桂林桥是瑞昌南北交通的要冲，地形复杂。历史上，桂林桥东面水域宽阔，周边曾出土的100千克重的铁锚。桂林桥西接乌石河，两岸群山峻岭，林木茂密，雨量充沛。因山洪暴发，冲垮下游的桥梁、路基、岸堤的自然灾害无数次发生，三十年河东，三十年河西，千年堆积的泥沙，掩埋了历史真相。现在的桂林桥，未必是原来位置上的桥。因此，程普的墓茔成为一座空墓也就可以理解了。

天葬坟

在乐园乡南庄村黄塘自然村旁，乐园河流经黄塘村的拐弯处，有一山丘，接近顶部的凹处有一座坟茔，那就是"天葬坟"，墓主乃柯氏六房始祖柯南舜。在墓的身后，类似这样的山丘还有五六座，山与山之间欲断还连，仿佛一串珠子。后有山，前有水，而且避风，是个宝地，地仙称此处为"犀牛地"。

相传南舜公去世时，村民们将灵柩抬至村外，正待安葬，忽然阴云密布，顷刻间大雨如注，村民们只好回村避雨。雨停，村民们准备继续下葬，但见停柩处涌出一座土丘，棺木已被掩埋。村民们以为天意，遂把墓葬称为"天葬坟"。

自一世祖柯南舜始居黄塘七百年以来，双甽族中开枝散叶，人丁兴旺。如今已繁衍二十七代，人口近百万。每年清明时节，分布在省内省外的六房柯氏后裔纷纷聚集，共举祭祀活动，场面隆盛。

八里铺

八里铺又叫赛湖或丁家咀，与九江港口镇毗邻，以安定桥（原安城桥）为界，是瑞昌东大门。此地自古以来是兵家必争之地。早在元末明初，朱元璋与陈友谅在赤湖交战时，朱元璋就有数十条战船停靠在附近湖中。

传说朱元璋战胜陈友谅后，驻扎在湖西瑞昌的天嗣山上。一天朱元璋在大将邓勇的陪同下，视察瑞昌县城。朱元璋边走边琢磨，说："瑞昌是个好地方，靠山近水，将来大有可为。"邓勇便对朱元璋说："我们可以去找县太爷聊聊，看他有什么设想。"朱元璋正有此意。当他们来到县衙门口时，衙役不让他们进去。朱元璋说："不让我进去可以，请你通报县太爷，就说朱元璋求见。"县太爷姓周名长安，听说朱元璋求见，打开正门相迎。朱元璋在周县令的陪同下来到客厅，客厅有位客人连忙起身相迎。周县令介绍说:"这位是德化县(今柴桑区)张县令。"张县令连忙向朱元璋施大礼。谈聊之中,朱元璋见两位县老爷谈吐自如,是两个人才。

朱元璋想把二人带到身边听用。可两位县老爷却说:"到目前为止,瑞、德两县县界还没划好,等妥当了再去拜访大人。"朱元璋说:"县界之事很容易办妥,明天早上子时,你俩从自己的县城出发,走到相会的地点为县界。"周县令满口答应说这个办法很好。他心想:"德化县城在九江,中间距离70多里,走路,我只要走一半,县界比我原想的也要多,不吃亏,划得来。"张县令也同意这个办法,他心想:"人不能太老实,德化县城虽在九江,我可以从半路开始走,不能让周县令占我的便宜。"

翌日,周县令从瑞昌县城出发,走不到一个小时,在安城桥与张县令相遇。周县令心想:"我只走几里路就相遇,难道他是骑马不成,不然没有那么快。"可是他不知道这里的秘密:原来张县令昨晚就住在土巴楼(今柴桑区港口街镇茶岭村),只要走十分钟就到了安城桥。得知真相的周县令哭笑不得。张县令故意问周县令:"你走了多少路程?我俩相遇的地方叫什么地方?"周县令说:"大概八里之地,这地方就叫八里铺吧。"从那以后安城桥以西就叫八里铺了。

夫妻红豆杉

肇陈镇大禾塘茶园尖村有两棵1 300多年树龄的红豆杉,一公一母,人称"夫妻红豆杉"。

传说很早很早以前,一对久婚不育的柯姓夫妇从湖北大冶,来到远近闻名的茶园尖寺拜佛求子。并许愿只要能怀上孩子,愿在寺院里做三年义工。

第五编
第二十章　民间故事

第二年，这对夫妻果然生了一个大胖小子。孩子满周岁后，为了践行诺言，二人决定带着孩子再到寺里还愿。他们要求为寺庙打理茶园，打扫寺院，料理杂务。住持见二人情真意切，便为他们在不远处安排了食宿诸事。

这对夫妻日常除了干活和料理杂事，还懂得行医治病，尤其是小儿科和治蛇伤。村里没医生，他们为很多小儿治好了病。大山深处湿气重，虫蛇多，他们也为当地很多人治过蛇伤，深得周边人的感激。俗话说"百艺好防身"，这家人很快在此安下身来了。由于他们的到来，寺庙的香火也更旺了。

一晃三年时间满了，妻子又怀珠胎，要回家临盆。不料刚走到距寺庙不足三里路的茶园尖，妻子突然肚子疼痛难忍，只得在一个狩野猪的茅棚中歇息下来，最终平安地生下一个不足月的孩子。夫妻俩又喜又急，附近村民听说后，纷纷前来探望、道喜，各自送来柴米油盐。他们只得暂且在棚里居住，待孩子满月后再作打算。

孩子快满月时，当地村民都舍不得这对夫妻离开，就推荐了一个年高的长者来劝说他们留下来。因孩子的出生地在此，夫妻二人也想到这个地方的人性情忠厚，民风淳朴，也就有了在此成家立业的念头。

于是众乡邻帮忙他们砍树、打桩、割茅、搭棚、做家具、开荒地，一个新家就在这个叫茶园尖的地方建起来了。

由于夫妻二人勤恳踏实，为人和善，乐于助人，与周边人相处得非常友好。周边乡邻也从没把他们当外人看待。欢日喜庆，时头节尾，你来我往，亲如一家。

转眼间二十多年过去了，小儿子也成家了。又过了若干年，夫妻俩也老了。男的临终前，特别嘱咐儿子，要同乡邻和睦相处，多做善事。

第二年，妻子也后脚跟前脚地走了。遵照遗嘱，夫妻合茔，都葬在村口的大路旁。

乡邻为了纪念二老行善的功德，就在墓前栽了两株红豆杉，说是等树木长大后为两位老人遮风挡雨。说来也怪，这两株红豆杉居然是一雌一雄，雄的只开花不结果，雌的又开花又结果。

两株红豆杉越长越高，树冠遮天蔽日。一公一母，相互依靠，不离不弃。后来，人们就索性叫它们为"夫妻红豆杉"。

传说这两株红豆杉很有灵性。村里的大人小孩有什么头疼脑热的，在旁边上一炷香，烧几帖纸，洒几滴酒，病就好了。人们都说是两位老人在保佑一方平安。现在，为了保护名木，红豆杉周围做了围栏，也不准村民在树底下烧纸、上香了，但人们仍然像敬神灵一样尊敬和保护着这两株红豆杉。

何甫公

传说很久以前，洪下双溪畈有几位妇女在小溪里洗衣服，只见有一段樟木随水漂着在她们面前转来转去，她们就用棒槌把木头推开。可这段樟木一会儿又漂到她们身边来，如此往返好几次。其中一个妇人说："如果你真有灵气，就让我们用洗衣篮提一篮水。"说完，女人试着用竹篮提水，竹篮果然不漏水，大家惊诧不已。众人赶紧把这段樟木打捞上来，只见这段樟木上面有"何甫公"三个大字。

何甫公是宋朝初期赣州县令，本地何氏的祖先。大家看着这段奇木，纷纷说这是祖先显圣，遂一起跪拜。后经大家商议，就用此神木雕了一座何甫公神像。

村里人相传，何甫公像很灵验，当地百姓有危难的事，只要到何甫

第五编
第二十章 民间故事

公面前祷告，都能得到化解。此后族人就把发现神木的六月初二作为何甫公的纪念日。每年的这一天，何姓子孙和石洋庄柯氏族人等都来参加这个聚会。届时锣鼓喧天，铳炮如雷，仪式的最后一步是请何甫公神像到石洋泉洗澡，场面热闹非常。据传如遇天旱，何甫公洗澡后，天就会下雨，旱情即可解除。

徐勉摄

徐勉摄，号相若，乾隆嘉庆年间下南石壁人。他酷爱读书，不事生产，不问家计，家里人都很少能跟他见面。他晚年精研《易经》，能预测未来之事。73岁时，他干脆到石壁垴上"澹友轩"闭关研《易经》。

有一次，眼看一个多月父亲没回过家，徐勉摄的儿子就上山去看望。到屋门一看，门是反锁的，连连敲门，里面也没动静。儿子便翻墙进去，四下寻找也不见人影，只见书桌上有一张纸，纸上写了四句诗："踏破齐州九点烟，偶将花雨散诸天。而今不受虚名累，小证生初一笑缘。"又有两个联句："后夜月明谁识我，五云车上一如来。""骑着上天鹤一只，朗吟飞过撒金岩。"儿子打听到撒金岩在庐山，就到庐山去找。一天下午，他经过一座古庙，但见庙宇恢宏，金光闪烁，便鞠躬叩拜而入。在前殿外他见到一个木匠在做活，就告知此人父亲的样貌，问有没有见过这个人。木匠说："有的，在后殿。"儿子连忙去后殿，却见几十个人围坐在佛殿四周，个个都跟父亲的模样差不多，他到底也没认出哪个是父亲，只得闷闷不乐地出来。这时，他突然听到一声鹤的叫声，再回头一看，寺庙不见了，只见巨大的岩石上写着"撒金岩"三个大字。

十年之后，有位勉摄的朋友说在南昌西山遇到了他。朋友问他从哪里来，回答说"竹影"，又问到哪里去，回答说"大狼"，再问怎么渡海呢，回答说"有鹤呢"。朋友说，鹤在哪里呢？勉摄手指朋友身后说："鹤不就在那里。"朋友回头一看，哪里有什么鹤呀，再回头，连勉摄也不见了，能见到的只有路旁的树林和山腰的团团白云。当然这些都是传说，但当地人却都说得活灵活现。

胡绵珖

胡绵珖，武蛟北山胡家村人，秀才。自幼饱读诗书，壮年以授教为业，至晚年书理尚清，唯对世俗如痴如呆，引出许多笑话。

文雅骂街 一年时值灾荒，园中变瓜（南瓜）被偷，胡绵珖的老伴儿十分心痛，即要骂街消气。胡绵珖说："要说骂街你就不及我，少时把饭吃饱，看我狠狠咒骂。"饭毕他提醒老伴儿："我现在就要重骂贼人了。"只见他站在门前高处，清清嗓门，喊了起来："你们哪位小君子，即便摘了我家的变瓜去，你也不加油、不搁盐吃了。"骂完即转身回屋，心里得意非常，摇头晃脑地说："我叫他听了难过。"老伴儿哭笑不得，问道："你这样狠心出气，能保住园中的瓜不被偷吗？"他正色道："这已经骂得很过分了，你想到没有？我是把他比作猪，只有猪才不加油盐能食呢。"

夜煮生铁 当时钢铁稀缺，加工器具须自找废铁。胡绵珖见有铁匠升炉为人加工农具，也想打把菜刀，于是找来废镢头一个。铁匠说这是生铁，不能加工。他想，这有何难，拿回家后，用锅不停火煮了一夜。第二天，他兴冲冲地拿给铁匠。铁匠一看还是那玩意儿，说："老先生，昨天告诉了你，这是块生铁，没用。"胡绵珖反驳道："胡说，昨晚我不停火地煮了一夜，还不时翻动，你说还有哪里没有熟透？"

第五编
第二十章 民间故事

许仙庙

　　范镇东山村许仙庙，距今已有一千多年的历史，是南昌西山万寿宫的一所分支庙。相传在五代末至北宋初期（约951—960年），有一位道人在豫章万寿宫修炼，道人非常仰慕许逊（许真君）的治水功德，更是为了借助许真君镇孽龙治洪水、保万民平安的通天神功，晚年回到故乡特意修建了这座万寿宫支庙许仙庙。

　　到了南宋末年，当地一何姓人在京城为官，因遭奸人陷害削职回乡，从荆竹寺宅前迁往该庙附近。何姓人家世代行善积德，礼佛敬神，对许仙庙自是至诚至敬。鉴于原庙窄小、陈旧，何姓族长遂与其他诸姓商量，在原址上将该庙扩大规模重新修建。竣工后，新庙坐北朝南，整体结构雄伟壮观。

　　千百年来，朝代更迭，岁月流逝，许仙庙屡废屡建，饱经风霜，仍然香火不断。许真君的灵验更是流传着许多神奇的传说。

　　许真君有"天医大帝"诰封，精岐黄之术。他在修道的同时，行医济世，为百姓解除痛苦。传说早年，德安县荒山李家有一李姓商人，经常在叶家铺至瑞昌一带经商。有一次在途中突发搅肠痧，虽请民医刮痧服药，仍不见好转，生意的延误和身体的疾苦，使他忧心如焚。叶家铺的一位朋友告诉他，许仙庙的许真君十分灵验，何不去拜求菩萨乞得灵方。李姓商人将信将疑，在朋友搀扶下来到许仙庙，敬香磕头求得仙方，服下汤药，顿觉四肢温暖，精神渐爽。此后，李姓商人逢人就说许真君灵验。当地四乡八村的百姓，无论大人小孩只要有个头痛脑热，就会到许仙庙求拜，据说大多有求必应。一些病重小孩在服下许真君的灵方病愈后，还会拜许真君为"亲爷"。过去附近村庄里像这样的"义子"

就有一百多位。

民国三十年（1941年）八月十七日，驻扎在范家铺的日军黑田少佐带领一队鬼子，从良田畈塝上李村杀人放火后来到许仙庙。他们把东山何全村的男女老少都赶到许仙庙前面的晒谷场上，凶神恶煞的鬼子"叽里呱啦"地叫着，东西的两条进出路架着两挺机关枪，几个日本鬼子拿着火把正准备放火，一百四十多位手无寸铁的村民生命危在旦夕。传说在这千钧一发之际，突然从天耙山上滚来浓浓的黑云，随着一阵狂风，飞沙走石，将黑云吹到石马山，整个天空被黑云遮盖，如同黑夜。这时，只见夏家巷那一排大树梢上有一位身穿白衣，满头白发，酷似许仙真君的神人，拥簇在红旗丛中，神人长髯道袍，手执尘拂，直指日本鬼子，"轰轰"的雷声犹似许真君的呵斥声。众村民见状一齐跪下，朝西叩拜。只见黑云上的人影越来越大，越来越近，众人大喊："许仙真君来啦！许仙真君来啦！"日本鬼子想用机关枪向人群扫射，机关枪却哑了。日本鬼子见此情景，吓得目瞪口呆，又朝着天上的许真君慌忙开枪，可是枪怎么也打不响，吓得鬼子拔腿就跑。人们说这是许仙真君神灵显应。自此，与范镇街一河之隔的东山保（现东山村）再也没有日本鬼子敢来放火杀人了。

采莲船

相传很久以前，南阳河上有座连接南北的小木桥，由于年久失修，不能行人，严重地阻碍了南北交通，给百姓的生活带来了很大的困难。

一日，从赤湖上划来一条采莲船，船舱里有位年轻美貌的女子，手持莲花，十分妖娆。船头有位艄公在撑船，船尾有位船婆在摇扇。小船来到南阳河边的一座村庄，摇扇的船婆对岸上的人大声叫道："各位看

第五编
第二十章 民间故事

官,我们来自南海,我女儿年方二八,尚未许配人家,她一心想找有缘之人,请岸上各位看官相互转告,明日在此恭请各位适龄公子相会。"消息一传十,十传百,第二天看热闹的百姓蜂拥而至,成群的公子哥、阔少爷早早到此等候。采莲船也如期而至,船中的采莲姑娘更显得娇羞万分、楚楚动人。河两岸顿时哗声四起,特别是那些公子哥、阔少爷个个恨不得抢先抱得美人归。

船婆站在船头,开口说道:"岸上各位公子,今日只结有缘人,用金银财宝抛投给我女儿,如投到身上的,即为如意郎君。如未投中,也一概不退,只当送给我女作嫁妆。"说罢,将船移近岸边,船中年轻女子频频招手,岸上男子心驰神荡。一时间,金银财宝争相飞向船中,说也奇怪,就是投不中。

一连七日,金银财宝装了一箱又一箱,临到中午,船内年轻姑娘开口说道:"我是南阳河神,受南海观世音菩萨指派,到此筹钱修桥,解救南阳河两岸百姓过河无桥之苦,谢谢各位公子的善心。岸上的罗相师傅听着,着你负责修桥,修桥资金也交由你来管理,众人不得干预,否则观世音菩萨定不饶你!"众人无不惊奇,她怎么知道岸上有位叫罗相的修桥工匠?惊奇之余,一箱箱金银财宝飞落到罗相面前,罗相赶紧下跪:"观世音菩萨、南阳河神,我一定不辜负所望,尽力修好桥!"说完,只见采莲船与艄公、船婆、年轻女子化作一道彩虹飞向天边。

罗相修好了桥,在通桥庆典仪式上,他按心中记住的采莲船模样也做了一只船,让参加庆典的人扮成艄公、船婆和年轻女子,在鞭炮声中划起舞动,以此来感谢观世音菩萨和南阳河神。久而久之,划采莲船成为南阳河两岸群众庆贺新年、开张庆典等重大活动时颇具特色的民间舞蹈节目。

产家垅

　　古时，夏畈镇产家垅自然村的所在地及周边地带，有一个几百户的产姓大村庄。俗语说"林子大了，什么样的鸟都有"。村里有几个好吃懒做的混混，成天想歪心思，他们偷偷在村子东面的半山腰挖一个山洞造钱。这个洞现仍在，当地人称"造钱洞"，面积大概有十个平方米。过去用的钱都是硬币，如银元、铜角子、铜孔钱都是铸造的。产姓人仗着他们家族在县衙、官府有做官的撑腰，将造的假钱拿到社会上流通，严重扰乱了当时的市场金融秩序。这件事传到京城，当朝皇帝立即差人彻查此事。经查访，此事确实存在，但当地无人认罪，还驱赶查访人。差人将这件事如实禀报皇上，皇上动怒了，你一个区区几百户的村庄竟敢与朕作对，我就要你全村付出血的代价。因此下令斩尽杀绝。

　　如何将这个几百户一千多人全部处决，而不牵连邻村民众，皇上及大臣们想了个办法。先是派人到产姓及周边其他姓氏居住地放风说，这个造假钱的事经查，确实不是产姓人所为。所以，除开产姓外，其他姓氏族人都有嫌疑，要全部处决，一个不留。因此，其他姓的人闻听后在一夜之间都跑个精光，只有产姓人幸灾乐祸地待在家里。

　　第二天，皇上派来重兵围住产姓全村，将所有人集中到一起处决。只有一个人在外探亲，侥幸躲过，后来他不敢回家，流落到安徽落业。产家垅村庄虽灭，地名至今仍在，所以此事或许有几分真实。据说，这个大难不死逃脱到安徽的产姓人，现已有几百名后人。1965年，此人的后人还到过夏畈寻根问祖。

第五编
第二十章 民间故事

都天庙

夏畈村石溪冲后山,有一座庙宇叫都天庙,庙中供奉的尊神叫都天大帝。

相传很久以前,不知是何缘故,石溪冲村里接二连三地死了七个小孩,全村人恐惧万分,在悲痛之余也在千方百计寻找原因。一天,

都天庙

正当全村人对此事议论纷纷的时候,有一位教书先生模样的人经过村口,在水井旁休息。一阵阵撕心裂肺的哭声惊动了他,他起身询问,当听到这件耸人听闻的怪事后,他也感到十分惊讶,便细细地分析死因。他想,如果是食物中毒,这七个小孩又不是一家的,再说,不可能七家人都有同样有毒的食物,那只有一种可能——水。他随后问村民:"你村中有几口水井?"村民说只有一口水井。先生听完后说:"极可能是这口水井的水有毒。"他随即解释道,"这七个小孩分别是七家的,不可能同吃一锅饭菜,但他们却是同饮这一口井的水。当然这口井的水不仅是他们七个小孩喝,但人的抵抗力有强有弱,他们都是几岁的小孩。大人的抵抗力虽然强一些,但饮多了同样会中毒。死去的人已无法挽回,现在关键是要救活人。从现在起,这口井的水不能再用了。"说完,他死死地盯着这口井。有些无知的村民认为一个过路的陌生人的话不可信,还是担着水桶到此井里挑水。这位先生又说又拦,反复多次,看实在拦不住了,他一头栽进水井里。

这井里淹死了人，村民自然嫌水脏，就再也不用这口井的水了。

这位过路的先生死后不多日，据说石溪冲很多村民都亲眼看到水井里有一个像神仙模样的影子腾云驾雾飘向天空。原来这位先生是神仙下凡拯救黎民的。后来石溪冲村民为了感恩，纪念这位不知名姓的先生，在本村后山正中部位为其修造了一座庙，取名都天庙，并把这位大救星称为都天大帝，一代接着一代供奉。

花园墩

传说明初永乐年间，德安的居民为避战乱纷纷北迁到瑞昌定居。在移民大军中有一户姓何的人家，当他们走到夏畈铜岭脚下时，突然扁担断成了两截。何家大伯放下行装，四下张望，只见前方有一个大畈，沟渠交错，中央一口池塘，荷花含苞待放。畈前有一条小河，河岸柳树成荫。何家大伯喜出望外，认为这是老天爷提示他们在此安居乐业，他当即吩咐家人就此安顿下来。

这儿为什么叫花园墩呢？说来说去还跟这位何姓的大伯有关。当年他在此处见到迷人的风景后，忍不住赞叹说，这儿像是人间花园，所以这片畈地便被叫作花园畈。花园畈地势低洼，每当洪水泛滥的季节，四周成了一片汪洋，唯独花园畈上有一个高墩耸立于汪洋之中，花园墩因此得名。

据老辈人说，往年洪水过后，大地一片狼藉，老百姓颗粒无收、怨声载道。此时，住在花园墩上的何姓家族族长便吩咐家人开仓放粮，接济灾民。不幸的是，在光绪十七年（1891年）春上，由于倾盆大雨下了几天几夜，引起山洪暴发，也淹没了长久以来未曾遭受洪灾的花园墩，住在墩上的百来户姓何的人家被卷进恶浪之中，唯独一个男童碰巧抓住了一块木板，被大树挂住，待洪峰退去，方才留得性命。何氏因此在当地成了小姓，但从未断脉。据说此后何氏后人七月半祭祖的当晚还能看见墩上有莲花升起。

花园墩现已成为夏畈镇政府驻地，碧水粼粼的南阳河穿镇而过，新盖的楼房林立两旁，更显此地的秀美繁华。

横立山

话说很久之前，有一个得道的仙人，挑着一担装满东西的箩筐，从西向东行走。不知走了多少时日，最后他在湖北省阳新县枫林镇境内的"仙人脚迹"处放下箩筐休息。这一歇息可不得了，两个箩筐忽然变成了两座高耸入云的大山。东面一个箩就是现在的鸡笼山，装着一笼鸡；而西面一个箩就是现在的坡山，装满一仓谷。而放在一边的扁担，就成了现在横在东南面的山，就是横立山，整座山头绵延十几千米，全境面积54.1平方千米，住着上万人，有五六十个自然村。

听老人说，鸡笼山时常有鸡出山啄谷吃。另外，坡山还有一奇说，有一老实巴交的老农上山割茅，发现石壁的石缝里，有谷物源源不断地涌出，他连忙脱下裤子和褂子来装稻谷，又生怕别人发现这个秘密，于是随手割了一把茅草把出稻谷的石缝挡上，然后回家。可是第二天他带着老婆挑着箩筐再去找这个地方，就找不着了。

九龙厅紫荆梁

瑞昌有一个充满传奇色彩的村庄，古地名叫"倒插樟"，它就是现在码头镇翠林村的张家湾村。张家湾东濒碧波浩渺的赤湖，西连九界公路通江岭，南邻翠林村，北依码头镇，是被古人称为"二龙戏珠"的风水宝地。

据载北宋张载九世孙张经，自元大德五年辛丑（1301年）由黄州府广济县仓头埠徙居瑞昌金城乡倒插樟村，之后张经之子张万一又于元至治二年壬戌（1322年）由倒插樟迁往通江岭张家湾定居。

张家湾村六世祖张秉德，字永能，身材伟岸，气宇轩昂，登进士第，官至南京留守，兵部侍郎。成祖迁都北京以后，张秉德统管江南九省军政全权，曾随三保太监郑和出使西洋，造访南洋诸国，获赠紫荆木一根，运回故里珍藏。他后因与权臣严嵩政见不合，为紫荆木一事，遭贼奏本，被革职还乡。

传说张秉德曾孙张雄飞、张鸽飞兄弟二人文武兼济，非等闲之辈，对太爷爷的遭遇耿耿于怀，深恨朝廷不明，于是共谋为六世祖报仇，便大肆招兵买马，日夜操练。有一天，一位道翁手上提着一只小木箱，来到了张家湾老屋场，东一瞧，西一望，口中赞道："此乃龙盘虎踞之地也，妙哉！妙哉！"兄弟二人见状，急忙迎进府堂，询问再三，得知来者姓张名通玄，乃同宗共族之人，能知天文地理，通八卦易经。兄弟二人甚是喜欢，将其奉为座上宾。一餐佳肴过后，道翁捋手言道："你这府堂匾额之中有一宝器，可成妙用。"说完从口袋中掏出了一纸驴，又将随身带来的小木箱一并送与二兄弟，并叮嘱道："此箱不到万不得已，切莫打开，切记！切记！"说完便扬长而去。兄弟二人心中暗喜，此乃神人点化，必成大事。便去到府堂到匾额中取那宝器，原来是一把闪闪发光的金剪刀，二人又看了看手中的纸驴，心中明白，信心大增。他们一边整军备马，一边开始建造九龙厅，用家中珍藏的紫荆木构架九龙厅大梁。在上梁之时，突然天空一片漆黑，当紫荆梁上好之后，天空万里无云，但有一块形状似一只黑狗的乌云浮在九龙厅紫荆梁的上方，大厅后半重

第五编
第二十章　民间故事

云遮雾绕，宛如仙境一般。兄弟二人面对此情此景，亦喜亦忧，喜的是神灵相助，大事可成；忧的是过于张扬，恐生事端，便令工匠将九龙厅的后两重砌墙关闭了。

再说二人有一小妹，名叫云飞，每日三餐为二位兄长送饭、送茶，却不知兄长所做何事，心中疑惑不已。一日，云飞送饭，上得魁楼，但见楼阁之中摆满了十多只大木箱，心中诧异。恰巧二位兄长不在魁楼，出于好奇，云飞逐个掀开了箱子，只见满箱皆是纸人纸马，都在微微抖动似欲蓄势待发，吓得忙下魁楼，溜之大吉。顷刻间，天空浓云翻滚，狂风大作。纸人纸马从天井随风飞上了天空，似天兵天马遮云掩日，排山倒海而来。金城百姓惊恐万分，不知所措。此事惊动了神农雨师，急忙下了一场红雨，将纸人纸马陷入污泥。瑞昌县尹和各地乡绅纷纷联名上书朝廷，奏查此事。皇上便派钦天监查看天象，发现南方天象紊乱，似有谋反之嫌，便派密探，暗察江南。

一天，又有一道人来到张家湾老屋场，一见九龙厅建筑，便端出罗盘，口中念念有词，突然大声说道："此地二龙戏珠，左青龙，右白虎，前朱雀，后玄武，乃出天子之地也。"兄弟二人一听此言，心中大惊，便小心翼翼将道人迎进了府堂，再三请教。道人告之："汝等有两桩凶证，务速决断。一是天井上空有凶神遮掩，二是大门字向有一字之差。"兄弟二人闻之似觉有理，上次纸人纸马夺井而飞，莫非是天井上空黑云作怪，这次莫非又是仙人来指点迷津？于是他们信以为真，叫来铳手，将黑云驱走，一铳响后，只见一黑狗钻入云中，顿时九龙厅后半重也烟消云散了。兄弟二人又叫来工匠，重架大门，道人上得牌楼，端出罗盘，调整字向。下楼时只见关闭的后厅堂乃是武器库，刀光剑影，便下了牌楼，收拾行程，告辞而去。

原来这道人乃是皇上派的密探，回到京都把真情一一奏上。皇上便派督军责令江西九江府火速出兵，于五月端阳夜将张家湾团团围住。兄弟二人见大事不好，急忙打开通玄先生赐予的小木箱，只见里面一把剃刀，一纸文字锦囊，两件珍珠袈裟，如是令家将火速将家中的金钱细软埋入地下（传说有三缸金、三缸银），选一百名骠骑兵携亲眷杀出重围。兄弟二人却扮成僧人模样，剃了头，身着袈裟，大摇大摆地在官兵的眼皮底下溜走了，按通玄道人锦囊所指方向，逃往陕西省延安府米脂县而去。那里方圆一百多里全部为张姓，官兵攻打不进。据说明末清初的农民起义军首领张献忠是其后代。

话说回头，官兵焚烧了九龙厅，将紫荆梁抛入了门前的老屋水塘中。在二十世纪七十年代后期，农村大搞积肥运动，张家湾老屋水塘挖泥时还真挖出了一根烧焦的大梁，同时还挖出了金杯玉盏、金鱼等宝器。看来，这个传奇故事还有一定的可信度。

雷打坑

南义覆盆山上有两个自然村，东边是瑞昌南义镇界首自然村，西边是武宁上庄自然村。界首村为陈姓，上庄村为熊姓。两村户数人口基本上差不多。相传很久很久以前，两姓村庄为了争水、争土地、争山场多次发生纠纷，动枪论武，互不相让，引起多次械斗，双方均有伤亡。有的人因打死人吃了官司，被关进死牢。从而两村庄结下深仇。

有一次为争夺山场，双方暗地准备了锄头、鸟铳、斧头等工具作武器，蠢蠢欲动。即将爆发械斗之际，突然狂风大作，天昏地暗，雷电交加，双方惊慌失措。只听"轰隆"一声巨响，覆盆山从山顶至山脚炸出一条深深的壕沟。大家都认为雷打坑是天意，神灵昭示，不可违背，

第五编
第二十章　民间故事

就以此壕沟为界，东边山场归界首村，西边山场归上庄村。两村民众认为，如再记仇结怨天理不容。从此双方和睦相处，成了友好邻居。

南泉洞

南泉洞坐落在花园乡南山下自然村西南方向约六百米左右的半山腰，是一个敞开式的石灰岩溶洞。洞内敬有洞主惠尊人、观世音菩萨、地藏王菩萨、梅山福主、梅仙福主等许多神像。洞口往南约七十米还有一个溶洞，当地人叫泉水洞。洞内有一股清泉终年不歇，冬暖夏凉。民间有探险者进去探洞五六个小时都没有走到尽头。

南泉洞与泉水洞相通，传说每年夏天常有龙进出，每次龙进出就会风雨大作，给当地带来自然灾害。洞主惠真人就用所练道法将通往泉水洞的通道堵起来，自己坐镇洞口，不让恶龙出来肆虐，残害百姓。不想这边洞口堵住了，恶龙又从南泉洞口出来施风喷雨，继续糟蹋庄稼，人们深受其害。惠真人为彻底制伏恶龙，安抚一方百姓，特地请来了同门高人梅山、梅仙弟兄二人。两人登坛作法，站在出水洞口上方，梅仙用脚一蹬，洞口上方巨石崩塌下来将洞口堵死。从此恶龙再也不能出来危害地方了。

南泉洞众神的灵验还真有人传得活灵活现。据在世的老人说，抗日战争时期，有一年夏秋大旱，田地干裂，庄稼焦枯，大家都渴望老天爷能降下一场甘霖。但是每天晴空万里，热浪肆虐。眼见庄稼一天比一天枯萎，族上有威望的老人便组织人们到南泉洞求雨。淳朴的人们虔诚地跪在神龛前作揖打躬，祈祷龙王如期降雨。跳神的马脚徐维煌说："大家别急，洞神预告第三天有雨。"到了这天上午，时任本乡日伪保安大队的大队长王武耀，听说南泉洞在求雨，带着一部分耀武扬威的伪军去看热闹,当听说洞主准了今天有雨,但仰望天空却没有一丝乌云,他心中冷笑,当着洞中诸神像就骂开了:"你们这些个花木头,今天要是不落雨,我就把你们绑了!"跳神的马脚反问道:"要是有雨呢?"王武耀回道:"要是能落下雨,我就和我手下的兵在雨里淋,随便多大雨都不躲雨。"求雨的法事继续进行。这时南泉洞对面大力山顶有一个小红点,慢慢向南泉洞方向飘移过来,越向南飘红点越大,初时有碗口大,飘到两山天空中间位置时,红点变成了黑云,再往南泉洞方向飘,黑云变成了墨云。跳神的马脚离开神坛来到门前空地,跳得非常起劲,口中念念有词。跳了几圈,他仰头望向墨云处,左手并拢四指,伸出中指呈钩状向下一拉,雨点就下来了。再拉一下,雨点就密起来,再拉第三下,瓢泼大雨顿时笼罩了天地山川。王武耀及手下不敢食言,乖乖地站在雨里,一个个成了落汤鸡。

吴茱萸

春秋战国时期,有一年吴国派使者将吴茱萸(别名腊米)作为贡品送往楚国,楚王见是山中野果,大为不悦,不听吴国使者解释,将其赶出。楚国有位精通医道的朱大夫,追出去留下了吴茱萸,并种在了自己的院子里。有一天,楚王受风寒引起旧病复发,胃痛难受,诸药无效。此时朱大夫用吴茱萸煎汤,治好了楚王的病。当楚王得知情况后,立即派人前往吴国道歉,并号召楚国人广种吴茱萸。

某年,吴国名医吴正山跟一位地理先生勘察风水来到横立山,见此处地理位置好,便在此定居下来,边种植吴茱萸边行医。一年冬天,天寒地冻,大家都冻得受不了,有一位朱姓孕妇,因贫困无棉衣过冬,身子冻僵了。朱家派人来向吴正山医生求救,吴正山用吴茱萸煎水让孕妇一边喝一边泡身子。由于该药既祛寒保暖，又安神保胎，很快孕妇的身体得到了恢复。第二年的春分时节，孕妇产下了一个白白胖胖的男婴。因是喝吴茱萸草药保的胎，朱家人就为孩子取名为朱萸萱。由于吴茱萸对有关疾病有显著的疗效，因此横立山人一直保留种植吴茱萸的习俗。

马鞭解心结

传说古时肇陈有一妇人，人称贤娘。她三十出头，姿色出众。其丈夫本分实诚，由于身材矮小、壮实，村里人都叫他门墩。对于这对夫妻，旁人总有侧目。虽然门墩少有风情，但也知冷知热，夫妻十多年和和睦睦。

本村经馆王先生，一日路遇贤娘，但见贤娘似照水芙蓉，余霞成绮，朱唇皓齿，艳如桃花，不禁脱口而出："真美妇也，只可惜一朵鲜花插在了牛粪上。"言者随意，听者留心。自此，贤娘对丈夫门墩的鄙嫌溢于言表，家庭生活常有不快。

经馆王先生听说是由于自己出语不慎而造成贤娘夫妻不睦，深感愧疚。一日，贤娘在河边洗衣服，经馆王先生骑马来到贤娘身边，一挥手，故意将马鞭甩到对岸的烂泥田里。然后不脱鞋袜，直奔烂泥田捡回马鞭，弄得半身泥泞。贤娘见状一脸愕然，问道："先生文化人，何如此不顾整洁？"王先生凝重地回道："马鞭虽小，傍身多年。"贤娘顿时省悟：丈夫虽老实，但对自己爱护有加，十多年夫妻体贴入微也是难得。自此，她的心结化解，夫妻恩爱如初。

阳伞树

夏畈大屋陈有一棵大樟树，大家称其为阳伞树，这棵阳伞树少说也有四五百年的树龄。据说这棵树下曾经发生过一段感人的姻缘故事。

阳伞树附近住着一个单身青年名叫海子。海子从小父母双亡，跟着堂叔一起过日子，自己住在父亲留下的一间小屋里。一天晚上，他在床上翻来覆去睡不着，这时隐隐约约听见一个姑娘的哭声，于是海子从床上爬起来，喝了两口酒，壮起胆向阳伞树靠近，远远看到树下有一个蓬头垢面的女人，海子大声问道："你是人还是鬼？"姑娘停住哭声，只是静静地坐在那里。海子借着微弱的月光慢慢地靠近树底下，看到一张清秀的脸蛋。海子上前询问道："你从哪里来，在这做什么？"那个姑娘回答说："我是从湖北逃到这儿，实在走不动了，就在这休息，刚才哭是因为自己逃到这儿不知何处落脚，伤感而哭。"姑娘姓赵，叫赵秋，是湖北阳新人。赵秋从小丧父，母亲改嫁，继父是一个好吃懒做还好赌的人。输了钱就将她偷偷地卖给当地一个富豪做儿媳。谁知其子是个痴呆，赵秋几次欲逃未遂，反遭毒打。她被关锁几天几夜，幸好被附近的好心人发现并搭救，脱离虎口逃到此地，又饿又渴实在是走不动了。海子听到这里赶紧回家拿了点吃的、喝的给姑娘。姑娘感激不尽，连声感谢。海子问："你现在有什么打算？"她低头不语，又哽咽起来。海子心里明白这姑娘举目无亲，又不能投靠自己熟悉的人，怕连累人家，海子认为这是个千载难逢的良缘，就把自己的实情跟姑娘说了："我一个人生活，无父无母，若不嫌弃，与我结伴如何？"赵秋偷偷瞧了海子几眼就应许了。

海子激动地对着姑娘发誓："让阳伞树作证，我要一心一意对你，不离不弃，好好过日子，做个好男人。"姑娘也随之表态："以大树为证，以月为媒，我要做个好媳妇，永不变心，白头到老。"就这样两个苦难人结成眷属。婚后生下三儿三女，一家人过着幸福的生活。

第五编
第二十章 民间故事

张良赤湖传奇

传说留侯张良游赤湖时,见碧水荡漾,烟波浩渺,千点渔帆,万家灯火,张良满心喜悦,不愿离去,便在赤湖西北之滨的金城乡(今码头镇)下石保,开设文堂学馆,在当地招收了36名弟子,为金城培育良才。

一日,值端阳佳节,龙舟竞渡,先生出外会友,留下学童自娱。湖面微风拂拂,远处鼓声咚咚,学童们循声结伴来到湖边,只见湖面上游来了一只大龙船,龙船靠岸,学童好奇,

倒插樟

蜂拥上船。须臾,龙船向东游走。正在此时,张良回到学馆,只见堂上空无一人,不知书童所踪,心急如焚。他四处寻找,来到湖边,见一龙船在湖面上游动。定神一看,乃是下石保泉中的泥蛇精所变,趁五月端阳,龙舟竞渡,化作龙船,乘机作乱。张良便飞身跑回学馆,拔出宝剑,紧紧追赶。追至落鳞塘,张良猛刺一剑,击落碗口大蛇鳞一块,飘落在水上,寒光闪闪,落鳞塘因此得名。龙船逃至周家门口闵家垅水域,妖蛇开始吞食书童,张良穷追不舍。龙船绕过重阳咀,欲从里湖逃向外湖,由于严家桥太低,挡住水路。龙船只得折返荷花湖,经柯家咀觉天寺,想从朱家挡夺旱路逃入密林之中。岂料,却遭一道牛栏闩挡住,龙船又折返,顺荷花湖南岸向东逃逸。这时龙船逃到桥头边水域,张开大口,气喘吁吁(龙船咀因此而得名),眼看被张良追上,龙船现

出了蛇妖原形。蛇妖择旱路逃到黄家地界，张良箭步向前，将蛇妖一剑击毙，破开蛇腹，救出了36名书童。只见书童们面色铁青，不省人事，便逐个放在地上经受阳光浴晒，以期救活他们，此地因此得名破蛇晒。无奈五月太阳的温度热力不足，难以奏效，张良只得抓紧时间，就近将弟子们送到觉天寺，采用七日七夜熏蒸法施救，一切的蒸法技巧全权委以觉天寺娘娘负责。开始娘娘不敢懈怠，日夜不眠，恪尽职守。一日两日尚好，三四天困倦，五六日筋疲力尽，不觉神情恍惚，意识模糊，忘了添柴。熄了炉火揭开笼盖，只见书童们一个个笑容可掬，似欲复活之状。娘娘急忙盖上笼盖，继续添柴加火，殊不知，娘娘此举破了法，导致前功尽弃，36个弟子一命呜呼。之后觉天寺一侧室供奉有36个弟子牌位，觉天寺因此又称弟子庵。此时，张良身挂宝剑，游访武山道观而回，惊见娘娘破法，弟子殒命，怒发冲冠，随手拿起了一根樟树拨火棍，欲打娘娘。但娘娘轻功了得，夺门而逃，张良急追，至龙井湾，娘娘一个箭步上了石盘山，张良紧跟其后，一杖击去，折断小半截，树杖倒插入土，长出了一棵倒插樟树。娘娘飞过十甲，经艾家塝、鲁家塝，来至樟树埂（一说在大房张）。张良实在是追累了，握杖拄地喘气，谁知树杖落地生根，拔之不起，又长出了一棵倒插樟树。娘娘见张良百般不饶，只得逃回学馆住地觉天寺，取出珍丝宝衣，带上金簪玉坠，继而经过牛头山、通江岭、封门口，逃到了下元柏林地。张良追到柏林地，一剑将娘娘刺死，就地安葬了娘娘。据说，娘娘坟里经常有一道红色的水线流出来，乃是娘娘的血水，永不干涸。

再说36个学童殒命，张良万分悲痛，作赋追思，祷告上苍，四处择立坟茔，设立36坛，主坛设在樟树埂，分坛分别设在下元、上元、三眼、禁地、港埂上等地。

第五编
第二十章 民间故事

龙切崖

肇陈有个崩山村，对面山从半山到山脚有一处宽约200米、高约100米的陡壁悬崖，形如刀切，当地人把它叫"龙切崖"。

提起这龙切崖，当地流传着一个神奇的传说。很久以前，这里群峰环峙，溪谷幽深，青山绿水。山脚下住着一户单烟独屋人家，有婆婆、儿子、儿媳三口。婆婆为人厚道，乐于助人，来往客人借宿，她热茶热饭招待，人家有啥困难，她解囊相助。住的虽是单家独屋，而她贤淑的美名广为传扬。

婆婆早年丧夫，含辛茹苦把儿子拉扯大，倾尽所有，为他娶了个媳妇。也是婆婆命中只有吃苦的份，媳妇人长得倒还不错，可是"外面溜溜光，内面一包糠"，心地狠毒，好吃懒做，搬弄是非，大逆不道。一进婆家门，就把婆婆视为眼中钉、肉中刺。说话碍着她，吃饭多余她。儿子被"枕头风"一吹，对亲娘也不孝敬了。老婆婆觉察到，小两口在一起有说有笑，只要她一走近，一下子就像寒风扑面，冷了场。

一天，婆婆坐在外屋灶下刚要端起一碗媳妇打发的干薯粒茶，一个蓬头赤脚、破衣烂衫的讨饭老头走了过来。婆婆看见这个可怜的老人，二话没说，就把仅有的一碗干薯粒茶送到讨饭老人手中，这位讨饭老人也没说一声多谢就吃了。

讨饭老头吃完一碗干薯粒茶后，又向里屋走去，只见她儿子和媳妇手中端的白米饭，桌上摆的是鲜嫩的笋片和一碗鸡蛋汤。

"哪里来的疯老头，跑到我屋里干什么？"媳妇一见这讨饭老头就恶心，连忙端起饭菜碗侧身躲避，嘴里怒冲冲地问。"好后生，积积德吧，我是讨饭人。"老人央求着伸出手中的碗。"今天给了你吃，明天你又会来，你这号人是牛皮疮——粘不得。"儿子边说边把讨饭老头推出了里屋。讨饭老头来到外屋对婆婆说："好心的老婆婆，你儿子和媳妇这样虐待你，我已看在眼里了，我没有什么感谢你，只有一块鳞片送给你。以后，要是你肚子饿了，就拿出来往手心一托，你就会有好东西吃的，但千万不能让你那儿子和媳妇看见了。"说完这个讨饭老头飘然而去。

原来这个讨饭老头乃是东海龙王所变。他云游四海，到此地听说这里有一位贤淑好心的老婆婆，受到大逆不道的儿子和媳妇的虐待，今日特来试探虚实。为了感谢老婆婆的一茶之恩，他忍痛在自己身上剥下一片龙鳞送给老婆婆。

这一年的春节来临，媳妇摆着脸色对婆婆说："你儿子春节后要做一套新衣裳，三天内，你要织好一丈五尺布。"随即回到自己房内量好两升干薯粒和一碗干豆角，连油盐也没给，往灶台上一放。说："这是你这几天的粮食，吃不了就给猪吃。"说罢，小两口就挑着阉鸡、花生、糯米酒，锁上房门，高高兴兴地到娘家过年去了。

三朝年过完，儿子和媳妇回来了。快到家门口，媳妇对丈夫说："咱们不要说话，脚步也要走轻，看那老不死的是在织布还是在睡觉。"儿子点头称是。儿子和媳妇轻手轻脚走到窗口往里一看，不看则可，这一看使得小两口大吃一惊。婆婆正手托鳞片，只见鳞光闪闪，一会儿，一碗山珍海味的佳肴就端在了婆婆手里。

看到婆婆有这么好的宝贝，小两口巴不得立时拿到手，他们快步冲进屋内，从婆婆手上夺去了大碗。婆婆知道大祸又要临头了，连忙向儿子和媳妇投去央求的目光。

"好啊，你这个老不死的，你对儿子和媳妇还留有二心，我们每天粗茶淡饭，你却瞒着我们独享山珍海味，难怪你至今不死。现在，你这

第五编
第二十章 民间故事

宝贝也该我们用一用了，从现在开始，干薯粒也没得吃，饿你三天，看你死不死。"媳妇不由分说，就像放爆竹似的把婆婆痛骂了一顿。

"这宝贝实在不是咱们家的，是上次那个讨饭老头送给我的。"婆婆只得说出实情。"啪"一记耳光扇在婆婆脸上，"你还撒谎，讨饭的老头哪来的宝贝，他有这样好的宝贝还讨什么饭？"儿子发怒了。

"别跟这个老不死的说了。"媳妇拉着丈夫的手就往里屋走。原来媳妇把这个宝贝抢到手后，就迫不及待想品尝山珍海味。来到里屋，小两口看着宝贝，心里乐开了花。心想，如今有了这个宝贝，可以天天不干活，餐餐吃佳肴了。可是，这宝贝到了小两口手里，不论怎么摆弄，就是变不出山珍海味来。媳妇一气之下，把鳞片砸碎了。

阳春三月的一天早上，天刚蒙蒙亮，婆婆起来做饭，在舀水时，她发现水缸边长出一只竹笋，她怕竹笋干枯了，好心地浇了一些水。太阳出山了，小两口才起床，儿子见了竹笋，认为鲜嫩的竹笋正好下酒，就拿来锄头挖笋子。说来也怪，地面就像钢板一样，任他怎么用力，只见锄头口火星四溅，却不见地下动一分。于是他把锄头一抛，便动手拔起来，可任他怎么使劲，就是拔不动。媳妇见状，舀来开水，想把竹笋烫死，淋了几次，竹笋竟蔫也没蔫一点。不一会儿，竹笋突然不见了，地上也没留一点痕迹。

就在这天晚上，快到半夜时分，小两口正在做着甜蜜的美梦时，而老婆婆还在微弱的油灯下纺纱。这时，天上乌云翻滚，狂风大作，电闪雷鸣，飞沙走石，下起倾盆大雨来了。突然，一只白狗窜进屋里，衔起一枚纱锭就往屋外跑。少了一只纱锭，老人免不了又要挨骂了，无奈老婆婆跟跟跄跄赶出门外去追这只狗。由于天黑路滑，老婆婆跌了好几跤。按理说，这只狗早就应该跑得无影无踪了，可狗始终只离老婆婆丈

551

把远，老婆婆跑快点，狗也跑快一点，老婆婆跌倒了，狗就站着等一下。老人借着闪电的光亮走了里把路，只听见"轰隆"一声巨响，地震山裂，巨石从山上滚滚而下，老人的房子倒塌了，小两口也被巨石深深地压在了地下。

从这天起，这里就出现了一块巨大的陡壁悬崖。老人们说，山崩了，是那对大逆不道的儿子儿媳虐待婆婆，激怒了东海龙王。竹笋是龙王伸出一只龙角再次试探他们，进一步证实小两口心肠歹毒，遂决定给予他们惩罚。因此，巨龙从这里飞过，把半边山切了下来，所以人们把这里叫作"龙切崖"。

茶辽村

乐园乡上源的茶辽自然村，据说早先有一百余户，出门在外号称"十八把扇子（指摇蒲扇的官宦）"。后来衰落了，即使是盛时也不过四五十户人家。

据传说，某年稻谷收获的农忙时节，一农妇在家门口扇谷，这时来了一位衣着平常的老者向这位农妇讨水喝。农妇正忙得不耐烦，就没好声气："你这老汉真不懂事，热水要人烧，冷水要人挑，你看不见我正忙吗？去别家吧。"老者不急不怒，和颜悦色地感慨说："有男人在家多好啊，你想你男人回家吗？""如何不想？"农妇手不停地扇谷，头也不回。老者微微一笑，走了。

老者立在畈上望着河南岸诸峰的山势，点了点头，就向河对岸的一个地方慢慢踱去。南山群峰如聚，自古有"公象赶母象，狮子抬头望"的说法。老者现在站立的地方叫作"象鼻卷草"。他不知从哪里弄来一把锄头开挖起来。那地方被周围的茂林密草遮掩，不走近，谁也发现不了有人在干什么。过了一晚，天明时老者发现挖开的地方已被恢复如初，连续两次皆是如此。老者奇怪，弄来一只大木桶，藏在里面。到了夜深人静时，他忽然听到外面许多人在走动。只听他们议论说："日间一人挖，夜里万人平；不怕桐柱钉，只怕狗血淋。"老者大喜，照此行事。不久，此地外出讨生活的人教书的失馆，求学的辍学，为官的罢官，经商的亏本，纷纷回家务农，村子从此衰败了。传说那老者是个地仙，由于讨水喝遭冷落，他挖断了村子的龙脉。

六毛

相传乾隆年间，码头镇有个人叫六毛。他家底富足，但本性不善，喜与人口角，经常口出狂言，因他的身材矮小，与人一动手便吃亏。他在儿子十二岁那年，不惜资本，到江左请一位民间武术高师，来家里专门教儿子习练武术。

这位武师姓吴，武术功夫过人。周遭的人得知六毛请了这样一位高师为儿子传授武艺，个个都有怯惧的心理。六毛待吴师傅每日酒肉佳肴，盛情相敬。吴师傅悉心教导，六毛的儿子起五更，睡半夜，冬练三九，夏练三伏，功夫日渐见强。三年过去了，吴师傅叫六毛的儿子把习练三年来的所有拳术，练给他的父亲看看。六毛看着自己儿子的拳步，上下左右，招前顾后，攻防架打，虎虎生风，心里着实高兴。师傅走后，六毛的儿子继续每天在家习练拳术，从不间断。此后六毛日益骄横。

一天，一个外地壮年男子，路过六毛庄前，因口渴想讨杯水喝，歇息一下。六毛不但不给水喝，就连凳都不让坐。过路男子觉得这家人好生不讲礼，嘴里说了句"贫地无贤达"。六毛听了不服，认为你这过路人，岂敢在我门前撒野，便叫儿子同他一起来到村前稻场上，不由分说，上前就动手打那客人。客人见有人打他，将身一闪，躲过一拳。六毛见一拳没有打着，喊声"都跟我上"，那些家丁一拥而上，只见那客人不慌不忙，左躲右闪，前遮后挡，众人纷纷倒下。六毛从地上爬起来，见他的儿子在道场的另一边，一来一往，上下左右，翻腾跳跃，嘴里不停地吼着。六毛对着儿子喊："快过来呀，帮我重重地打这家伙！"他的儿子在那一边，气喘吁吁地说："我是在这里打呀，他没有到我的手上来！"众家丁从地上爬起来，看着六毛的儿子在那一边冲拳跨步，搅得尘土飞扬，异口同声地说："你这个窝囊废，练了这么多年的武功，居然是这样无用。"六毛气急败坏，上前朝着儿子的脸上一巴掌打过去，他的儿子正在那里摆弄拳术，眼前见有巴掌过来，左手一格挑，右手冲拳一击，正好打在六毛的胸前，只听见"嘣"的一声，六毛朝后退了几步，仰面朝天"咣当"倒在地上，手捂胸前"哎哟，哎哟"地痛苦呻吟。那客人在一旁看得仔细，心中只是好笑，扬长而去。

鸭儿洲

传说在很久以前，长江水并不流经码头，而是沿下巢湖，经夏畈，过官田，穿白杨，顺赤湖奔流东下。朱湖村北面长江中的鸭儿洲又名野鸭洲，此地村落林立，人烟稠密，乡民与长咀一带的村民交往密切，并共同供祀老鼠

鸭儿洲

尾西边万佛庵的神像。

某年有一外地先生在此设帐授徒，这先生上晓天文，下识地理，阴阳八卦无不精通。这一年，他预测本地将要发生地壳变迁，江河改道，鸭儿洲会下沉为江底，心里万分惊忧。他告诉乡民，祠堂门口的石狮子眼睛转红，就得速迁。乡民皆笑其疯癫，无人肯听，先生无奈，只好连夜奔走他乡。

就在这天夜晚，乡民都已睡熟，忽然雷电交加，山摇地动，大雨倾盆。只听"轰隆"一声巨响，地面被撕开一条大缝，紧接着江水汹涌而至。转眼之间，房屋被水冲毁，人畜葬身鱼腹，无一幸免。昔日热闹的鸭儿洲，顷刻沦为一片汪洋。

据说，在清末民初年间，每当风平浪静、万籁俱寂的深夜，还能听到原鸭儿洲方位隐约有鸡鸣犬吠之声。

七星伴月

七星伴月，位于省级红豆杉自然保护区肇陈镇大禾塘村内。大禾塘村后有座叫三坳垴的山，其上部有一处巨大的悬崖绝壁，其崖呈白色，形状似"上弦月"，悬崖下则有七个方圆三四十米的岩石墩，散落各处，恰似七颗星星。这就是当地传说的"七星伴月"。

据说这里原来是块风水宝地，而发现这块宝地的则是一位王姓地仙。清初年间，湖北阳新沙地有一姓王的风水先生路过此处，因赶路困乏，便稍作休息。当他举目四望时，只见山峦之下岚烟缕缕，群山之上白云朵朵，好一片秀丽风光。这位王先生先观山势，后看地貌，仔细观察之后，便对同路人说，这白色悬崖就是月光，旁边巨岩上站立着的是只老鹰，而下面的石墩则是星星，是块"七星伴月"之地。随即吟一偈语：仰天王鹰望桃花，猝死王猴吓煞虾。谁人能葬此宝地，子子孙孙在朝家。

　　王先生看中了这块风水宝地后，自己掏钱，同时动员当地村民协助，在此建了一座小庙。为谋风水，遂将他在沙地的祖坟迁葬于月亮坪。冬去春来，王先生在"七星伴月"之地平安度过了十几个春秋。而从沙地迁来的家族果然得其"仙"气，整个家族安居乐业，五谷丰登，六畜兴旺，添得红丁众多，家族呈现繁荣昌盛之势。

　　可是，自王先生在此建庙以来，从花园到洪下源一带，天灾人祸不断，人畜皆不太平。人们到处求神拜佛，祈求保佑，都不见效。于是便怀疑起了这座小庙来，认为是此庙破坏了他们的风水，是那"吃南山下，屙东山下"的王鹰吸了他们的福气。人们把憎怒的焦点对准了小庙和王鹰。遂聚众而来，用土铳土炮，打破了王鹰，毁坏了小庙。主事的王先生自然是无处藏身，无可奈何，只得搬回老家，同时也将祖坟迁回了沙地。

　　事后时间不长，王先生家族几年内死去青壮年30余人。王先生看着这局面，只好请大禾塘人帮忙，背着花园和洪下源人，将祖坟再次迁入"七星伴月"之地。谁知迁来十几年，王氏家族再无半点发家迹象，王老先生也就心灰意冷了。由于担心自己的祖坟在此成为孤坟，他再次把祖坟迁回沙地。

　　然而，"七星伴月"的传奇故事越传越远，越传越神。不少人偷葬祖坟于此。更有甚者，还用数架梯子相接，靠在悬崖上，将棺材拉上悬崖，放在岩穴之中，以求得仙人降福。三百余年过去了，尽管"七星伴月"之地葬坟数十座，却再不见哪家得其"仙"气。

第五编
第二十章 民间故事

仙姑和金鸡

相传很久很久以前，大北山西面湖北阳新境内有一湖泊，因环境优美引来大雁落户湖中，得名"雁落湖"。有如人间仙境的雁落湖令上天的一群仙女羡慕不已，她们瞒着玉帝，夜间偷偷下凡来到雁落湖洗澡，畅享人间欢乐。为了掌控时间，她们把一对报晓金鸡一同带来。值班星宿官见没了报晓金鸡，赶忙报给玉帝。玉帝发怒，呼来雨神，命其施雨逼迫仙女回宫。当地顿时暴雨滂沱，长江水猛涨，码头长堤眼看要决口。善良的仙女见江边与湖区百姓大难临头，大叫不好，她们骑着金鸡振翅向码头方向飞去。由于雨下得太猛，金鸡的羽毛被打湿，只得飞到夏畈南林一个山岭歇脚，后来此山得名为"金鸡岭"。金鸡与仙女一路飞一路喊，告诉乡亲们山洪即将暴发，江岸将要决口，叫乡亲们赶快向高处转移。由于报信及时，临江的百姓才避免了一场灾难。夜深雨急，金鸡叫声嘹亮，临江乡亲把最先听到鸡叫的地方叫"鸡叫山"，后来有人搬迁到此立业，又把"鸡叫山"改成了"鸡家山"。

玉帝一看仙女与金鸡竟敢违抗自己的旨意，继续停留人间，更是怒火中烧，随即派出十八罗汉捉拿仙女与金鸡。仙女们带着两只金鸡向夏畈而逃，在十八罗汉的穷追之下，仙女们被抓，两只金鸡被追散，一只追至夏畈北山脚下的一个村庄便不见了，后来此村名为"失鸡冲"。一只追到隔壁村也不见了，后来此村名为"同鸡冲"。而下凡的仙女被十八罗汉抓住后，统统压在北山对面的一座山下，后来此山叫"仙姑台"，久而久之，此山幻化成人形，远远望去就像一位熟睡的仙女。没有抓到金鸡的十八罗汉不敢回到上天复命，只好日夜守在村口，化成十八罗汉山，看着仙姑台发呆。

烟雨中的十八罗汉山

这对金鸡到底到哪里去了？其实两只金鸡都没有飞走，由于十八罗汉看得紧，它们舍不得抛下仙女，躲在北山里。一只化作一股甘泉从石缝涌出，流进了失鸡冲，滋养着当地村民。时代久远了，后辈们就把失鸡冲改为石溪冲。另一只金鸡化作铜矿藏于山中，继续造福后人。由于后来铜矿被发现，村民又把同鸡冲改成了铜溪冲。金鸡与仙女的传说流传至今，成为美谈。

大力士与雷打石门

在花园下杨湾石门坑的垅口，有一座石门。离石门三百米处，有座小山，名曰仙虾林。传说石门日开夜闭，关闭后水位上升，滋养仙虾林里的仙虾。

有一天，这座石门被一声巨雷击垮。此后不仅养不了仙虾，还对周边用水造成严重困难。好好的石门怎么会被雷击呢？据说这事与下杨湾大力士徐君禄有关。

第五编
第二十章 民间故事

徐君禄，又名可谷，他到十六岁时，身高七尺，腰大十围，豹头环眼，目若朗星，两膀有千斤之力。有一日，他父亲将他叫到跟前说："君禄，我看你生得体格魁梧，力气又大，是个习武的材料。"君禄回答说："孩儿遵父命，听人说武宁有位王教师功夫了得，孩儿想去拜他为师。"父亲表示同意。君禄辞别父母，直奔武宁学艺。

一日他走到一条河边，见一老翁坐在河边垂钓，即上前施礼询问。老翁开言道："你要找的王师傅脾气古怪，戒律苛严，我看你还是别去了吧。"君禄说："严师出高徒，只要王师傅肯收晚辈为徒，哪怕是上刀山下火海，我也心甘情愿。"老翁见这位年轻人心坚意切，即直言道："我就是你要找的人。"君禄闻言，双膝跪地，纳头便拜。王师傅将其带回家中，认作徒弟，教授武艺。

三年后，艺满功成，君禄拜别师傅。王师傅告诫："学武之人第一要忍字当头，第二万事要以礼待人，第三不可滥杀无辜。"君禄应允，磕头辞别师傅回家。

话说有一天，县衙公差来到君禄家，说是要派四名役夫调用。君禄用石磨当茶盘给公差送上茶水。公差见状大惊。尔后，君禄又说："农家无好招待，只有熟粟米，请差爷自用。天热，我带水牛去河里洗个澡，回来自当为差爷派夫。"说完将两碗粟米和一壶开水放桌上。公差将开水泡上粟米。这时只见君禄腋下夹着一头水牛大步而去。再看碗中粟米已胀满外溢，且还在不停地上涨，心中甚是惊慌。暗想，此地人野蛮连粟米也恶。公差不敢等君禄回来派夫，趁无人时连忙溜走了。

却说下杨湾山背，有一个村庄叫冷家村，即现在的陈家村。村中有一班青年，凭借蛮力，滋事生非。一天，趁君禄不在家，合聚二十余众，来到下杨湾村，不仅将财物抢劫一空，还打伤多人，并放火烧了一栋房子。

君禄回来，族人哭诉前情，并说，我们又没招惹他们，是他们无端生事，这样下去，今后我们如何生存？君禄年轻气盛，听了族人几句言词，恨得钢牙紧咬，忘却了临别时师傅的不可乱杀无辜之训。当晚，他独自一人，手拿钢刀，直奔冷家村，恰似虎入羊群，横冲直撞，不问缘由，见人就砍，真是刀挥人头落，犹如砍瓜切菜一般。一时间三十余名青年死于非命。

天地神灵将此情奏知玉帝，玉帝听后十分震怒，即令雷公电母惩凶除恶。雷公与电母计议：你我二人办差，不可惊动百姓，只将其龙脉石门破开，此恶人自然身亡。计议已定，雷公猛击锤钻，电母高举神镜，互相配合，只听得"轰隆"一声巨响，将石门的其中一块劈到了下杨湾背后的山顶上。

自此，石门被天雷击破，由于无石门关水，仙虾活活渴死，而且连同周边的金盆地、美女地、霸王地都遭到了毁坏。不久，君禄身染无名之疾，医治无效而亡。

有民谣曰：雷打石门，震破金盆，干死仙虾，气死美女，压死霸王。

石壁堰

相传在宋朝年间，洪一吴家石壁村人为了灌溉水田，在村前大河里修建了一座石堰，名为石壁堰。但不久以后的大洪水将堰全部冲毁，人们只好重建。但之后多次重修，都以失败告终。在人们万般无奈之际，一只奇怪的鸟突然飞来，停在树上反复叫着"镰刀堰，镰刀堰"。这时，有一个人醒悟，提醒大家说，这鸟是在指引我们不能直线筑坝，要改为

第五编
第二十章　民间故事

镰刀形。后来，石壁村人真的按照神鸟的提醒，筑成了镰刀形堰坝，直到现在，依旧完整无损。

石壁堰经神鸟的提醒建成后，不但能灌溉许多水田，还能对天气进行预测。早些年间没有天气预报，石壁村人往往是靠石壁堰的水声来预测天气变化的。据说，当人们听见石壁堰的流水发出一种特殊的类似闷雷的响声时，大家就知道今日会下雨。如果这种声音十里外都能听见，则近日内必有大雨。若水声如常，"哗哗"流过，定然是艳阳天。

五老堰

高丰镇大冲村的狮子口有一座普通的小石堰，深不过五尺，宽不足两丈。据传说，此堰是五位老人修建的，所以名为"五老堰"。关于这五老堰的由来，还有一段神奇的故事。

相传很早以前，有年大旱，周湾村和李家村的村民各自在一条小港筑堰。周湾村的堰筑在上游名叫石坝塘的地方，李家村的堰筑在下游名叫狮子口的地方。一天，赤日炎炎，周、李两村的人们正在港里挑土垒石筑堰坝。忽然，一位鹤发童颜的老者出现在石坝塘边，此人衣着破旧，步履蹒跚。他走到那些后生面前笑盈盈地问道："老弟，讨口茶喝，好吗？"一个后生斜着眼望了望老头儿，毫不客气地回答："真是开玩笑，我们自己连吃的水都没有，哪来的茶呢？"老者没讨着茶，碰了壁，便不声不响地走了。当他走到狮子口时，五位正在筑堰的老人热情地招呼他休息、喝茶，对老者恭敬有礼。那老者喝了茶，站在港沿上，关切地问："老哥们，天这么热，也不歇歇呀？"五位老人指着两边干得发裂的稻田和快要着火的旱地，异口同声地答道："老哥，你看，禾苗等水救命哪。"话音刚落，那老头儿笑着说："你们别着急，我来帮帮忙。"说着,他便将五位老人抬来的石头一个劲地往港里扔。不一会儿,一条用石头堆筑起来的堰坝出现在眼前。

打那之后,五老堰的水源源不断,任凭天怎么大旱,它仍然可满足李家村两百余亩良田的灌溉。而上游的石坝塘堰,说来也怪,每逢发一点洪水,就被冲得一干二净。稍晴几天,就干枯得滴水不留。那水,全部从沙底下渗到了下游的五老堰里。五老堰修成后,再没有维修过,尽管山洪常发,堰堤依然坚固如磐石。

赤颜寺

赤颜寺位于南义镇美源邹家村对面的北山坳。这里四面环山,中间有一块约两平方千米的盆地,赤颜寺就坐落在这块古木葱茏的盆地里。

盆地靠北山处,有一眼清泉,秋冬不枯。相传很早以前,通海和尚赤仙子云游到此,发现此处是一块宝地。于是他邀请十八庄主事,求借该地建一茅庐栖身。主事问要多大地方,和尚说:"身上袈裟能遮住太阳光足也。"主事们认为那么小的地方,不用借,送给你就是。赤仙子说:"口说无凭,请在此约签字。"各主事未加思考逐一画押。这时正值太阳当顶,和尚脱下袈裟,抛向空中,只见环山盆地全被袈裟遮住太阳光。主事们个个目瞪口呆。赤仙子说:"我也不白占宝地。"他手持法杖指向一堆碎石,碎石突然变成了金光闪闪的黄金,他说:"你们可据自己山林、土地面积的大小自拿黄金,但不要贪心多拿。"赤仙子用剩下的黄金修建寺庙,置买田产,修桥铺路。该寺鼎盛时有罗汉僧三百,寺宇数百间,是方圆百里最大的寺庙。

赤颜寺后来毁于日寇。仅存的大殿也于十九世纪八十年代拆寺建校被毁,现仅存古基残垣和两座精致的石拱桥。

后　记

　　经过一年多的不懈努力，《瑞昌民俗》终于结篇成书了。面对这沉甸甸的书稿，作为本书编撰工作的主要组织者，在本书付梓之际，我想就此书的编写目的、过程及编写工作中存在的一些不尽如人意之处，在此附言几句。

　　近年我在城乡调研时感觉到，现在的年轻一代，无论是生活在城区还是乡村，对我们民族的优秀传统文化都比较陌生，他们对祖辈传下来的风俗习惯所知甚少，甚至不知道粮食是怎么种出来的，也不认识农业生产用具，更有甚者听不懂也不会说家乡话。我担心长此以往，曾经的社会伦理道德、公序良俗和美丽乡愁将难以为继。可能有人会说，过去的那一套"都过时了"，殊不知"观今宜鉴古，无古不成今"，传承优秀文化血脉、坚定文化自信，正是中华民族屹立于世界民族之林的根基。鉴于此，市老科协经过充分酝酿，决定着手编撰《瑞昌民俗》一书。

　　瑞昌人文底蕴深厚，民俗文化博大精深、丰富多彩。此前除了历代县志中的一些简要记载外，还未曾有过专门介绍瑞昌民俗文化的专著。因此，编撰《瑞昌民俗》一书，开创性与挑战性并存。首先，我们组织工作人员对全市各地的民俗文化进行了系统性的挖掘、采集和整理，工作内容十分浩繁。2021年6月中旬，市老科协专门成立了《瑞昌民俗》编委会及编辑部，并拟好征稿纲目，明确征稿范围和内容，面向全市各乡、镇、场、街道和市直单位分会组稿，要求举全市老科协之力编好这部书。这项工作得到了基层老科协分会的大力支持，在短短的四五个月内，各基层分会组织广大老科技工作者，不辞辛苦，进村入户，访问座谈，广征博采，深入挖掘、搜集、整理了超过百万字的文字资料及图片，为本书的编撰工作打下了良好的基础。接着我们对采集来的大量资料进行了系统性的整理。书稿篇目大纲数易其稿，各板块的内容也是反复修改、调整。完成本书初稿、二稿后，我们先后召开多次座谈会，面向社会各界广泛征求意见，对书稿进行了反复修改。本书的整个编撰工作凝聚了编委会全体编撰人员、广大老科技工作者和社会各界有识之士的力量与智慧、心血与汗水、帮助与支持。虽然我们动员广大老科协会员对全市各地的民俗文化进行了深入广泛的采集，但由于历史久远、地域广大，遗漏之处在所难免。加上编撰者大都不是专业人员，把握民俗文化问题的角度、广度与深度难免存在不够严谨的地方，在文字表述的准确性、精炼性以及文风统一等方面也不尽完美。

《瑞昌民俗》的编辑出版，得到了瑞昌市委、市政府的高度重视和大力支持。市委市政府主要领导、分管领导多次听取本书编撰的工作汇报，并提出了指导性意见，这是本书能够沿着正确方向编撰成书的重要政治保障。市委书记陈琪、市长魏堂华为本书题词，市委副书记杨帆为本书作序，这是对我们完成本书编撰任务的莫大鼓励。市财政也拨出专门款项，确保了本书编撰工作顺利进行。同时，本书还得到了关心乡梓的市外乡贤的热心帮助，九江市人大常委会原主任、九江市老科学技术工作者协会会长华金国同志为本书题写了书名；中国艺术研究院原常务副院长、博士生导师王能宪先生担任了本书顾问；九江学院中文系李奇瑞教授为本书的瑞昌方言声韵表和部分方言词汇精心标注了国际音标。

后记

　　一大批德高望重的老领导、老干部为本书的编撰工作提出了很多宝贵的修改意见，全市各老科协分会及广大基层老科协会员、许多民俗爱好者为本书的资料征集工作提供了大力支持与帮助。对他们的辛勤劳动和无私奉献，我谨代表市老科学技术工作者协会并以我个人的名义致以衷心的感谢！

　　在编撰本书的过程中，我们参阅、引用了大量文献资料，但难以按照惯例详细标注来源出处，在此一并向这些文稿、文献的作者表示诚挚的歉意与谢忱！

　　由于时间仓促，任务繁重，加之编撰水平所限，本书难免存在诸多不足，诚请各位读者不吝赐正！

瑞昌市老科学技术工作者协会会长
徐新安
2022年8月